AZTEC

DU MÊME AUTEUR
CHEZ LE MÊME ÉDITEUR

Les Nuits de Topkapi

Colin Falconer

AZTEC

Roman

PRESSES DE LA CITÉ

Titre original : *Aztec*
Traduit par Régina Langer

ISBN 2-258-04814-1

Avant-propos

A l'époque de la conquête espagnole, les tribus qui régnaient sur le Mexique se donnaient le nom de « Mexicas ». Le terme « Aztèque » n'a été couramment utilisé qu'à partir du XIXe siècle.

PREMIÈRE PARTIE

Le Serpent à Plumes

« Quand le temps sera venu, je reviendrai parmi vous
par la mer orientale en compagnie d'hommes
blancs et barbus... »

(Proclamation du Serpent à Plumes, dieu-roi du peuple
toltèque aux environs de l'an 1000 après J.-C.
D'après une légende aztèque.)

Prologue

Painala, près de Coatzacoalcos

Elle contempla l'obscurité en prêtant l'oreille aux échos de ses propres funérailles.

C'était la huitième veille de la nuit, l'heure où les spectres sortent de l'abîme, où les démons sans tête se lancent à la poursuite des voyageurs isolés qui cheminent sur les routes. Malinali gisait ligotée sur le sol en terre battue de la hutte. Des paniers d'osier remplis de gousses de vanille étaient empilés contre les murs et dans la pièce flottait une odeur douceâtre, écœurante.

Une effraie perchée sur la poutre en cèdre sculpté tourna vers elle sa grosse tête en clignant lentement ses yeux jaunes. Un présage : l'oiseau nocturne était un envoyé du Seigneur des Mondes Souterrains, Mitlantecutli. Les dieux l'avaient envoyé pour annoncer à Malinali qu'ils l'attendaient.

Et ma mère me laissera quitter ce monde sans même une pièce pour payer mon voyage à travers l'Etroit Passage.

Elle tenta une nouvelle fois de se dégager mais les liens qui lui enserraient les poignets et les chevilles ne firent que s'enfoncer plus profondément dans sa chair. Elle se mit à pleurer.

Sa mère souhaitait la voir morte.

Les yeux fermés, elle écouta les chants funèbres, le mugissement profond des conques, l'écho caverneux des tambours *huehuetl*, les sifflets aux notes perçantes. Une voix cria son nom par-dessus le craquement des flammes. Quelqu'un était en train de se consumer à sa place sur le bûcher.

La plainte du vent d'est la calma. En cet instant de si grands périls, le Serpent à Plumes, dieu de la Sagesse, veillait sur elle.

Elle perçut des murmures et des bruits de pas à l'extérieur de la hutte et ferma à demi les yeux pour aiguiser son regard. L'éclat d'une torche perça soudain la nuit.

Ils étaient trois. Tous des marchands de Xicallanco, elle le savait. Ils venaient souvent au village et, chaque fois, son père les traitait avec mépris. L'un d'eux avait perdu un œil ; la chair autour de la cicatrice était d'un rose sale comme de la graisse froide.

La lumière vive des torches laissait leurs visages dans l'ombre.

— La voici, dit le borgne.

Elle essaya de crier mais le bâillon la fit s'étrangler. L'un des hommes se mit à rire et le borgne lui intima d'une voix sifflante l'ordre de se taire. A quoi bon, de toute façon ? pensa Mali. Ils auraient tout aussi bien pu être ivres et hurler des insanités sous l'effet du *peyotl*, personne ne les aurait entendus à cause du vacarme des tambours funéraires.

Ils la soulevèrent facilement et la portèrent hors de la hutte dans l'obscurité épaisse. Le vent gémit de nouveau. C'était le Serpent à Plumes qui grondait de colère.

Elle s'efforça de maîtriser sa peur. Ce n'était pas la fin que son père lui avait prophétisée. Elle était Ce Malinali, l'Herbe de Pénitence. Son destin s'accomplirait dans le désastre. Elle était le tambour dont les roulements annonçaient le déclin de Moctezuma. Son avenir était parmi les dieux.

Son avenir était avec le Serpent à Plumes.

1

Tenochtitlán
Un roseau sur l'ancien calendrier aztèque

L'an de grâce 1519

L'homme-hibou chancela, une écume blanche aux lèvres, riant aux ombres qui rampaient dans la Maison des Ténèbres. Avec ses cheveux longs collés de sang séché et son manteau noir jeté sur les épaules, il ressemblait à quelque corbeau bossu et malveillant. Moctezuma, le Seigneur de la Colère, l'Intercesseur des Mexicas, l'observait, assis sur un trône sculpté peu élevé. Les incrustations de turquoise dans ses oreilles et ses lèvres scintillaient faiblement à la lueur des flambeaux.

Il murmura ses questions à Serpent-Femelle, qui se tenait à ses côtés :

— Messager des Hiboux, peux-tu lire l'avenir des Mexicas à travers les brumes du Temps ?

L'homme-hibou s'étendit par terre sur le dos, secoué d'un rire hystérique, incapable de maîtriser les effets du *peyotl*.

— Tenochtitlán est en flammes ! s'écria-t-il soudain.

Moctezuma s'agita, inquiet.

L'homme-hibou se redressa et jeta un regard de fou en direction du mur de pierre.

— Une tour de bois marche sur le temple de Yopico !

— Une tour ne peut pas marcher, siffla Moctezuma.

— Les dieux se sont enfuis... dans la forêt.

Moctezuma se tordit les mains et murmura une autre question à Serpent-Femelle.

— Qu'adviendra-t-il de Moctezuma ?

— Je vois le Seigneur de la Colère qui brûle et personne pour le pleurer. Les Mexicas crachent sur son corps.

Serpent-Femelle se raidit en entendant pareille hérésie. Même sous l'action pernicieuse du *peyotl,* ces mots sonnèrent comme une obscénité. On aurait cru qu'un coup de tonnerre venait d'ébranler les murs.

Lorsque Moctezuma parla de nouveau, sa voix était à peine audible.

— Quels sont les autres présages ?

— Je vois de grands temples sur le lac... marchant vers Tenochtitlán !

— Un temple ne peut pas marcher.

— Le Serpent à Plumes est de retour !

La respiration de l'homme-hibou s'était accélérée, sa poitrine se soulevait et ses paroles étaient entrecoupées de rires démentiels.

— Il n'y aura plus de Tenochtitlán !

Moctezuma se leva, le visage déformé par une horrible grimace.

— Nos villes seront détruites... nos corps sans vie entassés...

Serpent-Femelle vit l'empereur enfouir son visage entre ses mains.

— Bientôt nous lirons les présages dans le ciel...

L'homme-hibou cherchait à présent à gagner le trône en se traînant à genoux sur le sol. Il s'effondra tandis que de la bave maculait sa joue. Ses yeux ressemblaient à des obsidiennes.

— Tourne-toi et contemple ce qu'il advient des Mexicas !

Moctezuma demeura longtemps silencieux, le visage dissimulé derrière ses mains. Quand il les écarta, Serpent-Femelle vit qu'il pleurait.

— Attendez que les effets du *peyotl* se soient dissipés, grommela Moctezuma, et écorchez-le !

Il quitta la pièce, laissant le Messager des Hiboux gisant à terre, encore ignorant du sort qui l'attendait, perdu dans ses rêves sauvages et fiévreux, riant aux ombres.

Près du fleuve Grijalva

Hernán Cortés s'appuya contre le bastingage de la *Santa María de la Concepción*. Le bateau voguait au plus près, à une encablure de la côte du Yucatán par le bossoir. Il huma l'odeur fétide de la végétation tropicale flottant dans l'air salé. Au-dessus de sa tête, la toile claquait comme de la mitraille dans les vergues et sa bannière personnelle fouettait l'air au sommet du mât : croix rouge sur fond de velours noir avec, au-dessous, une inscription latine en bleu roi — identique à celle que l'on pouvait lire sur le pavillon de Constantin :

Frères, suivons la Croix
et que notre foi nous rapporte la victoire.

Cortés eut un sourire. Il avait parcouru un long chemin depuis les horizons plats et désolés de l'Estrémadure. N'était-ce pas ce dont il avait toujours rêvé ? Il faisait voile vers une terre étrangère sur des mers inexplorées et, pourtant, il avait l'impression de rentrer chez lui. Ce vent le poussait vers son destin, il en était sûr. Aussi sûr qu'il savait qu'il existait un dieu, là-haut, dans le ciel.

Il frappa de la main le bastingage et se tourna vers Alaminos, le pilote.

— Nous entrons à la voile dans l'Histoire ! cria-t-il.

Mais ses mots se perdirent dans le vent. Il baissa les yeux vers le pont et aperçut Benitez et Jaramillo accroupis, en grande conversation. Des hidalgos sans fortune, comme lui-même, de bonne lignée et bonne éducation, mais sans perspective d'héritage. Comme lui encore, ils étaient venus aux Indes pour faire fortune, échapper à l'ennui, à la misère de la Castille et de l'Estrémadure. Et aussi pour se libérer de la tyrannie mesquine des grands et des sempiternels sermons des prêtres. A Cuba, ils s'étaient bousculés pour embarquer avec lui, soldats égarés, planteurs lassés, chercheurs d'or déçus à la recherche de butin et de profits inespérés. Mais il leur donnerait plus encore : la grande aventure, la renommée, la richesse.

Oui, son heure allait enfin sonner.

Et c'était si bon de se sentir en vie ce jour-là.

Gonzalo Norte ne désirait qu'une chose : mourir.

Il fut saisi d'une nouvelle nausée et vomit une bile verdâtre dans l'océan. Difficile de croire que, sur ses trente-trois années d'existence, il en avait passé onze à naviguer. Et pourtant, cela faisait huit ans qu'il ne s'était pas retrouvé sur le pont par temps de houle : pendant tout ce temps, il avait vécu sur la terre ferme, loin de ce supplice, des cales puantes, du roulis infernal de la mer.

Mais ce n'étaient ni le tangage ni les relents de la *nao* qui lui faisaient souhaiter la mort. C'était un malaise d'une autre sorte, un trouble de l'âme. Il regarda autour de lui et vit que les autres hommes l'observaient avec méfiance. Tous savaient qu'il portait en lui une maladie bien pire que toutes les fièvres de cette côte. Certains d'entre eux crachèrent dans sa direction en passant à côté de lui sur le pont.

Je suis seul, pensa-t-il. Comme un lépreux. Je serai seul tout le reste de ma vie.

Il sentit un bras se poser sur ses épaules. Aguilar. Son seul ami sur le bateau. Et le malheur voulait qu'il n'ait même pas eu la force de l'étrangler.

— N'est-ce pas bon de se retrouver parmi les chrétiens, Gonzalo ?

Aguilar s'exprimait en maya chontal car Norte avait pratiquement oublié sa langue maternelle, le castillan.

Toi et tes couilles rances et velues, pensa Norte. Que mon chien te les arrache.

— Bon ? Pour toi peut-être, Jéronimo.

Aguilar avait revêtu l'habit brun d'un diacre. Seules sa tête rasée et sa peau couleur tabac révélaient que quelques jours plus tôt, il était encore l'esclave d'un *cacique* maya. Il serrait toujours contre lui son livre d'heures en lambeaux, ce recueil de prières qui avait été son fidèle compagnon durant toute sa captivité dans le Yucatán.

— Tu dois laisser cette vie derrière toi, dit Aguilar. Prie pour obtenir ton pardon et il te sera donné. Tu as succombé au démon mais tu peux encore être sauvé.

Par le cul de Satan ! se dit Norte. Si cette constante nausée ne me retirait pas toutes mes forces, je le jetterais par-dessus bord et je laisserais Dieu jouir de sa compagnie au ciel avec les autres saints. Pourquoi ne peut-il comprendre que je n'ai plus d'âme à sauver ? Ils me l'ont arrachée : leurs prêtres savent comment arracher les cœurs.

Pourquoi ne me laisse-t-il pas seul ?

— Il n'y a de péché si grand qu'il résiste à la foi, poursuivait Aguilar. La grâce de Notre Seigneur ne connaît pas de limites. Confesse tes péchés et tu pourras recommencer une vie nouvelle.

— Fous-moi la paix ! grogna Norte. Pour l'amour de Dieu, laisse-moi tranquille !

Et il vomit à nouveau.

Julián Benitez sentit son estomac se soulever à la vue des deux hommes. Ce n'était pas seulement Norte qui le dégoûtait. Aguilar lui était purement et simplement insupportable, comme la plupart des hommes d'Eglise. Tous deux étaient rescapés d'un naufrage survenu huit ans plus tôt sur la route de Darien à Hispañola. Norte appartenait à l'équipage et Aguilar voyageait comme passager. C'était un simple diacre tout juste intronisé dans les ordres mineurs. Au total, dix-sept hommes avaient réussi à s'entasser dans une chaloupe mais la plupart étaient morts de soif avant d'avoir atteint la côte du Yucatán. Un sort finalement plus enviable que celui des survivants, capturés par les Indiens mayas. Le capitaine et ses compagnons furent massacrés. Seuls Aguilar et Norte en avaient réchappé.

Cependant, quelques jours plus tard, ils tombèrent aux mains d'un *cacique* maya. Celui-ci se révéla plus raisonnable que les ravisseurs précédents, allant même jusqu'à proposer à Aguilar sa propre fille pour épouse. Aguilar raconta par la suite avoir passé toute une nuit nu à ses côtés dans une hutte de village, et s'être protégé des péchés de la chair en se réfugiant dans un exemplaire fané de son livre d'heures.

Mais Norte, lui, avait succombé à la tentation. A cet égard, Benitez comprenait mieux cette faiblesse humaine que la chasteté obstinée d'Aguilar. En revanche, ce qu'il ne comprenait pas, c'était la manière dont Norte avait agi par la suite. Comment avait-il pu épouser une sauvage païenne et lui faire deux enfants ? Comment avait-il pu accepter de se faire percer les oreilles et la lèvre inférieure, tatouer le visage et les mains comme un *natural* ? N'était-ce pas la preuve qu'il avait abjuré sa foi pour adopter leurs mœurs barbares ? L'homme, tout compte fait, ne valait pas mieux qu'un chien.

Quand Jaramillo et ses compagnons avaient découvert Norte sur l'île Cozumel, celui-ci avait tenté de s'enfuir. Jaramillo l'aurait probablement tué en même temps que les autres *naturales* si Aguilar ne s'était pas interposé à temps. Le diacre lui avait alors expliqué qu'après tout Norte était toujours un Espagnol, comme eux.

Espagnol peut-être, pensa Benitez, mais pas comme nous.

Jaramillo suivit son regard.

— Cortés aurait dû le pendre, dit-il.

— Même si on me brûlait à petit feu, je ne me laisserai jamais humilier comme Norte.

— Quand je l'ai trouvé, il avait des aiguilles de pierre passées dans le nez. Et regarde comme les lobes de ses oreilles sont déchirés. Aguilar dit que cela fait partie des rites diaboliques qu'ils pratiquent dans leurs temples.

— As-tu remarqué ? demanda Benitez. Il pue comme un Indien.

— J'aurais dû lui couper la gorge sur la plage et qu'Aguilar aille au diable.

— Cortés prétend qu'on a besoin d'eux pour parler avec les *naturales*.

— Aguilar peut-être, mais pas l'autre. Comment savoir ce qu'il leur dira ? (Jaramillo cracha dans la mer.) Aguilar assure qu'ils offrent des enfants en sacrifice et qu'ensuite ils mangent leur chair.

Benitez secoua la tête.

— Je ne suis pas fervent des prêtres, mais prions Dieu de pouvoir apporter le salut à ces êtres obscurs.

Jaramillo laissa échapper un petit rire.

— Prie aussi Dieu qu'Il nous accorde une bonne récompense pour Lui rendre ce service.

Alaminos, le pilote, dirigea la flotte vers l'embouchure du fleuve. L'année précédente, il se trouvait avec Grijalva quand ils débarquèrent à cet endroit. Les indigènes — qui se nommaient entre eux les Tabascans — s'étant montrés plutôt amicaux, Cortés avait décidé d'y faire escale. Les hommes se groupèrent le long des bastingages pour contempler la côte qui se découpait à l'horizon, une ligne ininterrompue de palmiers et de dunes de sable. Tous frémissaient d'impatience.

Pourtant, s'ils avaient su ce qui les attendait, ils auraient été frappés de terreur. Car au-delà de cette ligne verte, ce n'étaient pas l'aventure et la richesse qui les attendaient, mais deux années de cauchemar.

2

Potonchan, sur le fleuve Grijalva

Un essaim de huttes de terre et de paille, coiffées de feuilles de palmier et cernées d'une palissade de bois. Les indigènes s'étaient rassemblés sur la rive, portant lances et flèches. Plusieurs d'entre eux arboraient une sorte d'armure de coton matelassé. D'autres avaient déjà sauté dans leurs canots de guerre et pagayaient au milieu du courant pour barrer l'accès du fleuve. De l'autre côté de la palissade s'élevaient les roulements de tambour et les appels stridents des cornes.

Benitez observa Cortés. Il se demandait quel genre de commandant il allait se révéler. Sous la barbe, ses lèvres étaient minces comme une lame. Son visage n'exprimait que le mépris, non la crainte.

— Ils ne semblent pas disposés à nous recevoir aussi aimablement qu'ils l'avaient fait avec Grijalva, dit-il.

Cortés émit un grognement.

— Nous venons ici en amis. A eux de se montrer également pacifiques. Dussé-je les tuer pour les en persuader.

Il se départit subitement de son calme pour redevenir l'homme d'action que tous connaissaient et attendaient. Deux petits fauconneaux [1] avaient été hissés à tribord, face au village.

— Préparez la poudre ! ordonna-t-il. Ordaz, mets les canots à l'eau ! Aguilar, venez avec moi.

L'écho des cris de guerre se répercuta sur tout le fleuve. Benitez frissonna. A la différence de quelques autres, ce n'était pas un soldat. Il était venu aux Indes pour installer

1. Canons légers, XVIe et XVIIe siècles. (*N.d.T.*)

une plantation, espérant bien que ce ne serait pas son corps qu'on mettrait en terre en premier.

Ils prirent place dans une chaloupe, l'épée à la main. Le clerc royal Diego Godoy, vêtu de noir et chaussé de brodequins à boucles d'argent, entreprit alors de lire à la population du fleuve Tabasco le *Requerimiento*, dans le texte latin original. Tandis que Aguilar traduisait calmement ses paroles au fur et à mesure, Benitez ne tenait pas en place. Il transpirait dans son armure, une cotte de mailles couverte de plaques métalliques sur la poitrine et pourvue d'un gorgerin[1]. Si l'on en venait à se battre, ce serait son premier combat. Il pria pour ne pas se montrer lâche. Mais il avait peur. Peur d'une mort pénible, peur d'être blessé ou de montrer à tous sa frayeur.

Aguilar ne parvenait pas à faire entendre sa traduction dans le vacarme des tambours et des cris de guerre. Les canots des Indiens ne se trouvaient plus qu'à quelques mètres. Les indigènes brandissaient leurs lances et leurs boucliers de cuir, le corps enduit de graisse noire et blanche.

Benitez adressa une prière silencieuse à la Vierge.

— Ils ont mis leurs peintures de guerre, observa Jaramillo.

Sous son casque, le visage de Cortés était sombre. Benitez se sentit traversé par une vague d'admiration pour cet homme. A le voir ainsi, on pouvait croire qu'il réussirait à imposer silence aux Indiens par la seule force de sa personnalité. Une main sur la hanche, l'autre sur le pommeau de son épée, il témoignait d'un calme extraordinaire au cœur de ce tumulte.

— Tu as dit que les *naturales* vivant près de ce fleuve vous avaient accueillis amicalement lorsque tu es venu ici avec Grijalva, lança-t-il à Jaramillo d'une voix sifflante.

— Mais c'est bien ce qu'ils ont fait, *caudillo*. Ils ont joué de leurs flûtes et dansé sur la plage en notre honneur. Quelque chose a dû se passer entre-temps, qui les aura mal disposés à notre égard.

Godoy avait suspendu sa lecture, lassé de lutter vainement contre le vacarme ambiant.

— Poursuivez ! ordonna sèchement Cortés.

Godoy obéit aussitôt. Le *Requerimiento* était un texte

1. Partie inférieure d'un casque servant à protéger le cou. (*N.d.T.*)

élaboré par l'Eglise et destiné à être lu dans les territoires nouveaux avant que les colons n'en prennent possession au nom du pape et du roi d'Espagne.

Il commençait par un bref historique de la Chrétienté jusqu'au moment où Dieu chargeait saint Pierre de veiller sur l'humanité. Il précisait alors que son successeur désigné était le pape et expliquait que celui-ci avait fait don des îles et des continents de l'océan au roi d'Espagne. De ce fait, les habitants de ces territoires devaient se soumettre à Cortés, lequel représentait officiellement Charles V. S'ils obtempéraient, ils seraient traités convenablement et bénéficieraient de l'enseignement du christianisme. Sinon, ils seraient considérés comme rebelles et en subiraient les conséquences.

— C'est stupide, dit Norte.

Une veine se mit à battre sur la tempe de Cortés.

— Tiens ! Notre renégat a retrouvé le langage des hommes civilisés. Alors, comme ça, tu penses que la loi est stupide, Norte ?

— Ces gens ne comprennent pas un traître mot de ce que vous êtes en train de leur raconter. Ils n'ont jamais entendu parler du pape. C'est ridicule.

— Je me réjouis de constater que tu as de nouveau appris à parler comme un honnête Espagnol. Mais il est dommage de t'entendre utiliser notre belle langue pour énoncer des hérésies.

— Est-ce une hérésie que de défendre ce qui est juste et raisonnable ? Mais je suppose que cette mascarade apaise votre conscience.

— Je te verrai peut-être un jour pendu à la branche d'un arbre, Norte, et ma conscience restera pure.

Godoy avait achevé la lecture du *Requerimiento*. Les roulements de tambour et les hurlements des Indiens devenaient assourdissants. Deux flèches furent tirées à partir de la rive sur la chaloupe et tombèrent dans l'eau, tout près. Aguilar se tourna vers Cortés et le regarda, dans l'attente d'autres ordres.

Cortés restait parfaitement calme, comme si les Indiens qui pullulaient autour d'eux n'étaient rien d'autre qu'une nuée de moustiques désagréables. Son armure étincelait sous le soleil. La plume surmontant son casque d'acier se balançait sous la brise.

Espérant réussir à dompter sa frayeur, Benitez s'efforça

de prendre exemple sur lui. Reste tranquille, se dit-il, ne montre surtout pas aux autres que tu as peur.

— Dites-leur que nous venons en amis, déclara Cortés. Dites-leur que nous voulons seulement de l'eau, de la nourriture et nouer avec eux des relations cordiales.

Aguilar se mit aussitôt à traduire, ajoutant ses cris au tumulte qui se déchaînait sur les eaux.

— Expliquez-leur que nous ne leur voulons pas de mal, ajouta Cortés. Et qu'en tant que Castillans, nous ne sommes ici que pour le bien.

Une nouvelle volée de flèches vint s'enfoncer dans les flots devant la chaloupe.

— Par ma conscience, s'ils persistent dans cette violence, ils seront responsables de ce qui suivra ! Répétez-leur, Aguilar, qu'ils doivent se montrer pacifiques ou recommander leurs âmes à Dieu !

— Nous ne pouvons nous mesurer à eux, observa Norte. Ils sont trop nombreux.

— Qu'est-ce qu'un marin et un renégat prétend savoir des choses de la guerre ?

— Ils sont des milliers et, nous, une poignée seulement.

— Si cette poignée d'hommes sont des Espagnols, ils auront toujours l'avantage.

Un sifflement déchira l'air et un tir de barrage s'abattit — pierres lancées de la rive à l'aide de frondes. Certaines tombèrent dans l'eau sans causer de dommages, d'autres rebondirent sur les boucliers levés et les armures d'acier. Mais quelques-unes atteignirent leur but. Benitez entendit un homme gémir dans l'une des chaloupes.

— Ça suffit ! cria Cortés.

Il y eut un raclement métallique tandis qu'il dégainait son épée pour la pointer vers le brigantin[1], ordonnant par ce seul signal le tir d'une première salve.

Les fauconneaux furent déchargés ensemble et l'obus siffla en franchissant le fleuve pour aller exploser parmi les palétuviers dans un concert de craquements épouvantables. Une pluie de feuilles et de branches cassées s'abattit sur les corps emmêlés des Indiens qui avaient eu le malheur de se trouver sur la trajectoire du puissant projectile. L'effet fut dramatique. Des milliers de voix s'élevèrent, des

1. Ancien navire à deux mâts analogue au brick. (*N.d.T.*)

hurlements de terreur emplirent l'atmosphère. Pris de panique, les indigènes refluèrent par vagues.

Cortés sauta dans l'eau boueuse qui lui arrivait à mi-cuisse.

— *¡ Santiago y cierra España !* Pour saint Jacques et pour l'Espagne !

De tous côtés, les soldats jaillirent des canots et le suivirent en direction de la côte. Benitez les rejoignit, emporté par le mouvement.

Il ne garda guère le souvenir de cette première bataille tant la peur lui vidait l'esprit. Assourdi par les clameurs des *naturales*, par l'écho des tambours et les plaintes stridentes des sifflets, il se rua sur une bande d'indigènes dont tout le corps était rehaussé de peintures. L'épée tendue devant lui, il tailladait aveuglément tout ce qui se trouvait à sa portée. Un bouclier de bois explosa et l'Indien qui se cachait derrière étreignit convulsivement ce qui restait de son bras.

Benitez chargea unc nouvelle fois et se lança de plus belle dans la bataille. Mais des Indiens de plus en plus nombreux se remettaient de leur premier effroi et commençaient à revenir vers le fleuve. Il était impensable de songer vaincre une telle horde.

Je vais mourir. Ici, dans ces eaux boueuses et sales.

Ayant à peine conscience de ce qu'il faisait, Benitez frappa de nouveau sauvagement avec son épée. Un autre Indien tomba à ses pieds en hurlant. Le fleuve ballottait les corps inertes et se teintait de rouge.

Benitez frappa encore et, dans le feu de l'action, perdit son casque. Il tressaillit en voyant une lance braquée sur sa poitrine. Heureusement, la pointe d'obsidienne se brisa sur la cuirasse d'acier. En voulant se défaire de son assaillant, il trébucha sur un corps et tomba à la renverse, s'agitant fébrilement dans l'eau boueuse pour reprendre pied. Il suffoquait. Lorsqu'il releva les yeux, un Tabascan se dressait au-dessus de lui en brandissant une hache de pierre. Le visage à découvert, Benitez crut sa dernière heure venue et, impuissant, attendit qu'on lui porte le coup fatal.

Mais, au lieu de le frapper, le guerrier le saisit par les cheveux et commença à le tirer vers le rivage. Benitez tenta de faire passer son épée dans sa main gauche et la leva. Avant d'avoir réussi à l'abattre sur son adversaire, il aperçut Cortés qui s'avançait vers lui, dans l'eau trouble. D'un geste vif, il transperça l'Indien de son épée. L'indigène poussa un cri déchirant et lâcha prise avant de s'écarter en titubant, les deux mains pressées sur sa plaie béante.

Cortés tendit la main pour aider Benitez à se relever.

— *¡ Santiago !* clama-t-il avec force.

Saint Jacques doit veiller sur moi aujourd'hui, pensa Benitez, car je devrais être mort à cette heure. Pourquoi le *natural* ne m'a-t-il pas tué quand il en avait l'occasion ?

3

Appuyé sur son épée, Benitez haletait, les poumons en feu. Le sang qui s'écoulait de sa blessure à la tête lui picotait les yeux. Il avait survécu à son premier combat et se sentait à la fois fier et écœuré. Certes, il n'avait pas fait preuve d'un courage exceptionnel, mais il s'était conduit en homme. Malgré cela, il n'éprouvait aucune satisfaction devant un tel massacre. Quel plaisir y avait-il à tuer un autre homme, fût-il païen ? Si tel était le métier de soldat, alors il ne se sentait aucune disposition pour cela.

Il tomba à genoux, serrant toujours le pommeau de son épée, et murmura une action de grâces à la Sainte Vierge. Quand il fermait les yeux, il revoyait le grand Indien près de lui dans le fleuve, la hache levée au-dessus de sa tête.

Un goût âcre envahit sa bouche et il ravala sa bile.

Pourquoi l'indigène l'avait-il épargné ?

Cortés se dirigea à grands pas vers l'arbre ceiba qui se dressait au centre du village. Il tenait son casque sous le bras gauche et ses longs cheveux noirs flottaient librement sur ses épaules. Son visage était rougi par l'exaltation de la bataille, ses yeux luisaient d'une excitation fiévreuse. Un même enthousiasme animait les hommes qui l'entouraient. Ces forbans n'aiment rien tant que la bagarre, pensa-t-il. Aussi longtemps, bien sûr, que les pertes dans leur camp demeurent légères.

Il fit trois larges entailles dans l'écorce d'un arbre avec son épée et déclara :

— Je prends possession de cette ville au nom de Sa Majesté le roi Charles d'Espagne !

Diego Godoy enregistra fidèlement ce mémorable instant.

Une poignée d'Indiens captifs, les mains liées dans le dos, furent poussés en avant par les gardes. Pendant la bataille, Benitez n'avait distingué qu'un amalgame confus de coiffures à plumes, de corps à demi nus et de visages barbouillés de peintures. Mais à présent, il pouvait observer leurs ennemis plus à loisir. La plupart étaient éclopés. Ils portaient des pagnes de bonne qualité et leurs cheveux avaient été tonsurés. D'autres arboraient des manteaux richement brodés, noués sur l'épaule. Nombre d'entre eux avaient des tatouages de couleur rouge sur le visage et le corps. Les lobes de leurs oreilles étaient entaillés, comme ceux de Norte.

— Dites-leur qu'ils n'ont rien à craindre, dit Cortés à Aguilar qui traduisit aussitôt ces mots aux Indiens.

Ils reçurent cette déclaration sans broncher et — c'est du moins ce qu'il sembla à Benitez — sans grand enthousiasme.

— Dites-leur que nous sommes envoyés par un grand roi qui réside de l'autre côté de l'océan, reprit Cortés, et que nous avons beaucoup de choses intéressantes à communiquer à leurs chefs. Répétez-leur que nous ne leur ferons aucun mal et que nous désirons seulement de l'eau et des provisions pour poursuivre notre route.

Aguilar transmit ces paroles aux captifs. Ces derniers demeurèrent silencieux, échangeant entre eux des regards perplexes. Alvarado les emmena et Cortés se tourna vers Benitez.

— Poste des gardes tout autour du village. Nous camperons ici cette nuit en attendant le retour des *naturales*. A présent que nous leur avons fait goûter de notre fer, ils se montreront sans doute mieux disposés à coopérer avec nous.

Un silence gêné s'ensuivit. Leòn prit finalement la parole :

— Mon oncle a donné des ordres stricts : nous ne devons en aucun cas passer une nuit à terre.

Une lueur étrange traversa les yeux de Cortés. Il leva le menton et Benitez reconnut la marque de l'aventurier, du fanatique, du saint. Nous pensions connaître cet homme, se dit-il, avoir jaugé celui qui s'est imposé comme notre chef. Mais, en vérité, nous ignorons tout de lui.

Cortés toisa León avec mépris.

— Qui est le capitaine, ici ?

Mais León ne se laissa pas intimider. C'était un homme de haute taille portant une barbe noire et qui parlait avec une voix de stentor.

— Nous sommes sous les ordres du gouverneur !

— Et aussi sous mon commandement ! cria Cortés.

Il planta son épée avec violence dans le sol, où la lame s'enfonça en vibrant.

— Si quelqu'un veut défier mon autorité, nous allons liquider cette affaire tout de suite !

Par le cul de Satan ! pensa Benitez. Il en est bien capable.

Personne n'éleva la voix.

— Voilà qui est donc réglé. Nous camperons ici.

Cortés rengaina son épée et s'éloigna.

— Il n'y a rien ici, déclara Jaramillo. (Il cracha dans la poussière.) Ni or ni argent. Pas même de femmes.

Comme ils parcouraient les rues poussiéreuses, quelques chiens à la peau nue aboyèrent à leur passage. Jaramillo et ses compagnons s'amusèrent à les embrocher sur leurs épées.

Le village paraissait désert. Benitez pénétra dans plusieurs maisons, des constructions modestes aux murs de boue séchée, dépourvues de portes. Pour tout mobilier, des lits de branches sèches recouverts de nattes en coton. Chaque habitation s'ornait d'un petit autel surmonté d'une statue grossière et de quelques offrandes de nourriture.

Benitez regarda plus attentivement. On aurait dit des démons modelés dans l'argile rouge. Il frissonna.

Mais ces statuettes n'étaient rien à côté de ce qu'ils découvrirent au sommet de la pyramide.

C'était une pyramide immense. Peut-être aussi haute que le palais de Séville, estima Benitez. Formée de blocs de pierre massifs, elle surplombait les masures en torchis du village. Au pied du gigantesque édifice, des dragons et des serpents montaient la garde de chaque côté d'un vaste parvis. D'étranges glyphes creusaient la pierre d'une forêt indéchiffrable de signes. Autant de preuves d'une indiscutable culture, bien plus évoluée que celle qu'ils avaient imaginée. Les conquistadores contemplaient le site avec un mélange de respect et de crainte.

— Aurions-nous découvert la Chine ? murmura Benitez.

Il suivit Cortés, Aguilar, Norte et Jaramillo jusqu'au sommet de la pyramide. L'ascension s'avéra difficile et, une fois en haut, ils durent se reposer quelques instants pour reprendre leur souffle avant de pénétrer dans le sanctuaire. Ultime degré de la construction, ce dernier avait été édifié, comme les maisons du village, en un mélange de terre et de chaume.

L'intérieur était plongé dans l'obscurité. On y respirait une odeur de jungle et de mort. Il fallut aux visiteurs plusieurs minutes d'adaptation avant de pouvoir distinguer quelque chose.

Soudain, Benitez entendit la voix de Jaramillo.

— Sainte Mère de Dieu !

Un serpent enroulé autour d'un jaguar de marbre se dressait au-dessus de l'autel. Derrière lui, un monstre de pierre avec de grands yeux saillants et des crocs menaçants les regardait du fond de sa niche. Les *naturales* l'avaient peint en bleu.

— C'est Tlaloc, le dieu de la Pluie, murmura Norte, d'un ton presque respectueux.

— C'est le diable, rectifia Cortés.

Il frappa le serpent de son épée, lui tranchant la tête du premier coup, et le corps vacilla dans l'obscurité. Puis il s'approcha pour examiner le jaguar de pierre. Un liquide visqueux remplissait la coupe sculptée sur le dos de l'animal. Cortés y trempa un doigt et le renifla. Puis, subitement, il se rua sur l'idole et la jeta à terre comme s'il s'était agi d'un objet maléfique.

Il se tourna vers Norte.

— Qu'est-ce que c'est que ça ? lança-t-il, tremblant de rage.

Norte garda le silence.

Pendant ce temps, Jaramillo avait découvert d'autres offrandes sur les dalles de pierre au-dessous du masque grimaçant de Tlaloc : un petit figuier, une pièce de vêtement brodé, et les ossements de quatre *naturales*.

— Sacrifices humains, souffla Aguilar d'une voix rauque. Ils croient que cela fait venir la pluie et fertilise les champs.

Cortés porta son regard vers Norte et leva son doigt rougi par le sang contenu dans la coupe.

— Œuvres démoniaques, énonça-t-il avant de s'essuyer la main sur la chemise de Norte.

— Dieu merci, nous sommes là pour les amener à la vraie foi, dit Aguilar.

— Comment accomplissent-ils ces sacrifices diaboliques ? demanda Cortés.

Aguilar hésita.

— Ils arrachent le cœur de la victime quand elle est encore vivante, finit-il par dire. Et ils offrent son sang à leurs dieux avant de se repaître de ses membres. C'est le destin réservé à tous les prisonniers de guerre. Nous aurions pu subir le même sort si nous n'avions pas remporté la bataille.

Un petit groupe de soldats d'Ordaz les avait suivis dans le sanctuaire. Ils se tenaient à l'entrée et contemplaient en silence le tas d'ossements blanchis. L'euphorie de la victoire se dissipa quand ils réalisèrent l'horrible fin qui les attendait en cas de défaite.

Alvarado brisa le silence en faisant irruption dans la pièce étouffante. Il respirait difficilement après avoir escaladé les innombrables marches de la pyramide.

— Il n'y a rien dans ce foutu village qui vaille un simple crachat ! Ils ont tout emporté ! (Il s'arrêta et regarda autour de lui.) Pour l'amour du ciel, qu'est-ce que c'est que ça ?

— Nous sommes tombés sur un repaire de cannibales, déclara Cortés.

— Sang de Dieu ! (Alvarado se tourna vers Norte.) Ces sauvages seraient-ils tes anciens camarades ?

Norte rencontra le regard d'Alvarado. Benitez se demanda ce qui se passait dans la tête de cet homme. Avait-il pris part à ces rites sanguinaires ? Avait-il mangé de la chair humaine avec sa tribu d'adoption ? Ils auraient dû le tuer sur la plage, ainsi que Jaramillo voulait le faire. Le laisser mourir sans confession, voilà tout ce qu'il méritait.

— Prions afin que Dieu nous accorde le pouvoir de conduire ces êtres sur le chemin de la seule et vraie foi, dit Aguilar en tombant à genoux.

Cortés fit de même. Benitez, Alvarado et Jaramillo l'imitèrent puis ce fut au tour des soldats. Tous rejoignirent Aguilar dans sa prière.

Lorsqu'ils eurent fini, Benitez, pris d'une terrible nausée, se rua au-dehors ; il n'aspirait qu'à une seule chose : retrouver la lumière, fuir ce temple infernal.

4

Acalan

Sœur Lune gisait, démembrée, toute noire dans son tombeau. Des monstres rôdaient dans la nuit en quête de voyageurs isolés. Les ululements des femmes, hymne douloureux en hommage aux morts, enflaient et retombaient par vagues au rythme des tambours et des sifflets.

Assise les jambes croisées, Mali gardait les yeux fixés sur son époux défunt. Son corps avait été préparé pour la crémation et placé dans la position rituelle, assis bien droit, ficelé dans un large manteau de tissu brodé. Ses frères avaient remis en place ses entrailles du mieux qu'ils pouvaient et placé dans sa bouche la pièce de jade destinée à payer à la Bête Jaune son passage par la Voie Etroite.

Mali se pencha et ses lèvres effleurèrent presque le visage de Bouche du Tigre, son seigneur mort.

— Quand tu seras un papillon au paradis du Faiseur de Pluie, j'espère que tu donneras aux fleurs plus de plaisir que tu ne m'en as jamais donné.

Ils lui avaient dit que son seigneur était mort en brave. Qu'il avait presque réussi à faire prisonnier l'un des Castillans en le tirant par les cheveux dans les eaux peu profondes. Mais un autre de ces Seigneurs du Tonnerre était intervenu de manière incompréhensible et l'avait frappé de son épée. Les deux frères de Bouche du Tigre avaient rapporté son corps à Acalan où il avait survécu deux jours et deux nuits dans une agonie silencieuse avant d'embrasser à jamais la terre. C'était le genre de mort que Bouche du Tigre aurait choisi s'il l'avait pu, décida Mali. Les dieux avaient extrait de lui jusqu'à la dernière goutte de liqueur divine avant de l'accepter au royaume des guerriers morts.

Maintenant, il habitait le vert paradis de Tlaloc, rempli de papillons et de fontaines bouillonnantes où venaient s'abreuver les oiseaux d'émeraude.

Il ne lui manquerait pas.

La porte donnant sur la rue était masquée par un rideau sur lequel on avait cousu de fines clochettes d'or qui tintèrent lorsque Fleur de Pluie entra et vint s'accroupir sur la natte à côté de Mali.

— Que se passe-t-il, petite sœur ? murmura Mali.

— Les *caciques* n'arrivent pas à se prononcer : les Seigneurs du Tonnerre sont-ils des hommes ou des dieux ? Nos guerriers assurent qu'ils ne peuvent pas être humains parce que leur peau brille comme le soleil et que les lances se brisent à son contact. On dit aussi que leurs bateaux font retentir le tonnerre, même par un ciel clair.

— Bien sûr que ce sont des dieux, assura Mali. Ils sont venus de l'est et leurs bateaux capturent le vent dans d'immenses manteaux. Ce sont les messagers du Serpent à Plumes qui annonce son retour parmi nous.

— Tu ne vas pas croire ce conte stupide ! Ces Seigneurs du Tonnerre sont déjà venus ici l'an dernier. A Champotón, les gens en ont tué vingt. Là-bas, ils disent que ce sont simplement des hommes, tout comme nos guerriers.

— Le Serpent à Plumes avait à son service des taupes et des nains aussi mortels que toi et moi. Certains de ces hommes peuvent mourir mais le Serpent à Plumes, lui, est indestructible. Voici que vient son année, l'année de sa légende.

La torche de pin qui se consumait contre le mur laissait le visage de Fleur de Pluie dans l'ombre.

— Ce sont seulement quelques centaines de gens ordinaires, insista-t-elle. Les nôtres sont des milliers et ils les massacreront.

Mali garda le silence. Que Fleur de Pluie croie ce qui lui plaît. Dans son cœur, elle, Mali, connaissait la vérité. Elle avait rêvé de ce jour depuis son enfance. Son père lui avait chuchoté un jour à l'oreille que Quetzalcóatl, le Serpent à Plumes, reviendrait sur un radeau en provenance de l'est pour les délivrer des Mexicas. Il lui avait également confié un autre secret, plus important encore : elle, Ce Malinali, serait la messagère de cette ère nouvelle.

Voilà pourquoi, mieux que Fleur de Pluie, elle savait que c'était son destin qui campait cette nuit à Potonchan.

Potonchan

Le matin suivant l'escarmouche sur le fleuve, Cortés fit brûler les corps des Indiens tués. Il ordonna également que l'effigie de pierre du Faiseur de Pluie fût enlevée du temple et détruite. Il avait fallu l'énergie conjointe d'une dizaine d'hommes pour la tirer jusqu'au bord de la pyramide, d'où ils l'avaient fait basculer en s'aidant de piques et de lances comme leviers. La statue était allée se briser des dizaines de mètres plus bas dans l'avant-cour servant de parvis au monument. Fray Olmedo dressa une croix de bois et cloua sur le mur du temple un tableau représentant la madone protectrice de Cortés, *Nuestra Señora de los Remedios*.

Cortés installa son quartier général dans le sanctuaire ainsi débarrassé de ses démons et attendit la réponse des *naturales* à sa proposition de paix.

Soleil brillant, chaleur intense, mouches bourdonnantes.

A l'intérieur du temple, la fraîcheur était une bénédiction. Cortés baissa la tête pour franchir l'ouverture et alla s'asseoir dans un confortable fauteuil d'acajou face à une longue table transportée de la *Santa María de la Concepción*. Ses officiers se groupèrent autour de lui, anxieux de connaître ses instructions. Cortés les savait tendus. Ils avaient peur et ne lui faisaient pas encore totalement confiance, incapables de partager la foi qui l'habitait.

Il les observa l'un après l'autre. D'abord Puertocarrero, cheveux dorés et allure aristocratique, mais pas un combattant. Puis l'impétueux Alvarado avec ses cheveux roux et sa barbe en pointe ; une chaîne en or étincelait sur le devant de son pourpoint noir matelassé. Il y avait aussi le jeune et austère cavalier Sandoval, Ordaz, vieux cheval de bataille, León, jeune et fier, un homme de Velasquez comme Ordaz et un fomenteur de troubles. Et Jaramillo, avec sa figure de faucon et sa peau grêlée par la petite vérole. Enfin Benitez et ses vilains traits à peine dissimulés par une ombre de barbe, un homme qui n'avait pas encore été mis à l'épreuve.

La sueur faisait luire tous ces visages.

Cortés étala solennellement sur la table la carte de la côte dessinée à l'encre que Grijalva avait établie un an plus tôt.

— Messieurs, les *naturales* ne nous ont pas encore fait connaître leurs intentions. Aussi allons-nous examiner encore une fois les choix qui s'offrent à nous. Nous pouvons regagner le bateau et explorer la côte plus au nord. Cependant, mon opinion est que si les Indiens nous voient nous éloigner — comme l'a fait Grijalva l'an dernier à Champotón —, cela ne fera que les rendre plus audacieux et il deviendra plus difficile d'imposer notre volonté lorsque nous débarquerons à nouveau ici. Ou bien nous pouvons attendre que les Tabascans nous approchent. Enfin, reste la possibilité de marcher sur eux avant qu'ils n'aient le temps de regrouper leurs forces. Messieurs, je souhaite que vous me donniez votre avis.

Il conclut ce discours par un faible sourire et s'adossa à son siège.

— Il faut quitter immédiatement les lieux, grommela León. Les actions entreprises ici sont contraires aux ordres de mon oncle le gouverneur.

— Je partage son point de vue, renchérit Ordaz. Nous ne sommes pas assez forts en hommes et en armes pour nous lancer dans une véritable campagne terrestre contre les Indiens. Le déséquilibre en nombre est trop important. Voyez ce qui est arrivé à Grijalva l'an passé.

— Je propose que l'on attaque ces bâtards tout de suite ! s'écria Alvarado. Nous leur avons laissé bien assez de temps pour se reprendre ! Peu importe leur nombre. Un Espagnol vaut cent Indiens !

— Je suis d'accord avec Alvarado, déclara Jaramillo.

— Mais nous n'avons aucune raison d'entreprendre une guerre contre ce peuple, intervint Benitez. Ils n'ont fait que défendre leur village contre ce qu'ils ont perçu comme une agression. Longeons plutôt la côte à la recherche d'un village plus accueillant.

— Et laisser ces indigènes se moquer de nous en nous prenant pour des mauviettes ? rétorqua Sandoval.

Ils se mirent à parler tous à la fois. Cortés leva la main pour rétablir le silence.

— Nous voici donc divisés, dit-il.

Benitez le décevait, et il le classa mentalement parmi les éventuels fauteurs de troubles, au même titre que León et Ordaz.

— Le vote décisif appartient à Alonso. (Il regarda Puertocarrero.) Et toi ? Qu'en dis-tu ?

— Je pense que nous devons tenir compte de l'avis de notre commandant, déclara Puertocarrero d'une voix paisible.

Cortés sourit. C'était la réponse attendue.

— Très bien. (Il reporta son attention sur la carte.) En ce qui me concerne, je pense qu'il serait préférable d'avancer à l'intérieur des terres jusqu'à ce que nous rencontrions les *naturales*. S'ils consentent à traiter avec nous et à nous approvisionner, nous serons heureux de les saluer. Mais s'ils veulent une autre raclée, nous la leur donnerons.

— Je me demande lequel des deux recevra la plus grande raclée, grommela Ordaz.

— Il n'y a pas lieu de redouter les *naturales*, observa Cortés. Notre récent affrontement nous a enseigné bien des choses. Ils sont certes plus nombreux que nous, peut-être à dix contre un ; mais bien que plusieurs d'entre nous aient été blessés, nos pertes sont légères. Les *naturales* emploient pour leurs lances une sorte de verre fragile qui se brise facilement contre une cuirasse ou un bouclier d'acier. Leurs propres boucliers sont faits de cuir ou de bois et ne constituent pas un obstacle face à un bon acier de Tolède. En outre, j'ai interrogé frère Aguilar et le renégat Norte sur les mœurs indiennes. Il semble que le plus grand honneur pour eux n'est pas de tuer mais de capturer des prisonniers pour leurs sacrifices diaboliques. (Il jeta un regard à Benitez.) Cette tactique joue en notre faveur, n'est-ce pas ?

Benitez pâlit. Il approuva d'un signe de tête.

— En effet, monseigneur.

— Il semble que ce soit la raison pour laquelle tant de *naturales* se sont jetés aussi précipitamment sur la pointe de nos épées.

Cortés jeta un regard à ses hommes et poursuivit :

— Il m'apparaît donc qu'aussi longtemps que nous ne serons pas fatigués de les tuer, nous aurons la victoire assurée.

— Même en admettant qu'il en soit ainsi, intervint

Ordaz, il y aura forcément un moment où l'inégalité du nombre sera si grande que nous ne pourrons les éliminer aussi vite que nécessaire. A l'heure qu'il est, les *naturales* doivent être en train de réunir des troupes encore plus nombreuses.

— Possible. Mais nous déploierons, nous aussi, des moyens plus importants. Si avec deux fauconneaux nous avons réussi à semer la terreur parmi ces barbares, imaginez quelle sera leur réaction quand nous ferons tonner contre leurs rangs toute une batterie de canons.

Il observa une courte pause, comme un joueur s'apprêtant à abattre sa carte maîtresse.

— Et n'oubliez pas, conclut-il, qu'ils n'ont encore jamais vu un cheval de bataille les charger.

Après le départ de ses officiers, Cortés se cala dans son fauteuil et contempla à travers l'ouverture du sanctuaire le bateau-amiral qui fendait les eaux étincelantes de la baie.

Un jour, on écrira des ballades sur moi, songea-t-il. On se souviendra de moi comme on se souvient d'Alexandre le Grand ou du Cid. A Cuba, il n'était qu'un pauvre planteur parmi d'autres, un satellite de Velasquez. Mais ici, il allait devenir un autre homme, celui qu'il rêvait d'être depuis toujours. C'était un endroit idéal pour réaliser ses plus grandes espérances.

Il formula silencieusement un vœu : cette terre serait son royaume et il en serait le maître.

Ceutla

Ordaz faisait avancer l'infanterie à travers les champs de maïs et de cacao. Leur progression était gênée par un réseau de canaux d'irrigation et de fossés de drainage parsemés de trous marécageux. De l'autre côté de la vallée, on pouvait apercevoir des milliers de *naturales*, leurs coiffures à plumes dansant dans le vent comme des barbes de seigle. Benitez les observait, caché derrière un arbre. Le tumulte de leurs sifflets, de leurs tambours et de leurs cornes, porté par le vent, parvenait jusqu'aux Castillans.

Mon Dieu, permets-moi de vivre assez longtemps pour voir le coucher du soleil.

Cortés se retourna sur sa selle pour s'adresser à ses hommes. Ils n'étaient que seize, soit toute la cavalerie dont il disposait. Il montait fièrement son cheval, une main sur les rênes, l'autre sur la hanche, comme un duc à la tête de milliers de soldats. Cet homme n'a donc peur de rien ? s'étonna Benitez.

— Messieurs, lança-t-il d'une voix forte, ce jour nous appartient. Attendons le moment opportun pour charger.

Sa jument alezane gratta la terre de son sabot et agita sa tête empanachée, levant ses naseaux fumants pour capter les odeurs : poussière et peur.

— Souvenez-vous de diriger vos lances assez haut vers leurs yeux pour qu'ils ne puissent pas vous faire tomber trop facilement de votre monture. Et n'ayez peur de rien. Car, aujourd'hui, nous œuvrons pour Dieu.

Les *naturales* avaient engagé le combat en envoyant une nuée de flèches et de pierres. Quelques minutes plus tard, un premier groupe se lança à l'attaque de l'infanterie. Benitez vit le soleil dans la plaine se refléter sur les armures d'acier, puis un nuage roulant de flammes et de fumée suivi par le grondement des couleuvrines. Ce fut comme si les premiers rangs des Indiens avaient été décimés par une faux invisible.

Mais les *naturales* réagirent aussitôt. Les survivants tentèrent de dissimuler leurs pertes sous un épais nuage d'herbes et de poussière rougeâtre. Un second groupe chargea, puis un troisième.

Tous étaient fauchés par le feu du canon. Ceux qui y échappaient tombaient sous les coups des arquebusiers et des arbalétriers. Mais il en venait toujours d'autres. Quelques-uns réussirent à atteindre les lignes espagnoles, les obligeant à reculer par la seule menace de leur nombre.

Benitez se demandait ce qu'attendait Cortés pour donner l'ordre d'attaquer. Il se tenait debout sur ses étriers, le nez froncé dans l'odeur forte des courroies de cuir, de la graisse de son armure et du suint de cheval. Benitez avait la bouche sèche. Il avait toujours su au fond de lui qu'il n'était qu'un lâche.

Cortés demeurait immobile sur sa selle de bois, les yeux fixés sur le champ de bataille. Ordaz et ses hommes reculaient à travers fossés et fondrières.

Soudain, Cortés se redressa sur ses étriers.

— *¡ Santiago y cierra España !* Pour saint Jacques et pour l'Espagne !

Ils s'élancèrent au galop.

Dans le vacarme de l'artillerie, des tambours et des sifflets, les *naturales* n'entendirent pas les conquistadores approcher. Le gros de leurs troupes tournant le dos à l'ennemi, il serait facile de les attaquer par surprise.

Mais Benitez réalisa avec horreur que Cortés n'avait pas bien calculé leur avancée. Il les menait tout droit vers le réseau de fossés d'irrigation. Son cheval trébucha soudain dans un creux et d'autres montures se cabrèrent, jetant leurs cavaliers à terre. Benitez éperonna sa jument pie. Si leur attaque échouait maintenant, ils allaient tous mourir.

Il se souvint des ossements dans le temple de Potonchan.

Il galopait maintenant très vite sur un sol dur à travers les fossés. Un cri s'échappa de la gorge de quelques Indiens, bientôt repris par d'autres jusqu'à former une clameur dont l'écho retentit dans toute la vallée. En face de lui, les *naturales* jetaient bâtons et épées et s'enfuyaient. Benitez poussa son cheval parmi eux, sa lance dirigée à la hauteur de leurs visages comme l'avait ordonné Cortés.

Il se retourna, espérant voir le reste de la cavalerie derrière lui. Mais les autres étaient toujours embourbés dans les fossés. Il se retrouvait totalement seul.

Benitez cria — cette fois de panique. Instinctivement, il éperonna sa monture et chargea. Autour de lui, les *naturales* furent d'abord une douzaine, puis une centaine et, enfin, des milliers. Ils fuyaient devant lui comme des cercles troublant l'eau tranquille d'un lac. Une acclamation s'éleva des rangs des fantassins assiégés. Benitez tourna bride, chargea de nouveau et poursuivit l'armée mouvante d'Indiens, tel un chien chassant un troupeau de moutons.

Puis les autres *jinetes* arrivèrent enfin à la rescousse et la retraite tourna à la déroute. Benitez chevauchait à bride abattue, goûtant sur ses lèvres la poussière soulevée par les sabots de son cheval. Il jeta la tête en arrière et lança un cri de défi vers le ciel bleu, clamant sa victoire, sa joie, son soulagement et son incrédulité d'avoir tant osé et de se retrouver encore en vie.

Norte errait sur le champ de bataille, écœuré jusqu'au plus profond de lui-même. Des débris de membres, des monceaux de chair sanglante encore animés de soubresauts. Et tous ces gémissements qui flottaient sur la plaine. Certains blessés cherchaient encore à fuir en rampant. Quant aux Espagnols, ils allaient et venaient au milieu de l'amoncellement des corps, arborant de larges sourires, criant et se frappant joyeusement dans le dos. Grâce à Cortés, ils avaient réussi l'impossible, vaincu un adversaire de beaucoup supérieur en nombre.

Mais Norte aurait préféré qu'il en soit autrement. Secrètement, il avait espéré que les Indiens l'emporteraient — même au prix de sa propre vie. A présent, il était certain de pouvoir affronter la mort. Ce qui était insupportable, c'était l'humiliation et le désespoir d'être toujours en vie.

— Tout était perdu, dit un soldat du nom de Guzmán. Alors je l'ai vu. Il a jailli de la poussière sur son cheval blanc. Quand les *naturales* l'ont aperçu, ils ont détalé comme des lapins !

— Qui donc ? demanda Cristoval Flores.

— *¡ Santiago !* Saint Jacques ! Je l'ai vu, là, sur le champ. Il est apparu un court instant avant de disparaître dans la poussière. Evanoui...

Quel imbécile, pensa Norte. Les Espagnols étaient aussi stupides et superstitieux que les *naturales*. Mais ils se croyaient supérieurs.

— C'était Benitez, dit-il.

Guzmán et Flores le regardèrent.

— Ce que tu as vu, répéta Norte, ce n'était pas Santiago, mais Benitez.

— Tu ne sens pas quelque chose ? demanda Guzmán à Flores.

Ce dernier huma le vent.

— Je sens une odeur de sauvage. Et pourtant je croyais bien qu'on les avait tous tués.

Guzmán se pencha vers le cadavre d'un Indien et lui trancha l'oreille. Il la jeta aux pieds de Norte.

— Tiens... ton petit déjeuner !

Norte lut la haine sur leurs visages. Cela le ramena loin en arrière, huit ans plus tôt. Il se rappela les visages des premiers Indiens qui l'avaient capturé. Ensuite, ce fut au tour des Mayas de le faire prisonnier. Oui, tous l'avaient haï comme ces deux-là.

Il était vraiment seul ici.

5

Potonchan

Quatre canots de guerre avançaient, décorés de fleurs, leurs coques profondément enfoncées dans l'eau. Lorsqu'ils accostèrent, les Espagnols se massèrent tout autour avec des rires rauques, se donnant des coups de coude et se moquant comme des écoliers. La plupart étaient des hommes d'Ordaz. Que pouvait-on attendre de tels hommes ?

Il descendit sur le rivage pour saluer l'ambassade, accompagné d'Aguilar vêtu de son habit brun de franciscain. Les *naturales* avaient exprimé le souhait de faire la paix aussitôt après la bataille de Ceutla. Dictant ses conditions, Cortés avait exigé une preuve de leur bonne foi. Le butin de sa victoire arrivait dans les canots.

Le *cacique* salua Cortés à la manière traditionnelle, en se jetant d'abord à genoux puis en posant ses doigts sur le sol avant de les porter à ses lèvres.

— Il vous prie d'accepter ces petits témoignages d'amitié, dit Aguilar en traduisant mot à mot les paroles du chef maya chontal. Il réclame aussi votre indulgence pour vous avoir attaqués inconsidérément.

Cortés inclina royalement la tête. Ce n'était pas tant le *cacique* qui l'intéressait que les objets transportés par la délégation. Ainsi qu'il l'avait souhaité, les indigènes lui avaient apporté de l'or, sous la forme de petites figurines en forme d'oiseaux, de lézards et autres petits animaux. Il y avait également quelques pierres précieuses, des boucles d'oreilles et une paire de sandales en or. Les esclaves du *cacique* étalèrent le tout sur une natte.

Cortés se pencha pour examiner certains de ces objets.

La prise ne semblait pas aussi bonne qu'il l'avait espéré mais la complexité de ce travail d'orfèvre l'impressionnait. A en juger par ces pièces d'art, ces populations n'étaient pas aussi primitives que l'avait pensé Grijalva.

Il se tourna vers Aguilar.

— Demandez-lui d'où vient l'or.

Aguilar s'exécuta.

— Il dit que les mines sont loin à l'intérieur des terres. Dans un endroit appelé Mexico.

— Et il y a beaucoup d'or dans ce Mexico ?

— Il dit que le roi des Mexicas est le souverain le plus riche du monde, traduisit Aguilar.

Cortés demeura silencieux le temps de digérer cette information, soucieux de ne pas trahir sa cupidité.

— Ce roi a-t-il un nom ?

Le franciscain posa la question à plusieurs reprises, modulant à chaque fois sa prononciation.

— Il dit que son nom est Moctezuma.

Un bruyant éclat de rire l'interrompit, montant du fleuve. Il leva les yeux avec colère et vit que les esclaves du *cacique* escortaient deux femmes sur le rivage. Les Espagnols s'approchaient d'elles pour les examiner de plus près. Jaramillo donna un coup de coude dans les côtes d'Alvarado et fit un commentaire grivois. Il y eut de nouveaux rires.

La bouche de Cortés se tordit en une moue de dégoût. Les chiens ! Même Alvarado avec ses belles manières et ses armoiries ! Oui, tous des animaux ! Aucun d'eux ne réalisait ce que signifiait le statut de chevalier au service d'un grand roi.

— Ces femmes sont les plus belles d'Acalan, traduisit Aguilar quand le *cacique* eut remarqué l'intérêt que leur portait Cortés. Il dit qu'il les met à votre service pour broyer le maïs, réparer vos vêtements et... (Aguilar fit une pause et ses joues s'empourprèrent)... pour vous accorder toutes les autres faveurs que vous pourriez désirer.

Les femmes étaient au nombre de vingt. Toutes portaient le costume maya : de simples tuniques blanches et des jupes de coton tombant presque jusqu'aux pieds, retenues à la taille par une ceinture brodée. Leurs oreilles, leurs chevilles et leurs poignets étincelaient d'or, leurs cheveux s'ornaient de plumes de quetzal d'un vert brillant ou de plumes de flamants roses. Mais toutes ces parures ne pouvaient masquer le fait que la plupart de ces femmes étaient trapues et laides. Plusieurs même louchaient — ce qui, pour les Indiens, était signe d'une grande beauté.

Pas de quoi s'exciter, pensa Cortés.

Puis, tout à coup, il la vit.

Au nom du ciel !

Il ne s'agissait pas d'une esclave, on le devinait à son allure. A la différence des autres, elle portait une tunique richement parée à l'encolure et à l'ourlet d'un motif de roseaux. C'était une femme exceptionnellement grande pour une *natural*. Au lieu de garder les yeux timidement baissés, elle le regardait bien en face. Son regard sombre exprimait à la fois le défi et une invitation au plaisir.

Cortès sentit la bête s'agiter en lui. Splendide créature que cette Indienne, pensa-t-il. En d'autres circonstances, il se la serait volontiers appropriée, mais, pour l'heure, les enjeux s'avéraient bien plus importants.

Le *cacique* murmura quelques mots à l'oreille d'Aguilar.

— Il dit que cette femme s'appelle Ce Malinali Tenepal. Le premier nom désigne le jour de sa naissance, c'est-à-dire le premier jour du douzième mois. Il signifie : herbe de pénitence. Quant à Tenepal, c'est le nom que l'on donne à quelqu'un qui aime parler.

L'Indienne finit par baisser les yeux en signe de soumission. Elle était consciente qu'on l'observait mais n'en paraissait nullement embarrassée. A l'inverse des autres femmes, elle ne riait pas et ne bavardait pas avec les hommes.

— Le chef dit qu'elle connaît très bien les herbes et qu'elle sait soigner, précisa Aguilar.

Cortés regarda le diacre, dont le visage exprimait une silencieuse réprobation. Ces ennuyeux hommes de Dieu.

— Remerciez-le aimablement pour ses présents, murmura Cortés.

Le ton du *cacique* se fit plus pressant.

— Il vous supplie de ne pas brûler la ville, traduisit Aguilar. C'est généralement ce que font les vainqueurs dans ces contrées païennes.

Cortés sourit.

— Les vainqueurs opèrent ainsi à peu près partout. Mais vous pouvez assurer au chef que nous n'avons pas l'intention de lui causer du tort, à lui ou à son village. En échange de notre bienveillance, il doit renoncer à adorer ses fausses idoles et à pratiquer des sacrifices humains. Il devra obéissance à Notre Seigneur Jésus-Christ.

Il s'ensuivit une longue discussion animée.

— Je ne pense pas qu'il ait vraiment compris, déclara finalement Aguilar. Je l'instruirai davantage plus tard.

— Bien. Je vous laisse le soin, à vous et à fray Olmedo, de sauver ces âmes.

Et je suis certain que cela vous plaira.

Cortés reporta son regard sur les femmes.

— Monseigneur...

— Oui, Aguilar ?

Le visage du diacre demeurait empourpré. Il bégaya, incapable de trouver ses mots.

— Qu'y a-t-il ? demanda sèchement Cortés.

— Les femmes... Les hommes ne doivent pas... cette forme de... commerce entre un chrétien et une... enfin, une... cela est interdit par l'Eglise.

— Je connais les règles de l'Eglise. Demain, vous aiderez le père Olmedo à baptiser ces femmes dans la vraie foi.

Aguilar sembla subitement apaisé.

— Merci, monseigneur.

Cortés se détourna et vit que l'Indienne le regardait encore. Une expression fugitive [illegible]ssa sur son visage. Qu'exprimait-elle ? Curiosité ? P[illegible] ? Non... il s'agissait d'un autre sentiment, impossible à définir.

La fille baissa de nouveau les yeux, mais lentement, comme à contrecœur.

Cortés sentit une sorte de picotement dans la nuque. Quelque chose venait de se produire. Mais il n'était pas certain de savoir ce que c'était exactement.

Un dieu !

Il avait des cheveux blonds et soyeux comme du maïs, les yeux bleus et une peau pâle, presque rose. Le *cacique* leur avait ordonné de garder les yeux baissés pour ne pas offenser les Seigneurs du Tonnerre.

Mais elle ne pouvait s'empêcher de regarder.

Lorsqu'elle se retrouva, avec les autres femmes, à l'ombre d'un arbre ceiba, les étranges créatures se massèrent autour d'elles.

Et celui-là ? Un autre dieu ?

Il était plus grand que les autres. Sa barbe était taillée

en forme de pointe de flèche mais sa chevelure, surtout, impressionna Mali. Elle avait la couleur du feu, la couleur du soleil qui se reflétait sur la médaille d'or à son cou et les anneaux d'or à ses doigts.

Tout semblait si éblouissant, effrayant, fascinant. Elle distingua au loin une sorte de chien, mais qui ne ressemblerait à aucun chien du village. C'était une grande créature aux yeux rougeâtres, la gueule dégoulinante de bave et pourvue de dents terrifiantes. Un monstre sorti du royaume de Mitlantecutli, une bête semblable à celles qui devaient garder les portes du monde souterrain.

Elle s'efforça de dissimuler sa peur mais les autres femmes poussèrent des cris perçants. Le dieu aux cheveux couleur de feu éclata d'un grand rire devant leur effroi.

Le sol se mit à trembler sous ses pieds. Elle regarda autour d'elle et vit approcher l'un de ces monstres à deux têtes. De près, il lui parut moins effrayant. C'était un grand animal, aussi haut qu'une maison, avec des pieds de pierre et soufflant de la fumée par ses naseaux. Apparemment, les dieux montaient dessus à califourchon et les faisaient obéir à leurs ordres. Comment une chose pareille était-elle possible ?

Elle se tourna et vit sur le fleuve un grand canot avec une bannière flottant au vent. On y distinguait la croix rouge du Serpent à Plumes. Il n'y avait donc plus de doute. Le Grand Jour était enfin venu.

— Regarde... murmura-t-elle à Fleur de Pluie.

— Je le vois, petite mère.

— Tu vois ! C'est arrivé !

Mais elle ne l'avait pas encore vu, *lui*. Ce n'était pas le dieu aux cheveux couleur de maïs et aux yeux turquoise. Ni celui aux cheveux de feu. Ni aucun de ces êtres barbus, rougeauds, dont certains avaient le visage piqueté comme de la lave en fusion.

Là !

Elle demeura interdite. Il était exactement comme elle se l'était imaginé. C'était bien lui qu'elle avait vu à la pyramide de Cholula, lui encore que l'on voyait représenté des milliers de fois par des statues ou sur les bas-reliefs des temples : une grande barbe sombre, des cheveux noirs tombant jusqu'aux épaules, le visage encadré par un casque orné d'une plume verte de quetzal, et des yeux gris qui l'observaient fixement, comme si lui aussi avait l'impression de la reconnaître.

Et puis il s'approcha d'elle.

Elle tomba à genoux, effleura la terre de ses doigts puis les porta à ses lèvres. Il lui rendit son salut en s'inclinant, un léger sourire sur ses lèvres.

— Quetzalcóatl, dit-elle dans sa langue. (Et, passant au maya chontal, elle enchaîna :) Serpent à Plumes.

Cortés interrogea Aguilar.

— Que dit-elle ?

Le diacre la regarda, puis se tourna vers son commandant. Il semblait troublé.

— Ce n'est qu'une formule traditionnelle de salutation, répondit-il en secouant la tête d'un air perplexe.

Mais ses yeux s'attardèrent longuement sur la femme après que Cortés se fut éloigné pour saluer les autres.

Instinctivement, Mali sut qu'il était un ennemi.

6

Une grande croix de bois avait été dressée à l'ombre de deux palmiers. Au-dessous, clouée à l'un des arbres, une image représentait une mère allaitant un enfant. Mali comprit aussitôt quel genre de cérémonie l'attendait. Pour les Mayas, la croix symbolisait la fertilité. L'image était donc un signe plus explicite encore que les dieux souhaitaient s'unir à elle.

Mali savait qu'elle aurait dû pâlir de frayeur. Les autres femmes avaient chuchoté entre elles la nuit précédente, craignant le sort qui les attendait. Fleur de Pluie avait entendu dire que le pénis des dieux avait des pinces aussi dures que de l'obsidienne. Ce qui signifiait qu'elles étaient toutes promises à une mort atroce, trop horrible même pour être imaginée. Une autre des femmes pensait que la semence des dieux ne donnait pas naissance à un être humain mais à un jaguar qui, le moment venu, ouvrait sa voie avec ses dents dans le sein de sa mère.

Stupides filles de Tabasco. Tous ces racontars n'étaient que le fruit de cerveaux vides.

Malgré tout, impossible de ne pas avoir un peu peur. La veille, celui qu'ils appelaient frère Aguilar avait tenté de leur expliquer ce qui allait arriver. Mais ses paroles avaient été difficiles à saisir. Il s'exprimait par énigmes dans un style fleuri et compliqué.

Elle s'avança à la tête du groupe de femmes en direction de la plage. Les Seigneurs du Tonnerre étaient alignés en rangs et les regardaient passer. Mali sentit leurs yeux posés sur elle. Une veine battit à sa tempe et, gagnée par l'excitation, elle se sentit tout étourdie.

Elle aurait tant voulu que son père soit là pour partager avec elle cet instant magnifique.

Fray Olmedo et frère Aguilar attendaient sous les palmiers, de part et d'autre de la croix. Sur un des côtés se tenait le Serpent à Plumes, que les autres appelaient Cortés. Derrière lui, Mali aperçut le dieu étrange aux yeux turquoise, Puertocarrero, ainsi que le dieu à la chevelure de flamme, Alvarado, qui arborait un large sourire tout en échangeant quelques mots avec un autre dieu barbu. On n'entendait aucun bruit, à l'exception du bruissement des palmes agitées par le vent et du claquement des bannières et des oriflammes. Le vent soufflait de l'est comme le dieu l'avait sans doute ordonné.

Plusieurs des Seigneurs du Tonnerre portaient leur armure. Le soleil se reflétait sur l'acier et brûlait les yeux de Mali.

Quand elle arriva devant la croix, Aguilar lui ordonna de s'agenouiller dans le sable. Fray Olmedo se pencha vers elle, un petit encensoir rempli d'eau à la main.

— Renonces-tu à Satan et à ses œuvres ? lui demanda Aguilar en latin.

Elle leva les yeux vers lui, déconcertée par ce curieux langage.

— Réponds-moi « oui », lui souffla-t-il dans sa langue.

— Oui, murmura Mali.

— Crois-tu en Jésus, ton Sauveur, et en Son Père, le Seigneur notre Dieu ?

Qu'est-ce qu'il pouvait bien être en train de dire ? se demanda Mali.

— Réponds « oui », insista-t-il en maya chontal.

— Oui, dit Mali.

Aguilar hocha la tête en direction d'Olmedo, qui aspergea d'eau les cheveux de la jeune femme en prononçant rapidement quelques mots dans son étrange langage. Puis, posant sa main sur l'épaule de Mali, il déclara :

— Tu es sauvée, grâce à Dieu. Désormais, ton nouveau nom sera doña Marina. Va en paix.

Vingt femmes. Certainement pas assez pour tous les officiers. Tandis qu'elles attendaient patiemment sous l'arbre ceiba, les hommes gardaient les yeux fixés sur lui en se demandant ce qu'il allait faire. Au cours du combat, il leur avait prouvé qu'il était leur chef. A présent, il fallait leur montrer qu'ils pouvaient aussi lui faire confiance pour le partage du butin.

Il alla au-devant des femmes et les conduisit chacune à son tour auprès d'un officier en les tenant par la main. Il engloba dans la distribution les huit fauteurs de troubles, dont Ordaz et León, mais n'oublia pas pour autant ses fidèles alliés tels que Jaramillo et Sandoval. Les officiers de moindre importance comme Morla, Lugo et de Grado reçurent pour lot les filles qui louchaient. Des plaisanteries fusèrent. Jaramillo leur conseilla de couvrir leur tête d'un sac à sucre quand leur amant les chevaucherait.

L'hilarité déclenchée par cette remarque offensa les oreilles de Cortés, mais il ne dit rien.

Il se demandait quelle attitude adopter avec Benitez. Un bon cavalier qui s'était révélé l'un des plus braves à Ceutla. Mais, à Cuba, l'homme avait la réputation d'être un brandon de discorde. Un allié potentiel que l'on devait cependant traiter convenablement si l'on ne voulait pas qu'il se révèle une épine dans le flanc.

Il restait trois *naturales*, les trois plus belles. Cortés choisit pour Benitez une petite femme à la peau mate et au nez busqué avec des yeux sombres et brillants semblables à ceux d'un chat. Elle était jolie et son port de tête arrogant dénotait un fier tempérament qui tiendrait Benitez occupé un bon moment.

Restaient Malinali et une femme à la lourde poitrine. Alvarado et Puertocarrero l'observaient, prêts à réagir promptement à son choix. Allait-il exclure l'un des deux à son profit ?

Il réfléchit. Alvarado était un officier loyal, un bon combattant. Puertocarrero possédait les mêmes qualités morales mais il avait démontré à Ceutla qu'il n'avait guère de dispositions pour le combat. Il venait toutefois d'une excellente lignée et comptait à la cour de puissants amis.

Il reporta son attention sur celle qui s'appelait Mali. Une jument sauvage qui méritait un cavalier capable de la dompter. Les poings serrés, il s'efforça de choisir entre son ambition et son désir. Une bouffée de colère l'envahit, puis il résolut le problème en se disant que, finalement, il ne s'agissait que d'une partie remise et non perdue.

Il donna à Alvarado la fille aux seins lourds puis revint à Mali. Il crut lire dans son regard pétillant le reflet de son excitation et de son désir, mais il lui prit la main et la conduisit à Puertocarrero.

La jeune Indienne parut désorientée.

Voilà, c'était fait. Un murmure d'approbation courut dans les rangs. Cortés avait prouvé qu'il savait également se montrer diplomate.

Tournant les talons, il s'éloigna pour dissimuler aux autres son ressentiment. Je ne pouvais me permettre d'agir différemment, songea-t-il. Quoi qu'il arrive, je l'aurai plus tard. Car cette femme-là doit me revenir.

7

— Il dit qu'il se montrera bon avec vous, marmonna Aguilar.

Le franciscain avait l'air embarrassé. Mali se demanda s'il allait passer toute la nuit auprès d'eux pour lui traduire les mots tandis que son nouveau mari la posséderait.

— Dites-lui que je suis vierge, articula Mali.

Aguilar parut à la fois surpris et heureux de cette nouvelle.

— Est-ce vrai ? Avez-vous toujours votre vertu ?

— Non, mais dites-le-lui quand même. Cela lui sera agréable.

La chandelle se consumait en vacillant dans la brise nocturne. C'était encore un autre sujet d'émerveillement pour Mali. La graisse formait une petite flaque sur la table, des ombres dansaient sur les murs.

Aguilar serrait étroitement entre ses longues mains son livre d'heures, comme s'il se fût agi d'un talisman.

— Il voudrait savoir s'il y a quelque chose que vous aimeriez lui demander.

— Son nom, répondit Mali. J'aimerais le connaître.

— Il s'appelle Alonso. Alonso Puertocarrero. C'est un Espagnol. Et un seigneur chrétien d'excellente famille.

Mali répéta le nom plusieurs fois. Le reste du charabia d'Aguilar, une salade de mots espagnols et mayas, lui échappait complètement.

— Et maintenant, que voulez-vous savoir d'autre ?

— Demandez-lui de ma part s'il est un dieu.

Les joues du diacre s'empourprèrent.

— Il n'y a qu'un seul Dieu, siffla-t-il. Nous autres, mortels, sommes nés dans le péché. Oubliez de telles sottises.

Aguilar transpirait. Il se leva pour partir.

— S'il vous demande de faire quelque chose... contre nature, vous n'êtes pas obligée d'accepter.

La réflexion amusa et surprit Mali. Tout ce qui avait trait de près ou de loin au plaisir semblait dérouter cet homme.

— Je serai heureuse de faire tout ce qu'il me demandera, répondit-elle.

Le franciscain détala à toutes jambes.

Aguilar trébucha dans l'obscurité. Ces gens étaient comme des bêtes à ses yeux. Mais il fallait bien faire œuvre de Dieu dans ces contrées obscures et sauvages.

Et puis il ne faisait pas confiance à cette Mali. Chez les autres Indiennes, ces femmes grasses aux visages lisses et ronds ou, encore, celles qui louchaient, il pouvait imaginer trouver une âme à sauver. Mais pas chez cette fille-là. Derrière ces yeux sombres, impénétrables, il voyait le diable.

Tout cela ne présageait rien de bon, il en était certain.

Puertocarrero était assis à côté d'elle, sur la paillasse de roseaux tressés servant de lit. Mali l'étudia de plus près à la lueur de la chandelle. Elle étendit la main pour effleurer l'étrange chevelure pâle et soyeuse. Il avait une barbe rêche mais des cheveux étonnamment doux.

— *Cara*, murmura-t-il.

Elle lui prit le bras et examina le fin duvet de poils dorés. La peur l'habitait encore.

Il sembla deviner ses craintes et l'étendit doucement sur le dos, puis lui caressa les cheveux en lui murmurant des mots qu'elle ne pouvait comprendre. Mais la douce tonalité de sa voix la rassura.

Le corps de Puertocarrero l'effrayait et la fascinait tout à la fois. Avec maladresse, elle tira sur les étranges fermetures de ses vêtements pour l'aider à se dévêtir. Son torse n'était pas lisse comme celui des hommes de son peuple. La poitrine, le ventre, les cuisses étaient recouverts de poils bouclés et dorés, plus fins que ceux de la barbe. Lorsqu'elle s'y fut habituée, Mali décida que ce n'était pas déplaisant. Elle se sentit surtout soulagée de constater que la prédiction de Fleur de Pluie s'était avérée fausse. Son *maquauhuitl* n'avait pas de pinces. Mais il devenait si grand quand il se gonflait ! Peut-être parce que les Espagnols étaient eux-mêmes des hommes si grands...

Il prit son temps, ce que Bouche de Tigre n'avait jamais fait. Il s'accoupla à elle de face et non par-derrière ainsi que le voulait la coutume indienne. Au début, elle n'éprouva pas de véritable sensation physique, mais sans doute était-elle encore trop troublée pour éprouver quoi que ce soit.

Bientôt, elle le sentit frémir et il déversa sa semence en elle. Dès lors, elle sut que le cours de sa vie venait de changer. Irrévocablement. Un fleuve avait abandonné son cours lascif et sinueux pour se jeter dans l'océan en se fracassant sur les à-pics.

Un océan qui avait pour nom Cortés.

Tenochtitlán

Les trois hommes rampèrent à travers la pièce sur leurs mains et leurs genoux. Ils étaient pieds nus et portaient de simples pagnes.

— Seigneur, mon seigneur, mon très grand seigneur, murmurait une voix aiguë et cassée.

Moctezuma les accueillit paré de toute sa splendeur. Un bijou d'or en forme d'aigle perçait sa lèvre inférieure et des anneaux de turquoise étincelaient à ses oreilles. Il portait un manteau carmin taillé dans une fourrure de coyote et décoré de plumes de quetzal. L'ourlet était bordé d'une large bande à motifs géométriques représentant des yeux.

Il contempla les trois hommes avec une expression de dégoût puis se détourna et murmura quelques mots à son premier ministre Serpent-Femelle.

— Notre maître vénéré désire savoir ce que vous avez vu pour accourir ainsi dans son palais.

Il y eut un bref silence. Chacun des pêcheurs attendait que l'autre prenne la parole en premier. Finalement, le plus âgé déclara :

— Nous venons du village de Coatzacoalcos dans le Tehuantepec. Voilà tout juste quatre jours, de gigantesques canots sans rames ont fait irruption dans notre baie. De larges pièces de tissu étaient fixées sur des mâts et se gonflaient sous le vent, propulsant les bateaux vers la côte. Sur les bannières, on pouvait apercevoir des croix sur fond rouge ! Le lendemain, nous avons vu apparaître des créatures avec des barbes épaisses et des casques d'or qui brillaient sous le soleil. Ces créatures sont venues à terre pour demander de l'eau fraîche et de la nourriture. Nous leur avons donné tout ce que nous possédions, quelques dindes et un peu de maïs. Elles sont restées le temps que le soleil traverse deux fois le ciel puis sont reparties vers l'est sur leurs canots.

L'expression de Moctezuma aurait sans doute terrifié les trois pêcheurs s'ils avaient osé lever les yeux vers lui — ce qui leur était interdit sous peine de mort. Prosternés sur le sol, ils attendaient d'apprendre ce que l'empereur pensait de leurs paroles. Finalement, Moctezuma retrouva son calme et murmura une autre question à Serpent-Femelle.

— Ces créatures vous ont-elles donné quelque chose en échange ? demanda ce dernier aux pêcheurs.

L'un des trois hommes rampa en tendant un morceau de biscuit de mer, qu'il déposa sur le marbre au pied du trône.

— Elles ont dit que c'était leur nourriture, précisa-t-il.

Sur un signe de Moctezuma, Serpent-Femelle le ramassa et le lui tendit. Moctezuma soupesa le biscuit dans sa main : la nourriture des dieux avait le poids et la consistance d'un morceau de roche volcanique. Il le porta à sa bouche et tenta d'en détacher une partie avec ses dents, mais en vain.

Alors il se tourna vers son Premier ministre et lui parla à voix basse.

— Notre maître vénéré désire savoir si ces créatures vous ont dit quelque chose d'autre.

— Elles nous ont dit que nous devions cesser d'offrir des sacrifices humains aux dieux, sinon elles reviendraient pour nous punir.

Moctezuma eut un hoquet. Sous la grande voûte de la salle d'audience, ce petit bruit retentit comme le sifflement d'un serpent. Il ne pouvait y avoir d'erreur. Le Serpent à Plumes était de retour, conformément à la prédiction.

Sa main se crispa sur le biscuit de mer. Il murmura ses instructions à Serpent-Femelle.

— Attendez dans la cour le bon plaisir de notre maître vénéré. Et ne parlez à personne, sous peine de mort.

Soulagés que l'audience soit terminée, les hommes se traînèrent à reculons vers la porte. Lorsqu'ils furent partis, Moctezuma se tourna de nouveau vers Serpent-Femelle.

— Donne-les aux prêtres pour leurs sacrifices. Rien de tout cela ne doit transpirer.

— Ce sera fait, ô maître vénéré.

Moctezuma reporta son attention sur la substance divine qu'il tenait au creux de sa main.

— Que penses-tu de cette histoire ?

— Ce ne sont que de simples pêcheurs. Comment accorder crédit à leur récit ? Ces étrangers ne sont peut-être pas du tout des dieux, mais des ambassadeurs venus de quelque contrée lointaine.

— Comment cela serait-il possible ? Tenochtitlán est le centre du monde. Rien n'existe au-delà de ses limites, hormis le ciel.

Moctezuma secoua la tête.

— C'est Quetzalcóatl, le Serpent à Plumes. Une croix rouge, *sa* bannière. Il est revenu de l'est, là où il avait disparu à l'aube. Et il est porté par le vent, *son* vent, qu'il capte dans son bateau. Il parle aussi de sacrifices humains ! Comment pourrait-il s'agir d'un autre ?

Serpent-Femelle ne répondit pas.

J'ai été condamné le jour où je suis monté sur le trône, songea Moctezuma. A présent que le moment est venu, je me sens presque soulagé. Je n'aurai plus besoin de vivre dans la crainte de l'avenir.

Il contempla le morceau de biscuit un long moment puis le tendit à son Premier ministre.

— Fais-le placer dans une gourde d'or. Nous le déposerons dans le temple du Serpent à Plumes à Tollan. S'il doit revenir, il verra que nous avons traité avec respect ce qui lui appartient.

— Oui, grand seigneur.

Lorsque Serpent-Femelle fut parti, Moctezuma se retrouva seul dans la salle d'audience, le cœur frémissant de crainte.

Il jeta la tête en arrière et poussa un faible cri. Le cri d'agonie d'un animal blessé et pris au piège.

Elle jeta la tête en arrière et poussa un faible cri. Le cri d'agonie d'un animal blessé et pris au piège.

Par le cul de Satan, pensa Benitez. Une vierge.

L'idée de coucher avec une sauvage l'épouvantait et l'excitait à la fois. Il avait entendu des marins parler d'accouplements avec des animaux et il lui semblait que ce qu'il faisait actuellement était à peine mieux. Toutefois, il devait reconnaître qu'elle était propre et que son odeur, quoique étrange, n'avait rien de déplaisant.

Elle était jeune — pas plus de seize ans, estima-t-il. L'époque où il rêvait de coucher avec une vierge de cet âge était révolue. Il lui vint alors à l'esprit que bien des hommes estimeraient qu'il avait de la chance. Mais, en évoquant ce qu'il avait vu dans ce temple maudit, il se demanda quel bienfait il pouvait y avoir à s'accoupler avec une sauvage.

Au-dehors, les cris des singes hurleurs, chœur entêtant sorti tout droit de l'enfer, trouaient le silence de la nuit. Malgré ses inquiétudes, il la prit en douceur, s'efforçant de ne pas trop la faire souffrir. A la lueur chancelante de la bougie, il put apprécier les jolies formes de son corps. Il s'était d'abord étonné de découvrir qu'elle n'avait pas de poils sur le pubis, mais, finalement, cela ne fut pas pour lui déplaire.

Le moment de la libération vint rapidement et il poussa un râle de plaisir.

Quand il abaissa les yeux sur elle, il vit que ses joues étaient trempées de larmes. Elle pleurait. Ne parlant pas sa langue, il n'avait aucun moyen de comprendre les raisons de son chagrin — hormis peut-être la douleur engendrée par cette première pénétration. A moins que la jeune femme ne se sente bouleversée en pensant à sa mère ou à une sœur, ou encore à quelque chaste amour laissé à Tabasco.

Non sans surprise, il se prit à penser que cette créature qu'il tenait entre ses bras pouvait bien ne pas être aussi sauvage et barbare qu'il l'avait tout d'abord imaginé. Il lui caressa les cheveux en murmurant des paroles d'apaisement qu'elle ne pouvait comprendre.

Il eut soudain conscience de ce qu'il venait de faire — un acte de violence.

La bête avait rejoint la femme sauvage, loin, loin, tout au fond.

Tollan

Les présages avaient commencé à apparaître dès que Moctezuma était monté sur le trône. Avec le temps, ils étaient devenus trop nombreux pour que l'on puisse continuer à les ignorer. Il y eut d'abord l'apparition d'une pierre de jaspe sanguin chaque nuit dans le ciel, pendant un an. Puis elle disparut à l'ouest en jetant des étincelles comme une bûche qui se consume, laissant derrièrc elle une longue traînée de flammes qui plongeait vers l'est. Ensuite, un éclair avait frappé le temple de l'Oiseau-mouche et l'avait embrasé. Enfin, récemment, un bébé à deux têtes était né dans la ville.

Souffleur-de-Fumée s'était réveillé et, chaque jour, avait vomi dans le ciel une fumée âcre qui enflammait les montagnes, à l'est, comme un deuxième soleil.

Le temps était venu. Le temps était venu.

Pourquoi est-ce moi qui dois supporter ce fardeau ? se demandait sans cesse Moctezuma. De tous les grands chefs des Mexicas, pourquoi est-ce moi qui dois affronter ce moment ?

Les prêtres avaient porté sa litière sur leurs épaules tout au long du chemin menant à Tollan. Autrefois, cette cité avait été la capitale du Serpent à Plumes, mais à présent la ville était abandonnée sous le soleil ardent, balayée par les vents qui montaient de la plaine. Les maisons s'étaient écroulées depuis longtemps. Seules subsistaient les pyramides au toit plat abritant les temples et les colonnades tronquées du palais évoquant les côtes blanchies de quelque géant mort depuis des années. Un fouillis de mauvaises herbes où se nichaient des légions de serpents à sonnette envahissait les rues, signe que même les plus grandes civilisations étaient vouées à disparaître un jour.

Moctezuma descendit de sa litière et fut transporté par les prêtres jusqu'au sommet de la pyramide. L'après-midi tirait à sa fin, le vent du désert sifflait à travers les ruines de pierre en soulevant des nuages de sable et de poussière. Le Serpent à Plumes, Seigneur du Vent, était là. Il les observait.

Une phalange de guerriers toltèques hauts de près de cinq mètres gardait le toit du temple. Au-dessous, un corbeau perché sur le bord d'un *chacmools* frissonnait dans le vent ; à l'approche du cortège, il s'enfuit en croassant.

Une volée de sable frappa Moctezuma au visage. A l'est, derrière les montagnes, des éclairs zébraient un ciel de plomb et le tonnerre grondait.

Le sanctuaire lui-même — celui de son dieu et ancien ennemi — se trouvait au cœur de la pyramide, dans une salle située sous le sommet de l'édifice. Moctezuma descendit seul les marches, portant le biscuit dans une gourde d'or recouverte d'un tissu richement brodé.

Le vent gémit de nouveau.

Au pied des marches gisait la Pierre du Soleil, un bloc arrondi de basalte gris-noir finement sculpté, haut de près d'un mètre et assez large pour que deux hommes puissent y être couchés aisément. Tout autour, des panneaux représentant la destruction des mondes précédents. Il y avait eu quatre soleils avant l'astre actuel. Le premier fut anéanti par des tigres, le second par des tempêtes, le troisième par le feu et le quatrième par les eaux en crue. Et maintenant, ainsi que chaque Mexica le savait, ils vivaient les derniers jours du cinquième soleil, le dernier spasme de ce monde avant que tout ne s'achève. Au centre de la pierre se dressait Tonatiuh, le dieu-soleil, une lame de couteau sortant de sa bouche.

Le dernier monde serait détruit par des lames.

Le Serpent à Plumes observait Moctezuma du fond de l'obscurité. L'empereur pouvait à peine distinguer son image dans les ténèbres, serpent barbu dévoreur de squelettes humains.

Moctezuma sentit son pouls s'accélérer. Du haut de l'autel, un hibou le regardait en clignant des yeux. Il voleta quelques instants aveuglément, effrayé et captif, avant de trouver la sortie et de s'envoler dans le ciel orageux.

Un autre présage.

Moctezuma déposa respectueusement la gourde sur l'autel. Puis il saisit l'une des arêtes de raie gisant sur la pierre à côté d'un petit récipient de pierre sculpté en forme de serpent. Moctezuma ôta son manteau et son pagne, et s'agenouilla, nu, devant le Serpent à Plumes. Après quoi, il perça soigneusement son pénis avec l'arête et récolta le sang dans le récipient de pierre. Il répéta l'opération à plusieurs reprises en perçant ensuite les lobes de ses oreilles, sa langue et ses cuisses.

Quand ce fut terminé, son corps était baigné de sueur, pantelant de douleur. Il se releva, très lentement, et jeta le sang à la face du Serpent à Plumes.

Quand Moctezuma quitta le temple, son riche manteau d'or était taché de sang. Il ordonna à Serpent-Femelle de sceller le sanctuaire afin qu'il ne soit plus jamais découvert. Puis il se laissa porter par les prêtres pour redescendre les marches de la pyramide.

Durant le voyage de retour à Tenochtitlán, il ne prononça pas un mot, gardant les yeux fixés droit devant lui, l'air chagrin, concentré sur les visions du désastre à venir. En vérité, il avait déjà fait tout ce qui était en son pouvoir pour se concilier les faveurs des dieux. Si le Serpent à Plumes devait revenir, plus rien ne pouvait empêcher l'inévitable.

Qu'on en finisse.

8

Ils arrivèrent le matin du dimanche de Pâques, annoncés par le roulement des tambours en peau de serpent et les sons éclatants des conques.

Cinquante-deux délégués se présentèrent devant les étrangers, un pour chaque tranche de temps. Le soleil faisait étinceler les pectoraux parés d'or et les ornements qui perçaient les lèvres des Indiens. Les plumes vertes de quetzal dansaient sous la brise matinale. Dans l'ensemble, ils étaient de taille plus petite que les Espagnols, mais bien musclés. Ils avaient le visage large et carré, le nez busqué, les cheveux longs jusqu'aux épaules et taillés en frange sur le front. Les dignitaires, eux, portaient leurs cheveux noués au-dessus de la tête en une sorte de chignon retenu par un bandeau de coton. Aucun d'entre eux n'était armé.

Cortés les rejoignit sous les palmiers à une courte distance du camp. Le chef de la délégation fit un pas en avant. Un ornement de jade sculpté était fiché dans la cloison de son nez. Cortés s'efforça de dissimuler son dégoût devant ce qui représentait à ses yeux une répugnante pratique barbare.

L'homme posa un doigt sur le sol puis le porta à ses lèvres. Cortés s'inclina pour lui rendre son salut et appela Aguilar afin qu'il leur serve d'interprète.

Le *natural* ayant achevé ses salutations, Cortés attendit la traduction. Aguilar semblait embarrassé et murmura quelques mots au visiteur en maya chontal. Cette fois, ce fut au tour de l'Indien de se montrer surpris et de froncer les sourcils.

— Que se passe-t-il ? demanda Cortés.

— Je ne comprends pas ce qu'il dit, répondit Aguilar. Je n'ai encore jamais entendu ce langage.

— Si vous n'êtes pas capable de traduire, alors vous n'avez rien à faire parmi nous.

— J'ai vécu huit ans au milieu des Mayas, protesta le diacre. Mais cet homme ne parle pas un dialecte. Sa langue m'est totalement inconnue.

Une voix s'éleva derrière eux, une voix de femme. Cortés se retourna et vit la *camarada* aux yeux noirs, celle qu'il avait donnée à Puertocarrero. Un curieux sourire flottait sur ses lèvres.

— Que dit-elle ? demanda-t-il à Aguilar.

Le franciscain se renfrogna.

— J'ai l'impression qu'elle comprend les paroles de l'étranger. Elle dit que cette langue est appelée le nahuatl.

— Alors amenez-la ici tout de suite !

Cortés fit signe à la jeune femme de s'avancer.

— Cela risque de prendre pas mal de temps mais, au moins, nous pourrons parler. Je m'adresserai à vous, après quoi vous traduirez pour elle qui transmettra mes paroles à notre visiteur. Allons-y, Aguilar ! Voyons ce que ces gens nous veulent.

La conversation à quatre voix s'engagea. L'étranger se présenta sous le nom de Teuhtitl — ce qu'Aguilar prononça Tendile. C'était un Mexica, gouverneur de la province où les Espagnols venaient juste de débarquer. Tendile leur souhaitait la bienvenue au nom du grand Moctezuma, Premier Maître Vénéré de la Triple Alliance. Lui-même se présenta comme un vassal de Moctezuma, lequel était le plus grand prince du monde et vivait par-delà les montagnes en un lieu appelé Tenochtitlán.

Cortés parut satisfait de ces propos. Tendile fit signe à ses esclaves d'approcher. Ils étendirent des nattes à terre et y déposèrent les cadeaux apportés par la délégation : une poignée de figurines en or, quelques petits bijoux, des manteaux ornés de plumes de quetzal et dix coupons de fin tissu blanc. On y trouvait aussi de la nourriture : dindes, morceaux de porc et galettes de maïs.

Aguilar demanda à Mali de remercier Tendile pour ces présents. Cortés murmura quelques mots à Alvarado qui se dirigea à la hâte vers le camp. Mali espéra que c'était pour aller chercher des présents convenables à offrir en retour.

Entre-temps, Tendile s'adressa directement à Mali.

— Qui sont tes compagnons chevelus ? Sont-ils humains ? Qu'attendent-ils de nous ?

Mali répéta fidèlement ces questions à Aguilar.

— Dites-lui que nous sommes envoyés par Sa Majesté Très Catholique Charles V, roi d'Espagne, répondit le franciscain. Notre souverain a entendu parler de ce puissant seigneur nommé Moctezuma. Il nous a envoyés ici pour lui offrir de commercer en termes amicaux et pour lui montrer le chemin de la vraie foi.

Mais de quoi parlait-il donc ? se demanda Mali. Si seulement elle pouvait s'entretenir directement avec Cortés ! Cet Aguilar était un imbécile.

Elle hésita un instant, prenant le temps de composer une réponse plus appropriée.

— Les anciennes prophéties sont accomplies, dit-elle à Tendile. Le Serpent à Plumes est revenu !

Il y eut un long silence. Tendile ne semblait pas particulièrement surpris par les propos de Mali. Des nouvelles de l'avancée ennemie le long de la côte devaient lui être déjà parvenues.

— S'agit-il véritablement d'un dieu ? demanda-t-il à la jeune femme.

— Observez son visage pâle, sa barbe noire. Ne le reconnaissez-vous pas ?

Tendile reporta son attention sur Cortés et ses traits reflétèrent le jeu changeant de ses émotions.

— Impossible ! s'exclama-t-il.

— Il est arrivé de l'est sur un grand radeau, ainsi qu'il l'avait annoncé. Regardez comment il est vêtu ! Ce sont les couleurs du Serpent à Plumes !

Tendile paraissait de plus en plus déconcerté. Il aperçut Alvarado qui revenait, ses boucles rousses dépassant de son casque d'or.

— Et cet homme-là ? demanda-t-il à Mali. Qui est-ce ?

— Ce n'est pas un homme. Son nom est Tonatiuh, le dieu-soleil.

— Que raconte-t-il ? interrompit Aguilar, trahissant son impatience. Il a l'air excité. Désire-t-il que je lui parle des mystères de la croix ?

Mali fronça les sourcils. Les mystères de la croix ? Chez les Mayas, la croix était le symbole de la fertilité. Voulaient-ils instruire Tendile sur la manière de concevoir des enfants ? Non, cela semblait improbable.

— Il souhaite en apprendre davantage sur le lieu d'où vient mon seigneur et pourquoi il est revenu, finit-elle par répondre.

— Revenu ? Ah oui, ils se souviennent sans doute du voyage de Grijalva l'an dernier, interpréta Aguilar. (Il chuchota quelques mots à l'oreille de Cortés, puis se tourna à nouveau vers Mali.) Dites-lui que mon maître Cortés est le sujet d'un grand monarque qui vit par-delà les mers, en direction de l'aube. Mon maître Cortés désirerait savoir où et quand il pourrait rencontrer Moctezuma en personne et lui apporter la bonne nouvelle d'une seule vraie religion.

Que signifiait ce non-sens ? se demanda Mali. Elle s'adressa à Tendile.

— Le Serpent à Plumes désire rencontrer Moctezuma immédiatement. Comme vous pouvez l'imaginer, monseigneur, ils ont beaucoup de choses à se dire. Surtout concernant les dieux.

Tendile sursauta mais s'efforça malgré tout de demeurer impassible, ainsi qu'il convenait à un ambassadeur face aux exigences les plus inconsidérées.

— Comment peut-il demander à rencontrer notre maître vénéré ? Il vient juste d'arriver dans notre pays.

— Il est sur ses territoires, rétorqua Mali. Il peut donc agir selon son gré.

— Mon maître Cortés souhaiterait savoir ce qui se passe, interrompit Aguilar.

Mali se demandait comment tourner la réponse de l'ambassadeur pour ne pas offenser Cortés.

— Il dit qu'il transmettra à Moctezuma votre requête mais qu'il ne sait pas s'il pourra organiser très vite une rencontre. Après tout, mon seigneur vient à peine de fouler ces rivages. Il a besoin de se reposer de son voyage.

Il y eut un nouvel et bref échange entre Cortés et le franciscain.

— Mon maître Cortés dit qu'il ne se fatigue pas aussi facilement et que la demande de son souverain ne souffre aucun retard.

Mali réfléchit encore. Qui pouvait bien être ce roi lointain que Cortés semblait tant redouter ? Sans doute faisait-il allusion à Olintecle, le père de tous les dieux.

Une nouvelle fois, elle fit face à Tendile.

— Voilà que vous l'avez fâché, lui dit-elle. Il veut rencontrer Moctezuma et lui parler immédiatement. L'ordre lui en a été donné par Olintecle en personne.

Alvarado avait apporté des présents que ses esclaves cubains déposaient à présent sur la natte : un coffret contenant des perles bleues et un fauteuil que les vers avaient commencé à attaquer pendant le transport.

— Dites à ce Tendile, reprit Aguilar, que mon maître Cortés espère que ces présents seront agréables à Moctezuma. Peut-être pourra-t-il utiliser ce siège comme trône lorsque tous deux se rencontreront.

Tendile se montra choqué.

— Je transmettrai ces paroles, répondit-il à Mali quand il en eut compris le sens.

Mais, tout comme Mali, il contempla avec stupéfaction et colère le siège rongé par les vers : c'était là une insulte manifeste et délibérée.

Le seigneur Tendile fut informé que ce jour était le dimanche de Pâques, une fête sainte très importante pour les Espagnols, et convié à assister avec sa suite à la première messe catholique. Ils s'installèrent sur des nattes à l'ombre des palmiers tandis que fray Olmedo et frère Aguilar dressaient sur la plage une grande croix de bois. Le moine récita alors l'angélus pendant qu'Aguilar agitait une petite clochette d'argent qu'il avait apportée du bateau. Puis Olmedo, qui possédait une belle voix de ténor, chanta la messe.

— Que font-ils ? murmura Tendile à l'oreille de Mali. Et que boivent-ils donc dans cette coupe ? Est-ce du sang ?

Mali hésita, perplexe. Les seules informations sur ces coutumes étrangères lui étaient données par le charabia d'Aguilar.

— C'est du sang mais ce n'est pas du sang humain, finit-elle par répondre. Ce sang est celui de leur dieu.

Tendile médita un moment.

— Nos dieux réclament notre sang à nous, poursuivit Mali qui reprenait confiance. Mais le Serpent à Plumes et ceux qui le vénèrent reçoivent le sang de leurs dieux. Ce sont les dieux qui se sacrifient.

Tendile écoutait, silencieux. Il se demandait ce que penserait le maître vénéré en apprenant tout cela.

Cortés étudiait les Mexicas. Depuis l'arrivée de Tendile au camp, deux membres de sa suite s'activaient sans relâche. Assis par terre sur des nattes de roseau, ils dessinaient tout ce qu'ils voyaient. Ainsi, pensa Cortés, il ne s'agit pas seulement d'une ambassade mais aussi d'une délégation d'espions. Pourquoi ne pas en tirer profit ?

Quand la messe fut terminée, il se tourna vers Alvarado.

— Va dire à Benitez de seller les chevaux. Et que Mesa prépare une salve d'artillerie ! Nous allons donner à ces sauvages qui jouent les importants de quoi raconter de belles histoires à Moctezuma quand ils rentreront chez eux.

Alvarado fit un grand sourire et s'éclipsa.

Cortés conduisit Tendile et sa suite sur la plage.

— Demandez à Mali d'expliquer à nos hôtes que je veux leur montrer quelque chose d'intéressant, dit-il à Aguilar.

Le visage toujours aussi grave, Tendile suivit Cortés et les autres seigneurs mexicas lui emboîtèrent le pas, nez en l'air.

Un coup de tonnerre éclata soudain dans le ciel clair. Tous les Mexicas tombèrent à genoux, même Tendile qui, sous le choc, oublia sa superbe. Un nouveau coup de tonnerre retentit, suivi d'un autre encore.

Cortés retint un sourire. Sa petite mise en scène avait l'effet prévu. Tendile et sa suite, toujours prosternés, se courbèrent encore plus.

Mesa tira une nouvelle salve de ses couleuvrines. Sur l'autre rive, les arbres frémirent et s'abattirent sur la plage dans un amoncellement de branches brisées. Les cocotiers avaient été soufflés comme de vulgaires brindilles.

Lorsque la démonstration fut terminée, Tendile et son entourage se remirent péniblement debout. Cortés fit un signe à Alvarado. Ce dernier tira son épée et la leva. Aussitôt, venant de l'autre bout de la plage, les *jinetes* surgirent en formation serrée. Les chevaux de guerre fermaient le cortège, martelant le sable dur de leurs sabots.

Les Mexicas, atterrés, se figèrent. Puis Tendile fit un pas en arrière, le visage gris. Les autres se pressèrent autour de lui.

Les cavaliers éperonnèrent leurs montures et passèrent si près que les flancs des chevaux frôlèrent les assistants. Cortés vit les scribes de Moctezuma transcrire frénétiquement ce qu'ils venaient de voir.

Bien, pensa-t-il. Voilà qui donnera une forte impression de nous à leur maître vénéré.

Mali l'observait à la dérobée. Exactement ce que j'espérais de lui, songea-t-elle. Il n'a peur de rien et même les Mexicas tremblent devant lui. Je vais attendre mon heure avec Alonso mais ce dieu m'appartient. Sa destinée est liée à la mienne.

Cortés adressa quelques mots à Aguilar qui les traduisit à l'intention de Mali.

— Mon maître Cortés voudrait que vous informiez Tendile qu'il espère avoir le grand plaisir de rencontrer personnellement Moctezuma.

Mali transmit cette déclaration avec un sourire.

Vois comme cet imposant seigneur des Mexicas transpire comme une fille ! Pour la première fois de sa vie, elle se sentait puissante. Je ne suis plus cette enfant misérable qui cherchait à se défaire de ses liens, enfermée dans un grenier. Je ne suis plus cette princesse sans défense qui regardait son père trembler de peur avant que les soldats de Moctezuma ne l'étranglent pour lui prendre sa vie. Je ne suis plus un grain de poussière sur le sol.

Je suis le vent d'obsidienne, le souffle des dieux.

Le seigneur Tendile prit son temps pour retrouver son calme et sa dignité, qu'il rassembla sur lui comme on s'enveloppe d'un manteau. Il esquissa un signe en direction d'Alvarado.

— Il demande s'il peut avoir son casque pour l'offrir à Moctezuma, expliqua Aguilar à Cortés.

Alvarado se mit à rire quand on lui transmit la requête. Il ôta son cabasset et le tendit à Mali.

— Je le lui prête volontiers s'il me le rapporte rempli d'or !

Cortés voulut empêcher que l'on traduise ces paroles mais il était trop tard. Mali s'y employait déjà. Il va falloir que je surveille Alvarado, pensa Cortés avec irritation, car ses propos ne révèlent que trop nos intentions.

Tendile fronça les sourcils et entama avec Mali une discussion animée.

— Que dit-il ? interrogea Cortés.

— On pouvait s'y attendre, marmonna Aguilar après s'être entretenu avec Mali. Il veut savoir ce que l'or a de si spécial à nos yeux.

Il s'ensuivit un silence, durant lequel les officiers espagnols échangèrent des regards. Cortés pesa sa réponse puis se tourna vers Aguilar.

— Dites-lui que nous autres Espagnols souffrons d'une terrible maladie du cœur. L'or est le seul remède.

— Amen ! lança Jaramillo en partant d'un gros rire.

Tendile partit après avoir promis de revenir bientôt pour apporter la réponse de Moctezuma. Cortés s'efforça de dissimuler son excitation devant les autres. Les déclarations des envoyés de Moctezuma concernant l'or, la puissance et les richesses de leur empereur, voilà qui confirmait ses plus grandes espérances. Il approchait du but.

Il regarda Mali.

— Remerciez-la, dit-il à Aguilar. A l'avenir, cllc restera à mes côtés pour m'assister dans mes entretiens avec les Mexicas.

Aguilar prit un air renfrogné mais transmit néanmoins à la jeune femme les paroles de Cortés.

Mali baissa la tête et rougit de plaisir. Cortés l'observa à la dérobée et vit sur ses lèvres l'esquisse d'un sourire. Son instinct ne l'avait donc pas trompé au sujet de cette fille. De tous les trésors qu'on lui avait offerts jusqu'ici, il pressentait qu'elle pourrait bien être le plus précieux.

9

La tente de Cortés avait été dressée derrière les dunes, à l'ombre des palmiers. La soie bleu roi claquait sous la brise de l'océan. Assis à une table de bois, son valet et son majordome debout derrière lui, Cortés travaillait.

Mali le contempla. Cet homme possédait des talents de magicien. Il avait des yeux de hibou et, quand il vous tenait sous son regard, il était impossible d'échapper à son emprise. Elle remarqua pour la première fois la petite cicatrice sous la lèvre inférieure, en partie dissimulée par la barbe. Elle se demanda s'il avait été attaqué, lui aussi, par le Monstre de la Terre, comme l'avait été Tezcatlipoca, un autre de leurs dieux.

Il murmura quelques mots à Aguilar, puis celui-ci s'adressa à Mali.

— Mon maître désire savoir où tu as appris à parler la langue des Mexicas.

— Je ne suis pas née à Tabasco, répondit Mali en se demandant jusqu'à quel point elle pouvait leur dire la vérité. Je viens d'un endroit appelé Painala où l'on parle le nahuatl, une très belle langue. Enfant, j'ai été capturée et l'on a fait de moi une esclave.

Cortés se pencha en avant, les coudes appuyés sur la table.

— Il demande si vous connaissez Moctezuma, transmit Aguilar.

— Je me suis rendue une fois à Tenochtitlán alors que je n'étais qu'une petite fille. L'empereur est passé dans la rue, porté dans un palanquin. Je sais seulement qu'il est le prince le plus riche du monde. Mais c'est aussi un homme terriblement cruel.

— Cette ville, Tenochtitlán, à quoi ressemble-t-elle ?

Mali adressait ses réponses à Cortés bien que ce soit Aguilar qui parlât en son nom. Elle voulait que son seigneur la remarque, qu'il voie qu'elle n'avait pas peur.

— Tenochtitlán est une cité construite sur un lac au centre d'une grande vallée cernée de montagnes. C'est la plus belle ville du monde. Elle compte peut-être cent mille habitants.

En voyant Aguilar sourire à ces paroles, Mali crut qu'il pensait qu'elle exagérait.

— Ce peuple est-il riche ?

La jeune Indienne s'amusa d'une pareille question.

— Les Mexicas possèdent la moitié du monde et l'autre moitié leur paie chaque année un tribut.

Autant de propos qui parurent satisfaire pleinement Cortés.

— Il dit que vous serez récompensée pour vos services, traduisit Aguilar. (Puis il ajouta soudain :) Quand nous nous sommes entretenus avec Tendile et sa délégation, avez-vous traduit mes paroles avec exactitude ?

Mali réfléchit. Est-ce qu'il la soupçonnait ? Elle avait dit la vérité au seigneur Tendile, même si ce n'était pas dans les mêmes termes que ceux employés par cet homme stupide.

— Oui, monseigneur, murmura-t-elle.

— En êtes-vous certaine ?

Cortés l'observait attentivement. Quelque chose fit pressentir à Mali qu'il y avait dans ce regard plus qu'elle ne l'avait cru au premier abord. Un frisson de peur la parcourut.

— J'ai répété tout ce que vous m'avez dit, assura-t-elle.

— Ont-ils bien compris ?

— Bien sûr.

Mais Aguilar gardait les yeux fixés sur elle. De toute évidence, il la soupçonnait d'avoir menti. Cependant, que pouvait-il lui faire ? En fait, elle n'avait transmis au seigneur Tendile que ce qu'elle savait être vrai. Elle avait l'impression qu'Aguilar était soit un idiot, soit un charlatan et qu'il cherchait à minimiser le rôle du Serpent à Plumes. Ah, comme elle aurait aimé connaître la langue de Cortés !

— Merci, doña Marina, dit enfin Aguilar.

Un des gardes espagnols l'accompagna hors de la tente

mais, avant de sortir, elle se retourna pour jeter un dernier regard à Cortés. Elle vit qu'il lui souriait.

Je serai sa main droite, pensa-t-elle. Que tu sois sodomisé par un porc-épic, frère Aguilar ! C'est moi qui serai sa main droite, pas toi !

10

Tenochtitlán

Il était tard, la sixième heure de veille de la nuit, lorsque Tendile et ses compagnons regagnèrent le palais royal. Mais Moctezuma avait ordonné qu'on le réveille dès que ses ambassadeurs se présenteraient. Ils n'eurent donc pas à attendre pour être reçus.

Les membres de la délégation se déchaussèrent et ôtèrent leurs manteaux brodés pour les remplacer par de simples vêtements de coton. Après quoi, on les conduisit par le grand escalier aux appartements de Moctezuma.

Le maître vénéré les attendait dans l'une de ses salles privées. Dès leur entrée, ils furent assaillis par l'odeur âcre de l'encens de copal. Du bois de santal brûlait dans un brasero de cuivre et Tetzcatlipoca, le Porteur de Ténèbres, les contemplait à travers les volutes épaisses de l'encens. Serpent-Femelle se tenait devant l'autel, prosterné. Une jeune fille gisait nue, écartelée sur la pierre sacrificielle personnelle de Moctezuma, bras et jambes ballant de chaque côté de la dalle. Sa poitrine béait, sanguinolente, tandis que son cœur grésillait sur les braises.

Un filet de fumée noire s'élevait jusqu'au plafond.

Tendile et ses compagnons s'approchèrent, face contre terre. Moctezuma surgit de derrière l'autel, ses vêtements tachés par le sang du sacrifice. Il vint vers eux en tenant un récipient de basalte en forme de jaguar rempli du sang de la jeune morte et en aspergea ses messagers pour les purifier. Après tout, ils avaient parlé avec des dieux.

Moctezuma avait espéré de bonnes nouvelles, mais il déchanta en voyant la mine sinistre de ses ambassadeurs.

— Parlez ! ordonna-t-il.

— Les grands radeaux sont apparus sur nos côtes il y a cinq jours, expliqua Tendile. Depuis que nous avons rencontré les étrangers, nous nous sommes hâtés, cheminant nuit et jour, pour vous transmettre les nouvelles.

— Eh bien ?

— Ils ne parlent pas la Langue Elégante. Leur langage ressemble au cri des canards. Ils ont une femme qui parle en leur nom, une personne comme nous. Elle s'appelle Marina.

— Et que vous a-t-elle dit ?

Tendile tremblait. Un filet de bave s'écoula de sa bouche.

— Elle a dit que les anciennes prophéties étaient en train de s'accomplir. Le Serpent à Plumes est revenu, comme il l'avait promis !

Moctezuma pressa ses poings sur son front, comme s'il tentait de creuser une brèche à l'intérieur de son crâne.

— Qui est donc cette femme ?

— J'avoue l'ignorer, monseigneur. Mais elle s'est exprimée avec insolence.

— Qu'a-t-elle dit d'autre ?

— Le Serpent à Plumes désire vous parler en personne. C'est Olintecle lui-même qui le lui a ordonné.

On aurait dit que Moctezuma pleurait mais Tendile n'osa pas lever les yeux vers le visage du maître vénéré. Il restait prostré sur le marbre froid, dans une attente anxieuse qui lui parut durer un siècle. Je vais être sacrifié à l'Oiseau-mouche à cause de cette affaire, pensait-il. On m'écorchera et ma peau sera jetée dans la grande fosse à Yopico.

Moctezuma avait saisi une épine d'agave dans le reliquaire et il se piqua les bras à plusieurs reprises, jusqu'à ce que le sang ruisselle sur les dalles.

— As-tu vu cet étranger qui prétend être Quetzalcóatl ?

— Oui, monseigneur. Sa peau est blanche comme de la craie, sa barbe noire comme le jais et son nez est droit. Il était vêtu de noir et portait une plume verte de quetzal sur sa coiffure.

— Une plume de quetzal ! s'exclama Moctezuma.

Un dieu se reconnaît à sa coiffure, pensa-t-il. Une plume couleur de jade représentait l'un des symboles du Serpent à Plumes. Et le noir était sa couleur.

— Et les autres hommes qui se trouvaient avec lui ?

— Eux aussi étaient étrangement vêtus. Ils dégageaient

une odeur pestilentielle. Plusieurs avaient de longues barbes et des cheveux étranges. Leurs épées, leurs boucliers et leurs arcs sont faits d'une sorte de métal qui brille au soleil. Et s'ils étaient vraiment des dieux, leurs excréments devraient être en or. Pourtant je les ai vus et ils ressemblent aux nôtres.

— Que sais-tu des dieux ! cria Moctezuma.

Tendile s'aplatit un peu plus sans répondre. Je vous en prie, implora-t-il silencieusement, ne me tuez pas.

— Est-ce que cette femme t'a dit pourquoi le seigneur barbu désire me parler ?

— Elle dit que c'est à propos des dieux.

— Ont-ils mentionné leur religion ?

— Non, mais j'ai assisté à leurs rituels, maître vénéré. Ils buvaient du sang.

Pour la première fois, Moctezuma reprit faiblement espoir. Mais Tendile ajouta :

— Cependant, ce n'était pas du sang humain qu'ils buvaient mais celui d'un dieu.

— Le sang d'un dieu ? répéta Moctezuma, incrédule.

L'écho de sa voix se répercuta sur les hauts murs de marbre.

— Mes artistes ont dessiné des images pour vous, maître vénéré, murmura Tendile.

L'un des scribes rampa sur le sol pour tendre au roi plusieurs feuilles d'écorce. Moctezuma les lui arracha avec brutalité et contempla les grands temples flottants avec leurs larges bannières de toile, les bouches noires crachant du feu, les monstres à deux têtes, ces bêtes furieuses qui les avaient poursuivis.

L'empereur fronça les sourcils :

— Qu'est-ce que c'est que ça ?

— Monseigneur, les étrangers possèdent des serpents de pierre dont la bouche crache de la fumée et des étincelles. Si on les dirige vers un arbre, l'arbre tombe. Si on les pointe vers une montagne, la montagne s'effondre. Le bruit ressemble à celui du tonnerre et la fumée a une odeur mauvaise qui nous a tous rendus malades. Certains de ces étrangers chevauchent de grands cerfs, plus hauts que deux hommes perchés l'un sur l'autre, et ces bêtes les transportent là où ils veulent aller. Elles soufflent de la fumée par la bouche et, quand elles courent, le sol tremble sous leurs sabots. Ils possèdent aussi des chiens qui ne ressemblent pas aux nôtres, des monstres venus tout droit du pays des morts, avec de grandes mâchoires et des dents jaunes.

Moctezuma réfléchit. Ce que cette femme nommée Marina avait expliqué à Tendile ne pouvait être mis en doute. On était l'année du premier roseau, le jour de la naissance du Serpent à Plumes, celui aussi où il était parti. Les présages concordaient et l'esprit le plus obtus aurait pu les déchiffrer.

Ainsi que les hommes-hiboux l'avaient prophétisé :

La première année du crocodile, il s'attaquera aux vieux hommes.

La première année du jaguar, du daim ou de la fleur, il s'attaquera aux enfants.

S'il vient la première année du roseau, il s'attaquera aux rois.

Moctezuma ne sut pas combien de temps il était resté immobile à contempler les ombres, perdu dans son désespoir. Il lui fallut un long moment pour se souvenir que Tendile et les autres seigneurs attendaient sa réponse.

— Avez-vous encore d'autres choses à m'apprendre ?

Un membre de la suite de Tendile s'approcha en rampant, un casque de métal dans les mains. Moctezuma contempla ce matériau étrange, aussi brillant que de l'argent.

— Qu'est-ce que c'est ?

— L'un des étrangers nous a donné cette coiffure pour vous la remettre, ô vénéré maître.

Moctezuma l'examina plus attentivement. Il comprenait pourquoi Tendile s'était intéressé à cet objet : il ressemblait étrangement au casque porté par l'Oiseau-mouche, leur propre dieu de la Guerre.

— Est-ce un présent qu'il t'a remis pour moi ? demanda-t-il, intrigué.

— Non, monseigneur. Il a demandé qu'on le lui rende rempli d'or.

— De l'or ? répéta Moctezuma. Pourquoi de l'or ?

— Ils disent que c'est pour soigner une maladie particulière à leur espèce. A vrai dire, ils ont ignoré tous nos autres présents, les tissus fins, les vêtements de plumes, les bijoux de jade sculpté. Seul l'or semblait les intéresser.

Ils sont peut-être venus pour cela, songea Moctezuma. Il laissa échapper un petit rire. Après tout, il y avait peut-être une explication moins effrayante à tout cela.

— Vous allez regagner la côte cette nuit et remettre aux étrangers exactement ce qu'ils ont demandé. Si c'est de l'or qu'ils veulent, qu'on leur en donne. Nous devons aussi découvrir si ce seigneur est bien le Serpent à Plumes ou seulement un homme, ainsi que tu le prétends. Il existe des moyens pour découvrir la vérité.

Lorsqu'ils furent partis, Moctezuma regarda de nouveau les peintures réalisées sur les morceaux d'écorce. Ses doigts se mirent à trembler de manière incontrôlable.

La première année du roseau.

Une mauvaise année pour les rois.

San Juan de Ulúa

Ils atteignirent la côte le vendredi saint de l'an de grâce 1519. Lorsqu'ils eurent jeté l'ancre, les Espagnols contemplèrent un paysage déprimant de dunes de sable couvertes d'une maigre végétation couleur de paille et parsemée de tristes palmiers courbés par le vent. On distinguait au loin une chaîne de montagnes bleues dominées par un sommet que les Indiens baptisaient Orizaba, un cratère volcanique perpétuellement enveloppé d'amas nuageux.

Les esclaves que Tendile avait laissés derrière lui les aidèrent à édifier des abris à l'aide de grandes branches, de feuilles de palmier et de chaume. Les *naturales* installèrent leur propre camp un peu plus loin — un village de cabanes construit en une nuit. Ils firent cuire des dindes et des poissons en plein air. Les femmes épluchèrent des fruits et préparèrent des galettes de maïs sous des auvents de nattes tressées.

Les Espagnols se regroupèrent autour des feux, claquant des dents sous le vent froid venu du nord. Puis, un jour, le vent retomba et il se mit à faire insupportablement chaud. Ils s'entassèrent alors sous les branches des rares arbres noueux, chassant les nuages d'insectes qui s'abattaient sur eux et rendaient leur vie encore plus misérable.

Seul Cortés paraissait insensible à tant d'inconfort. Jour après jour, il explorait les dunes, contemplant le fouillis de la jungle et, au-delà de la plaine, la ligne interdite des montagnes à l'ouest. Il attendait, se posait des questions, élaborait des plans.

Fleur de Pluie retira son *huipitl,* cette longue tunique de coton portée sur la chemise, et rejoignit Mali dans l'eau claire et fraîche. Tout en se déshabillant, Mali remarqua les ecchymoses sombres et rougeâtres sur ses bras et ses seins.

Fleur de Pluie intercepta son regard.

— Mon seigneur velu se montre rude avec moi, dit-elle. Je ne crois pas qu'il s'en rende compte. Il est si grand et si lourd ! Quand il est en moi, il oublie combien il est fort et combien je suis petite.

Elle s'avança plus loin dans l'eau et s'accroupit pour baigner ses épaules. Mali éprouva un brusque élan d'affection pour elle. A Potonchan, on considérait Fleur de Pluie comme une femme laide. Sa mère avait négligé d'accrocher une perle à son bonnet lorsque la fillette n'était encore qu'un bébé, de sorte qu'elle n'avait pu avoir ces yeux convergents que les Tabascans trouvaient si attirants chez une femme. La mère de Fleur de Pluie avait été la première épouse de Bouche du Tigre et Fleur de Pluie n'avait que quelques années de moins que Mali. Elle était pour elle un peu comme une jeune sœur. Dotée d'un franc-parler, d'un tempérament vif, elle avait été exposée par son père à la fumée de chili pour s'assagir mais rien n'y avait fait.

— Je ne crois pas qu'ils soient des dieux, petite mère. Leurs corps ont une odeur rance et ils répandent leur semence comme tous les autres hommes.

— Ta grotte vient tout juste d'être ouverte et tu t'imagines déjà tout savoir des hommes ! Serais-tu déçue que son *maquauhuitl* n'ait pas de pinces, ainsi que tu te le figurais ?

— Je n'ai pas osé regarder, dit Fleur de Pluie.

Et elle enfonça sa tête sous l'eau, vexée par la remarque de Mali.

— Certains hommes ne sont pas nés dieux, dit encore

Mali. Parfois c'est l'esprit d'un dieu qui les habite, comme pour Moctezuma.

— Et qu'en est-il de ton dieu aux cheveux d'or ?

— Il a trois pénis et il me tient éveillée toute la nuit. Il en a toujours un qui veut pénétrer dans la grotte de plaisir pendant que les autres se reposent. A l'aube, il se transforme en chat et va rejoindre les autres ocelots pour saluer le jour qui se lève.

— Tu as une langue pointue, Malinali. J'ai bien peur qu'un de ces jours, un des prêtres de Moctezuma ne te la coupe pour la faire rôtir sur leurs braises.

Mali sourit. C'était une menace que Bouche du Tigre avait brandie bien des fois devant Fleur de Pluie.

— Un jour, il se pourrait peut-être que nous n'ayons plus à redouter la puissance de Moctezuma.

Fleur de Pluie leva les yeux vers elle.

— Est-ce vraiment ce que tu penses ?

— Pour quelle autre raison ces étrangers seraient-ils venus ici ?

Fleur de Pluie s'aspergea d'eau du creux de la main en tressaillant chaque fois que le liquide tombait sur ses ecchymoses.

— Ce ne sont que des hommes. Ils prendront ce qu'ils désirent puis ils s'en retourneront au Pays des Nuages.

— Et même si c'était vrai, répliqua Mali — bien qu'elle ne le pensât nullement —, ils nous emmèneront peut-être avec eux lorsqu'ils repartiront. Ce sera sûrement mieux pour nous que ce que nous avons connu avant. Je ne veux pas passer toute ma vie à réparer des vêtements et à cuire du maïs.

Fleur de Pluie accueillit ces paroles avec stupéfaction.

— Mais que peut bien faire d'autre une femme ?

Comment puis-je lui expliquer ? se demanda Mali. Même lorsqu'elle n'était encore qu'une petite fille, il lui semblait déjà qu'il y avait autre chose à faire dans la vie que de piler des tortillas et de mettre des enfants au monde. Tout au fond de son cœur, elle savait qu'elle appartenait à la race des guerriers, des rois, des chefs. Elle saurait engendrer des princes et des poètes. Sa destinée l'appelait à un sort exceptionnel, autre que celui de servir de cuisinière ou de concubine. Elle l'avait toujours su et son père le lui avait confirmé.

— Tu es trop ambitieuse, déclara Fleur de Pluie, interrompant le cours de ses pensées. La vie n'est qu'un rêve, elle ne dure pas toujours. Ce qui arrive ne compte pas.

Le seigneur Soleil baissait à l'horizon, prêt à accomplir son voyage au cœur de la nuit pour lutter contre ses frères et sœurs du ciel. Le chant rythmé des cigales s'éveilla dans la forêt, un papillon dansait au milieu des fougères — l'esprit d'un guerrier mort jouant pour l'éternité parmi les fleurs et les roseaux.

— Tu as peut-être raison, répondit Mali.

Mais elle n'en pensait pas un mot.

L'eau était devenue sombre et très froide. Le seigneur Soleil avait plongé derrière la forêt feuillue. Mali et Fleur de Pluie avancèrent dans l'eau vers la rive, frissonnantes. Tandis qu'elles se rhabillaient, Jaramillo quitta l'arbre derrière lequel il se cachait et se hâta de regagner le camp.

11

Mali nota que cette rencontre revêtait un caractère beaucoup plus cérémoniel que la précédente.

L'ambassadeur arriva, précédé de la fanfare habituelle : tambours en peau de serpent, conques, flûtes d'argile et crécelles de bois. Mais, cette fois, les hérauts de Tendile portaient des étendards de quetzal vert pour bien montrer que la délégation avait reçu l'approbation du roi.

— Voici le seigneur Tendile, gouverneur et porte-parole des Mexicas, émissaire du maître vénéré. Le maître transmet ses salutations et ses amitiés au seigneur de Malintzin.

Les Mexicas avaient décidé de cette appellation pour éviter de désigner les étrangers par un nom d'homme ou de dieu.

Tendile était superbement vêtu d'un manteau de coton orange entièrement brodé de dessins géométriques. Des plumes de flamant rose incrustées d'or couronnaient sa tête. Sa suite, composée de seigneurs et d'esclaves, était nettement plus importante que lors de sa précédente visite. Tandis qu'il approchait, deux jeunes garçons placés à sa droite et à sa gauche écartaient les insectes de son visage à l'aide d'éventails. Deux prêtres marchaient en tête, portant des braseros où brûlait l'encens de copal. Immédiatement derrière Tendile s'avançaient les hommes-hiboux, drapés dans leurs manteaux de plumes et coiffés de casques en forme de bec ; des crânes et des ossements humains étaient accrochés à leurs vêtements. Certains d'entre eux criaient comme des pies-grièches, d'autres projetaient des fumées colorées qui s'échappaient d'encensoirs en argile.

— Par tous les saints, qui sont ces gens ? murmura Aguilar.

— Des sorciers, expliqua Mali. Ils sont là pour détruire les pouvoirs de votre seigneur Cortés avec leurs charmes.

Elle l'entendit aspirer brusquement de l'air. Aguilar pâlit.

— Sorcellerie ! s'exclama-t-il en se signant.

Cortés accueillit la délégation sur la plage, à l'ombre des palmiers, assis sur un trône de chêne lourd incrusté de turquoises. Sur le conseil de Mali, il portait de nouveau son costume de velours noir et sa coiffe noire ornée d'une plume verte.

Mali se tenait au côté d'Aguilar.

Tendile baisa le sol et porta ses doigts à ses lèvres. Les prêtres s'avancèrent et entourèrent Cortés ainsi que ses compagnons pour les envelopper de vapeurs d'encens. Puis Tendile prit la parole :

— J'apporte à Malintzin les salutations et l'amitié du maître vénéré.

Mali traduisit ses paroles à Aguilar, qui prononça *Malintzin* comme « Malinche ».

Tendile fit un signe de tête à l'intention des nobles de sa suite.

— Notre empereur vénéré nous a chargés de vous offrir ces présents en gage de son amitié.

Mali sursauta en réalisant ce qu'ils s'apprêtaient à faire. C'était plus qu'elle n'avait espéré. Elle se tourna vers Aguilar.

— Voulez-vous demander respectueusement à mon seigneur Cortés de se lever ? Ces hommes souhaitent le revêtir de leurs vêtements de cérémonie.

Aguilar fronça les sourcils.

— Dans quel but ?

— Voulez-vous bien lui transmettre mes paroles ? siffla Mali. C'est à monseigneur qu'il appartient de demander dans quel but !

Aguilar croisa son regard. Il voudrait bien pouvoir me fouetter pour mon insolence, pensa-t-elle. Pauvre Aguilar, tu aimerais bien être un roi, mais tu ne seras jamais qu'un esclave.

Le franciscain se résigna à répéter à Cortés les paroles de l'Indienne. Cortés se leva aussitôt et les seigneurs mexicas nouèrent sur ses épaules une splendide cape de plumes. Puis ils glissèrent à son cou un collier d'or et de jade en forme de serpent. D'autres passèrent autour de ses jambes des anneaux d'or et d'argent. Ils lui remirent ensuite un bouclier composé de brillantes plumes vertes de quetzal et le coiffèrent d'une mitre en peau de tigre. Enfin, Tendile saisit un masque en mosaïque de turquoises orné de griffes d'or et d'une croix en plumes de quetzal et le plaça sur la tête de Cortés.

Tels furent les présents officiels dus au grand prêtre du Serpent à Plumes qui, par extension, était considéré comme le dieu lui-même. Moctezuma reconnaissait donc publiquement en Cortés l'incarnation du dieu.

Il y croyait.

Médusés, les Espagnols contemplèrent cette scène extraordinaire. Mali se disait que le Serpent à Plumes apprécierait sûrement de reconnaître les emblèmes de sa divinité. Mais, à sa grande déception, Cortés se dépouilla aussitôt de ces vêtements et les laissa tomber à ses pieds. Il retourna s'asseoir sur son trône de fortune et murmura quelques mots à l'oreille d'Aguilar.

— Mon seigneur Cortés désire savoir ce qu'ils ont apporté d'autre, dit ce dernier à Mali.

La jeune femme se troubla. En refusant ces présents, le Serpent à Plumes cherchait-il à dissimuler son identité ? Dans quel but ? Décidément, les choses ne se passaient pas du tout comme elle l'avait prévu.

Elle se tourna vers Tendile.

— Le Serpent à Plumes souhaite voir les autres présents que vous lui avez apportés.

Tendile parut désorienté, lui aussi. La réaction de Cortés n'avait en rien apaisé ses soupçons.

— Dis à Malinche que nous avons apporté des provisions pour lui et ses compagnons.

Il ordonna à une file d'esclaves d'avancer. Ceux-ci déposèrent sur des nattes leurs lourds paniers remplis de goyaves, d'avocats, de prunes ainsi que d'œufs, de dindes rôties et de galettes de maïs.

Toute cette nourriture avait été abondamment aspergée d'une sauce à base de sang humain.

Mali retint son souffle et observa Alvarado qui se penchait pour détacher un morceau de dinde. Il le porta à son nez, le renifla et fit une grimace de dégoût. Puis il jeta la viande dans la poussière.

Il y eut un silence de mort. Les Espagnols regardaient

Cortés, guettant sa réaction. Mali aussi attendait. Le moment était venu d'apporter la preuve qu'il était un dieu.

Cortés murmura quelques mots à Aguilar.

— Mon seigneur vous demande de remercier Tendile de ses présents, répéta-t-il à Mali. Mais il dit que sa religion lui interdit formellement de consommer de la chair humaine car tous les hommes sont nés frères. Aux yeux de Dieu, ce serait le plus grave des péchés.

Mali cligna des yeux en écoutant ce discours à la fois solennel et confus, mais elle en comprit néanmoins le sens. Elle se tourna vers Tendile.

— Comme vous le savez, le Serpent à Plumes est revenu pour abolir tous les sacrifices humains. Il ne convient donc pas que vous mettiez de façon si évidente sa patience à l'épreuve.

Tendile parut déçu. Mali savait ce qu'il pensait : ce Malinche avait ignoré le symbolisme de la parure divine et refusé de boire du sang humain. Qu'allait-il raconter à Moctezuma ?

Alvarado prit la parole.

— Mon seigneur Alvarado voudrait savoir si les Mexicas ont rapporté son casque, traduisit Aguilar.

Mali répéta ces mots à Tendile. Ce dernier leva une main et d'autres porteurs — il y en avait plus d'une centaine — se précipitèrent.

— Mon seigneur Moctezuma a rapporté le casque et plus encore, dit-il.

Des nattes de paille furent étendues aux pieds de Cortés et le casque d'Alvarado apparut, rempli à ras bord de poudre d'or. D'autres objets furent également exposés : des figurines en or en forme de canards, de daims, de jaguars, de singes ; des colliers d'or incrustés de pierres précieuses ; des panneaux de mosaïques de turquoises et d'onyx ; des statuettes et des masques sculptés dans le bois, des broches et des pendentifs de jade ; des éventails en argent massif, une coiffure en plumes de quetzal garnie de perles et de jade ; des capes tressées de fines plumes ; des bijoux de nacre, d'or, de turquoise, de jade. Et, pour finir, cinq émeraudes d'une taille énorme.

Les Espagnols retinrent leur souffle quand apparurent les ultimes présents : deux disques de la taille d'une roue de chariot, épais de cinq à six centimètres au moins. L'un était en argent et portait en son centre la figure de sœur

Lune. L'autre, en or massif, représentait le seigneur Soleil sur son trône.

Il y eut un silence si profond qu'on entendit le bruissement du vent sur le sable de la grève. Tous contemplaient, émerveillés, ces cadeaux somptueux qui scintillaient sous les rayons du soleil. Cortés s'agita sur son trône et, du bout du pied, poussa légèrement le disque d'or comme pour s'assurer qu'il était bien réel.

Enfin, il parla.

Aguilar se tourna vers Mali.

— Il demande si c'est tout.

L'Indienne cilla, croyant avoir mal compris. Elle ne savait que penser. Impossible de traduire de tels propos à Tendile.

— Mon seigneur le Serpent à Plumes vous remercie de vos présents, finit-elle par dire.

Tendile prit un air revêche.

— Peut-être que, maintenant, ils se décideront à s'en aller.

Cortés parla de nouveau à Aguilar et, cette fois, Mali saisit le sens de sa phrase.

— Mon seigneur vous remercie à nouveau de votre générosité, transmit-elle à Tendile. Il ne lui reste plus à présent qu'à remercier le maître vénéré en personne.

Tendile tressaillit en entendant ces mots.

— Ce ne sera pas possible. Le voyage jusqu'à Tenochtitlán est long et dangereux. Moctezuma vous prie de considérer ces modestes présents comme un gage de son estime et vous prie de retourner au Pays des Nuages d'où vous venez.

Mali traduisit et attendit de nouvelles indications. Elle devina la réponse avant même qu'Aguilar ne l'ait formulée.

— Mon maître Cortés a déjà parcouru de longues distances pour avoir le plaisir de se retrouver en face de Moctezuma, expliqua Aguilar. Il a reçu l'ordre de lui transmettre en personne ses salutations et ne peut agir autrement sous peine de désobéir à son roi.

Mali se mordit la lèvre pour dissimuler le sourire de triomphe qui s'y dessinait. D'une main, Moctezuma offrait à Cortés la parure d'un dieu mais, de l'autre, il tentait de l'acheter.

— Le Serpent à Plumes est un dieu et, par conséquent, il ne se fatigue pas facilement, dit Mali à Tendile. Il insiste pour rencontrer le maître vénéré en personne. Telle est la volonté d'Olintecle, père de tous les dieux et moteur de l'univers.

Tendile donna l'impression de porter un lourd fardeau sur les épaules. C'était plus que la simple déception d'un ambassadeur ayant échoué dans sa mission, constata Mali. A travers cet échec, il entrevoyait peut-être sa propre mort.

Une fois les Mexicas repartis, les Espagnols se ruèrent sur l'or. Les magnifiques plumes de quetzal, les riches vêtements brodés par les plus habiles artisans, les masques sacrés en bois, tout cela fut piétiné sous les lourdes bottes des soldats qui en venaient presque aux mains pour pouvoir toucher et admirer l'or.

Mali regarda autour d'elle. Cortés l'observait. Il semblait déçu, vulnérable, comme un homme qu'on aurait jeté nu dehors. Elle réalisa alors que le dieu avait honte de ses compagnons.

Elle se souvint de ce qu'il avait dit à propos de cette maladie de cœur dont ils souffraient tous. Ce devait être un mal bien terrible, pensa-t-elle, puisqu'il transformait les hommes en singes.

12

L'après-midi, les hommes se rassemblèrent par petits groupes sous les arbres, pestant contre les insectes, les scorpions et la chaleur étouffante. Et, quand vint le soir, ils frissonnèrent sous le froid soudain en grattant leur peau dévorée par les moustiques tandis que les cris surnaturels des hommes-hiboux montaient du campement voisin.

Le lendemain matin, ils se réunirent sur la plage pour assister à l'embarquement des trésors offerts par Moctezuma. Certains se risquèrent même à demander s'ils les reverraient jamais. Lorsque la grande roue en or fut attachée entre deux chaloupes, ils échangèrent quelques mots à voix basse tout en jetant des regards soupçonneux à Cortés et à ses capitaines.

Après le départ du seigneur Tendile, l'attitude des *naturales* se modifia elle aussi. Chaque jour, ils apportèrent un peu moins de nourriture.

Benitez surprit les hommes en train de se plaindre :

Qu'est-ce qu'on fait sur cette plage maudite ? Les ordres du gouverneur étaient de commercer avec les Indiens et d'explorer la côte. Ici, nous ne faisons ni l'un ni l'autre. Le seul or que nous ayons vu jusqu'ici, Cortés l'a caché sur son bateau. A tout moment, des légions de naturales *peuvent surgir de la jungle et nous attaquer.*

Depuis la bataille sur le fleuve Tabasco, une douzaine de soldats étaient morts des suites de leurs blessures, et deux autres douzaines avaient péri des fièvres et du *vomito.*

Certains parlaient de regagner Cuba. Mais, s'ils s'en retournaient maintenant, est-ce que le gouverneur Velasquez partagerait le trésor avec eux ou bien le garderait-il pour lui ?

Benitez croyait déjà connaître la réponse à cette question.

Et on n'entendait toujours pas parler de Moctezuma.

Un matin, les Espagnols constatèrent en s'éveillant que les Indiens étaient partis. Dans le campement désert, les feux étaient encore chauds, des pains brûlaient sur les braises. La veille, les *naturales* étaient au nombre de deux mille et voilà qu'ils s'étaient tous enfuis silencieusement dans la nuit, échappant aux patrouilles.

Ils se retrouvaient à nouveau seuls sur la plage.

13

La sueur sur les visages barbus trahissait la tension. Depuis que les Indiens s'étaient évanouis dans la nature, les hommes ne quittaient plus leurs armures, même pour dormir. Cortés avait convoqué tous les officiers afin d'examiner la situation. L'heure était grave et, parmi eux, seul Alvarado semblait conserver son calme. L'air nonchalant, il pénétra dans la tente, un sourire affecté sur son beau visage doré.

— Je ne comprends pas ce qui s'est passé, disait Sandoval. Pourquoi diable se sont-ils enfuis ? Il me semblait pourtant que nous leur avions clairement fait comprendre nos dispositions amicales.

— Ils l'ont cru jusqu'à ce que Cortés insiste pour rencontrer Moctezuma.

Cortés enregistra ce reproche sans broncher.

Ordaz prit la parole à son tour :

— Les hommes pensent que le moment est à présent venu de regagner Cuba.

Cortés dissimula sa colère sous un sourire.

— Il y a pourtant encore tant à gagner, répondit-il d'une voix volontairement douce. Vous avez tous vu la grande roue en or offerte par Moctezuma. Il ne s'agit là que d'un tout petit aperçu de leurs richesses. Nous pouvons récolter de bien plus grands trésors.

León appuya ses deux poings sur la table.

— Le gouverneur nous a ordonné d'explorer la côte et de commercer là où nous en aurons la possibilité. Il nous a expressément défendu de passer la nuit sur le rivage. Et voilà que nous sommes restés des semaines sur cette maudite côte, exposés aux attaques de ces imbéciles d'Indiens pendant que certains de nos camarades mouraient des fièvres. Pas question de continuer à traîner ici. Nous avons déjà plus d'or et d'objets précieux que nous ne l'avions escompté. Retournons immédiatement à Cuba pour remettre ces trésors au gouverneur.

Une veine se mit à battre sur la tempe de Cortés. Retourner à Cuba ? Ce serait sa ruine. Velasquez garderait l'or et il ne lui resterait même pas de quoi couvrir ses dépenses. Il avait mis en gage la totalité de ses biens, épuisé tout son crédit pour financer cette expédition. De plus, avec les événements qui s'étaient déroulés sur l'île avant son départ, il était pratiquement sûr que le gouverneur s'empresserait de le faire arrêter pour le renvoyer en Espagne, enchaîné. Un tel retour n'était même pas envisageable. La disgrâce et la ruine après quinze années de dur labeur aux Indes. Non, pas question.

Il soupira.

— Je ne cherche que votre bien à tous et remercie ceux qui m'ont fait confiance. Je suis un soldat du Christ, un fidèle sujet du roi, et je dois faire ce que je crois être le mieux. Si vous et vos hommes désirez tant retourner à Cuba, eh bien, nous y retournerons.

— Cortés ! gronda Alvarado. (Le sourire de commande avait disparu de son visage.) Nous ne sommes pas d'accord !

Cortés étendit les mains en un geste d'impuissance.

— Il semble pourtant qu'il n'y ait rien d'autre à faire. Comme l'ont souligné tous ces messieurs, les ordres du gouverneur étaient très clairs.

— Comment ? Vous écoutez ces deux nigauds ? rétorqua Alvarado en désignant León et Ordaz.

En un éclair, les deux hommes portèrent la main au pommeau de leur épée, prêts à laver l'affront, mais les autres arrêtèrent leur élan. Un silence glacial tomba. Puis Benitez prit la parole :

— Ils ont raison sur un point, *caudillo* : nous ne pouvons rester ici à ne rien faire.

— Si nous regagnons Cuba, intervint Puertocarrero, nous ne verrons pas la couleur de cet or.

Cortés leva une main.

— Comme je vous l'ai déjà dit, messieurs, il semble que nous n'ayons pas le choix.

León et Ordaz échangèrent un regard. Ils ne s'étaient pas attendus à l'emporter si facilement.

Ordaz se redressa.

— Je vais avertir les hommes, annonça-t-il.

León lui emboîta le pas et sortit de la tente, non sans avoir jeté un coup d'œil en direction d'Alvarado.

— Vous avez cédé trop facilement à ces *velasquistas*, remarqua Puertocarrero.

— Dois-je comprendre que, vous autres, vous ne souhaitez nullement retourner à Cuba ?

Jaramillo prit un air renfrogné.

— Comme vous l'avez dit vous-même, nous n'avons guère le choix.

— Oh, mais si, nous l'avons, rétorqua Cortés. Si vous êtes d'accord pour rester, messieurs, il reste encore une partie à jouer.

Les esclaves de Tendile n'étant plus là pour leur apporter de la nourriture, les Espagnols furent bien vite menacés de disette. Après des semaines passées dans les cales des bateaux, les stocks de biscuits de mer ressemblaient à une bouillie aigre. Fleur de Pluie tenta une fois d'en manger, mais dut aussitôt recracher le morceau. Les biscuits étaient rances et pleins de vers.

Ils en étaient maintenant réduits à se nourrir de ce qu'ils trouvaient par eux-mêmes. Tous les matins les soldats espagnols partaient à la chasse avec leurs arbalètes tandis que les femmes tabascans allaient ramasser des coquillages et des fruits sauvages. Chaque jour, la recherche de nourriture les entraînait de plus en plus loin dans les marécages.

Un après-midi, Fleur de Pluie se trouvait seule en train de cueillir des baies sauvages lorsqu'elle entendit des bruits provenant de la mare où elle aimait venir se baigner le soir avec Mali. Curieuse, elle s'approcha en rampant.

Elle reconnut l'un des seigneurs espagnols, celui qu'ils appelaient Norte. Il était nu et plongé jusqu'à la taille dans l'eau fraîche. Fleur de Pluie en fut étonnée car elle pensait que les Espagnols ne se lavaient jamais. Mali lui avait dit qu'ils n'en avaient pas besoin mais le nez de Fleur de Pluie ne partageait pas cet avis.

Elle avait déjà remarqué que Norte était différent des autres Espagnols — lesquels, d'ailleurs, semblaient le tenir à l'écart. Seul le prêtre nommé Aguilar lui adressait la parole. Norte paraissait bien misérable avec sa mine toujours sombre et ses oreilles déchirées par les automutilations.

Dissimulée dans les fougères, elle l'observa, laissant son regard s'attarder sur son corps nu. L'eau ruissela sur sa peau quand il se redressa pour sortir de la mare. Il avait un corps brun et musclé, sans poils comme ceux de Benitez, d'Alvarado et des autres. Elle ressentit une sorte de fourmillement dans le bas du ventre, une sensation encore inconnue jusque-là.

S'il devait y avoir des dieux parmi ces Espagnols, alors celui-là en était un.

Quand il émergea de l'eau, il lui tourna le dos et elle supposa qu'il ne l'avait pas vue. Mais, tout à coup, elle l'entendit dire dans sa propre langue :

— Combien de temps vas-tu rester là à me regarder ?

Il sait que je suis là !

Elle baissa les yeux et sortit humblement de sa cachette en se demandant quelle punition lui serait infligée pour avoir osé regarder ainsi l'un des seigneurs.

— Pardon, murmura-t-elle. Mais j'étais si surprise. Je ne savais pas que les seigneurs avaient besoin de se baigner.

— Même les dieux transpirent, répondit Norte.

Il se retourna et, en souriant, enfila son pantalon et une chemise élimée.

— Je ne pensais pas que vous m'aviez vue, souffla Fleur de Pluie.

— Je n'en doute pas.

Il avait les yeux d'un noir intense. Comme cet homme est beau, pensa la jeune Indienne. Il ressemble à ces garçons que les Mexicas offrent en sacrifice au Serpent à Plumes pour sa fête.

— Comment t'appelles-tu ?

Quand elle lui dit son nom, il le répéta lentement, comme pour mieux l'assimiler.

— On t'a donnée à Benitez, n'est-ce pas ?

Elle hocha la tête et sentait son regard posé sur elle. La tête penchée, il l'observait et paraissait s'en amuser.

— Je t'intéresse ? demanda-t-il.

Voyant qu'elle n'osait répondre et contemplait fixement ses oreilles, il en tâta les lobes mutilés et expliqua :

— On en a tiré du sang pour le Serpent à Plumes.

Fleur de Pluie écarquilla les yeux.

— Vous n'êtes pas un dieu ?

— Trouves-tu que j'ai l'air d'en être un ?

Comme elle ne répondait pas, il ajouta :

— Je suis un humain, tout comme toi. J'avais une femme qui avait une peau comme la tienne. Elle m'a donné deux enfants.

— Pourquoi l'avez-vous quittée ?

— Je ne l'ai pas quittée.

— Alors pourquoi êtes-vous ici ?

Norte sembla lutter pour trouver ses mots.

— Ces gens sont mon peuple. (Il haussa les épaules.) On ne peut renier ses origines. Tôt ou tard, elles finissent par reprendre le dessus.

Il se tenait près d'elle, trop près. Dans le peuple auquel elle appartenait, l'adultère était puni de mort. Et dans son esprit comme dans celui de Benitez — du moins le supposait-elle — elle se considérait comme mariée.

Quand Norte avança la main pour caresser ses cheveux, Fleur de Pluie fit un pas en arrière.

Il abaissa la main.

— Pardon.

— Vous n'êtes donc pas des dieux ? murmura Fleur de Pluie.

— Non, nous sommes des Espagnols. (Il eut un nouveau sourire.) C'est bien pire.

Puis il se détourna pour retourner au camp.

Elle le suivit des yeux, le cœur battant la chamade. Voilà un homme auquel elle se serait volontiers donnée ! Pourquoi le seigneur Cortés ne l'avait-il pas choisie pour être son épouse ?

Comme toujours, la vie était trop cruelle.

— As-tu entendu ce qu'ont dit les hommes ? demanda Aguilar à Benitez.

— De quoi parles-tu ?

— Cortés veut retourner à Cuba et donner tout l'or au gouverneur Velasquez pour obtenir sa clémence.

Benitez avait entendu cette rumeur. Il se trouvait même là quand Cortés avait chargé Alvarado de répandre la nouvelle.

— Penses-tu que ce soit vrai ?

— Je n'arrive pas à le croire, insista le diacre. Cortés sait que nous avons une mission à remplir auprès de ces pauvres âmes plongées dans les ténèbres. C'est un trop bon chrétien pour ne penser qu'à lui en cette circonstance.

— Oui, je suis sûr que tu as raison, répondit Benitez en s'éloignant.

Cortés avait ordonné de sortir de la tente la grande table de chêne et de l'installer sur le sable à l'ombre des palmiers. Tous les membres de l'expédition s'étaient rassemblés, curieux de savoir ce qui avait été décidé quant à leur avenir. Les conversations allaient bon train mais s'arrêtèrent net à l'apparition de Cortés.

Un silence de mort plana sur les hommes tandis que leur chef grimpait sur la table pour s'adresser à eux.

— Messieurs ! commença Cortés, je comprends que certains d'entre vous soient mécontents d'avoir passé trop de temps sur ce rivage.

Il y eut des murmures d'approbation. Vas-y doucement, Cortés, pensa Benitez. L'ambiance est mauvaise. Les hommes sont hostiles et maussades. Il suffirait d'un rien pour qu'une rébellion éclate.

— Je comprends vos sentiments, répéta Cortés, et j'ai souffert avec vous pendant toutes ces semaines. Toutefois, avant de prendre une décision, nous devons faire le bilan de tout ce que nous avons déjà accompli. Pour commencer, le gouverneur nous avait ordonné à notre départ de Cuba de libérer tous les Espagnols capturés par les *naturales* du Yucatán. (Il s'autorisa un petit sourire.) Comme pourront vous l'attester frère Aguilar et notre camarade Norte, nous avons atteint ce but.

Il observa une courte pause, parcourut les hommes du regard et reprit :

— Nous avons également été chargés d'explorer la côte de ces terres nouvelles afin d'observer les coutumes et les croyances des indigènes et de négocier avec eux pour obtenir de l'or. Là encore, nous nous sommes acquittés de ces missions au-delà de toute espérance. Il est temps de décider ce que nous allons faire à présent. J'oserai avancer que, si nous retournons à Cuba, il se pourrait bien que toute votre gloire et aussi vos profits si rudement gagnés par la force des armes vous soient retirés. Faites-vous donc tellement confiance au gouverneur Velasquez pour vous donner votre part méritée du trésor ? Nombre d'entre vous sont aujourd'hui ici parce qu'ils étaient mécontents de leur vie à Cuba et qu'ils se sentaient lésés par la part d'*encomiendas* adjugée par le gouverneur. Comment se fait-il donc que vous vous montriez si pressés de retourner vous mettre à sa merci ?

— Nous sommes ici par décision du gouverneur de Cuba ! s'écria l'un des hommes du nom d'Escudero. Sortir de ce statut est illégal !

Cortés ne le rabroua pas mais son sourire disparut instantanément.

— Tu as sans doute raison. Toutefois, avant de décider quoi que ce soit, laissez-moi vous dire ce que j'ai découvert.

Des paroles choisies avec intelligence, se dit Benitez. Il va faire croire aux hommes que la décision finale leur appartiendra.

— Ces territoires sont gouvernés par un grand prince, poursuivit Cortés. Il réside dans une cité construite près d'un lac magnifique. Si nous regagnons Cuba maintenant, nous ne pourrons espérer récolter que quelques parures et cette grande roue d'or. Alors qu'il y a assez de richesses, ici, dans ce pays, pour que chacun d'entre nous ait sa propre roue d'or !

León ne put se contenir plus longtemps :

— Nous ne sommes aucunement autorisés à agir ainsi ! Envisagez-vous de marcher contre tout un royaume avec seulement cinq cents hommes et une douzaine de canons ? Je dis que nous devons retourner à Cuba !

— Oui, oui, retournons-y ! hurla Ordaz. Si nous restons ici, nous mourrons de faim ou nous serons exterminés par les Indiens !

De nombreux hommes levèrent le poing et crièrent leur approbation.

Les épaules de Cortés s'affaissèrent et il leva les mains pour obtenir le silence.

— Très bien. Je respecte votre souhait. Nous allons donc préparer notre retour immédiatement.

Un tonnerre d'acclamations accueillit ces paroles. Cortés allait descendre de son estrade quand Alvarado bondit sur la table à côté de lui.

— Attendez ! Rien n'est encore décidé. J'affirme que

retourner maintenant à Cuba ne constituerait rien d'autre qu'une trahison !

Au milieu du tumulte, León et Ordaz tentaient vainement de se faire entendre mais la voix d'Alvarado couvrait toutes les autres. Cortés finit par rétablir l'ordre et se tourna vers Alvarado.

— Voudrais-tu nous expliquer ce que tu entends par « trahison » ?

— Si nous retournons à Cuba, Sa Majesté le roi Charles pourrait perdre les possessions conquises ici en son nom. Pouvons-nous être certains que, l'année prochaine, les *naturales* n'auront pas constitué une très grande armée pour nous jeter à la mer ? Dans ce cas, notre roi aura tout perdu ! Non, il nous faut construire ici un fort et consolider les droits acquis pour la Couronne !

— Je suis de l'avis de Pedro ! cria Puertocarrero. Puisque ce pays recèle d'immenses richesses, pourquoi ne pas le coloniser ?

Le mot « coloniser » galvanisa le public. León et Ordaz durent hurler pour faire entendre leurs protestations dans ce charivari.

Cortés lui-même protesta.

— Nous ne sommes pas investis de l'autorité nécessaire pour accomplir une telle mission ! J'admire votre raisonnement, messieurs, mais nos camarades León et Ordaz ont peut-être raison. Nous n'avons guère de provisions et une attaque des *naturales* est toujours envisageable. J'avoue ne pas être favorable à notre retour à Cuba car j'y perdrais personnellement jusqu'à mon dernier *maravedi*, ayant investi tous mes biens dans ce voyage. Mais je dois me soumettre à l'avis de mes officiers et penser à la sécurité des hommes placés sous ma responsabilité.

— Vous n'êtes pas le seul à avoir investi dans cette expédition, lui rappela Puertocarrero.

— J'ai donné ma parole, répliqua Cortés. Je leur ai dit que si tel était leur désir, ils pouvaient repartir.

— Eh bien, laissons-les retourner là-bas, s'ils le souhaitent tant ! s'exclama Sandoval.

Des cris d'approbation saluèrent cette déclaration.

— Et les autres resteront pour fonder leur propre colonie, intervint Jaramillo.

— Mais c'est illégal, clama Escudero.

— Je ne le crois pas, dit Cortés.

Il y eut un silence. De tous, les hommes le savaient, Cortés était celui qui connaissait le mieux la loi. Il avait même été magistrat à Santiago de Cuba.

— La loi espagnole autorise n'importe quel groupe d'Espagnols à instaurer sa propre municipalité, à condition qu'il le fasse au nom du roi, poursuivit Cortés. Ils en répondront alors directement à la Couronne et à personne d'autre.

— Mais nous n'avons pas l'autorisation du roi, s'entêta Escudero.

— Elle peut être rapidement obtenue.

León se tourna vers ses alliés.

— Nous avons reçu nos ordres de Velasquez ! Retournons à Cuba !

— En voilà assez ! cria Cortés. Que ceux qui veulent partir s'en aillent donc. Je leur souhaite bon vent !

— Et l'or ? risqua une voix.

— L'or reste avec ceux qui l'ont gagné et non avec ceux qui s'enfuient !

Sur ces mots, Cortés sauta à bas de la table et s'éloigna.

Il s'ensuivit un extraordinaire tumulte. Benitez souriait. Bien joué, pensa-t-il. Personne ne pourrait plus soupçonner que l'idée d'établir une colonie à San Juan de Ulúa venait de Cortés en personne.

Norte ne se souvenait plus à partir de quel moment l'ancien monde s'était détaché de lui, ni quand le nouveau monde s'était fait sa place dans son esprit. Il n'aurait su dire quand les sables jaunes de l'île Cozumel avaient commencé à devenir plus importants pour lui que la place du marché de Séville. Peut-être même était-il impossible de préciser exactement à quel moment tout cela était arrivé. Le chrétien embarqué huit ans plus tôt était aujourd'hui un étranger. Comme un acteur sur scène, il tâtonnait pour retrouver son rôle, essayant de rassembler ses souvenirs, de se rappeler l'homme qu'il avait été.

Il lui semblait que toute sa vie passée n'avait été qu'un rêve dont il ne restait plus rien. Demain, je vais me réveiller et me retrouver parmi les Mayas, pensa-t-il. Et je deviendrai de nouveau un autre moi-même, j'échangerai une croyance contre une autre. Cela faisait maintenant bien longtemps qu'il connaissait ce sentiment de sombre agonie, de dislocation, de solitude. Comme il était ironique d'avoir tant observé la mer, tant prié pour y voir arriver l'un de ses frères, qu'il soit de Castille ou d'Estrémadure. En ces temps-là, il se considérait comme un chrétien abandonné parmi les païens. Et voilà qu'aujourd'hui il voyait en l'homme qu'il était alors un pirate, un voleur, un hypocrite, répandant autour de lui l'odeur fétide de sa propre sueur.

Il se jeta sur son étroite couche de paille et leva les yeux vers la voûte sombre. Il lui sembla apercevoir deux enfants à la peau couleur tabac qui couraient sur une plage du Yucatán. Il les avait aimés et il se demandait parfois ce qu'ils faisaient à présent, s'ils avaient beaucoup pleuré son départ, s'ils avaient accompli pour lui les rites funéraires...

Mais il ne devait pas penser à cela, non, il ne le fallait pas.

Las de ne pas trouver le sommeil, il se releva d'un bond. Son corps avait besoin de mouvement pour échapper aux démons qui l'assaillaient. Aguilar ronflait toujours, plongé dans cet état de douce torpeur que donne l'assurance du salut. Norte lui adressa quelques injures silencieuses avant de quitter la hutte.

La pleine lune filtrait à travers les nuages, illuminant la houle paresseuse de l'océan. Norte prit une profonde inspiration et fronça le nez en humant l'odeur fétide des marais. Il frappa l'air pour chasser un moustique qui bourdonnait à ses oreilles puis se dirigea vers la plage en s'efforçant de se concentrer sur autre chose que sa propre solitude.

Il se trouvait à quelques centaines de mètres du camp lorsqu'ils s'emparèrent de lui.

Benitez était de garde. A la différence des autres officiers, il prenait sa tâche au sérieux et ne tuait pas le temps en jouant ou en buvant du vin. Il passait en revue les sentinelles, réprimant sévèrement celles qu'il trouvait endormies, engageant les autres à vérifier leurs armes et à se tenir prêtes à en faire usage.

Il accomplissait le tour du camp pour la seconde fois lorsqu'il perçut des bruits en provenance des dunes, sur sa droite. On aurait dit des gémissements étouffés, comme ceux d'un homme blessé ou d'un animal en rut.

Par précaution, il sortit son épée et courut vers les dunes.

Il les trouva cachés dans une flaque d'ombre au pied des collines de sable. Ils étaient deux, l'un couché, l'autre agenouillé près de lui, se délectant de la scène. Le premier vit la silhouette de Benitez se découper contre le clair de lune et lança un cri d'alarme. Aussitôt, ils se redressèrent et s'enfuirent en trébuchant dans le sable mou. Benitez entrevit un derrière nu à la lumière de la lune : l'un des fuyards s'efforçait de remonter son pantalon tout en courant.

Leur victime gisait sur le ventre, secouée de sanglots. Benitez s'approcha et ôta le chiffon qu'ils lui avaient enfoncé dans la bouche. Quand il reconnut le visage, il eut un sursaut.

— Norte ?

Benitez fut pris d'une brusque nausée en découvrant qu'il était nu en dessous de la taille.

— Ça va, je vais bien, souffla Norte.

— Qui était-ce ? demanda Benitez.

Mais, en réalité, il préférait l'ignorer. Il ne savait que trop bien ce que Cortés ferait des agresseurs si l'affaire parvenait jusqu'à lui.

— Je ne sais pas, répondit Norte.

Normal qu'il ne veuille rien dire, pensa Benitez. Les autres le tueraient s'il s'avisait de les dénoncer. L'un d'eux était Guzmán, il l'avait nettement reconnu dans le clair de lune. Par conséquent, l'autre devait être Cristoval Flores.

— Tu as vu leurs visages ? Est-ce qu'ils t'ont parlé ?

— Non, dit Norte.

Il remonta son pantalon et demeura allongé sur le sable, secoué de hoquets. Benitez rengaina son épée et se pencha au-dessus de lui.

— Es-tu blessé ?

— A ton avis ?

Benitez frissonna. Il aurait préféré mourir plutôt que de servir de femme à d'autres hommes.

— Faut-il que j'aille réveiller le docteur ?

— Non, inutile. Repars et laisse-moi seul.

Benitez attendit quelques instants, espérant peut-être un signe de gratitude. Mais Norte restait là, écroulé, muet. Benitez s'écarta et franchit le sommet de la dune. Quelques minutes plus tard, il vit Norte se relever et regagner le camp d'une démarche vacillante. Il décida alors de le suivre pour s'assurer que son retour s'effectuait sans encombre.

Après cet incident, il abandonna sa patrouille.

Pauvre Norte, songea-t-il, surpris par ce sentiment de compassion. Il n'aimait certes pas ce renégat et, même, s'en méfiait, mais ce n'était pas une raison pour que d'autres hommes abusent de lui de la sorte. La plupart des êtres humains étaient pires que des animaux. Si l'on fouillait au plus profond de l'âme humaine, ce n'était pas un chrétien qu'on y trouvait mais bien une bête sans pitié.

Vêtu très solennellement de son bonnet et de son pourpoint de velours noir, Diego Godoy lisait à haute voix la proclamation de Cortés autorisant trois brigantins placés sous son commandement à faire voile immédiatement pour Cuba. L'heure était encore matinale et des feux de camp montait une fumée noire qui souillait le ciel bleu pâle. La mine sombre, les hommes s'étaient rassemblés par petits groupes et écoutaient les paroles du clerc royal, les yeux fixés sur l'horizon.

Quand la lecture fut terminée, Ordaz, León, Escudero et les autres se dirigèrent à travers les dunes vers la tente de Cortés. Ordaz informa son majordome, Cáceres, qu'ils désiraient parler sans délai au *caudillo*.

Cortés les fit attendre. Quand il apparut enfin, en chemise blanche et pantalons, il paraissait fatigué et impatient.

— Messieurs, dit-il, je vous écoute.

— Nous avons décidé de rester, annonça León.

Rien d'étonnant à cela, pensa Cortés, puisque c'est ici que se trouve l'or. Si vous retournez les mains vides vers Velasquez, votre loyauté ne vous vaudra certainement guère de remerciements. Sans or, on vous traitera de lâches et de traîtres.

— Notre place est ici avec vous, déclara l'un des autres officiers, un homme du nom de Montejo.

— Trop tard, coupa Cortés, j'ai déjà donné les ordres, vous vouliez partir, alors partez.

Puis il leur tourna le dos.

— Monseigneur capitaine ! cria León, il vous faut pardonner notre inconséquence. Nous nous rendons parfaitement compte que nous avons commis une grave erreur : il nous est impossible de vous abandonner, ni vous ni nos camarades. Nous vous prions de revenir sur vos ordres et de nous autoriser à rester.

Cortés soupira.

— En vérité, vous viendriez à bout de la patience d'un saint. (Il les dévisagea.) Alvarado et Puertocarrero ont réussi à me persuader qu'il était préférable de rester. Mais comprenez bien que je n'accepterai qu'à deux conditions.

Les hommes attendaient, massés autour de la tente.

— Tout d'abord, je ne poursuivrai cette expédition qu'avec le titre de commandant et juge principal de la nouvelle colonie.

León et Ordaz se regardèrent puis jetèrent des coups d'œil perplexes à leurs compagnons. Cortés savait très bien qu'ils n'avaient pas le choix. Puertocarrero n'était pas un combattant et Alvarado se montrait trop emporté.

— Entendu, dit finalement León.

— En second lieu, en tant que commandant de la colonie, je recevrai un cinquième de tous les bénéfices de l'expédition.

— Un cinquième ! s'exclama Ordaz, outré.

Un cinquième... autant que la part du roi.

— Les autres sont d'accord. Si vous ne l'êtes pas, vous pouvez encore partir pour Cuba.

Mais je vous mets au défi de vous opposer à moi, songea Cortés.

— D'accord, concéda finalement León.

Ordaz fit un signe d'assentiment.

— Eh bien, c'est entendu, conclut Cortés. Ne parlons plus de Cuba. Messieurs, ayez confiance en moi et en Dieu. Nous allons conquérir richesses et gloire au-delà de vos rêves les plus démesurés.

Benitez suivit les événements de la matinée sans y prendre part, le dos appuyé au tronc d'un arbre ceiba. Il tremblait malgré la chaleur et tout son corps était douloureux. Une poussée de fièvre, sans doute. D'autres hommes avaient pris froid mais tous n'étaient pas gravement atteints. Seuls quelques-uns avaient eu moins de chance. Bientôt, il irait mieux.

C'était la faute de ce climat infect et éprouvant.

14

Benitez claquait des dents dans l'air étouffant de l'appentis. Le blanc de ses yeux était à présent tout jaune et sa peau luisait de sueur. La fièvre lui secouait tout le corps et, de temps à autre, il se mettait à invectiver les fantômes qui peuplaient les ombres.

Fleur de Pluie était agenouillée à ses côtés.

— Tu vois ? Il a la fièvre des marais. Tantôt il bout, tantôt il gèle. L'homme-hibou des Espagnols est venu et lui a pris un peu de sang pour l'offrir en sacrifice à leur dieu.

Elle lui saisit la main et la caressa comme s'il s'était agi d'un oiseau blessé.

— Voilà deux jours qu'il est comme ça, ajouta-t-elle.

Mali s'agenouilla près d'elle, étonnée de cette marque d'affection.

— Que désires-tu que je fasse, petite sœur ?

— Tu es une sorcière, tu peux l'aider.

— Je ne suis pas une sorcière. Ma mère m'a appris à soigner par les herbes quand j'étais petite. Il n'y a pas de magie là-dedans.

— Mais tu peux tout de même lui venir en aide, n'est-ce pas ?

Mali réfléchit.

— Je croyais que tu ne te souciais pas de ton seigneur poilu...

Fleur de Pluie retira le linge humide appliqué sur le front de Benitez, le plongea dans un bol d'eau et essuya la sueur qui perlait à son front et sur sa poitrine.

— Selon toi, je devrais donc simplement le regarder mourir ?

— S'il meurt, Cortés te donnera peut-être à Norte.

Fleur de Pluie tressaillit.

— Tu savais ?

— J'ai vu la manière dont tu le regardes. Sois prudente, petite sœur. Aux yeux de ces Espagnols, Benitez est ton époux. Si tu partages ta couche avec Norte, qui sait ce qu'ils pourraient te faire ?

Fleur de Pluie se mordit les lèvres et baissa les yeux.

— Désires-tu toujours que je t'aide ?

Elle hocha la tête.

— Très bien. Je vais te montrer ce qu'il faut faire. Il y a une plante qui pousse près du trou d'eau où nous nous baignons. Cueille-la, écrase-la et fais-la bouillir dans de l'eau propre. Puis fais-lui boire ce liquide. C'est ainsi que je soigne tous les soldats qui ont la fièvre des marais.

— Cela le guérira ?

— Ce n'est pas à nous d'en décider. Mais ce remède en a guéri d'autres. Si ton seigneur ne franchit pas cette nuit l'Etroit Passage, il devrait survivre.

Mali se remit debout.

— Tu vois, petite mère, ce n'est pas un dieu.

— Quand le Serpent à Plumes a quitté Tollan, une armée de taupes et de nains l'a aidé à franchir les montagnes. Les dieux tiennent rarement compagnie aux autres dieux. Ces hommes ne sont que des auxiliaires.

— Et toi ? Tu es aussi là pour aider ton dieu ?

Un souffle d'air chaud souleva la toile de l'appentis et une bande de singes capucins se mit à pousser des cris dans les palmes au-dessus du toit.

Mali demeura silencieuse.

— Sans ton assistance, ton dieu serait muet, murmura Fleur de Pluie. Ne trouves-tu pas cela curieux ?

Mali repensa à la prophétie que son père lui répétait lorsqu'elle était enfant.

— Non, petite sœur, finit-elle par répondre, c'est le destin qui le veut ainsi.

Un peu plus tard ce jour-là, Alvarado prit officiellement possession du territoire qu'ils occupaient, au nom du roi Charles V. Ils baptisèrent leur nouvel établissement : « la Riche Ville de la Vraie Croix » — *Villa Rica de la Vera Cruz*.

Les hommes poussèrent des vivats — y compris ceux qui désiraient auparavant regagner Cuba. Après tout, comme l'avait dit Cortés, la roue d'or n'était qu'un commencement. S'ils continuaient à implanter de nouvelles colonies, même le dernier d'entre eux pouvait rêver de devenir lui-même un jour un *alcalde*.

Le poste de juge et de commandant de la nouvelle colonie fut déclaré vacant et offert à l'unanimité à Hernán Cortés, qui l'accepta humblement.

15

Une goutte de sueur perla sur le cou du *caudillo* et glissa le long de son dos. Il faisait de plus en plus chaud. De grands amas de nuages obscurcissaient les montagnes à l'ouest et le sommet du volcan Orizaba, les rendant encore plus impressionnants.

Il voulait savoir ce qu'il y avait au-delà.

Il tomba à genoux au pied de la croix de bois dressée dans le sable par fray Olmedo. On avait construit là une sorte de reliquaire, une pile de pierres abritant l'image de la Vierge.

Il pria, les poings serrés.

Comme ils étaient proches, à présent. Si proches... Mais que pouvaient-ils entreprendre depuis ce lieu ? Plusieurs de ses hommes avaient la fièvre des marais, et les *naturales* qui semblaient bien disposés au début avaient soudain disparu. Il avait réussi à s'affranchir temporairement du joug de Velasquez mais le moral des hommes était au plus bas. Ils ne tarderaient pas à manifester de nouveau le désir de rentrer chez eux.

Cependant, il ne pouvait pas non plus s'aventurer à l'intérieur des terres sans eau et sans nourriture, avec seulement cinq cents soldats et quelques chevaux. Il lui fallait trouver une excuse, quelque raison crédible pour contraindre les hommes à rester.

Car il voulait absolument savoir ce qui se cachait derrière ces montagnes.

Sainte Mère de Dieu, aide-moi.

Le vent lui apporta l'écho d'une voix. Il ouvrit les yeux et vit l'une des sentinelles courir vers lui le long de la plage

Les *naturales* étaient de retour.

Mali aussi les avait vus. Elle sut tout de suite que ce

n'étaient pas des Mexicas. Ils n'étaient que cinq et se présentaient sans escorte. Leurs vêtements différaient beaucoup de ceux du seigneur Tendile et de sa suite. Ils portaient de simples pagnes de coton blanc et des pèlerines de ce même tissu. Rien de commun avec les manteaux de plumes et les tuniques brodées des Mexicas. Mais leurs ornements, eux, s'avéraient nettement plus élaborés. Le chef du cortège avait dans le nez une tortue de jade poli et des anneaux d'or aux oreilles. Un morceau de turquoise planté dans sa lèvre inférieure tirait si lourdement la peau vers le bas qu'il paraissait afficher un rictus permanent. Ses compagnons arboraient également de superbes parures.

Ils attendaient sous les arbres près de la tente de Cortés. Mali vit Alvarado s'avancer vers l'un d'eux et le saisir brutalement par la lèvre inférieure, excité par le bijou en forme de jaguar qui s'y trouvait piqué. Cortés lança aussitôt un ordre à Alvarado. Celui-ci lâcha prise, comme à regret. Il fit un pas en arrière sans quitter l'Indien des yeux, tel un chien affamé lorgnant un morceau de viande crue.

Aguilar prit l'air affligé.

— Ces hommes parlent un langage que je n'ai jamais entendu, marmonna-t-il à l'adresse de Mali. Mon seigneur m'envoie vous chercher.

Il la conduisit vers les nouveaux venus et leur chef répéta ses paroles de salutation. Mali fronça les sourcils, consternée.

— Je ne le comprends pas, avoua-t-elle.

Un sourire de triomphe se dessina sur les lèvres d'Aguilar. Le regard déçu et frustré que Cortés posa sur Mali transperça le cœur de la jeune fille. Je ne peux pas échouer maintenant, pensa-t-elle. Ce moment m'appartient.

Elle se tourna vers les étrangers.

— Connaissez-vous la Langue Elégante ? demanda-t-elle.

Après un instant d'hésitation, le plus jeune du groupe s'avança.

— Je parle nahuatl, dit-il.

Mali eut un frémissement de plaisir. Elle se permit un timide sourire en direction de Cortés et jeta un regard glacial à Aguilar avant de reporter son attention sur les étrangers.

— Soyez les bienvenus parmi nous, leur dit-elle. Malheureusement, je suis la seule ici à connaître la Langue Elégante. Ce chien derrière moi avec la robe brune ne parle que le maya chontal. Quant au dieu barbu, il parle le castillan, la langue des dieux. Voulez-vous bien nous dire qui vous êtes et ce que nous pouvons faire pour vous ?

Le jeune garçon traduisit les paroles de Mali à ses compagnons, qui échangèrent des regards étonnés. Ils discutèrent un instant, finirent par se mettre d'accord et donnèrent leurs instructions à leur porte-parole. Une laborieuse conversation à cinq commença alors, Mali traduisant en maya chontal à Aguilar qui transmettait en espagnol à Cortés.

— Nous sommes des Totonaques et venons d'un endroit appelé Cempoala, expliqua le garçon. Notre ville se trouve à environ un jour de marche d'ici. Ayant appris que les *teules* avaient débarqué sur ce rivage, nous sommes venus vous souhaiter la bienvenue et vous inviter à visiter notre cité ; une fête y sera donnée en votre honneur et vous recevrez de nombreux présents.

Cortés accueillit ces paroles avec un sourire.

— Je serai très heureux de leur rendre visite, répondit-il. Demande-leur s'ils sont des sujets du grand roi Moctezuma.

Mali traduisit cette question aux Totonaques qui réagirent par un flot d'exclamations apparemment peu amènes. Finalement, le jeune homme déclara :

— Il est vrai que nous sommes ses sujets mais c'est contre notre gré. Est-ce exact, ainsi qu'on nous l'a dit, que Moctezuma a envoyé un tribut à votre seigneur ?

— C'est exact, dit Mali, prenant sur elle de répondre directement. Mais il ne s'agissait pas réellement d'un tribut. C'était plutôt une tentative pour acheter ses faveurs. Moctezuma nous a fait parvenir une montagne de présents, des plumes de quetzal, du jade et de l'or.

Il s'ensuivit un nouvel échange passionné entre les Totonaques. Puis l'un d'eux pointa du doigt le pectoral de plumes porté par Mali, une parure qu'elle avait réussi à sauver des piétinements des soldats le jour où Tendile avait offert la grande roue d'or.

— Mon oncle désire savoir où tu as trouvé cette belle parure, demanda le garçon.

— Elle faisait partie du tribut, répondit Mali.

Le vieil homme parut soudain accablé.

— Mon cousin portait une parure semblable quand il a été emmené par les collecteurs d'impôt du roi l'an dernier, expliqua le jeune homme.

Aguilar secoua vivement Mali par le bras.

— Allons, dites-moi ce qui se passe !

— Ils me racontent comment les Mexicas volent leurs enfants pour les offrir en sacrifice.

Aguilar se signa aussitôt et traduisit pour Cortés. Mali observa le *caudillo* : comme d'habitude, son expression était sévère mais cette fois transparaissait sur son visage une lueur d'excitation. Elle sentit qu'une sorte de complicité s'établissait entre eux. Comme si Aguilar n'existait plus, ni personne d'autre d'ailleurs. En ce moment, il ne peut compter que sur moi, pensa-t-elle. Sans moi, il est perdu.

Il laissa son regard s'attarder sur elle, comme un amoureux.

Aguilar toussa, ses lèvres pâles et minces serrées en une moue de désapprobation. Cortés prononça quelques mots dans sa langue.

— Mon maître Cortés désire savoir si les Mexicas ont beaucoup d'ennemis dans leur fédération, transmit Aguilar.

Mali eut un sursaut. Comme si le Serpent à Plumes ne connaissait pas déjà la réponse ! Sinon, pour quelle autre raison serait-il ici ?

— Le monde entier hait les Mexicas, dit-elle à Aguilar. Tout le monde le sait.

— Viendrez-vous nous rendre visite à Cempoala ? s'enquit une nouvelle fois le garçon.

Mali traduisit la question mais Cortés semblait ne plus écouter. Perdu dans ses pensées, il gardait les yeux fixés sur le lointain.

Il voit l'avenir, songea Mali en frissonnant.

— Le maître Cortés désire savoir si vous haïssez vous aussi les Mexicas, lui demanda bientôt Aguilar.

— Le peuple de Cortés est mon peuple, répliqua-t-elle.

— Ce n'est pas ce qu'on vous demande, répliqua Aguilar d'un ton sec.

— Transmettez-lui ce que j'ai dit, insista Mali.

Ils se mesurèrent du regard. Comme il me déteste, constata Mali, et comme il est facile de lire en lui. Ce prêtre hait les femmes. Je dois me montrer prudente.

Après avoir échangé quelques mots avec Aguilar, Cortés adressa un large sourire à la jeune Indienne. Elle sut alors que le franciscain avait répété fidèlement ses paroles. Ce crapaud était trop naïf pour mentir.

Soulagée, elle entendit son seigneur murmurer quelque chose en castillan. Puis il lui lança un dernier regard approbateur avant de s'éloigner.

— Qu'a-t-il dit ? demanda Mali avec avidité.

— Qu'il vous apprécie, répondit Aguilar.

— De quelle manière ?

— La vanité peut perdre votre âme. Vous avez été baptisée dans la vraie foi et devez faire preuve de plus de modestie. Dites à ces Indiens que mon maître Cortés leur rendra visite avec plaisir. Nous partirons demain. C'est tout.

Benitez ouvrit lentement et péniblement les yeux. Il reprenait peu à peu ses esprits. Il avait la bouche sèche, les paupières gonflées et un épouvantable mal de tête.

Il contempla le toit de chaume au-dessus de lui, écouta le bourdonnement des essaims de mouches et huma des odeurs familières : celles de la sueur, des hommes, des feux de camp.

Combien de temps avait-il dormi ? Et depuis combien de jours gisait-il sur cette couche ?

Fleur de Pluie plongea un chiffon dans une gourde d'eau et lui essuya le front en prononçant des mots qu'il ne put comprendre.

Il entrevit alors le visage de Norte.

— Elle te demande si tu te sens mieux, traduisit ce dernier.

Benitez tenta de s'asseoir mais, encore trop faible, retomba sur le lit de paille. La pièce bascula autour de lui et il fut pris de nausée.

— N'essaie pas de te lever, dit Norte. Il faut te reposer.

Benitez aurait voulu parler mais sa langue ne lui obéissait plus. Fleur de Pluie humecta délicatement ses lèvres craquelées.

— Tu as eu la fièvre des marais, expliqua Norte. Et tu as bien failli mourir.

Benitez leva les yeux vers Fleur de Pluie. Il se demanda depuis combien de temps elle était là près de lui.

— Dis-lui... que je lui suis reconnaissant de tout ce qu'elle a fait pour moi.

Norte haussa les épaules.

— Elle le sait.

— Dis-le-lui quand même.

Il y eut un bref échange en nahuatl.

— Elle dit que ce sont les herbes de doña Marina qui t'ont sauvé, expliqua Norte.

Benitez ferma les yeux. Quel monde étrange, tout de même, songea-t-il.

A trente-trois ans, il avait rencontré bien peu de charité et de douceur chez les femmes. Il ne se faisait pas non plus d'illusions sur lui-même et se savait peu séduisant. Et pourtant, cette Fleur de Pluie qu'on lui avait donnée pour *camarada*, à la fois servante et concubine, l'avait secouru non parce qu'il était beau ou riche, mais simplement par bonté d'âme.

Oui, tout cela était étrange. Très étrange.

16

Ils se mirent en route à l'aube et longèrent la côte. Les soldats trébuchaient sur le cailloutis de sable et de galets, ployant sous le poids de leur armure et de leurs armes. Les femmes tabascans suivaient, puis les esclaves cubains. La colonne serpentait à travers les dunes sur près de deux kilomètres de long.

Mali marchait derrière Puertocarrero, qui chevauchait sa jument alezane. La progression des troupes était pénible. Mais la chaleur et le sol inégal n'étaient pas leurs seuls ennemis. Quand l'un des hommes posa le pied sur un scorpion, ses cris les poursuivirent un long moment.

Vers la fin de l'après-midi, Mali trébucha sur une racine d'arbre dissimulée dans le sable. Elle sentit une violente douleur lui déchirer la jambe. Habituée dès l'enfance à dissimuler sa souffrance selon la coutume mexica, elle n'émit aucune plainte. Puertocarrero poursuivit donc naturellement son chemin.

Parmi les soldats qui passèrent près de Mali, certains lui jetèrent des regards intrigués. Mais tous étaient déjà bien assez préoccupés par leur charge et leur propre misère pour se soucier de la *camarada* d'un officier. Mali s'appuya sur ses coudes et attendit que la douleur s'apaise. Elle parvint enfin à se redresser mais sa jambe refusa de la porter et elle retomba sur le sol.

— Un problème, madame ?

Une voix riche et profonde. C'était *lui*. Le soleil nimbait sa silhouette d'un halo doré et faisait étinceler son armure. Mali se protégea les yeux de la main pour le regarder. Il mit pied à terre et s'approcha d'elle en tenant son cheval par la bride.

— Etes-vous blessée ?

Elle ne comprit pas ce qu'il disait mais, au son de sa voix, sut qu'il s'inquiétait pour elle. En silence, elle désigna sa cheville. Cortés se pencha pour l'examiner. Ses mains étaient douces comme celles d'un amant.

Il la regarda. Ses yeux gris la transperçaient comme s'il avait voulu lire dans son âme.

Elle se mordit la lèvre et fit le geste d'essuyer une larme — bien que la douleur fût supportable, elle espérait ainsi l'émouvoir. Puis elle se trémoussa, faisant en sorte que sa tunique se relève jusqu'à mi-cuisses. Mais l'arrivée soudaine d'un capitaine rompit le charme de cet instant magique.

— Que s'est-il passé ? demanda Alvarado.

— Doña Marina s'est blessée à la cheville.

— Par les couilles sacrées du pape !

— Donne l'ordre à la colonne de s'arrêter. Nous allons construire une litière avec des branches d'arbres pour la transporter.

Alvarado secoua la tête.

— Tout ce dérangement pour une *puta* ? Il n'y a qu'à la laisser là. Nous enverrons des porteurs la chercher demain.

— Ce n'est pas une *puta,* répliqua calmement Cortés, mais une chrétienne. Cette fille est à la fois nos yeux et nos oreilles. Explique-moi donc comment nous ferions sans elle pour communiquer avec les Totonaques ou les Mexicas ? Préférerais-tu que frère Aguilar trace des dessins dans le sable pour se faire comprendre des *naturales* ? En vérité, cette jeune femme nous est plus précieuse qu'un canon. Et peut-être plus aussi que mon second. Voudrais-tu que je te laisse ici et lui donne ton cheval ? J'enverrais les porteurs te chercher demain.

Alvarado baissa la tête, embarrassé par cette harangue.

— Je vais ordonner une halte.

— Je t'en serai obligé.

Cortés se retourna vers la fille qui lui souriait. *Bella,* pensa-t-il. Un visage exquis encadré de cheveux aussi noirs que les plumes d'un corbeau. Et une cheville ravissante. Une peau comme du velours. Les yeux rivés sur ses cuisses satinées, Cortés sentit la bête gronder en lui.

Mali était une princesse de naissance connaissant les

langues et dotée, semblait-il, d'un bon flair pour la politique. Sans doute aussi d'un tempérament trop fougueux pour Puertocarrero.

Il est temps que je trouve un remède à cela, se dit Cortés.

Le lendemain matin, ils franchirent à gué une rivière peu profonde et marchèrent vers l'intérieur des terres. Presque sans transition, ils quittèrent les sols infertiles pour se retrouver au milieu de champs de maïs verdoyants. Une haute forêt se dressait sur leur gauche, couverte d'orchidées et d'un fouillis de vigne aux branches ténues. On distinguait de gigantesques sapotiers dont les troncs luisaient de chicle. Des oiseaux tropicaux — aras au jabot écarlate, tangaras aux plumes bleues — constellaient le feuillage de couleurs éclatantes. Des villages s'éparpillaient çà et là, assaillis d'essaims de mouches.

Enfin, peu après midi, ils atteignirent Cempoala.

Là Cortés fut témoin d'un nouveau miracle. Jamais, dans ses rêves les plus fous, il n'aurait pu imaginer cela. Une ville s'étirait au cœur de la jungle — des milliers de maisons de pisé couvertes de chaume enserraient un vaste espace où se dressaient des palais et des temples dont les parois de stuc ou de calcaire blanc étincelaient sous le soleil. Une cité étonnante, majestueuse, et non pas un agglomérat de misérables huttes comme il l'avait craint.

Il avait eu la foi et Dieu le récompensait.

— Par les couilles sacrées du pape ! s'écria Alvarado.

Leur arrivée fut annoncée par le son prolongé d'une conque. Des battements de tambour montèrent aussitôt de la ville. Ainsi, les Cempoalans avaient dit vrai : on se préparait à les accueillir avec cérémonie. Tandis qu'ils parcouraient les rues, ils furent fêtés comme des héros de retour au pays. Les Totonaques se bousculaient pour accrocher autour de leurs cous des guirlandes de fleurs, jeter des ananas et des prunes aux pieds des soldats, lancer des bouquets de roses aux *jinetes*.

Cortés fit tourner bride à son cheval et s'ouvrit un chemin au milieu de la multitude de corps bruns et de manteaux blancs. Il trouva Mali sur sa litière, Aguilar et Norte suivant derrière, ainsi qu'il l'avait ordonné.

— Demandez-lui ce qui nous vaut un accueil aussi chaleureux ! cria-t-il à Aguilar.

Mali et Aguilar durent élever la voix pour se faire entendre dans les clameurs de la foule, le battement des tambours à trois notes et les sons aigus des flûtes d'argile. Aguilar se tourna vers Cortés.

— Elle dit que nous sommes des libérateurs, monseigneur.

— Des libérateurs ?

— Je n'y comprends rien. Elle a raconté quelque chose à propos d'un dieu serpent. Il semblerait que ces gens savaient que nous allions venir pour les sauver de la barbarie et les conduire à leur salut !

Une femme totonaque, plus courageuse que les autres, s'élança vers Cortés et lui passa une guirlande de fleurs autour du cou. Elle se risqua même à toucher son cheval avant de s'enfuir à toutes jambes en riant aux éclats.

— Des libérateurs... murmura Cortés. Des libérateurs ! Naturellement !

Dans le vacarme de cet accueil triomphal, quelques mots prononcés par Aguilar lui revinrent avec insistance. *Le retour d'un dieu serpent.*

Il y avait là plus qu'il ne l'avait soupçonné.

Il s'appelait Chicomacatl, mais Alvarado le baptisa aussitôt Gordo-le-Gros. Ses porteurs de bannières arrivèrent les premiers, brandissant de longues perches de bambou auxquelles étaient fixés de délicats ornements de plumes. Puis Gordo lui-même s'avança, appuyé sur de solides cannes et soutenu par de jeunes garçons. Les autres princes qui le suivaient semblaient insignifiants à côté de la montagne de chair qu'il représentait.

— S'ils sont tous aussi énormes que lui, remarqua Alvarado, ça ne m'étonne pas que ces gens soient cannibales.

Jaramillo eut un petit rire.

— La ville de Salamanque tout entière pourrait se nourrir pendant un mois rien que de son derrière.

Cortés descendit de cheval et regarda autour de lui. Comme dans les grandes villes d'Espagne, la place centrale de Cempoala était bordée de temples sur trois côtés et par le palais de Gordo sur le quatrième. De la fumée s'élevait du sommet d'une des pyramides, signalant sans doute quelque cérémonie barbare. Cortés se rappela alors que, malgré leur attitude amicale, les Totonaques étaient des païens et des cannibales.

Que Dieu les protège, lui et ses hommes.

Mali le rejoignit, accompagnée par Aguilar. La cheville de la jeune Indienne avait désenflé au cours de la nuit grâce à l'onguent d'herbes qu'elle avait préparé. Il n'y avait pas de fracture, ce qui lui permettait de marcher sans appui, bien qu'en boitant légèrement.

Cortés lui sourit et remarqua au passage une lueur rageuse dans les yeux du franciscain. De la jalousie, sans aucun doute. Bien malséante pour un homme d'Eglise.

Gordo attendit que ses assistants aient entouré d'un nuage d'encens de copal le *caudillo* et ses officiers. Puis il fit un pas en avant pour étreindre Cortés. Comme les autres notables de ce pays, il portait des bijoux d'or aux oreilles et à la lèvre inférieure. La cloison de son nez était traversée par une turquoise. Ainsi qu'il avait ordonné à ses hommes de faire, Cortés s'efforça de dissimuler sa répulsion.

Les esclaves de Gordo s'avancèrent et déposèrent à ses pieds un panier tressé rempli de bracelets, de colliers, d'anneaux, le tout en or massif. Puis Gordo prononça quelques paroles et Cortés attendit patiemment que celles-ci soient traduites.

Aguilar écouta Mali.

— Elle dit qu'il s'excuse de ces misérables présents. Que c'est tout ce qui leur reste pour prouver leur amitié. Les collecteurs d'impôt mexicas les ont dépouillés de toutes leurs richesses.

Cortés réfléchit.

— Transmettez-lui notre gratitude pour ces présents.

Un silence de mort était tombé sur la place. Les Cempoalans et les soldats espagnols tendaient l'oreille pour tenter de percevoir quelques bribes de cet échange exceptionnel.

Le chef totonaque parla de nouveau. Aguilar, toujours revêche, écouta la traduction de Mali.

— La femme... (Cortés nota le mépris avec lequel Aguilar prononça ce mot.) ... elle dit qu'il se plaint vivement de Moctezuma, que les Mexicas leur ont pris tout leur or, leurs ornements de plumes et leur jade, qu'ils ont volé la moitié de leur récolte de vanille et emmené de nombreux jeunes — filles et garçons — pour les donner à leurs prêtres. Les malheureux sont ensuite impitoyablement sacrifiés dans leurs temples. Il demande votre aide.

Cortés contempla l'obèse stupide qui se tenait devant lui sur la place poussiéreuse. Enfin.

— Aguilar, dites à Mali d'informer Chicomacatl que nous sommes les sujets d'un roi très puissant qui nous a envoyés ici pour les libérer de leurs tyrans. S'il accepte de devenir le vassal du roi Charles V, il n'aura plus à payer de taxes aux Mexicas.

Gordo transpirait sous le soleil brûlant malgré les efforts de ses esclaves pour le rafraîchir à l'aide de leurs larges éventails de plumes. Il y eut une nouvelle et longue harangue qui passa par Mali et Aguilar avant d'arriver à Cortés.

— Je pense qu'il désire notre aide, commenta Aguilar. Mais il est inquiet car il y a une garnison de Mexicas non loin d'ici. Il dit que s'il abandonne Moctezuma, ils viendront brûler la ville et emmener tous les jeunes gens à Tenochtitlán, où ils seront massacrés dans leurs temples.

— Dites-lui que s'il m'obéit, il n'aura plus rien à craindre de Moctezuma.

Il perçut une profonde respiration derrière lui.

— Cortés... protesta Puertocarrero en s'agitant sur son cheval.

Mais un simple regard de son capitaine le fit taire. Il observa le gros Totonaque. Etait-il possible qu'un homme puisse exprimer à la fois le soulagement, le plaisir et une terreur abjecte ? se demanda Cortés en le regardant.

Alvarado poussa son cheval jusqu'à lui et se pencha sur sa selle.

— Êtes-vous devenu fou ?

— M'as-tu déjà vu commettre une imprudence ?

— Plus souvent qu'il m'en souvient. Comme cette fois, à Salamanque, où vous avez escaladé un mur pour atteindre la fenêtre de cette doñetta.

— Je calcule toujours les risques avant de jouer. Tout ira bien, tu verras.

Alvarado se rassit au fond de sa selle, les lèvres pincées.

— C'est vous qui le dites.

— Tu peux me faire confiance. On vient de nous donner la clé qui nous ouvrira le royaume de Moctezuma.

17

Une grande fête fut préparée en leur honneur. On y servit des dindes, des ananas, des prunes et des galettes de maïs. Cortés et ses officiers furent tout d'abord conduits au logement réservé à leur intention, un grand palais appartenant à une noble dame, riche mais sans beauté. Cortés la baptisa Catalina pour une raison que Mali ne put deviner.

Le palais avait un toit en terrasse qui surplombait la place. Les pièces étaient vastes, quoique chichement meublées — juste des lits et quelques tables basses — mais de belles tentures décoraient les murs. Tout comme les autres officiers, Mali et Puertocarrero s'étaient vu attribuer une chambre particulière. Les soldats étaient logés tous ensemble dans la salle d'audience.

Cortés n'avait pas adressé directement la parole à Mali depuis qu'elle s'était blessée à la cheville. Elle savait cependant que, lors de leur arrivée sur la grand-place, la veille, quelque chose avait contrarié son seigneur. Elle avait vu son regard se diriger vers la fumée qui s'élevait de la pyramide et elle devinait ce qui le troublait.

Il lui semblait entendre le sifflement du serpent, le dieu s'agiter dans sa tanière.

Le lendemain matin, elle fut convoquée dans le patio avec Aguilar et plusieurs capitaines, dont Puertocarrero et Alvarado. Cortés affichait une expression sérieuse. Il avait revêtu son habit de velours noir, portait l'épée au côté et, une large médaille d'argent à l'effigie de la Vierge au cou.

— Messieurs, nous sommes appelés à œuvrer pour notre Dieu, commença-t-il en se dirigeant vers le portail ouvrant sur la place.

Les autres lui emboîtèrent le pas et se dirigèrent à sa

suite vers le temple. Ils avaient déjà vu un édifice de ce genre à Potonchan : une vaste cour délimitée par un muret s'étendait au pied de la pyramide et un escalier de pierre, très raide, menait au sommet où se trouvait le sanctuaire proprement dit — une simple hutte de paille et de bambous couverte d'un toit de chaume.

Tandis qu'ils approchaient, l'air qu'ils respiraient se chargeait d'une odeur de plus en plus désagréable — une odeur de chair brûlée.

Les corps des sacrifiés gisaient en bas des marches, où on les avait jetés après les avoir dépecés. Bras et jambes avaient été coupés et un sang noir coagulé maculait les troncs mutilés. Des mouches bourdonnaient autour des cadavres dont les yeux morts contemplaient sans le voir le ciel d'un bleu intense.

— Regardez celui-là ! dit Puertocarrero. Ce n'était qu'un enfant !

Fray Olmedo entama la prière des morts et frère Aguilar se joignit à la litanie.

Cortés leva les yeux et aperçut les prêtres vêtus de longues robes noires qui les observaient du haut des marches, serrés les uns contre les autres comme des corbeaux. Son visage s'assombrit. Il y eut un froissement métallique lorsqu'il dégaina son épée mais Puertocarrero posa une main sur son bras.

— Pas maintenant, *caudillo,* murmura-t-il. Nous ne sommes pas prêts.

Cortés hésita.

— Voilà ce qu'ils font de leurs enfants, grinça-t-il.

Mali le regardait. Elle était fière de le voir aussi fâché. Le Serpent à Plumes avait toujours promis d'abolir les sacrifices humains. Si seulement Fleur de Pluie avait été là pour voir de ses yeux la révolte et le désespoir du maître, elle n'aurait pu faire autrement que de croire en lui.

Les Espagnols resserrèrent les rangs. Pâles, effrayés, ils contemplaient les corps démembrés.

— C'est pour leur dieu Tlaloc, le Faiseur de Pluie, murmura Mali à Aguilar. Un enfant pleure quand il voit la pierre du sacrifice et ses larmes représentent la pluie à venir. Plus il y a de larmes, plus il y aura de pluie en hiver pour irriguer les récoltes.

Aguilar se signa.

— C'est l'œuvre du démon, murmura-t-il en castillan.

Il transmit aux autres l'explication de Mali.

— Quelque chose doit être fait ici pour Notre Seigneur, déclara Cortés avant de tourner les talons.

Mali contempla le visage de l'enfant mort. Elle tenta de se le représenter tel qu'il aurait pu être, vivant, mais c'était sans espoir. Il n'y avait plus rien dans ses yeux. Plus rien du tout.

Quand les autres furent partis, Benitez resta encore un long moment, le regard fixé sur ce spectacle d'horreur. Les paroles de Cortés résonnaient encore dans sa tête. *Quelque chose doit être fait ici pour Notre Seigneur.*

Il se rendit compte soudain qu'on l'observait et se retourna. C'était Norte — Norte le renégat, le traître, le *natural*. Un demi-sourire flottait sur ses lèvres. Benitez sentit la rage monter en lui.

— Eh bien, Norte, que penses-tu de ces offrandes faites à tes dieux ?

— Qu'est-ce que Dieu, Benitez ? Une invention de notre esprit, rien d'autre.

Ces paroles hérétiques retentirent dans le silence de la place. Si Cortés les avait entendues, Norte serait déjà mort.

— Et quel esprit a donc inventé ceci ? demanda Benitez en désignant les cadavres.

— Un esprit qui a toujours craint de voir son corps mourir de faim.

Benitez secoua la tête. Quelle réponse était-ce là ? Et venant d'un Espagnol, qui plus est.

— As-tu déjà assisté à de telles pratiques ?

Norte ne répondit pas directement.

— Tu as une drôle de morale, Benitez, finit-il par dire. Ainsi, tu trouves normal que, chez nous, les inquisiteurs brisent les bras et les jambes d'un homme encore en vie attaché sur une roue, mais tu es scandalisé qu'on lui coupe les membres quand il est mort. Sur un champ de bataille, tu plongerais ta lance dans le ventre d'un ennemi et tu le laisserais mourir lentement, mais cela te semble de la plus grande barbarie d'arracher les cœurs et de tuer rapidement ses victimes. Ta logique me consterne.

— Ce n'était qu'un enfant, voyons !

— Et, durant nos guerres, est-ce que les femmes et les

enfants ne souffrent pas, eux aussi ? Ne meurent-ils pas, tout comme celui-ci ?

— Pas dans nos églises, en tout cas. Dans notre religion il n'y a pas place pour le meurtre ou le cannibalisme.

— Tu as raison. Notre religion, c'est l'or.

Pourquoi suis-je en train de justifier ce qui est saint pour cette créature redevenue sauvage ? pensa Benitez. Pire que sauvage même, puisqu'il a connu la civilisation et lui a préféré cette barbarie.

— Je n'ai que du mépris pour des sorciers comme toi, siffla Benitez.

— Tu es censé avoir pitié de moi, Benitez. Ne suis-je pas un agneau perdu, un pécheur égaré loin de son bercail ?

— Cortés aurait dû te pendre.

— Vous autres, Espagnols, vous trouvez que la vie est sacrée, et, pourtant, vous en tenez bien peu compte. Toi et moi, nous avons vu des hommes brûler sur le bûcher. Des femmes aussi. Et pourquoi ? Au nom de Dieu. En quoi est-ce si différent de ce qui se passe ici ?

Benitez fit un ample geste du bras.

— Tu excuses tout ça ?

— Demande-moi plutôt si je préfère mourir en hurlant sur un bûcher ou périr rapidement sous le couteau de ces prêtres. Je pense connaître la réponse.

— Alors, je prie pour qu'un jour ton désir s'accomplisse.

Il cracha dans la poussière et s'en alla, soulagé de s'éloigner de cette place sinistre et de cet homme si différent des autres.

18

Ils avaient à leur disposition les mets les plus fins que les Cempoalans pouvaient offrir : du gibier agrémenté de piments rouges, de tomates et de graines écrasées, des dindes rôties, des sauterelles à la sauge, des salamandres accompagnées de poivrons jaunes. Les Espagnols firent honneur au gibier et aux dindes mais dédaignèrent les autres plats. Des chiens se battaient autour des os et des déchets que les soldats jetaient par-dessus leurs épaules. Les jeunes femmes totonaques qui assuraient le service flirtaient sans retenue.

— C'est bon pour le moral, murmura Alvarado à Cortés.

Ce dernier était assis sur une natte de cérémonie, à côté de Gordo. Mali et Aguilar se trouvaient là aussi, afin d'assurer la traduction. Le chef totonaque énumérait encore ses griefs contre Moctezuma lorsque les serviteurs apportèrent un plat fumant de viande, qu'ils déposèrent solennellement devant Cortés. Gordo fit savoir à son invité qu'il lui laissait l'insigne honneur de se servir en premier.

Les narines du *caudillo* frémirent quand il reconnut l'odeur du sang humain. L'habituelle sauce au sang — provenant sans doute des lobes d'oreille des prêtres du temple — qui nappait les morceaux de viande vint confirmer ses pires soupçons.

Il y eut un silence pesant, à peine troublé par les murmures de fray Olmedo récitant la prière des morts. Cortés se pencha vers Aguilar.

— Dites-lui que je ne peux toucher à ce plat, gronda-t-il. Dites-lui que manger de la chair humaine est une abomination aux yeux de Dieu.

Aguilar transmit cette remarque indignée à Mali qui

s'empressa d'en faire part à Gordo. Le gros *cacique* parut stupéfait et bredouilla quelques mots.

— Que dit-il ? demanda Cortés, impatient, à Aguilar.

— Il demande ce qu'on peut faire d'autre avec les prisonniers capturés lors d'une bataille, si on ne les mange pas. Que Dieu ait pitié de son âme !

— Expliquez-lui si vous le pouvez, frère Aguilar, que les dieux qu'il honore ne sont que des démons et qu'il risque de brûler pour l'éternité dans les flammes de l'enfer s'il n'abandonne pas ces rites païens. Dites-lui également que nous sommes venus lui apporter la vraie foi et que, s'il désire devenir le vassal du roi Charles, il lui faut aussi devenir un bon chrétien.

Cortés observa Mali pendant qu'elle parlait au chef totonaque. Celui-ci ouvrit de grands yeux, d'abord surpris puis légèrement ironiques. Il murmura une réponse à la jeune Indienne, qui parut hésiter avant de traduire. Elle finit par se tourner vers Aguilar et lui parla au creux de l'oreille.

— La femme dit qu'il va y réfléchir, dit le franciscain. Mais il craint que, s'il n'offre pas aux dieux les sacrifices qui lui sont dus, alors il y aura des sécheresses ou des inondations, et des sauterelles qui détruiront les récoltes. Mais il se déclare satisfait d'être votre vassal.

Cortés sentit sa patience s'envoler et sa colère monter. Ce n'était pas la réponse qu'il voulait entendre. Fray Olmedo, assis à côté d'Alvarado, se pencha vers lui.

— Monseigneur, il n'est peut-être pas nécessaire d'interdire immédiatement ces rites barbares. Nous sommes dans une situation délicate. Mieux vaudrait leur parler aimablement jusqu'à ce qu'ils...

— Nous sommes ici afin d'œuvrer pour Dieu ! rugit Cortés.

— Certes, certes. Cependant, monseigneur, l'œuvre de Dieu ne s'est pas accomplie en un jour.

Ce fut au tour d'Aguilar d'intervenir.

— Frère Olmedo, avec tout le respect que je vous porte, il me faut vous informer que je partage totalement l'avis de notre commandant. Le Seigneur ne peut...

Le débat fut interrompu par la sonnerie des conques. Les Totonaques se levèrent d'un bond et sortirent en courant. Un messager survint à la hâte et murmura quelques mots à l'oreille de Gordo.

Cortés regarda Mali. La jeune femme sourit et lui fit un

signe de tête, comme si elle avait attendu ce moment. Que se passe-t-il donc qui terrifie tant les Totonaques ? se demanda Cortés.

Mali murmura quelque chose à Aguilar.

— Il semble que les Totonaques aient des visiteurs, dit le franciscain à Cortés. Les Mexicas viennent d'arriver.

Devant cette soudaine panique, Cortés s'attendait à voir arriver une armée. En fait, ils n'étaient que cinq représentants officiels, accompagnés d'une suite réduite. Leurs manteaux noués sur l'épaule portaient le sceau impérial de Moctezuma et chaque dignitaire tenait dans sa main droite la crosse royale indiquant leurs fonctions respectives. De l'autre main, ils pressaient sous leur nez une poignée de fleurs, sans doute pour se prémunir contre la puanteur de leurs hôtes. Tandis que certains de leurs serviteurs éloignaient les mouches de leurs visages à l'aide de grands éventails de plumes, d'autres brandissaient au-dessus de leurs têtes des parasols afin de les abriter du soleil.

Ils traversèrent la place, entraînant derrière eux Gordo et les autres Totonaques qui se montraient servilement empressés. Feignant ouvertement d'ignorer Cortés et ses hommes, ils passèrent devant eux sans s'arrêter.

Il s'agissait donc d'un affront délibéré. Impossible de ne pas réagir, pensa Cortés.

Il se tourna vers Aguilar.

— Demandez à doña Marina ce qu'elle peut faire pour moi.

— Monseigneur, je...

— Obéissez, frère Aguilar ! ordonna Cortés.

Décidément, le diacre commençait à devenir lassant. Tout compte fait, il aurait peut-être été préférable de le laisser avec Norte à Cozumel.

Il regarda Alvarado.

— Ils vont se repentir de leur arrogance ! Les as-tu vus nous traiter comme si nous n'étions que de vulgaires paysans dans les champs ?

— Par le cul mal torché de Satan, cela ne me déplairait pas de leur administrer une bonne leçon !

— C'est ce que nous allons faire, crois-m'en !

Cette Mali avait peut-être raison de sourire, pensa Cortés. Les Mexicas survenaient au bon moment.

Un plan commençait à germer dans son esprit.

Tous les Espagnols entendirent les gémissements qui s'échappaient du palais du gros *cacique*. Mali revint et annonça que Gordo était resté à genoux en pleurant devant les nouveaux venus pendant toute la durée de l'entretien. Elle raconta que les cinq Mexicas étaient des collecteurs d'impôt. Sans avoir réussi à tout comprendre, elle avait néanmoins pu apprendre qu'ils réclamaient aux Totonaques un lourd tribut pour s'être montrés si prodigues avec les Espagnols — allant ainsi à l'encontre des ordres catégoriques de Moctezuma.

De la terrasse, sur le toit, Cortés et ses officiers observèrent les Mexicas lorsqu'ils quittèrent le palais de Gordo, le nez toujours plongé dans le creux de leurs mains. Les Totonaques les avaient installés de l'autre côté de la place, dans des pièces au sol jonché de fleurs. De la nourriture était mise à leur disposition ainsi que des légions de serviteurs.

— Voyez-moi ça ! grogna Alvarado. On dirait cinq évêques qui se rendent à la messe.

Aguilar et Olmedo lui jetèrent un regard, prêts à risquer une observation, mais il les ignora. Se tournant vers Mali qui attendait discrètement en retrait, Cortés vit que ses yeux sombres brillaient d'intelligence et d'espérance. Ah ! quelle excellente alliée il avait trouvée là, pensa-t-il en lui souriant.

Aguilar remarqua cet échange silencieux et se renfrogna de plus belle. Cortés s'en aperçut. Qu'est-ce qui dérange donc tant ce franciscain ? se demanda-t-il. Craint-il cette femme parce que c'est une *natural* ?

— Demandez à doña Marina pourquoi ces gens semblent aussi terrorisés alors qu'ils n'ont devant eux qu'une poignée d'hommes, avec des fleurs pour toute arme ?

Aguilar s'exécuta.

— La femme dit que ce n'est pas de ces cinq hommes-là qu'ils ont peur mais des cinq mille autres qui ne manqueront pas de surgir en cas de désobéissance.

Cortés fronça les sourcils.

— Je n'aime guère les voir redouter davantage les Mexicas que nous.

— Il est temps de rectifier cette impression, déclara Alvarado.

Cortés se tourna de nouveau vers Aguilar.

— Demandez à doña Marina de retourner au palais et d'informer le seigneur Gordo que je désire le voir *immédiatement*.

Cortés savait que son plan reposait sur un coup de dés mais il n'y avait pas de meilleure solution. Les enjeux seraient élevés et le temps compté.

19

Gordo tremblait. Son visage adipeux luisait de sueur et ses joues tressautaient comme de la gelée. Il se tordait les mains nerveusement, de grandes mains charnues. En le regardant, Mali eut l'impression que, s'il n'avait pas été soutenu par des esclaves, ses genoux l'auraient trahi et qu'il se serait écroulé sur le sol.

Cortés, lui, paraissait à la fois calme, bienveillant et sérieux. Il parlait à l'oreille d'Aguilar.

— Mon maître Cortés vous demande de rappeler à Gordo qu'il est un sujet du roi Charles V d'Espagne, et qu'il n'a donc rien à redouter des Mexicas, transmit le franciscain. S'il suit les instructions de Cortés, il ne lui arrivera rien de mal.

Mali se tourna vers Gordo et lui dit en nahuatl :

— Le Serpent à Plumes m'informe qu'il vous protégera. Cependant, vous devrez faire exactement ce qu'il vous demandera.

Mais Gordo ne l'écoutait pas.

— Les Mexicas ont réclamé vingt de nos jeunes gens et jeunes filles en sacrifice pour avoir désobéi à Moctezuma. Ils insistent pour qu'il y ait parmi eux trois de mes propres enfants.

— Le Serpent à Plumes assure que vous êtes maintenant sous sa protection, répéta patiemment Mali.

Gordo lui lança un regard affolé.

— Que devons-nous faire ?

Cortés prit à nouveau la parole. Aguilar paraissait discuter ses instructions, comme s'il ne croyait pas à la réalité de ce qu'il entendait. Cortés s'impatienta et, finalement, la mine maussade, le diacre s'adressa à Mali.

— Monseigneur demande que... (il hésita)... vous ordonniez à Gordo de s'emparer immédiatement des cinq Mexicas, de les ficeler et de les placer sous bonne garde.

L'Indienne écarquilla les yeux mais traduisit scrupuleusement ces paroles au chef totonaque. Celui-ci sembla défaillir : ses jambes fléchirent à nouveau et son visage prit l'expression d'un animal pris au piège.

— Je ne peux pas ! glapit-il d'une voix suraiguë.

— Vous devez faire ce que vous ordonne le Serpent à Plumes.

— Si nous portons la main sur eux, Moctezuma nous fera tous assassiner !

Mali secoua la tête. Un mou, un lâche, voilà ce qu'il est, se dit-elle. Ne se rend-il donc pas compte de quelle puissance un dieu dispose pour l'aider ?

Elle se tourna vers Aguilar.

— Il refuse.

Cortés bondit de sa chaise, le visage blême, et parla au franciscain. Sa voix vibrait de rage.

— Monseigneur Cortés dit que s'il ne s'exécute pas sur l'heure, il partira et ne reviendra jamais, dit Aguilar.

Triomphante, Mali traduisit pour Gordo.

— Vous voyez ! Vous avez irrité le Serpent à Plumes ! Obéissez, sinon il repartira au Pays des Nuages. Alors vos fils et vos filles auront le cœur arraché sur les autels de Moctezuma !

Gordo émit d'étranges bruits comme s'il suffoquait. En réalité, il n'avait pas le choix, estima Mali. Pourquoi certains hommes ont-ils tant de mal à franchir le pas, même lorsqu'il s'agit de l'ultime solution envisageable ? Si Gordo était incapable de se soumettre à un dieu, alors tous ses rites religieux ne représentaient qu'une dérisoire superstition.

— Eh bien ? insista-t-elle. Agissez ! Sinon le Serpent à Plumes s'en ira à jamais !

La joie et la fierté l'envahissaient, à présent. C'était arrivé... enfin ! Il s'était montré aussi royal qu'elle l'avait imaginé ! Le Serpent à Plumes était revenu pour briser l'emprise des Mexicas. Et elle avait l'immense privilège de contribuer à sa divine mission !

— Profite bien de cet instant, Mali, murmura une voix à son oreille. Avant que Sœur Lune se soit levée une seconde fois, nous serons tous en marche vers le temple de Tenochtitlán et son autel de pierre !

Elle se retourna. Fleur de Pluie.

— C'est un dieu, insista Mali.

— Ce n'est pas un dieu et il est fou.

Fleur de Pluie tendit les mains vers elle. Mali vit qu'elle avait peur. Elle étreignit ses mains en s'efforçant de communiquer à son amie un peu de sa force, de sa confiance.

Si seulement elle pouvait comprendre ! Ils allaient tous bientôt assister à la fin du Cinquième Soleil et, dans le même temps, à l'aube d'un nouveau jour rouge comme le sang.

Elle avait neuf ans et tenait la main de son père. Ils se trouvaient au sommet du temple de Quetzalcóatl, à Painala, contemplant dans le ciel nocturne la course de l'étoile rouge dont la queue enflammée plongeait vers le Pays des Nuages.

— Regarde, avait murmuré son père, c'est ton étoile. Elle est là pour dire au monde que le règne des Mexicas se terminera bientôt et que les jours des Oiseaux-mouches sont comptés. Tu es comme une comète, Malinali. Je l'ai vu dans mes rêves. Tu es la promesse du Serpent à Plumes qui va sceller le destin des Mexicas.

Et elle l'avait cru, car son père était non seulement un prince mais un prêtre, tout comme Moctezuma. Il était le gardien du culte du Serpent à Plumes et avait promis que le dieu reviendrait cette année — l'année du premier roseau.

Et tout ce qu'il avait prophétisé se révélait exact.

20

Puertocarrero la secoua rudement. Ses cheveux couleur de maïs brillaient à la lueur de la chandelle. La cinquième heure de veille venait d'être franchie mais il était complètement habillé. Il fit comprendre à l'Indienne qu'elle devait venir avec lui.

Mali se leva, enfila sa chemise et sa tunique et le suivit. Les torches fichées dans les murs faisaient danser leurs ombres le long des couloirs.

Ils s'arrêtèrent devant la porte de la chambre de Cortés. Puertocarrero poussa Mali à l'intérieur.

Encore un peu étourdie, elle entrevit la face barbue de soldats espagnols, la plupart revêtus de leurs armures étincelantes. Cortés, entouré de ses officiers et d'Aguilar, était assis à une table installée au milieu de la pièce.

Il leva les yeux vers l'Indienne et la gratifia d'un sourire d'encouragement qui s'évanouit presque aussi vite qu'il était apparu. Cortés redevint le dieu-serpent, promesse de fécondité et de récompense.

Trois des collecteurs d'impôt mexicas se tenaient devant la table. Ils avaient l'air bien moins hautains, constata Mali, avec leurs mains liées derrière le dos et leurs yeux baissés.

Mais que se passait-il donc ?

Aguilar, la mine pâle et le regard hypocrite, fut le premier à parler.

— Mon maître Cortés veut que vous demandiez à ces hommes qui ils sont, d'où ils viennent et pourquoi ils ont été arrêtés par les Totonaques.

— Mais il connaît déjà la réponse à toutes ces questions ! s'exclama Mali.

— Faites ce qu'on vous demande !

Stupéfaite, Mali s'exécuta. Elle se tourna vers les Mexicas et reconnut l'un d'eux, qu'elle avait remarqué plus tôt. D'après les ornements de ses plumes, il devait appartenir à un rang plus élevé que les autres.

Elle s'adressa à lui :

— Mon seigneur Malinche, le Serpent à Plumes, désire savoir qui vous êtes et pourquoi vous êtes ici.

Le Mexica releva la tête et la dévisagea. Il avait un nez comme un bec de perroquet. Celui-là, sa fierté le perdra, pensa Mali.

— Nous sommes des *calpisqui*, répondit-il, les collecteurs d'impôt du grand Moctezuma. Quant à savoir pourquoi nous sommes prisonniers, cela a été fait sur la demande de votre seigneur ! Vous paierez tous dix fois plus pour les humiliations qui nous ont été infligées !

Mali se demandait à quoi rimait toute cette histoire, mais transmit fidèlement la réponse.

Aguilar s'entretint quelques instants avec Cortés et répliqua :

— Mon seigneur Cortés n'était absolument pas au courant de ce que les Totonaques projetaient. Mais quand il a appris qu'ils se préparaient à offrir en sacrifice leurs prisonniers, il s'est décidé à intervenir. Dites-leur que c'est parce qu'il considère Moctezuma comme un ami et, tout comme lui, un puissant seigneur.

Mali ne parvenait toujours pas à comprendre ce que Cortés tramait. Ce n'était pas à elle, cependant, d'interpréter la pensée d'un dieu. Elle prit plaisir à voir les Mexicas pâlir quand elle mentionna le « sacrifice » prévu par les Totonaques. Comme il m'aurait plu de te voir étendu sur la dalle de pierre ! songea-t-elle en regardant l'envoyé de Moctezuma.

— Les Totonaques nous ont dit qu'ils nous faisaient prisonniers sur l'ordre de votre seigneur, objecta le *calpisqui* d'une voix à présent moins assurée.

Quand Aguilar eut répété ces paroles à son chef, celui-ci réussit à prendre l'air surpris.

— Mon seigneur dit que les Totonaques doivent être un peuple bien perfide et retors pour commettre de pareils actes, transmit le diacre. Car il ne savait absolument rien de tout cela.

Mali regarda Cortés, cherchant à lire dans ses yeux l'explication de telles absurdités. Mais son visage demeurait indéchiffrable. Pourquoi ces mensonges ?

Les Mexicas paraissaient aussi déconcertés qu'elle. Peut-être, suggéra l'un d'entre eux à ses compagnons, peut-être qu'il nous dit la vérité. Sinon pour quelle raison nous aurait-il libérés ?

Mali se tourna vers Aguilar.

— Que se passe-t-il ? demanda-t-elle.

— Cela ne vous regarde pas, rétorqua-t-il sans même la regarder. Vous n'êtes ici que pour traduire les paroles de votre maître.

Oh ! Puisses-tu être sodomisé par un porc-épic ! pensa-t-elle, furieuse. Tu ne devrais pas te risquer à me parler ainsi ! Je suis beaucoup plus qu'une simple interprète pour le Serpent à Plumes et tu le sais aussi bien que moi !

Cortés murmura quelque chose à l'oreille du franciscain, qui se tourna vers elle avec un sourire mielleux. Je sais ce que tu essaies de faire, disait ce sourire, mais c'est toujours moi qui suis son confident. Tu n'es rien d'autre qu'une Indienne, une étrangère.

— Dites-lui que le seigneur Cortés est peiné de voir leurs nobles personnes traitées avec une telle dureté. Puisqu'ils sont les serviteurs du grand Moctezuma et ont été arrêtés sans raison valable, ils doivent être libérés immédiatement.

Pendant que Mali traduisait, les gardes espagnols s'avancèrent pour libérer les trois prisonniers de leurs liens.

Le *calpisqui* se tourna vers Mali.

— Remerciez votre seigneur de son intervention, dit-il, l'air toujours aussi perplexe. Mais expliquez-lui que, bien qu'il nous ait libérés, nous ne pouvons partir. Les Totonaques se jetteront de nouveau sur nous dès que nous franchirons les portes de ce palais.

Aguilar ne prit même pas la peine de communiquer ces paroles à Cortés. Il semblait avoir déjà reçu ses instructions.

— Dites-leur qu'ils n'ont rien à craindre, déclara-t-il à Mali. Nos soldats les emmèneront jusqu'à la côte, revêtus de vêtements semblables aux nôtres. Ils seront escortés hors du territoire totonaque à bord de nos bateaux et pourront ensuite poursuivre en paix leurs affaires. Tout ce que demande en échange mon seigneur Cortés, c'est qu'ils rappellent à leur roi qu'il est son ami.

Mali transmit ces propos, mais les derniers mots eurent

bien du mal à franchir ses lèvres. Comment dire à l'empereur des Mexicas que le Serpent à Plumes, l'ennemi ancestral des dieux de Moctezuma, était son allié ?

Elle fit néanmoins de son mieux, laissant au *calpisqui* le soin d'interpréter son message comme bon lui semblait.

Les trois collecteurs d'impôt mexicas furent conduits hors de la pièce. Aussitôt, tous les Espagnols se mirent à rire bruyamment. Mali les regarda, confondue. Pourquoi le Serpent à Plumes avait-il laissé ces monstres échapper à la dalle de pierre ? Pourquoi les avait-il relâchés, trahissant Gordo qui, pourtant, leur avait fait confiance ? Et pourquoi se réjouissaient-ils tant d'une pareille conduite ?

Cortés se tourna vers elle et un sourire effleura de nouveau ses lèvres, établissant entre eux une sorte de connivence. Puertocarrero s'avança alors et la ramena dans leurs appartements.

Mali ne pouvait s'empêcher de se demander ce que Gordo allait penser lorsqu'il découvrirait au matin que trois de ses prisonniers s'étaient envolés. Si le dieu auquel elle croyait l'avait ainsi trompé, c'est qu'il n'était pas un dieu et, dans ce cas, le destin qu'elle tenait pour certain n'était qu'un mauvais rêve.

— Je pense que notre bon Gordo-le-Gros a eu son content de frousse hier, observa Sandoval. Par les couilles sacrées de saint Joseph, il avait l'air aussi blanc que le téton de la Vierge !

Les autres officiers s'esclaffèrent, excepté Cortés.

— Faites attention à ce que vous dites, observa-t-il, la mine sévère.

Les rires cessèrent aussitôt.

Gordo n'était plus que l'ombre de lui-même. Il se tenait tout tremblant devant Cortés — tel un cœur déposé dans une coupe, pensa Mali.

Elle transmit les paroles de Gordo à Aguilar qui en fit part à Cortés. En l'écoutant, ce dernier bondit de son siège, les poings serrés, les traits déformés par la rage.

— Quoi ! Vous les avez laissés s'échapper ! Mais que faisaient donc vos gardes ? Endormis, peut-être ?

Le *cacique* tenta d'expliquer à Mali qu'il ne comprenait pas comment ces événements avaient pu se produire et que les responsables étaient déjà punis. Leur cœur grillait en ce moment même dans un brasero. Mais Cortés n'attendit pas la traduction. Après tout, songea Mali, il savait mieux que Gordo comment la fuite des Mexicas s'était réellement opérée. Durant la première heure de veille, Guzmán et Flores s'étaient approchés des gardes totonaques avec une jarre de vin de Cuba, que les hommes avaient trouvé à leur goût. Quand les Espagnols étaient revenus deux heures plus tard, les gardes ronflaient bruyamment : on aurait pu décharger une couleuvrine à côté d'eux sans les réveiller. Les trois Mexicas s'étaient enfuis à l'aide de cordes.

Cortés allait et venait dans la pièce comme un animal enragé, en marmonnant et se frappant la paume du poing. Mali savait que cette fureur n'était qu'une comédie. Mais pourquoi cette perfidie ?

— Mon maître Cortés dit que cette affaire est un véritable désastre, transmit Aguilar. Dites à ce chien qu'il nous remette aussitôt les autres prisonniers, car il est manifeste qu'on ne peut lui faire confiance. Nous les chargerons de chaînes et les emmènerons sur nos bateaux.

Gordo donna son assentiment. Il était prêt à accepter tout ce que le grand seigneur exigeait.

— Mon maître Cortés insiste aussi, poursuivit Aguilar, pour que Gordo prête aujourd'hui même serment d'allégeance au roi d'Espagne, Sa Majesté Très Catholique Charles V, en présence du clerc royal. Il doit également accepter de joindre ses forces aux nôtres contre les Mexicas et mettre tous ses guerriers à notre disposition. S'il ne respecte pas l'un ou l'autre de ces engagements, il sera abandonné à son sort.

Mali eut du mal à se retenir de rire. Elle leva les yeux vers Cortés. Oh, tu singes à merveille le courroux, pensa-t-elle. Tu es véritablement un dieu car tu peux prendre divers aspects et tu t'es joué de ce Gordo avec une remarquable habileté.

Mali transmit les paroles de Cortés au chef totonaque. Il y eut un long silence tandis que le *cacique* se représentait les conséquences qu'il aurait à affronter s'il se retrouvait seul face à la colère de Moctezuma.

Il hocha la tête en signe d'assentiment, si vigoureusement que ses joues en tremblèrent.

— Eh bien ? demanda Aguilar.

— Il est d'accord, dit Mali.

21

Lors d'événements d'importance nationale, le Conseil Suprême des Mexicas se réunissait à la Maison des chevaliers de l'Aigle, dans les bâtiments du grand temple. La pièce était garnie de bancs de pierre ornés de sculptures représentant des serpents et des guerriers. Un brasero de terre cuite modelé à l'apparence de Tlaloc, le Faiseur de Pluie, diffusait un peu de chaleur. Mitlantecutli, le dieu des Morts, squelette d'os perçant sa chair d'argile, veillait sur les délibérations de ces empereurs et de ces rois. Sa présence leur rappelait la nature éphémère de la vie et du pouvoir séculier.

Moctezuma présidait, comme d'habitude. A ses côtés, Serpent-Femelle, son Premier ministre. On pouvait apercevoir dans l'assemblée son neveu, le Seigneur des Epis de Maïs, roi de Texcoco, ainsi que le frère et héritier de Moctezuma, Cuitláhuac, le seigneur d'Ixtapalapa. Les grands prêtres et la plupart des anciens chevaliers de l'Aigle avaient été également convoqués à ce grand Conseil. Tous ces dignitaires, nobles ou prêtres, étaient vêtus de simples robes en fibre de maguey. L'empereur, lui, resplendissait dans un manteau de coton turquoise orné de motifs de serpents. Des torches crépitaient contre les murs.

— Mon armée est prête à marcher sur l'ennemi, déclara le Seigneur des Epis de Maïs. Nous attendons votre ordre.

— Ce remède brutal ne sera peut-être pas nécessaire, dit Moctezuma. Il y a du nouveau. Trois de nos *calpisqui* ont été relâchés et escortés à travers les territoires totonaques par les propres soldats de Malinche.

Tous secouèrent la tête, stupéfaits.

— Ils étaient porteurs d'un message personnel de

Malinche, reprit l'empereur. Celui-ci me transmettait ses amitiés et m'assurait qu'il punirait lui-même les Totonaques pour leur agression contre nos collecteurs d'impôt.

Un long silence s'ensuivit. Que penser d'un pareil comportement ? se demandaient les membres du Conseil. Incompréhensible, vraiment.

Moctezuma reprit la parole :

— Il y a quelques heures, leurs compagnons ont été libérés à leur tour pour regagner Tenochtitlán. Ils ont été sauvés de la pierre sacrificielle par ce Malinche qui les a accompagnés en lieu sûr sur ses propres canots de guerre. Nos hommes m'ont raconté que ces « Espagnols » — c'est ainsi qu'ils se nomment — les ont traités avec civilité.

— Qu'est-ce que cela signifie ? lança un ancien guerrier, d'une voix forte.

Serpent-Femelle intervint.

— Cette femme qui est avec lui, cette... Marina. Elle dit que Malinche est un dieu et qu'il est le Serpent à Plumes.

Silence de mort.

— Nous ne sommes pas certains que cette femme dit la vérité, murmura Cuitláhuac. Malinche ne parle pas la Langue Elégante. Ce ne sont pas ses propres mots.

Le Seigneur des Epis de Maïs approuva d'un signe de tête.

— Cet étranger n'est peut-être que l'ambassadeur d'un pays lointain. Si tel est le cas, nous devons l'accueillir convenablement et écouter ce qu'il a à nous dire.

Aigle Plongeant, le neveu de Moctezuma, s'agita sur son banc.

— Vous ne devez pas introduire dans votre maison un homme qui cherchera ensuite à vous en chasser !

— Si ce Malinche est ambassadeur, objecta l'un des chevaliers du Jaguar, nous lui devons l'hospitalité, ainsi que l'a dit le Seigneur des Epis de Maïs. Et si ses intentions ne sont pas honnêtes, alors nous aurons des guerriers courageux pour nous défendre. Qu'avons-nous à redouter ? Ne sommes-nous pas des millions contre quelques centaines d'hommes ?

— Le seigneur Tendile ne croit pas qu'il s'agisse d'ambassadeurs mais d'envahisseurs.

— Des envahisseurs ? intervint l'un des grands prêtres. Comment une simple poignée d'hommes pourrait-elle songer à envahir le Mexique ?

Moctezuma avait gardé un silence maussade durant ce débat. Il leva soudain la main pour rétablir le calme dans la salle du Conseil.

— Les *calpisqui* ont entendu les Totonaques leur donner le nom de dieux.

— Les Totonaques ont été engendrés par des singes ! déclara Aigle Plongeant.

D'un regard impérieux, Moctezuma lui commanda de se taire.

— Il n'en demeure pas moins que ce Malinche et ceux qui l'accompagnent se comportent aussi étrangement que des dieux. Les indices sont réunis : cet homme est arrivé ici l'année du premier roseau et le jour du neuvième vent. De plus, son aspect correspond à ce que nous attendions.

— Mais alors, que faire ? s'exclama un autre chevalier.

L'empereur observa longuement les visages inquiets tournés vers lui.

— Si nous détruisons le Serpent à Plumes, nous détruisons le vent et, sans le vent, il n'y aura ni nuages, ni pluie, ni récoltes dans les champs. Sa défaite sera notre propre défaite.

Le silence retomba et l'on n'entendit plus que le grésillement des bûches de bois vert dans le brasero.

— Cet homme s'est proclamé mon ami et il m'en a fourni les preuves, reprit Moctezuma. Prendre les armes contre lui serait pure folie.

— Et s'il n'est pas le Serpent à Plumes ? interrogea le Seigneur des Epis de Maïs.

— Et s'il l'est ? rétorqua Moctezuma. Pour l'instant, ne faisons rien. Attendons.

Il se leva pour signifier que la séance était terminée. Les nobles du Conseil s'agenouillèrent avant de quitter la salle, tous plus effrayés qu'à leur arrivée. Leur empereur semblait paralysé par l'indécision alors qu'aux frontières du pays un personnage malfaisant s'amusait à manipuler les événements. Dieu ou homme, c'était un être dangereux. Seul l'un des grands prêtres se montrait satisfait de l'interprétation que Moctezuma avait donnée de la situation. Mais les autres, tout comme les militaires et les notables du gouvernement, se tenaient sur leurs gardes.

Malgré cela, l'autorité reposait entre les mains de leur maître vénéré. Il ne leur restait plus qu'à s'efforcer de croire en leur avenir.

Cempoala

L'alliance entre les Espagnols et les Totonaques fut ratifiée par une grande cérémonie publique donnée sur la place principale. En tant que clerc royal, Diego Godoy enregistra solennellement le pacte militaire et la reconnaissance par Gordo de sa condition de vassal vis-à-vis de l'Espagne. Gordo annonça que les Totonaques allaient sceller cette alliance selon le protocole habituel à leur peuple.

Il se tourna vers Mali.

— Les Espagnols et les Totonaques vont tisser entre eux un lien indestructible. Nous allons vous offrir les plus belles de nos filles comme épouses pour vos seigneurs.

Mali regarda Aguilar.

— Il va y avoir plus de femmes à chevaucher, traduisit-elle avec un sourire.

L'expression d'Aguilar changea instantanément.

— Que voulez-vous dire ?

— Le seigneur Gordo offre à mon seigneur davantage de femmes pour son plaisir. Peut-être que, cette fois, vous pourrez en avoir une pour vous ?

Le diacre murmura le mot maya signifiant « putain » mais qui, dans la langue indienne, ne possédait pas le même sens critique. Nerveux, il se détourna et transmit l'information à Cortés.

— Le maître Cortés vous demande de remercier Gordo pour sa générosité. Rappelez-lui que les jeunes femmes devront d'abord être baptisées dans l'Esprit Saint avant de pouvoir... (Aguilar se troubla)... accompagner un chrétien.

— On va les asperger à l'extérieur et à l'intérieur, c'est ça ?

Le visage du diacre prit la couleur d'un piment mûr.

Mali savait que ce n'était pas de bonne politique de le malmener ainsi, mais elle ne pouvait s'en empêcher.

Et si Cortés choisissait l'une de ces nouvelles femmes pour son propre plaisir ? se demanda-t-elle soudain avec inquiétude.

On amena sur la place huit jeunes filles vêtues de cotonnade et couvertes de bijoux. Chacune d'elles portait plusieurs colliers d'or et des anneaux aux oreilles. Mali se rappela que les Totonaques prétendaient être dans la misère à cause des Mexicas. Quel mensonge ! Mais Cortés connaissait certainement leur perfidie alors qu'eux-mêmes n'avaient pas conscience de la sienne...

Et c'était bien ainsi.

Sept vierges furent présentées aux capitaines de Cortés. Puertocarrero et Alvarado furent récompensés de leur loyauté en recevant une seconde femme. Celle de Puertocarrero était particulièrement belle. Il s'agissait de la propre fille du Premier ministre de Gordo, le seigneur Cuesco. Elle fut immédiatement baptisée par fray Olmedo et reçut le nom de doña Francisca. Les autres jeunes filles passèrent également sous la houlette d'Olmedo.

Puis Gordo présenta fièrement à Cortés sa propre nièce. Les soldats espagnols s'esclaffèrent et Mali se sentit aussitôt remplie d'un immense soulagement. La princesse n'était pas aussi grosse que Gordo mais il s'en fallait de peu. Elle marchait en se dandinant comme une oie gavée et paraissait totalement ridicule dans sa robe de fiançailles qui l'enveloppait de fleurs de la tête aux pieds. On aurait dit un jardin ambulant.

Mali regarda Cortés. Grand seigneur, il fit taire les ricanements de ses hommes d'un regard dur. Puis il s'avança vers la jeune fille et lui baisa la main galamment. Mali s'étonna de ces manières. Ah, comme elle l'aimait dans de pareils instants !

Il leva les yeux vers Mali et elle surprit dans son regard une lueur d'allégresse, qui contrastait étrangement avec l'expression figée de son visage. Il murmura quelques mots à l'oreille d'Aguilar.

— Mon maître Cortés remercie le seigneur Gordo pour son *énorme* générosité, transmit le diacre sans comprendre, apparemment, la plaisanterie.

Mali sourit. Mais, dans la traduction qu'elle fit au chef totonaque, elle transforma le mot « énorme » par un autre qui signifiait « sans limites ».

La nièce de Gordo fut la dernière à se soumettre au rite du baptême. Cortés suggéra de la nommer doña Catalina

— ce qui, pour une raison inexpliquée, amusa beaucoup Alvarado, Jaramillo et plusieurs autres capitaines.

Cortés se tourna vers Aguilar.

— Dites à Gordo que maintenant qu'il a juré fidélité au roi d'Espagne, il devra abandonner ces sacrifices humains abominables.

Fray Olmedo fit un pas en avant.

— Seigneur *caudillo*, ce n'est peut-être pas le moment...

Cortés lui jeta un regard glacial.

— Je vous remercie de votre assistance spirituelle, mon frère, mais, ici, c'est moi qui commande.

— Vous ne gagnerez rien en...

— Comme je viens de le dire, merci, fray Olmedo.

Le moine hésita un instant puis recula.

— Allons-y ! lança Cortés à Aguilar. Faites-leur savoir qu'ils doivent abandonner leurs pratiques barbares et jeter bas leurs idoles diaboliques.

Mali attendait, troublée, perplexe quant à la signification de ce bref échange. Quand elle entendit enfin la traduction d'Aguilar, elle se sentit aussitôt transportée de joie.

— Le Serpent à Plumes vous demande d'abandonner immédiatement les sacrifices humains, dit-elle à Gordo. Ainsi qu'il l'avait déjà recommandé lorsqu'il était parmi nous, il y a bien longtemps.

Gordo sursauta et la regarda, l'air interloqué.

— Mais enfin... sacrifier certains esclaves ou prisonniers capturés au cours d'une bataille, cela n'a rien de répréhensible ! De plus, ces rites nous garantissent une bonne récolte et nous promettent une pluie féconde.

— Sans doute, mais le Serpent à Plumes pense qu'il s'agit d'un crime et que vous devez cesser immédiatement ces pratiques cruelles. Il faudra également détruire les représentations de son grand ennemi Tetzcatlipoca, le Porteur de Ténèbres.

— Mais si nous renversons nos dieux, il n'y aura plus ni pluies ni récoltes.

Telle une ride sur l'eau, une onde de colère courut dans la foule et la nouvelle circula de bouche en bouche. Bientôt, les murmures se transformèrent en clameur outragée.

— Que dit Gordo ? demanda Aguilar.

— Il palabre comme une femme au marché, répondit Mali. Laissez-moi m'entretenir avec lui un instant.

Elle s'adressa au *cacique*.

— Durant toutes ces années, vous et vos ancêtres avez attendu le retour du Serpent à Plumes et voilà que, maintenant, vous rejetez son enseignement ! Vous commencez par lui souhaiter la bienvenue sur vos terres avec cérémonie puis vous le trahissez ! Que se passera-t-il s'il décide de ne plus s'occuper de vous ? Que croyez-vous que fera Moctezuma quand il ne sera plus là pour vous protéger et qu'il sera reparti au Pays des Nuages, dégoûté de vous ?

Voyant Gordo hésiter, Mali prit les devants. Elle se tourna vers Cortés et fit un signe d'approbation.

Alvarado et ses hommes attendaient le signal à l'intérieur de l'enceinte du temple. Un arquebusier tira un coup en l'air et l'escadron d'Alvarado commença à escalader les marches, armé d'épées et de lourdes barres de fer.

Les soldats repoussèrent les prêtres sans ménagement. Puis ils soulevèrent les idoles de pierre et les transportèrent jusqu'au bord des marches du temple, d'où ils les envoyèrent se fracasser dans la cour en contrebas. Faiseur de Pluie, Tunique du Serpent, Mère du Maïs subirent le même sort. Quant à l'idole du Seigneur du Feu, sa couronne enflammée se renversa sur les pavés du sanctuaire et embrasa aussitôt le toit de chaume. En quelques minutes, une fumée noire et épaisse s'éleva vers le ciel sous les yeux des Totonaques grondants de fureur.

Ils vont nous attaquer d'un moment à l'autre, pensa Mali. Ils n'attendent plus que le signe de Gordo.

Les Espagnols avaient déjà pris position autour de Cortés et du *cacique*, prêts à en découdre, brandissant vers la foule leurs épées, leurs piques et leurs arquebuses. Doña Francesca gémissait de terreur dans un coin et la grosse nièce de Gordo tournait comiquement en rond en hurlant de toute la force de ses poumons. A genoux, fray Olmedo marmonnait une prière tandis qu'Aguilar, son livre d'heures serré contre sa poitrine, contemplait la scène avec indulgence.

Mali exultait. Son père lui avait toujours répété de ne jamais craindre le chaos. *C'est dans la destruction que tu rencontreras ton destin.*

Cortés tira son épée.

— Combien de femmes et d'enfants innocents ont été

massacrés par ces païens ? cria-t-il par-dessus le tumulte. Pourrons-nous nous considérer encore comme des chrétiens et de respectables Espagnols si nous permettons que cette boucherie continue ? Allons-nous rester là sans rien faire ? Nos vies ne comptent pas, car nous prenons ce risque au nom de Dieu !

Les soldats resserrèrent les rangs en voyant la foule haineuse marcher sur eux. Benitez lança un cri d'alarme en désignant le palais royal. Les archers totonaques se regroupaient sur le toit.

Cortés saisit Gordo par le bras et posa la lame de son épée sur sa gorge.

— Doña Marina ! s'écria Aguilar au milieu du vacarme, Cortés vous demande de dire à leur *cacique* qu'il est un homme mort s'il ne rétablit pas l'ordre immédiatement !

Le gros chef totonaque tomba à genoux. Un filet de sang barrait déjà la peau luisante de son cou. Mali se pencha tout contre son visage.

— Le Serpent à Plumes vous tuera, chuchota-t-elle à son oreille. Après quoi, il détruira toute la ville. Votre seule chance de salut est de calmer les gens de votre peuple. Tout de suite !

Terrorisé, il hocha faiblement la tête et bredouilla quelques mots. Deux de ses esclaves l'aidèrent à se relever. Il lança un appel dans sa langue d'une voix tremblante, et peu à peu, les cris de colère de la foule cessèrent.

Le silence retomba sur la place.

22

Le lendemain, les Totonaques, munis de cordes, traînèrent les restes des idoles brisées hors de la ville. Le Faiseur de Pluie, Mère du Maïs et les autres disparurent dans les profondeurs de la forêt. Mais, comme Mali le pressentait, ils n'y seraient pas enterrés ainsi que l'avait ordonné Cortés. Les Indiens continueraient de s'y rendre en cachette pour continuer à adorer leurs dieux. Une rupture s'était cependant produite, leur pouvoir avait été défié et brisé.

Une autre hutte au toit de chaume était déjà en construction au sommet de la pyramide et les murs tachés de sang avaient été soigneusement lavés. Un nouveau sanctuaire s'édifiait, paré de fleurs et décoré de multiples bougies que les Espagnols fabriquaient avec de la cire d'abeille. Les prêtres furent sommés de troquer leurs tuniques de cérémonie raidies de sang humain contre de nouvelles robes blanches. Leurs cheveux, qu'ils portaient longs et enduits de sang séché, tombèrent sous les lames aiguisées des épées espagnoles.

A la place des anciens dieux de pierre, le temple reçut une croix et une image de la *Nuestra Señora de los Remedios*. Ce fut Cortés en personne qui porta l'image de la Madone et de son divin enfant jusqu'en haut de la pyramide.

Pour la première fois, Mali s'interrogea sur les intentions réelles qui motivaient le chef espagnol et se demanda si elle les comprenait bien. Ce Cortés ne ressemblait à aucun des dieux qu'elle s'était jusqu'alors représentés. Mais il fallait bien, pourtant, qu'il soit d'essence divine. Comment expliquer alors que, chaque jour, il aille se prosterner devant l'image d'une mère et de son enfant ? Lui qui fulminait contre les sacrifices humains n'acceptait-il pas de boire le sang de son dieu !

Il était le Serpent à Plumes et, en même temps, il ne l'était pas.

Peut-être que les dieux commettaient aussi des erreurs. Après tout, ils étaient souvent mortels et il arrivait que l'un d'entre eux se faufile à l'intérieur d'une enveloppe humaine, comme c'était le cas pour Moctezuma.

Une idée soudaine s'imposa à son esprit : si un dieu pouvait faire ainsi son chemin à l'intérieur d'un homme, ne pouvait-il aussi trouver une place toute chaude dans le cœur d'une femme bien vivante ?

23

Cortés décida d'abandonner San Juan de Ulúa et d'édifier la nouvelle colonie dans la plaine, à une dizaine de kilomètres au nord de Cempoala. On y ferait une église, un marché, des entrepôts, un enclos cerné d'une palissade, un hôpital, un hôtel de ville et un arsenal, le tout protégé par un haut mur de pierre doté de tours de guet, de parapets et de barbacanes. On construisit donc des fours pour la fabrication de briques et les forgerons de marine furent chargés des ouvrages en fer forgé. Dans le cadre du traité conclu entre Cortés et Gordo, des milliers de Cempoalans furent engagés à participer aux travaux. Les Espagnols ne rechignaient pas pour autant à la tâche : ils creusaient des fondations et apportaient de la terre aux fours. Cortés lui-même transporta sur son dos une partie des troncs d'arbre nécessaires à l'édification des bâtiments.

Mali et Fleur de Pluie furent employées à l'hôpital pour aider le docteur Mendez, seul médecin du contingent espagnol. A présent qu'ils avaient quitté les marais, on comptait moins de cas de fièvre et de *vomito*, mais Mali se rendit néanmoins très utile en préparant des décoctions d'herbes qui soignèrent de nombreuses indispositions.

La nouvelle colonie prenait forme tandis que les Mexicas attendaient et observaient.

Agenouillé devant la longue table à tréteaux qui servait d'autel dans l'église encore inachevée, Cortés égrenait son chapelet. Une croix de bois avait été fixée tout en haut du mur, au-dessus d'une image représentant la Vierge et l'Enfant. Profondément recueilli, le visage serein, le *caudillo* semblait totalement indifférent aux coups de marteau et aux cris des ouvriers qui travaillaient autour de lui.

Mali l'observait, troublée de voir un homme aussi grand et puissant se mettre à genoux devant l'image d'une mère et de son enfant. Elle vit dans ce spectacle la preuve de sa bonté et de sa force : Cortés semblait tout à la fois vénérer cette image et y puiser son inspiration.

Dans sa dernière incarnation, le Serpent à Plumes était un prêtre. Pourquoi ne serait-il pas revenu pour détruire les autres dieux et apporter aux habitants du Mexique une nouvelle divinité — une divinité bienveillante qui ne susciterait ni guerre, ni destruction, ni tromperie ?

Sa foi dans le Serpent à Plumes s'en trouva encore renforcée. Comment le fait de se prosterner devant une mère et son enfant pouvait-il être annonciateur de violence et de terreur ? Une telle déesse n'exigerait jamais comme tribut le sang et le feu.

Levant les yeux, elle aperçut Norte qui, torse nu, pénétrait dans l'église en portant un lourd tronc de bois sur son épaule.

Elle l'appela, employant le langage maya chontal.

— Norte ! Voulez-vous m'aider ?

Il déposa sa charge et la regarda, surpris.

— Venez ici, je vous en prie, insista Mali.

Il s'approcha.

— Señora ? En quoi puis-je vous être utile ?

— Je désirerais que vous parliez pour moi à mon seigneur Cortés.

Norte hésita.

— Pourquoi moi ? Et pourquoi pas Aguilar ?

— Parce que je préférerais que ce soit *vous* qui parliez en mon nom.

Elle le vit réfléchir encore quelques instants.

— Comme vous voudrez, finit-il par dire.

Il la suivit près de l'autel et Mali attendit que Cortés ait achevé ses prières. Quand il se releva, il fut surpris et heureux de voir la jeune Indienne mais fronça les sourcils à la vue de Norte.

— Demandez-lui de me pardonner, je vous prie, expliqua Mali, et dites-lui que je ne voulais pas le déranger pendant qu'il parlait à ses dieux. Mais j'ai une requête à lui présenter.

Il y eut un rapide échange entre les deux hommes.

— Il dit qu'il n'y a rien à pardonner, transmit Norte. Il est heureux de vous voir.

Mali sourit à cette galanterie. Elle hésita quelques secondes. Comment exprimer convenablement ce qu'elle cherchait tant à lui faire comprendre ?

— Dites-lui... dites-lui que je sais... que je sais qu'il est le Serpent à Plumes...

Norte interrompit brutalement sa traduction.

— Quoi ?

— Vous n'avez pas compris ?

Il sembla désorienté.

— Cet homme n'est pas un dieu, vous pouvez me croire.

— Contentez-vous de traduire mes paroles, je vous prie.

Cortés observait ce bref échange, perplexe. Norte se tourna finalement vers lui et acheva sa traduction, comme Mali le lui avait demandé. Quand il eut terminé, Cortés la contempla longuement sans parler. Puis il murmura quelques mots à l'oreille de Norte.

— Voilà, je vous l'avais bien dit, déclara ce dernier.

— Qu'a-t-il dit ?

— Il ne comprend pas de quoi vous parlez. Il m'a également demandé qui était le Serpent à Plumes.

— Je ne vous crois pas.

— Quand allez-vous comprendre que cet homme n'est qu'un Espagnol, tout comme moi. Seulement voilà, il est un peu plus avide et impitoyable que la plupart des autres.

Cortés parla de nouveau et Norte traduisit.

— Il vous demande de le laisser tranquille. Quant à moi, je dois rester ici. Sans doute serai-je fouetté à cause de tout cela.

Mali secoua la tête, incrédule. Etait-il possible qu'un homme devienne un dieu sans le savoir ? Ou bien cherchait-il à dissimuler son identité pour une quelconque raison ? Mais la dissimuler à qui ? A Norte ?

— Allez-vous-en ! s'écria Norte d'un ton pressant. Ne le fâchez pas davantage. Vous ne connaissez pas cet homme comme je le connais !

Mali leva les yeux vers Cortés et ne vit pas sur ses lèvres ce sourire de connivence ni cette lueur amusée dans son regard qu'elle lui avait si souvent vus au cours de ces dernières semaines. D'une manière ou d'une autre, elle l'avait offensé. Dissimulant à grand-peine sa déception, elle s'éloigna d'un pas vif.

Cortés étudiait Norte. Pour lui, il n'était qu'un traître doublé d'un hérétique. Mais, qui sait s'il n'allait pas se révéler utile.

— As-tu compris de quoi il s'agissait ?

— Elle pense que vous êtes Quetzalcóatl, le Serpent à Plumes. C'est l'un de nos... de *leurs* dieux.

Le lapsus n'échappa pas à Cortés, qui sourit. Comme tu caches mal ton jeu ! pensa-t-il avec mépris.

— Et, à ton avis, comment en est-elle venue à croire une chose pareille ?

— Comment le saurais-je ? Votre apparence, peut-être. Le Serpent à Plumes a toujours été décrit comme un personnage avec une barbe et le teint clair, comme vous. Et puis il y a les circonstances de votre arrivée. La légende prétend que le dieu doit revenir sur un radeau en provenance de l'est afin de libérer ce peuple dc la tyrannie des Mexicas. Plus qu'une croyance, le Serpent à Plumes fait l'objet d'un véritable culte.

— C'est donc pour cela qu'ils m'ont accueilli comme un libérateur... murmura Cortés. (Il vit Norte baisser les yeux.) Tu le savais ?

— Ce n'est qu'une superstition indienne.

— Cependant, il aurait été loyal de ta part de m'en informer.

— Je ne pensais pas que cela pourrait avoir une importance quelconque sur votre action.

Un mince sourire apparut sur le visage de Cortés. Ce Norte me prend pour un imbécile, pensa-t-il. A moins que ce ne soit la seule excuse qui lui soit venue à l'esprit.

— Et toi ? Crois-tu que je suis le Serpent à Plumes ?

— Je suis un Espagnol, monseigneur !

— Dis plutôt que tu l'as été. Qui sait ? Tu le redeviendras peut-être un jour. En attendant, tu n'as toujours pas répondu à ma question.

— Je pense que vous êtes un Espagnol comme moi, monseigneur.

— Un Espagnol, certes. Mais pas comme toi. Que Dieu me foudroie sur l'heure si je devais jamais devenir ce que tu es devenu. Et maintenant, retourne à ton travail.

Les rayons du soleil tachetaient d'or la surface de l'eau et les cris des singes-araignées montaient de la clairière. Mali était en train de se baigner, seule, lorsque Aguilar surgit d'un buisson.

Le diacre marqua sa surprise en jetant un coup d'œil coupable à son corps nu, puis se détourna.

— J'ai besoin de vous parler, marmonna-t-il.

— Je vous écoute.

— Habillez-vous d'abord !

— Je n'ai pas terminé mon bain. Que vous importe que je sois mouillée ou sèche, du moment que je vous écoute ?

Elle devinait déjà pourquoi il désirait lui parler de manière aussi pressante. Norte devait lui avoir rapporté leur conversation à l'église. Eh bien, si elle était contrainte d'écouter ses sornettes, au moins qu'elle garde l'avantage. Car il était plus difficile pour un homme de se montrer intimidant quand il avait le dos tourné.

— Qui est ce Serpent à Plumes ? lança Aguilar.

Mali prit de l'eau dans le creux de la main et en aspergea nonchalamment ses épaules et ses seins.

— Le Serpent à Plumes fut autrefois un homme, un prêtre et le roi de la cité de Tollan avant l'époque des Mexicas. C'était un grand souverain, un chef juste et bon qui abolit tous les sacrifices humains et fit de Tollan la plus belle ville du monde. Mais son grand ennemi, Tetzcatlipoca, le Porteur de Ténèbres, devint jaloux de son pouvoir. Il l'entraîna dans un piège en lui faisant boire trop de *pulque*. Ivre, le Serpent à Plumes en vint à séduire sa propre sœur. Il en éprouva un tel remords qu'il s'embarqua vers l'est sur un radeau de serpents. Mais il fit le vœu de revenir un jour de l'année du premier roseau pour réclamer son trône. Ce temps est venu.

— Sorcellerie ! s'emporta Aguilar. Sorcellerie et hérésie ! Il n'y a qu'un seul Dieu !

Mali plongea la tête sous l'eau et tordit ensuite ses longs cheveux. Ce religieux à robe brune était un imbécile. Comment pouvait-il n'y avoir qu'un seul dieu ? Etonnant, vraiment, que Cortés accorde à ce sot autant d'attention.

— Est-ce cela que vous avez dit aux Mexicas à propos de Cortés ? cria Aguilar.

Que de paroles extravagantes, songea Mali. Si seulement il pouvait se rendre compte à quel point il est ridicule !

— Je n'ai transmis aux Mexicas que ce que vous m'avez dit, assura-t-elle prudemment, soupçonnant un piège.

— Et aux Totonaques ?

— J'ai traduit les paroles de mon seigneur Cortés. Ce n'est pas moi qui ai dit aux Totonaques ce qu'ils devaient croire.

— Et pourtant ils le croient, c'est bien cela ? Ils sont convaincus que Cortés est un dieu. Avez-vous seulement conscience qu'en agissant comme vous le faites, vous risquez de détruire cet homme ? Aucun d'entre nous ne peut prétendre à l'essence divine !

— Si ces gens pensent qu'il est le Serpent à Plumes, ce n'est pas de ma faute !

Aguilar était si agité qu'il fit volte-face juste au moment où elle sortait de la rivière. Abasourdi par la vision qui s'offrait à lui, il poussa un gémissement et se retourna de nouveau en bégayant.

— Vous... vous ne comprenez pas... Si ces... ces gens croient que Cortés est un dieu, alors... ils ne pourront pas croire en Jésus-Christ ! Ils ne deviendront jamais de vrais chrétiens et ils iront brûler dans les flammes éternelles ! Voilà à quoi vous aurez contribué, espèce de sorcière ! Vous devrez répondre de cet abominable péché !

Mali se sécha dans un linge de coton. Elle n'était pas pressée de se rhabiller. Ce maudit homme pouvait bien continuer de parler aux fougères et aux arbres de la jungle, elle s'en moquait éperdument.

— Vous m'accusez à tort, reprit-elle. Je n'ai rien fait que traduire vos paroles, Aguilar.

— Je prie pour que vous disiez vrai !

— Vous devez pourtant savoir que je ne ferai rien qui soit susceptible de nuire au seigneur Cortés.

Elle fit un pas vers Aguilar et posa une main sur son épaule. Il se raidit instantanément. Il avait peur, maintenant. Plus peur d'une femme que de toutes les légions de Moctezuma ! Quel être incompréhensible !

— Comprenez-vous quelque chose à ce qui se passe entre un homme et une femme ? lui demanda-t-elle.

— Je sais qu'on vous a donnée à Alonso Puertocarrero !

— En effet. On nous donne à certains, mais nous pouvons appartenir à d'autres.

— Que voulez-vous dire ?

— Si vous comprenez réellement ces choses, vous devez aussi savoir que ce n'est pas seulement le corps d'une femme qui diffère de celui d'un homme. C'est beaucoup plus que cela. Comme le soleil et la lune, la terre et l'océan, le rire et les larmes. Chacun n'existe qu'en fonction de l'autre. Voilà pourquoi mon destin est lié à celui de Cortés. Et aussi pourquoi je n'entreprendrai jamais quoi que ce soit à son encontre.

Quand Aguilar parla de nouveau, ce fut d'une voix chargée d'émotion.

— Je prierai pour vous, articula-t-il avant de s'éloigner en toute hâte, sans regarder derrière lui.

Elle s'habilla lentement, perdue dans ses pensées. Pourquoi était-ce donc si terrible pour un homme d'être un dieu ? Et pourquoi Aguilar se montrait-il si inquiet ? Elle avait toutefois pris bonne note de l'avertissement et se montrerait désormais plus prudente.

A présent, il était clair que les compagnons de Cortés n'avaient toujours pas compris que leur chef était le Serpent à Plumes. Cortés désirait certainement masquer sa véritable identité, ce qui expliquait son comportement à l'église lorsqu'elle lui avait parlé en présence de Norte. A l'avenir, pour mieux servir son maître, il lui faudrait agir avec plus de discernement.

24

Les appartements de Cortés ne ressemblaient guère au palais dont il avait rêvé. Le sol était en terre battue, les murs de brique, le toit couvert de chaume.

Qu'importe, au fond, puisqu'il avait enfin réussi à conquérir ce nouveau territoire. Impossible, maintenant, de revenir en arrière.

Il reposa sa plume d'oie et écarta le parchemin sur lequel il rédigeait une lettre adressée au roi d'Espagne. Deux visiteurs venaient de pénétrer dans la pièce. La fille devait avoir dix-neuf ou vingt ans, certainement pas plus. Encore une enfant. Mais l'éclat de ses grands yeux sombres — bien qu'elle les gardât le plus souvent timidement rivés au sol — témoignait d'une vive intelligence. Il s'agissait incontestablement d'un morceau de choix.

A ses côtés se tenait Aguilar, gauche, efflanqué, ses cheveux clairsemés trempés de sueur. Le nez long, le visage en lame de couteau, l'homme avait un air fourbe et humble à la fois. Agacé, Cortés se frappa nerveusement le cou du plat de la main pour tuer un insecte. Comme il détestait ces hommes d'Eglise !

— Je vous ai fait venir afin que vous demandiez à doña Marina de me parler de cette capitale qu'ils appellent Tenochtitlán, dit-il à Aguilar. Cette femme m'a dit qu'elle y était allée autrefois.

Mali répondit à la question d'une voix douce.

— Elle demande ce que vous voulez savoir, traduisit le diacre. Elle fera de son mieux pour interroger sa mémoire.

Cortés sourit et hocha la tête.

— Elle a dit que la ville était édifiée sur un grand lac. N'est-elle donc accessible que par bateau ?

Aguilar écouta la réponse de la jeune Indienne.

— Tenochtitlán est reliée au rivage par trois chaussées, dit-il. On y trouve des ponts de bois qui peuvent être levés rapidement en cas d'attaque, ce qui rend la ville imprenable.

Imprenable, songea Cortés en souriant. Combien de fois il avait entendu des hommes prononcer ce mot à propos d'une femme ou d'une place forte !

— A quoi ressemble cette ville ? Est-elle comme Cempoala ?

Mali s'anima. Elle se mit à parler si vite que Cortés eut l'impression qu'elle ne s'arrêterait jamais. Aguilar, dépassé, s'efforçait de traduire au fur et à mesure.

— Elle dit que cette ville est beaucoup plus grande et incomparablement plus belle que Cempoala. Tout autour, on y trouve ce que les Mexicas appellent des *chinampas*, des îlots de boue séchée aménagés dans les eaux afin d'y faire pousser les récoltes. Les faubourgs sont composés de maisons en torchis avec des toits de chaume, comme celles de Cempoala. Mais, au centre de la ville, il y a tant de palais et de temples qu'on ne peut les compter. Toujours d'après elle, plusieurs centaines de milliers d'habitants y vivent.

Cortés parut déçu. Tous les Indiens sont enclins à exagérer, pensait-il, et cette Mali ne faisait pas exception. Car, si elle disait vrai, une telle ville aurait été la plus grande du monde et il semblait totalement exclu que des sauvages aient pu ainsi rivaliser avec les architectes de cités aussi célèbres que Rome, Séville ou Venise.

— Je voudrais en savoir davantage sur ces ponts, reprit-il. Demandez-lui si des hommes, en nombre suffisant, peuvent réussir à les forcer et si la ville peut être facilement assiégée.

Aguilar traduisit.

— Elle dit qu'il est impossible de prendre Tenochtitlán par un assaut de front, déclara-t-il au bout d'un instant. Les maisons sont toutes pourvues de toits plats et de parapets, comme chez Gordo. Les défenseurs peuvent aisément s'y retrancher.

Il faudrait donc trouver d'autres moyens, pensa Cortés. De l'intérieur, par exemple.

— Remerciez-la de son bon sens, dit-il à Aguilar. Même si elle n'était qu'une enfant à l'époque, il semble que son intelligence et son don de l'observation aient été déjà tout à fait remarquables.

Le franciscain se pencha en avant.

— Devons-nous prêter attention aux racontars d'une Indienne ?

Cortés dissimula sa colère sous un mince rictus. Il faudrait apprendre à ce maudit diacre à se tenir à sa place.

— Laissez-moi en juger par moi-même, frère Aguilar.

— Mais, monseigneur...

— Taisez-vous ! trancha Cortés. Sinon vous le regretterez !

Le diacre parut se tasser et jeta un regard de dégoût à la fille à côté de lui.

— J'ai encore quelques questions à lui poser, reprit Cortés. J'aimerais qu'elle me renseigne sur les relations que les Mexicas entretiennent avec leurs voisins. Les Totonaques sont-ils les seuls à lutter contre leur joug ?

Mali avait bien des choses à dire sur le sujet.

— Les Mexicas ont beaucoup d'ennemis, traduisit Aguilar. Je ne comprends pas tout ce que cette femme raconte, mais il semblerait que les Mexicas soient de nouveaux venus dans la vallée de Mexico. Ils y ont établi leur domination par la violence et exigent de lourds tributs. Tous les habitants de ce pays éprouvent beaucoup de ressentiment contre eux. Il y a même une République qui leur a déclaré une guerre permanente.

— Vraiment ? Et quelle est cette République ?

— La femme dit qu'elle se nomme Texcála, le Pays des Falaises de l'Aigle. Elle se trouve dans les montagnes, entre ici et Tenochtitlán.

— Je vois.

Cortés souriait. *Un royaume divisé ne peut résister.*

— Parfait. Remerciez aimablement doña Marina pour son aide. Elle m'a été très utile. Dites-lui que je désirerai lui parler de nouveau plus tard mais que, pour l'instant, cela suffit.

Lorsque Mali se leva, leurs regards se croisèrent. Pas d'erreur possible, pensa Cortés. Cette femme a choisi de m'aider, quoi qu'il arrive. Mais je dois agir prudemment. Il regarda Aguilar auquel cet échange silencieux n'avait pas échappé. Son long visage maigre exprimait la désapprobation. Il attendait, espérant être consulté ensuite en privé.

— Vous pouvez aller, lui dit Cortés. Je n'ai plus besoin de vous.

Une fois seul, Cortés s'adossa à son siège pour réfléchir. Une idée, véritable défi et certainement l'enjeu le plus important de sa vie, venait de s'insinuer dans son esprit.

Mais pourquoi pas, après tout ? A trente-trois ans, quelle autre alternative restait-il à un homme sinon mourir ou tenter de décrocher gloire et fortune ? La plupart, craignant le danger, préféraient mener une vie étriquée. D'autres se comportaient comme si la vie allait durer éternellement et mouraient avant de voir leur destin se réaliser. Quant à lui, il n'était sûr que d'une chose : si un homme dans la force de l'âge ne prend pas de risques lorsque l'occasion se présente, il n'aura pas de seconde chance. En quittant l'Estramadoure, il s'était promis de revenir au son des trompettes ou de mourir.

— La fortune sourit aux audacieux, murmura-t-il pour lui-même.

Bien sûr, le pari était risqué mais il possédait une carte maîtresse.

Et cette carte s'appelait Mali.

Ils s'étaient rassemblés dans les appartements de Cortés, trempés de sueur après leur dur labeur, le visage marqué par la fatigue, excités et inquiets en même temps de ce que leur chef allait leur dire.

Cortés a mijoté un nouveau plan, pensa Benitez. Je le vois à son regard.

— La construction de la nouvelle colonie avance bien, commença le *caudillo*. D'ici quelques jours, le plus gros du travail sera achevé.

Il marqua une pause pour regarder autour de lui. Ils étaient tous là : ses principaux capitaines, fray Olmedo, frère Aguilar. Ils représentaient son conseil.

— Cependant, ce n'est pas en restant ici que nous ferons avancer les affaires de Notre Seigneur Jésus-Christ, pas plus que celles du roi d'Espagne. La gloire et les richesses auxquelles nous aspirons tous se trouvent plus loin, dans une cité lacustre du nom de Tenochtitlán.

— Alors pourquoi ne pas en faire le siège immédiatement ? s'écria León d'un ton ironique.

Cortés hocha la tête avec un sourire entendu.

— Il y a deux manières d'attraper une poule, répliqua-t-il. Soit en la pourchassant, soit en l'attirant avec quelques grains placés dans le creux de la main. Si nous voulons atteindre notre but, je propose que nous nous mettions en route pour Tenochtitlán dès que la construction du fort sera achevée.

Benitez se demanda s'il avait bien entendu. Ce que Cortés proposait paraissait extravagant. Extravagant et suicidaire.

— Nous sommes cinq cents face à des millions, rappela Ordaz.

— Mais nous sommes cinq cents généraux, rétorqua Cortés. Et je crois que nous pourrons lever une armée dans ce pays opprimé par Moctezuma. D'après ce que j'ai appris de doña Marina, l'empereur des Mexicas a plus d'ennemis qu'un chien a de puces.

— Peut-être, mais les puces ne font qu'énerver le chien, ricana León.

L'expression de Cortés se modifia subitement. Il sourit d'un air tout à fait détaché.

— Vous êtes tous rongés par la peur !

— C'est mieux que d'être dévorés par des Indiens, observa Ordaz.

— Nous avons déjà prouvé à Ceutla que nous étions capables de repousser un grand nombre de *naturales*. Ce n'est pas à la guerre que je vous mène, puisque nous n'aurons pas à combattre ce Moctezuma. Si nous parvenons à nous infiltrer au cœur de sa ville, nous pourrons atteindre nos objectifs par d'autres moyens.

Il attendit une approbation mais Alvarado et Puertocarrero eux-mêmes demeuraient étrangement silencieux. Alors, sans avertissement, Cortés revint à ses premières manières, infiniment plus directes. Son poing s'abattit sur la table.

— Avez-vous oublié la roue d'or entreposée dans les cales de la *Santa María* ? Il y en aura une pour chacun de vous si vous me soutenez dans cette entreprise !

— Si nous étions plus nombreux... commença Puertocarrero.

— Mais nous ne sommes pas seuls ! Nous pouvons

compter sur nos alliés totonaques et en marchant sur Tenochtitlán, nous lèverons d'autres troupes qui ne demanderont qu'à se joindre à nous. Vous ne comprenez donc pas ? Ils nous considèrent comme des sauveurs ! Ces gens attendent de nous que nous les libérions à jamais du joug des Mexicas ! Ils nous aideront par milliers, par dizaines de milliers !

Il observa une nouvelle pause pour étudier les visages tendus vers lui.

— Nous n'accomplirons pas seulement l'œuvre de Dieu, messieurs. Il y aura à la clé gloire et fortune pour chacun d'entre vous, assez pour toute une vie !

Une voix s'éleva.

— Je suis d'accord pour marcher avec Cortés !

Tous les regards se tournèrent vers l'intervenant. C'était Aguilar.

— Par tous les diables ! s'écria Alvarado. Je ne vais pas vous laisser empocher seul tout cet or !

— Alonso ? interrogea Cortés.

Très pâle, Puertocarrero hocha lentement la tête.

— J'en suis ! déclara Jaramillo.

Cortés se tourna vers Benitez.

Cette expédition est pure folie ! pensa ce dernier. Pourtant, ai-je le choix ? Revenir à Cuba les mains vides ou rester au fort et y mourir du *vomito* ne sont pas des sorts plus enviables.

— Après tout, pourquoi pas ? s'entendit-il dire.

Il se le reprocha presque immédiatement. Suis-je donc devenu aussi fou que cet homme ? Nous sommes tous contaminés par sa déraison ! La fièvre s'est emparée de nous le jour où les Mexicas nous ont offert cette grande roue d'or.

Et cette maladie nous tuera tous !

25

Le fracas de l'eau couvrait tous les autres bruits. Dans l'ombre des peupliers à l'écorce argentée, les papillons dansaient, les libellules glissaient au-dessus des reflets vert sombre de la cascade. Plus loin, attiré par les fleurs d'un arbre zopilote, un oiseau-mouche voletait, suspendu dans les airs.

Norte ôta vivement sa chemise et son pantalon puis plongea dans la mare. Fleur de Pluie l'observait, dissimulée dans les fougères. Pourquoi suis-je ici ? se demanda-t-elle. Qu'est-ce que j'espère trouver ? Mali m'a pourtant avertie du danger...

Mais l'attirance pour cet homme était plus forte que tout. Il l'obsédait, ce bel Espagnol aux manières douces et aux yeux les plus tristes qu'elle ait jamais vus.

Elle le regarda se baigner. Il sortit enfin de l'eau, ramassa ses vêtements mais, au lieu de se rhabiller, il resta nu et gagna l'entrée d'une grotte en partie masquée par la cascade. Elle le vit se glisser à l'intérieur et disparaître.

Fleur de Pluie devina ce qui pouvait se trouver là et, à cette seule pensée, son cœur s'emballa.

Elle sortit de sa cachette, escalada prudemment les rochers, puis s'immobilisa au seuil de la grotte et risqua un coup d'œil à l'intérieur.

Dans une niche taillée à même la roche, tout au fond, il y avait une petite figurine d'argile représentant le Serpent à Plumes. Norte s'agenouilla devant elle. Il sortit de ses vêtements une petite gourde ainsi qu'une épine de pastenague. Sans hésitation, il enfonça l'épine dans la partie charnue de son pénis et tint la gourde au-dessous pour recueillir le sang qui ruisselait le long de ses cuisses. La sueur recouvrait sa peau d'une pellicule luisante, seul signe apparent de la souffrance qu'il devait éprouver. Quand le sang cessa de couler, il se redressa et lança le contenu de la gourde à la face du Serpent à Plumes, ainsi que l'exigeait la coutume.

Fleur de Pluie s'apprêta à s'en aller mais, dans le mouvement, une pierre roula sous ses pieds. Aussitôt, Norte se tourna dans sa direction.

Plus question de continuer à se cacher, maintenant. L'Indienne se redressa et se tint bien droite pour qu'il distingue nettement sa silhouette à l'entrée de la grotte.

Pendant un moment qui lui parut une éternité, il demeura immobile à l'observer. Alors elle se baissa, tira le *huipitl* par-dessus sa tête et ôta sa jupe et son sous-vêtement. Puis elle s'avança hardiment vers lui.

Il était beau. L'éclat des perles de sueur sur sa peau bronzée soulignait chaque muscle de son corps. Son visage avait une expression farouche et affamée.

Elle s'agenouilla devant lui et se mit à lécher le sang de son *maquauhuitl*, suçant doucement sa blessure. En l'entendant gémir, elle se rappela ce que Mali lui avait chuchoté un jour au creux de l'oreille : *Caresse un homme avec des fleurs*. Mais Fleur de Pluie ne l'avait encore jamais fait. C'était excitant de goûter ainsi sur ses lèvres le nectar destiné aux dieux. Elle sentit le pénis de Norte se gonfler. Il tomba à genoux et lécha le sang qui maculait les lèvres de la jeune femme. Quetzalcóatl les contemplait, muet, sa face crochue et son corps recouvert d'écailles dissimulés dans l'ombre, tandis qu'ils roulaient sur le sol poussiéreux, leurs corps enlacés comme deux serpents emmêlés.

Un coucher de soleil violet, glacial.

Assis à l'entrée de la grotte, ils regardaient la jungle s'assombrir, écoutant la symphonie de la nuit, le vol rythmé des insectes, le feulement lointain d'un jaguar dans les montagnes. Fleur de Pluie se mit à trembler et il la serra contre lui. Ils pouvaient voir à travers les arbres les feux du camp de Vera Cruz.

— Il faut rentrer, murmura-t-il.

Elle l'embrassa encore une fois puis s'habilla vivement. Elle partit la première, seule. Cette liaison était dangereuse et il lui fallait la garder secrète, même face à petite mère.

Des ombres mouvantes. L'odeur des feux de bois. Des nuages passant devant la lune. Cortés inspectait les postes de garde, tantôt échangeant une plaisanterie avec les hommes qui jouaient aux dés autour des feux de camp, tantôt réprimandant les sentinelles endormies à leur poste. Il trouva Puertocarrero accoudé au parapet du rempart, contemplant la jungle qui se découpait contre le ciel nocturne pendant que la lune se levait derrière Orizaba.

— On rêve de Cuba ? demanda Cortés.

— De l'Espagne.

— Ah, l'Espagne... répéta Cortés.

Pour lui, cela évoquait les horizons tristes de l'Estrémadure parsemés de quelques bouquets de chênes-lièges et d'oliviers, la chaleur torride de l'été et la lumière aveuglante qui blesse les yeux, les vents mordants de l'hiver balayant l'espace infini des steppes, laissant transis de froid les voyageurs à cheval. L'Espagne, c'était la fière mais pauvre *hacienda* de son père, les grandes portes de chêne bardées de fer, les vastes salles caverneuses dépourvues de mobilier, une immense cuisine peuplée d'une poignée de domestiques. Et pas de nourriture.

— Vous avez parlé aux hommes ? s'enquit Puertocarrero.

— Je joue le rôle du commandant vibrant d'enthousiasme. J'espère que ça leur remontera le moral.

— Certains d'entre eux ont peur.

C'est toi qui as peur, se dit Cortés, mais il ne laissa rien transparaître de ses pensées. Une silhouette familière traversa d'un pas rapide la cour en contrebas. Il distingua son visage à la lueur d'une torche. Doña Marina. Très vite, elle disparut à l'intérieur d'une maison — celle de Puertocarrero.

— Es-tu satisfait des services de doña Marina ?

— Bien sûr, *caudillo*.

— Comment est-elle ? insista Cortés.

Puertocarrero sembla gêné par cette question pour le moins indiscrète.

— C'est une femme très belle à regarder. Mais ce n'est pas une passionnée.

Pas passionnée ? songea Cortés. Ce n'est pas mon

impression. Dis plutôt que c'est *toi* qui ne la passionnes pas !

— Elle nous a été très utile comme interprète, observa Puertocarrero.

— En effet, admit Cortés. Très utile.

Plus qu'utile, pensa-t-il. Sans elle, nous n'en serions pas là. Et je n'aurais jamais obtenu tant d'or des ambassadeurs de Moctezuma ni réussi à manipuler les Totonaques comme je l'ai fait. Ils demeurèrent silencieux un long moment, perdus dans leurs songes. Cortés rêvait de cette cité lacustre si belle dont doña Marina lui avait parlé.

— Crois-tu que les hommes nous suivront de leur plein gré à Tenochtitlán ?

Puertocarrero hocha la tête.

— Ils étaient d'accord pour installer une colonie ici et nous avons tous durement travaillé pour y parvenir. Croyez-vous qu'ils aient envie, maintenant, de retourner à Cuba ?

— Et moi je vous dis qu'il faut regagner Cuba au plus vite ! s'exclama Escudero.

Juché sur un banc devant le *cabildo* — l'hôtel de ville —, Cortés avait harangué ses hommes. Les Espagnols s'étaient attroupés sur l'esplanade pour écouter le discours de leur chef. Tout se passa à peu près bien jusqu'à ce que Cortés parle de marcher sur Tenochtitlán. A ces mots, un véritable tumulte se déclencha sur la place.

Une agitation sûrement orchestrée par León et Ordaz, pensa Benitez.

— Ces hommes sont épuisés ! cria Ordaz. Après tout ce qu'ils ont déjà enduré, vous ne pouvez vous attendre à les voir marcher contre une ville ennemie avec un rapport de forces de cent contre un en notre défaveur !

— Nous n'obtiendrons rien en restant ici, répliqua Cortés.

— Alors retournons à Cuba ! répéta Escudero.

León prit la parole.

— En ce qui me concerne, je ne crois pas que nous réussirons à fonder une colonie. Nos ennemis sont trop nombreux et nous pas assez ! La plupart d'entre nous désirent regagner leurs plantations.

Une acclamation salua ces mots. León se tourna vers Cortés.

— Quand nous étions sur la côte, vous nous avez dit que tous ceux qui voulaient repartir à Cuba pouvaient le faire. Alors, maintenant, respectez votre parole ! Laissez-nous reprendre la mer avec une honnête part du butin. Après quoi, faites ce que vous voulez !

De nouveaux applaudissements accueillirent cette déclaration.

Alvarado sauta sur le banc au côté de Cortés. Il pointa un doigt accusateur en direction de León.

— A San Juan de Ulúa, tu as supplié Cortés de te permettre de rester ! Et voilà que tu changes d'avis chaque fois que le vent tourne ! C'est toi qui as donné ta parole ! Ceux qui partiront maintenant ne seront que des déserteurs !

León leva le poing et cria à Alvarado des injures que Benitez ne put comprendre dans le vacarme qui s'ensuivit. Alors que Cortés donnait l'impression d'hésiter devant une telle vague de mécontentement, Jaramillo sauta à son tour sur l'estrade improvisée. Il arborait une expression dramatique et Benitez se demanda tout à coup si ce spectacle n'avait pas été soigneusement mis en scène par Cortés, comme à San Juan de Ulúa.

— Vous tourneriez le dos à vos camarades pour vous enfuir comme des lâches ? hurla-t-il à la foule déchaînée.

Des cris et des protestations s'élevèrent aussitôt. Cortés leva les mains afin de rétablir le calme et attendit que le silence soit revenu pour reprendre la parole.

— Je ne veux de mal à aucun de vous, déclara-t-il d'un ton mesuré. Mais, comme vous le constatez, me voilà pris entre deux feux. (Il regarda Alvarado puis León.) Aussi, voilà ce que j'ai décidé. Je vais envoyer une délégation en Espagne pour demander au roi l'autorisation de fonder ici une colonie. En signe de loyauté à la Couronne, j'abandonnerai au roi ma part des richesses et je demanderai à ceux qui resteront avec moi de faire de même. Tous ceux qui accepteront de céder leur part à Sa Majesté signeront une pétition que nous lui adresserons en gage de dévouement. Que ceux qui consenteront à ce sacrifice sachent que le roi les récompensera par la suite au centuple. Les autres peuvent prendre leur part du trésor et en disposer comme ils l'entendent. Que personne ne vienne plus me dire après cela que je n'ai pas défendu ses intérêts !

Sans attendre la réaction à son discours, il sauta promptement du banc et s'en alla. Il y eut un silence pesant. Les plus stupides se réjouirent d'avoir été libérés de leur engagement. Puis, l'un après l'autre, ils commencèrent à se rendre compte qu'ils avaient été dupés. En ne signant pas le document que l'on apporterait au roi d'Espagne, ils s'exposaient à un terrible danger. Le trésorier du roi chercherait en effet à savoir qui avait refusé de céder sa part du trésor et le châtiment ne tarderait pas.

S'ils voulaient regagner Cuba, il faudrait donc que ce soit les mains vides.

Brillant, songea Benitez en esquissant un sourire. Cortés est un véritable génie.

L'expression de León changea d'un seul coup quand Ordaz lui expliqua comment Cortés les avait manipulés. Benitez crut même qu'il allait avoir une attaque. Alvarado fit une plaisanterie et s'esclaffa.

León frappa du pied.

— Il faudra donc en passer par sa volonté ! cria-t-il, furieux, avant de s'éloigner.

26

Aguilar aurait aimé pouvoir donner ses leçons dans l'église mais le toit n'était pas encore achevé et les coups de marteau l'assommaient.

Il réunit donc le petit groupe un peu plus loin, à l'ombre d'un arbre jacaranda. Fleur de Pluie l'observa. Il transpirait à grosses gouttes dans sa lourde robe brune et serrait toujours son livre saint contre sa poitrine. Les belles femmes de Potonchan aux yeux convergents, assises par terre à ses pieds, le regardaient avec étonnement. Quant aux femmes totonaques, faute de parler le maya chontal, elles n'assistaient pas au cours d'instruction religieuse.

De temps à autre, Aguilar jetait un regard à Fleur de Pluie, espérant qu'elle rejoindrait le petit groupe. Mais elle préférait rester à l'écart et écouter de loin.

Aujourd'hui, le moine s'exprimait d'une manière particulièrement confuse et elle n'y comprenait rien. D'après son discours compliqué, il apparaissait que les Espagnols n'avaient qu'un seul dieu mais que celui-ci était constitué de trois divinités. Ces trois dieux qui n'en faisaient qu'un avaient un fils qui, lui aussi, était un dieu. Un homme que le moine appelait « Pape » méritait aussi le nom de dieu tout en n'en étant pas vraiment un. Sans compter que tous ces dieux, au dire d'Aguilar, ne pouvaient rivaliser de puissance avec le roi d'Espagne. Bref, un discours pour le moins obscur.

Aguilar termina sa leçon en faisant réciter une prière aux femmes. Lorsqu'elles furent toutes parties, le moine constata que Fleur de Pluie était toujours là, à l'observer.

— Doña Isabel ! lança-t-il en l'appelant par son nouveau nom de baptême, je suis heureux de constater que vous vous êtes découvert de l'intérêt pour Dieu.

— J'ai seulement écouté ce que vous avez dit. Une chose m'étonne, cependant. Quand vous avez parlé de vos dieux, vous n'avez pas mentionné le seigneur Cortés.

— Cortés ?

— N'est-il pas l'un de vos dieux ?

A voir l'expression de son visage, on aurait pu croire qu'elle venait de le frapper par-derrière avec une massue. Il vacilla et devint extrêmement pâle.

— Pure absurdité ! cria-t-il en s'étranglant.

— J'avais donc raison. Cortés n'est qu'un être humain, comme vous tous.

— Vous autres, les *naturales*, ne craignez pas de prononcer d'horribles blasphèmes ! Cortés est notre chef et sa mission est bénie par le pape et par le Dieu Tout-Puissant. Mais lui-même n'est qu'un homme.

— Vous ne venez donc pas du Pays des Nuages ?

— Nous sommes tous nés dans un grand et puissant pays que l'on appelle « Espagne ». Cependant, nous avons embarqué à Cuba, une île dans l'océan.

— Pourquoi êtes-vous venus ici ?

Aguilar eut un sourire que Fleur de Pluie ne sut interpréter.

— Nous sommes venus ici vous parler de Dieu car notre unique désir est de vous sauver.

— Nous sauver de quoi ?

— Du démon !

Fleur de Pluie réfléchit à ce mot inconnu. Sans doute Aguilar voulait-il parler du dieu des Mexicas, l'Oiseau-mouche.

Pauvre Mali, pensa-t-elle. Elle s'était trompée depuis le début. Mais à quoi bon essayer de la convaincre ? Jamais elle ne voudrait croire que Cortés n'était qu'un homme comme les autres. Elle s'accrochait à cette folle idée qu'il était un dieu et ne voulait pas en démordre.

Après tout, quelle importance ? Autant la laisser à ses rêves. De toute façon, elles n'étaient plus maîtresses de leur destin. On les avait données comme épouses à ces Espagnols et elles se trouvaient désormais bien loin de chez elles. A la différence des femmes totonaques, elles ne pouvaient même pas se glisser hors des maisons, la nuit.

Et qu'importe que les autels de Moctezuma les attendent pour l'ultime sacrifice ! La vie n'était qu'un rêve, une courte pause avant la mort.

Elle se détourna brusquement et s'éloigna.

— Attendez ! cria Aguilar, haletant. Je peux vous lire des histoires de mon livre saint, si vous voulez !

Mais Fleur de Pluie ne l'écoutait plus. Tout ce qui la préoccupait, à présent, était de savoir comment elle pourrait se faufiler une nouvelle fois jusqu'au trou d'eau pour y retrouver Gonzalo Norte.

— Alonso, toi le plus fidèle de mes amis, je souhaite que tu retournes en Espagne pour y plaider ma cause.

Puertocarrero ne sembla pas surpris ni mécontent de cette information. De toute façon, il n'a pas la stature d'un soldat, songea Cortés, ni le caractère assez endurci pour survivre longtemps dans ce pays infesté de moustiques. Par sa naissance et ses manières raffinées, c'est un homme fait pour la cour du roi.

A coup sûr, les autres capitaines trouveraient ce raisonnement irréfutable. Pour obtenir du roi une reconnaissance officielle, il fallait envoyer à la cour quelqu'un qui en connaissait les usages. De ce point de vue, Puertocarrero incarnait le meilleur des candidats. Neveu d'un important magistrat de Séville, il était en outre apparenté au comte de Medellin, l'un des membres les plus influents de l'entourage de Charles.

Cortés lui tendit par-dessus la table sa *carte de relación* marquée d'un sceau de cire.

— Dans ma lettre, je décris au roi tous les événements que nous avons vécus depuis notre arrivée ici, il y a trois mois. J'informe Sa Majesté que nous avons été contraints de prendre des mesures énergiques à cause de l'arrogance et de la cupidité du gouverneur de Cuba, Velasquez. Je mentionne également l'enthousiasme de tous les membres de notre colonie à l'idée de servir notre souverain.

Puertocarrero hocha la tête.

— Je serai de retour aussi rapidement que possible avec l'approbation du roi.

Cortés sourit. Puertocarrero lui manquerait. C'était un ami loyal et un allié sur lequel on pouvait compter. Mais il resterait toujours Alvarado pour le soutenir au cas où il y aurait des combats.

— Pour faciliter la décision du roi, je fais embarquer avec toi tous les trésors que nous avons reçus, reprit-il.

Enfin... presque, précisa-t-il à part soi. Car il n'y aura pas l'or que doña Catalina portait sur elle le jour où Gordo me l'a offerte pour femme. Ni les vêtements dont les compagnons de Tendile m'ont revêtu. Tout cela me revient de plein droit.

— L'or et les bijoux représentent une valeur d'environ deux mille *castellanos*.

— Sa Majesté ne manquera pas d'en être impressionnée.

— Nous partirons demain pour la côte. Tu prendras mon bateau à San Juan de Ulúa. Alaminos sera ton pilote.

Puertocarrero se leva mais hésita quelques instants avant de s'éloigner.

— Et la fille ?

Cortés s'efforça de paraître étonné.

— Doña Marina, précisa Puertocarrero.

— Eh bien ?

— Prenez soin d'elle.

San Juan de Ulúa

La *Santa María de la Concepción* prit la mer par temps calme juste au moment où le soleil se levait sur la ligne d'horizon. La baie retentit de cris tandis que les marins réduisaient le grément et larguaient les écoutes de la grand-vergue. Une chaloupe attendait sur la rive, prête à conduire Puertocarrero à bord de la *nao*.

Une poignée de soldats observaient la manœuvre depuis la plage. Mali entendit quelques hommes prononcer le nom de Cortés avec colère en crachant dans le sable quand les caisses d'or furent transportées sur le navire.

Puertocarrero arriva enfin, chaussé de hautes bottes de cuir, les cheveux flamboyants dans le soleil matinal. Au moment des adieux, Mali ressentit un soudain élan d'affection pour lui.

Il dit quelque chose à Aguilar, qui prit un air ennuyé avant de consentir enfin à se tourner vers Mali.

— Votre seigneur me charge de vous dire qu'il ne sait pas quand il reviendra.

— Transmettez à mon seigneur aux cheveux d'or ma reconnaissance pour ses bontés.

Mali jouait son rôle avec une certaine délectation. Elle savait bien que c'était Cortés qui avait orchestré tout cela. Selon une coutume indienne, il était assez courant de demander à un frère d'explorer la grotte de jouissance d'une femme avant de la prendre soi-même dans son lit. Mali était persuadée que c'était animé de telles intentions que Cortés l'avait confiée à Puertocarrero. Et maintenant que celui-ci avait accompli sa tâche, il repartait pour le Pays des Nuages.

Il semblait triste de la quitter et prit sa main dans les siennes.

— Il vous souhaite beaucoup de bonheur, traduisit Aguilar.

— Je lui en souhaite aussi. Dites-lui que ma grotte de jouissance se sentira vide sans lui.

Le franciscain tressaillit, fit un pas en arrière et détourna les yeux.

— Vous savez parfaitement que je ne peux répéter pareille chose !

Elle eut un petit rire malicieux.

— Alors, dites-lui que je souhaite que le dieu du Vent transporte rapidement son grand canot au ciel.

— La Castille n'est pas le ciel, murmura Aguilar avec irritation.

Il prononça quelques mots à l'oreille de Puertocarrero, qui sourit. Mali fixa Aguilar.

— Vous n'avez pas traduit mes paroles !

Le diacre fronça les sourcils.

— Comment pouvez-vous savoir ce que j'ai dit ?

Mali soutint son regard et ce fut Aguilar qui finit par baisser les yeux.

— Je lui ai seulement dit qu'il vous manquerait, murmura-t-il.

— Et le reste ?

— C'est tout ce que j'ai dit.

— Non, il y avait autre chose.

Le diacre haussa les épaules.

— Le seigneur Puertocarrero espère que vous ferez de votre mieux pour satisfaire son ami Cortés.

— Je ferai n'importe quoi pour Cortés, répliqua-t-elle. Inutile de le répéter à Puertocarrero, il le sait déjà.

Aguilar eut un reniflement de mépris et s'éloigna sur la plage, les laissant seuls. Puertocarrero embrassa Mali et se dirigea vers la chaloupe. Les marins poussèrent l'embarcation vers les eaux plus profondes. Il lui fit encore un signe de la main, puis s'installa à l'arrière. Elle ne devait plus jamais le revoir.

27

Guzmán se tenait sur le seuil. Cortés leva les yeux, aussitôt imité des officiers réunis autour de la table pour une partie de dés.

— Qu'y a-t-il ?

— La femme... doña Marina. Elle est dehors, *caudillo*.

— Sans Puertocarrero, il y a peut-être quelque chose qui la démange ! plaisanta Alvarado.

Les autres s'esclaffèrent, mais Cortés les fit taire d'un simple regard.

— Fais-la entrer !

Guzmán sortit et réapparut un instant plus tard en compagnie de Mali.

— Va chercher Aguilar ! ordonna Cortés.

— Non, coupa Mali en espagnol, pas Aguilar.

Les hommes se regardèrent, étonnés.

— Laisse-nous ! commanda Cortés à Guzmán.

Il reporta son attention sur l'Indienne.

— Eh bien ? On dirait que tu as appris quelques mots d'espagnol ?

— Parlez lentement... pour moi... s'il vous plaît. Et alors... je comprends.

Cortés se mit à rire. Quel prodige ! Depuis trois mois qu'elle vivait avec eux, soignant les malades et les blessés, cette fille n'avait pas perdu son temps ! Il se demanda si cela faisait longtemps qu'elle comprenait ce qui se disait autour d'elle et pourquoi elle avait décidé subitement de révéler son secret.

— Vous méritez des louanges, dit-il.

Elle ignora le compliment.

— Ils volent... votre canot... demain.

Cortés cessa de sourire.

— Voler ?

Il comprit soudain que par « canot », elle voulait dire « *naos* », les brigantins à l'ancre.

— Qui projette ce vol ?

— León... Ordaz... Diaz... Escudero... Umbral.

Tous les yeux étaient fixés sur elle tandis qu'elle énumérait les noms des conspirateurs. Alvarado jura à mi-voix.

— Comment le savez-vous ?

— Ils parlent... sans faire attention à moi... ils pensent... que je ne comprends pas...

— Traîtres ! siffla Sandoval.

Cortés sourit.

— En effet, mais ils vont être surpris. Dieu nous a envoyé un ange pour veiller sur nous.

— Qu'allons-nous faire ? interrogea Alvarado.

— Nous avons manifesté assez de patience. Le temps est venu d'ôter nos gants de velours et de montrer à ces lâches la main de fer qui se cache dedans.

Il se tourna vers Jaramillo.

— Prends Escalante et une douzaine d'hommes, et arrêtez tous les conspirateurs. Non, attends... Pas fray Diaz. Seulement les quatre autres. Enfermez-les dans l'enclos. Alvarado leur administrera un traitement à sa façon pour les faire avouer.

Alvarado hocha la tête avec énergie.

— Avec plaisir, *caudillo* !

Les capitaines se précipitèrent au-dehors dans un raclement de bottes. Tous voulaient se venger de ces félons, partisans de Velasquez. Cortés resta seul avec Mali. Une fois encore, tu m'as sauvé, pensa-t-il. Et une fois encore, je t'ai sous-estimée. Tu vaux plus que tout l'or contenu dans les coffres de Moctezuma !

— Merci, murmura-t-il.

Cette fois, elle ne baissa pas les yeux. Elle prononça quelques mots en nahuatl qu'il ne put comprendre.

Vous êtes le Serpent à Plumes. Mon destin est d'être avec vous.

28

La chemise d'Alvarado était trempée de sueur et il y avait du sang sur les manchettes. Il semblait épuisé par son travail de la nuit. Cortés n'avait pas dormi, lui non plus. Assis, le visage sombre, derrière la grande table, il réfléchissait. Mais sa décision était déjà prise.

Au-dehors, les premières lueurs grises de l'aube rampaient à l'horizon.

— Qu'as-tu découvert ? demanda Cortés.

— Escudero se montre particulièrement entêté.

— Entêté ? Jusqu'à quel point ?

— Oh, il a parlé. Finalement...

Avisant un pichet de vin de Cuba sur la table, Alvarado en remplit une chope d'étain et but avidement. Le liquide rouge sang tacha les coins de sa bouche et sa barbe.

— Ils ont tous parlé, en fin de compte. Un morceau de corde et quelques baquets d'eau les en ont persuadés.

— Qui les a rejoints dans ce complot ?

Alvarado parut réticent. Les nouvelles doivent être mauvaises, pensa Cortés en parcourant rapidement la liste que lui tendait son officier. Ce qu'il lut le stupéfia. Il n'avait pas réalisé que les partisans de Velasquez avaient tant de sympathisants. Cette information devait rester secrète afin de ne pas exposer la loyauté des autres. Il avait d'ailleurs besoin de tout le monde pour la réalisation de ses plans.

Enfin... de presque tout le monde, car il faudrait bien en sacrifier un ou deux au nom de la discipline.

— Ils étaient donc si nombreux ? murmura-t-il.

Alvarado ramassa sur la table une boule de suif séché qui avait coulé d'une chandelle.

— Ils projetaient de s'emparer d'un des brigantins et de voguer vers Cuba toutes voiles dehors afin d'avertir Velasquez de la mission de Puertocarrero, espérant sans doute qu'on l'intercepterait à temps.

Une veine se mit à palpiter sur la tempe de Cortés.

— Qui devait leur servir de pilote ?

— Juan Cermeño.

— Cermeño... répéta Cortés, songeur.

Il pouvait tout aussi bien se débarrasser des pilotes puisqu'il ne projetait pas de se servir des bateaux. Il leva les yeux vers Alvarado.

— Les autres hommes ne doivent en aucun cas connaître l'importance de cette mutinerie. Nous agirons comme si Escudero n'avait pas parlé et donnerons l'exemple en punissant les meneurs. Ceux qui ne seront pas châtiés remercieront Dieu de leur bonne fortune et devraient se comporter à l'avenir avec une loyauté exemplaire. (Il réfléchit un instant, les yeux toujours fixés sur la liste qu'il tenait à la main.) Pends le pilote, ce Cermeño. Je peux me passer de quelques marins pour une expédition terrestre. Et, naturellement, ce chien d'Escudero aussi.

— Et les autres ?

— Que chaque marin figurant sur cette liste reçoive deux cents coups de fouet. Ils me sont moins utiles que les soldats.

— Et pour fray Diaz ? Ordaz ? Et ce foutu bouc de Léon ?

— En ce qui concerne Diaz, nous ne pouvons nous permettre de toucher à un homme d'Eglise. Il vaut mieux qu'il ignore que nous sommes au courant de sa trahison. Quant aux autres... Léon est un bon combattant et Ordaz un vétéran de nombreuses campagnes d'Italie. Nous avons besoin d'eux. Il m'appartient de faire preuve de clémence. Laissons-les suer dans l'enclos encore quelque temps, jusqu'à ce qu'ils prêtent serment de loyauté en bonne et due forme — devant le clerc.

— Donc, seulement Cermeño et Escudero ?

Cortés consulta de nouveau sa liste.

— Il y a là beaucoup de valeureux soldats...

Alvarado fronça les sourcils.

— Ce ne serait toutefois pas si mal d'en voir un ou deux se balancer au bout d'une branche. Les autres comprendront mieux à quoi ils ont échappé. Que pensez-vous de Norte ?

— Je ne vois pas son nom sur la liste.

— Qu'est-ce que ça peut faire ? C'est un semeur de trouble et on peut se passer de lui.

Cortés réfléchit quelques secondes.

— Bon. Que Norte rejoigne les autres sur l'échafaud. Personne ne le pleurera. Fais ce que tu as à faire.

Les deux condamnés attendaient sur l'échafaud, de lourdes cordes nouées autour du cou. L'un pleurait et tremblait si fort que les soldats durent le soutenir. L'autre, au contraire, se tenait bien droit et, une expression de défi dans les yeux, contemplait l'horizon par-delà ses camarades réunis pour assister à son exécution. Il y avait du sang sur sa chemise et il paraissait mal en point.

Après qu'une cour martiale eut été hâtivement constituée, les principaux magistrats du conseil municipal, de Grado et Avila, prononcèrent la sentence.

Sur la table placée devant les gibets attendaient les certificats officiels des exécutions, non encore signés. Cortés fit enfin son apparition, escorté d'Alvarado et de Diego Godoy. Il portait le costume de velours noir qu'il avait revêtu pour accueillir le seigneur Tendile. A pas lents, il traversa la place, tête baissée, et s'arrêta devant la table. Puis, levant les yeux, il regarda les deux hommes sur l'échafaud et parut hésiter.

Le soleil venait de se lever sur l'océan, étirant les ombres au-dessus du fort. Mali frissonna dans la froidure matinale.

— Vous devez signer ces certificats, dit Alvarado en poussant devant son capitaine les documents posés sur la table.

— C'est une tâche bien lourde, murmura Cortés.

Alvarado fronça les sourcils. Il semblait à la fois désespéré et furieux.

— *Caudillo*, ces hommes se sont rebellés contre votre autorité. Ils nous ont tous trahis. Vous n'avez pas le choix.

Cortés se pencha et saisit la plume d'oie.

— J'aurais préféré n'avoir jamais appris à écrire plutôt que d'avoir à signer un tel arrêt de mort.

Puis, sur ces mots, il apposa sa signature et s'éloigna.

Mali avait observé attentivement la scène. Comme elle souffrait pour lui ! L'expression de son visage était si poignante ! Parce qu'il avait le cœur bon, il lui était impossible d'assister à la mort de ceux qui l'avaient trahi. Comment douter encore de sa véritable identité ?

Les tambours résonnèrent. Trois hommes se tenaient derrière chacun des condamnés. Cermeño et Escudero furent hissés en l'air, leurs jambes agitées de soubresauts.

Je ne peux pas voir cela, pensa Mali en se détournant. Malgré elle, cependant, elle entendit les bruits atroces émis par les agonisants.

Fleur de Pluie, derrière elle, assistait également au supplice. Ses yeux reflétaient une angoisse profonde.

Car elle savait que Norte serait le suivant.

Quand il pénétra dans l'enclos, il fallut quelques instants à Benitez pour s'accoutumer à la pénombre après l'éblouissante lumière de la place. Norte se tenait accroupi dans un coin, la tête entre les genoux, sa chemise trempée de sueur. Il avait les poignets et les chevilles enchaînés. L'air était lourd, étouffant.

— Cermeño et Escudero ont été pendus ? demanda-t-il à mi-voix en voyant entrer Benitez.

— Il y a deux heures.

Norte hocha lentement la tête.

— Fray Olmedo est déjà venu me rendre visite. Il voulait que je me confesse. Quand j'ai refusé, il s'est inquiété de ce que je n'aie pas ma place au paradis parmi les saints. Il a même envoyé Aguilar pour insister.

— Ce n'est pas pour cette raison que je suis ici. Ta confession est une affaire entre Dieu et toi.

— C'est exactement ce que je lui ai dit. (Il leva brusquement les yeux.) L'heure est venue, n'est-ce pas ? Ils m'ont fait assez attendre. Comme s'ils ne savaient pas que je crève de peur. Ils doivent prendre plaisir à mon supplice.

— Ton exécution est suspendue, dit Benitez.

Norte émit un drôle de son dont il était difficile de savoir s'il s'agissait d'un rire ou d'un sanglot.

— Pourquoi ?

— J'ai plaidé ta cause et fait valoir que tu pouvais nous être encore utile par ta connaissance du dialecte local. J'ai souligné aussi que, même si ton séjour chez les *naturales* a dérangé ton esprit, tu n'es pas un homme dangereux. J'ai proposé un marché en ta faveur.

Norte se mit à rire — un rire bref de désespoir, de soulagement, d'étonnement aussi.

— Mais... pourquoi ? répéta-t-il.

— Parce que je ne suis pas tout à fait un barbare.

— Pourquoi venir à mon secours, alors que tu me méprises ?

Oui, pourquoi, en effet ? pensa Benitez. Ce matin, il avait assisté à la cour martiale. Rien n'avait pu être tenté pour sauver Cermeño et Escudero. S'il avait eu une once de cervelle dans la tête, Escudero aurait dû savoir ce qu'il risquait en quittant Cuba. Plusieurs années auparavant, alors qu'il appartenait au corps de police de Santiago, il avait arrêté Cortés, à la demande de Velasquez. Le prétexte avait été fabriqué de toutes pièces. En prenant part comme un imbécile à cette expédition, il était venu se jeter dans la gueule du loup.

Mais, pour Norte, c'était une autre histoire. Jaramillo, présent lors de l'interrogatoire d'Escudero, avait dit à Benitez que le nom de Norte ne figurait pas sur la liste des conjurés. Par conséquent, Norte était innocent.

Aux yeux de Benitez, c'était le nœud de l'affaire. Quelle que soit l'opinion qu'il avait de cet homme, la cause de la justice ne devait pas être trahie.

Dans le même temps, il se méprisait d'agir ainsi. Pourquoi ne pas demeurer passif et laisser pendre ce chien ? Cependant, chacun a sa propre notion de l'honneur. Lui, il ne pouvait consentir à cette iniquité.

— Tu ne faisais pas partie des conjurés, expliqua-t-il à Norte.

— Cela ne répond pas à ma question.

— Je suis intervenu parce que ce qu'ils comptaient te faire subir était injuste, voilà tout.

Norte digéra ces paroles.

— Tu as parlé d'un marché.

— En effet. Il te sera demandé de rester fidèle à Cortés. Désormais, tu seras sous ma responsabilité. Tu devras également accepter de combattre sous notre bannière en tant que soldat.

— Je vois.

— Acceptes-tu ces conditions ?

— Tu es un homme étrange, Benitez.

— Parce que je crois en la justice ?

— Parce que tu ne te sers pas d'elle à ton profit.

— J'attends toujours ta réponse. Et, je te préviens, ma patience a des limites.

Norte appuya sa tête contre la paroi.

— Pendant des années, j'ai été un sujet d'amusement pour les *naturales*. Une nouveauté mais aussi un étranger... un proscrit. Bien souvent, j'aurais voulu être mort. Mais le corps tient désespérément à la vie. (Il demeura quelques instants silencieux.) J'accepte tes conditions, Benitez. Si tu penses que je mérite d'être sauvé, sauve-moi donc. Je ne sais pas pourquoi il en est ainsi, mais c'est trop dur de mourir.

29

Le lendemain, tous les hommes figurant sur la liste d'Escudero furent expédiés au nord, à Cempoala, sous le commandement d'Alvarado. Cortés leur expliqua qu'il s'agissait d'une patrouille de routine...

— Elle voudrait que tu ailles avec elle jusqu'à la rivière, dit Norte.

Benitez le regarda en fronçant les sourcils, puis se tourna vers Fleur de Pluie.

— Pourquoi ?

— Pour te baigner.

— Les bains sont mauvais pour la santé. C'est comme ça qu'on attrape les fièvres.

— Les *naturales* se baignent tout le temps et ils ne sont pas malades.

Ils venaient d'achever le toit de l'église. En bras de chemise, Benitez observait fray Olmedo accomplir les rites de consécration. Ces prêtres avec leurs absurdités... Des centaines de paysans totonaques, tassés à l'intérieur de l'édifice, regardaient avec un amusement muet fray Diaz et frère Aguilar parcourir les ailes du bâtiment avec leurs encensoirs emplis de copal. Les incantations en latin leur étaient incompréhensibles, tout comme à la plupart des Espagnols à l'exception d'une poignée d'officiers.

Benitez prit Norte par le bras et se dirigea vers la porte.

— Mais pourquoi diable veut-elle que je me baigne ?

Norte haussa les épaules.

— Tu ne sens pas ta propre puanteur ? Même un vautour en serait gêné.

Benitez saisit Norte à la gorge.

— Je pisse sur le tombeau de ta mère ! siffla-t-il.

Norte leva les mains en signe d'apaisement.

— Je ne voulais pas t'offenser. Nous autres, Espagnols, n'avons pas conscience de notre odeur. Mais ces gens, ici, se baignent tous les jours pour enlever la sueur de leur corps. Fleur de Pluie désire seulement que tu fasses de même.

Benitez le relâcha. Mais il doutait encore. Etaient-ils tous les deux en train de se moquer de lui ? Et s'il y avait quelque coup fourré là-dessous ?

Norte massa son cou endolori.

— Ce n'est pas mon affaire que tu ailles ou non avec elle, dit-il comme s'il avait deviné les pensées de Benitez. C'est elle qui le désire.

Fleur de Pluie suivait cet échange sans rien y comprendre, attendant le résultat. Quand Benitez la regarda, elle lui sourit pour l'encourager.

Par le cul de Satan, tout cela est ridicule !

Mais refuser signifiait rester encore tout l'après-midi dans cette église à écouter les litanies d'Olmedo. Benitez n'hésita que quelques secondes. Il fit un signe d'assentiment et suivit Fleur de Pluie.

Ils traversèrent la place à présent déserte et sortirent de Vera Cruz.

Elle se libéra de ses vêtements et avança dans la mare. L'eau luisait sur sa peau comme de la rosée. Il faisait frais sous les verts ombrages et la pointe de ses seins se durcit.

Benitez se sentit soudain gêné. Elle se retourna en criant dans sa langue quelque chose qu'il ne comprit pas, puis elle revint auprès de lui, toute ruisselante, et l'aida à se débarrasser de ses vêtements. Il fut terriblement embarrassé de se retrouver nu en plein jour devant une femme, et se prit à espérer que des camarades n'étaient pas en train de rire de lui derrière les buissons. Et puis... ne risquait-il pas, en suivant les caprices de cette *natural*, de devenir un sauvage, comme Norte ?

Malgré tout, il consentit à la suivre dans la mare. Fleur de Pluie s'était munie d'une racine de pithecolonium, un arbre produisant une mousse qui faisait office de savon. Elle la frotta entre ses mains puis en enduisit le corps de Benitez, tout en lui murmurant des mots dont il aurait bien voulu comprendre le sens. Après quoi, elle prit de l'eau dans le creux de ses mains et en aspergea ses épaules et sa poitrine. Elle l'attira ensuite dans un coin plus profond de la mare pour ôter toute trace du résidu mousseux.

Quand ce fut terminé, l'Indienne nagea jusqu'à un grand rocher plat que l'ombre avait maintenant quitté. Le soleil avait agréablement chauffé la pierre et Fleur de Pluie s'y étendit en faisant signe à Benitez de la rejoindre.

— Tu es gros et laid, lui dit-elle dans sa langue, sachant qu'il ne pouvait comprendre. Mais tu es également bon et juste. Ce que tu as fait pour Norte était bien.

Il barbota dans la mare encore quelques minutes et se hissa sur le rocher à côté d'elle. L'eau ruisselait de sa poitrine et de son ventre et Fleur de Pluie constata que, lorsqu'ils étaient mouillés, les poils qui recouvraient son corps ressemblaient au pelage d'un animal. Il frissonna dans les taches de soleil. Sa peau était froide au toucher.

— Que dois-je faire ? poursuivit-elle dans sa langue. Celui que j'aime est beau et il sait comment se comporter avec les dieux. Toi, tu es maladroit mais gentil. Pour les Espagnols, c'est toi qui es mon mari.

Elle l'embrassa et sentit ses grands bras se nouer autour de sa taille. Contre leur peau, le contact de la pierre chaude était apaisant. Elle s'étira en s'imaginant qu'il s'agissait de l'autel de Moctezuma et qu'elle était la victime du sacrifice. Les yeux rivés au ciel bleu, elle se demanda ce que pouvaient ressentir les victimes.

La barbe de Benitez était sèche et rude. Elle dirigea sa bouche vers ses seins opulents.

— Regarde-toi, murmura-t-elle. Tu es si velu ! Et ton *maquauhuitl* ressemble à un poing violet battant la forêt pour se tailler un chemin !

Elle l'enveloppa de ses bras et de ses cuisses, enfouit ses doigts dans sa chevelure drue.

— Maintenant, tu ne sens plus la sueur, chuchota-t-elle au creux de son oreille. Maintenant, tu peux entrer dans ma grotte avec l'odeur de l'eau et de la forêt et il me plaira d'être contre toi.

— *Cara,* murmura-t-il. *Cara mía.*

Elle se demanda ce que cela voulait dire et se promit de s'en informer auprès de Mali. Avec Norte, parler n'était jamais difficile. Mais ce n'était pas à Norte qu'on l'avait donnée. C'était à Benitez.

Tout au moins, elle lui montrerait qu'elle l'aimait bien. Elle l'aiderait à devenir doux et attentionné dans ses caresses, elle lui apprendrait à sentir bon et, peut-être même, lui enseignerait quelques mots de sa langue. Alors, qui sait ? peut-être finirait-elle même par s'attacher pour de bon à lui.

Vera Cruz

Quand Alvarado revint de Cempoala avec les partisans de Velasquez, ils furent surpris et déconcertés de trouver la baie vide. Leurs camarades les informèrent que, durant leur absence, toute la flotte avait été tirée sur la plage puis sabordée.

30

Cortés se tenait debout sur le sable de la plage, tournant le dos à la mer. Fray Olmedo, à ses côtés, brandissait une grande croix de bois. Une belle scène, pensa Benitez. La mer vide, la croix, deux symboles de leur foi et de leur actuel désespoir. Le *caudillo* avait toujours eu le sens des effets dramatiques. Il n'avait même pas besoin de parler pour se faire comprendre.

Toutefois, il demeurait bien difficile de détourner les soldats de leur inquiétude et l'atmosphère restait tendue. En examinant tous ces visages, Benitez pouvait y lire toute une gamme d'émotions : peur, résignation, colère, ressentiment. L'expédition traînait en longueur et les choses étaient allées beaucoup plus loin qu'il ne l'avait été prévu au départ de Cuba.

— Messieurs, commença Cortés, je vous sais affligés d'apprendre ce qui est arrivé à nos bateaux. Et, cependant, je peux vous assurer que vous ne serez jamais aussi affligés que moi. Voici le rapport qui m'a été remis par les responsables de notre flotte pendant que vous étiez en patrouille à Cempoala. Ce détestable climat a rongé tous les bois de nos navires. De plus, les vers et les rats ont causé de tels dégâts que les coques ne sont plus sûres. Les pilotes m'ont soutenu que notre flotte ne pourrait plus entreprendre un long voyage sur mer et que tout ce que nous pouvions faire était de la tirer au sec sur la plage pour examiner les bateaux qui pouvaient encore être sauvés.

Benitez avait vu ce rapport. Les pilotes avaient effectivement décrit l'état des bateaux dans les termes exacts soufflés par Cortés lui-même. Ils avaient été fort bien payés pour cela. Mais Benitez ne se préoccupait guère de ce subterfuge. Après tout, il avait décidé de rester avec le *caudillo*.

— La semaine dernière, reprit Cortés, nous avons transporté sur le rivage les voiles, les gréements, ainsi que toutes les pièces métalliques. Puis nous avons coulé les coques désormais inutilisables. Ce fut une décision très pénible, comme vous pouvez vous l'imaginer, mais j'y ai été contraint par mes conseillers.

Un lourd silence s'établit. On n'entendait plus que la brise de l'océan agitant les papiers que Cortés tenait à la main.

— Lorsque vous réfléchirez calmement, vous comprendrez que ce malheureux incident ne doit pas nous perturber à l'excès. Cette malchance s'accompagne de quelques avantages. A présent, nous aurons une centaine d'hommes de plus pour notre expédition puisque nos marins se retrouvent sans emploi. Ils ont juré aujourd'hui même de nous aider dans notre entreprise, avec la grâce de Dieu.

« Car personne ne doit mettre en doute que le succès et la gloire seront au bout du chemin. Les *naturales* de ce pays nous prennent pour des êtres supérieurs et je ne vois aucune raison de les détromper à ce sujet.

Benitez surprit le regard venimeux qu'Aguilar lança à Mali.

— Je jure aujourd'hui de faire de chacun de vous un homme riche, plus riche que vous ne l'avez jamais rêvé, poursuivit Cortés. Nous n'avons besoin que de courage, et d'une foi inébranlable. Je vous rappelle en effet que, tout en assurant notre fortune par cette expédition, nous sommes chargés d'un autre mandat, celui de Notre Seigneur Jésus-Christ. Tous, nous avons pu constater les pratiques diaboliques de ces païens dans leurs temples. Nous détruirons ces édifices démoniaques partout où nous irons, et nous introduirons le vrai christianisme dans ces terres sauvages. Tout au long de cette équipée, nous ne servirons pas exclusivement notre propre intérêt mais nous demeurerons également les soldats du Dieu Tout-Puissant.

« Poursuivons donc notre action en sachant qu'avec l'aide de Dieu, nous ne pourrons échouer ! A présent que nos bateaux sont définitivement hors d'usage, les dés sont jetés ! En avant pour... Tenochtitlán !

Il y eut un moment d'hésitation, une pause critique pendant laquelle tout risquait encore de basculer. C'est alors que León tira son épée de son fourreau pour la brandir bien haut : l'ombre du nœud coulant et la clémence accordée par Cortés avaient miraculeusement modifié ses dispositions.

— En avant pour... Tenochtitlán ! répéta-t-il d'une voix forte.

Les autres hommes n'ayant plus personne pour se faire l'écho de leurs craintes suivirent le mouvement. Le même cri jaillit de centaines de gorges :

— En avant pour... Tenochtitlán !

Oui, en route pour le royaume de Moctezuma, pensa Benitez.

Et que Dieu ait pitié de nous !

31

Août. Le mois des fruits qui tombent.

Cortés confia à l'un de ses plus jeunes capitaines, Juan Escalante, la garde du fort de Vera Cruz. Il y laissa en garnison les conquérants trop malades ou trop vieux pour supporter les fatigues du voyage.

Les soldats partirent à l'aube, marchant en formation serrée. Cristoval chevauchait en tête de la colonne sur un cheval pommelé. Puis venait Cortés, superbe dans sa cuirasse étincelant au soleil. Mali suivait à pied, au côté de fray Olmedo qui tenait bien haut une grande croix sur laquelle étaient fixées les turquoises extraites du nez et des oreilles des Totonaques convertis par le moine. Le gros de l'infanterie venait ensuite — six compagnies de cinquante hommes chacune.

Des porteurs totonaques ou cubains étaient chargés des lourdes armures ou, encore, tiraient les chariots d'artillerie.

Derrière marchaient piquiers, arquebusiers et arbalétriers. Cinq mille guerriers totonaques resplendissants avec leurs parures de plumes fermaient la colonne. Le soleil brûlant faisait scintiller les casques d'acier, les mousquets des arquebusiers et les harnais cloutés de cuivre des chevaux.

De la folie ! songea Benitez. Une armée de cinq cents hommes armés et quelques milliers d'indigènes tout juste équipés de bâtons et de boucliers en écailles de tortue. Et voilà la troupe qui rêvait de conquérir une nation !

Oui, une pure folie !

La route à la sortie de Cempoala traversait des champs de maïs mûr pour devenir une simple piste tortueuse pénétrant dans la moiteur de la jungle, encombrée de plantes grimpantes chargées de fruits et contournant des arbres recouverts de vigne vierge flamboyante. Les soldats haletaient et transpiraient sous leur lourde armure. Quant aux femmes, celles qui n'étaient pas restées en arrière à Cempoala s'enfuirent à la première occasion. Il ne resta bientôt plus que Malinali et Fleur de Pluie.

Ils campèrent dans une large vallée fertile plantée de vanilliers et, le lendemain, gravirent la rude pente qui menait à Jalapa, la Ville du Fleuve de Sable. En se retournant, les Espagnols virent qu'ils laissaient derrière eux la jungle brumeuse et, au loin, la côte où régnaient les fièvres. Devant eux se dressaient des rochers escarpés et des cols enneigés.

Cortés revêtit la totalité de son armure et une bourguignotte[1] ornée de plumes pour faire son entrée à Jalapa — quelques maisons de torchis accrochées aux flancs d'une vallée escarpée, couverte d'une épaisse forêt verdoyante. Avertis de l'arrivée des Espagnols, les habitants avaient enlevé leurs dieux de pierre pour les cacher dans les profondeurs de la jungle, espérant ainsi satisfaire à l'avance le Serpent à Plumes. Les prêtres avaient coupé leurs cheveux raides de sang séché et revêtu des robes de coton neuves. Les nobles de Jalapa ouvrirent leurs maisons pour y accueillir les étrangers.

Jusque-là, tout se passait à merveille. Mais, demain, ils quitteraient le territoire totonaque et pénétreraient sur les terres des Mexicas.

De la brume dans la vallée, la sombre forêt bruissante de fougères arborescentes et d'orchidées. Les flancs d'un alezan fumaient, un hibou clignait des yeux dans l'ombre des grands arbres.

Mali laissa tomber sa tunique et sa jupe sur le sol rugueux de la grotte, puis leva les bras au-dessus de sa tête, en un geste d'offrande à son dieu. Cortés s'agenouilla entre ses jambes. La sueur lui coulait sur le visage et ses yeux luisaient dans l'obscurité. Une autre forme se dessinait dans l'ombre : la tête du Serpent à Plumes montrant ses

1. Casque porté entre le XVe et le XVIIe siècle. (*N.d.T.*)

crocs et pointant la langue — une figurine de terre cuite qu'une peinture polychrome rendait encore plus vivante.

Cortés planant comme un aigle au-dessus de sa proie, parmi les offrandes de fruits et de petits animaux éparpillés sur le sol. Mali, brune et lisse, fine et musclée, innocente, sauvage. Le grondement de la bête. Une chevelure sombre, nattée. L'éclat d'une médaille, les images de la Vierge et du Baptiste.

L'instant de la conquête, la possession. L'étreinte du conquérant, l'accueil reconnaissant de son amante.

Cortés chevauchant sa monture, les yeux rivés sur la gueule du Serpent, face à face avec le diable au moment de l'extase. Par la gloire, il effacerait tous ses péchés mortels.

Mali unie à son dieu, emportée par sa destinée.

32

Après Jalapa, la route grimpait encore. Ils avançaient à présent au cœur de grandes forêts de cèdres, de chênes et de pins, traversées de rivières bouillonnantes. Ils passèrent au pied d'un haut volcan et virent se dresser devant eux une montagne menaçante aux flancs enneigés. Peu vêtus, les porteurs commençaient à souffrir du froid.

Ils atteignirent Xicotlan, le dernier village avant la frontière totonaque. Son chef, Olintetl, sembla peu impressionné par les chevaux et les grands chiens de guerre. Bien au contraire, il parla avec enthousiasme de l'impressionnante armée de Moctezuma, forte de cent mille hommes, postée dans la vallée de Mexico.

Quand ils repartirent le lendemain, de lourds nuages chargés d'orage s'amoncelaient au-dessus du Cofre de Perote. Troublés, les Totonaques achetèrent ou volèrent toutes les couvertures qu'ils purent trouver en ville.

Ils progressaient sous un ciel de plomb. Les fanions de la cavalerie et les bannières de San Diego s'agitaient sous le vent et leurs claquements inquiétants se répercutaient en écho sur les falaises désolées.

Il avait plu presque tout l'après-midi. Les canons s'embourbaient, les chevaux trébuchaient sur les éboulis glissants. On discernait à peine le chemin. Les hommes grimpèrent au cœur des épais nuages et franchirent un col baptisé Nombre de Dios. La pluie se transforma en grésil puis en grêle. Quelques porteurs cubains moururent de froid dans les défilés.

De temps à autre, ils traversaient un misérable pueblo inhabité. Les villageois devaient s'être enfuis en les entendant approcher, n'abandonnant derrière eux que quelques maigres chiens Xolo qui coururent en aboyant sur leurs talons avant d'être réduits au silence par l'épée des soldats qui en firent leur repas du soir. Dans les temples abandonnés, ils trouvèrent des ossements humains.

Devant chaque sanctuaire, Diego Godoy lisait scrupuleusement le *Requerimiento*. Fray Olmedo et frère Aguilar dressaient sur chaque sommet une croix de bois. Des busards vinrent tourner au-dessus en jetant des cris perçants.

La piste s'aplanit tandis qu'ils atteignaient un plateau dénudé — une étendue de lacs gelés blessée, çà et là, par les griffes épineuses de gigantesques cactus maguey et par quelques arbres noueux.

Il n'y avait rien à manger et pas de point d'eau. La plupart des porteurs moururent de pneumonie, de faim ou de soif.

Cortés pressait l'allure.

— Nous sommes tout près du but ! criait-il à ses soldats. Notre route s'achèvera juste après la prochaine montée !

Comme il n'y avait pas de terre pour planter les poteaux des tentes, ils durent se contenter de jeter leurs couvertures sur le sol dur. Blottis les uns contre les autres pour se réchauffer, ils tentèrent de dormir du mieux qu'ils purent. Le vent nocturne hurlait au-dessus de leurs têtes et la pluie qui se déversait du ciel obscur les transperçait comme des aiguilles de glace.

Benitez attira Fleur de Pluie contre lui. Il avait glissé son manteau sur ses frêles épaules et la tenait étroitement enlacée pour lui communiquer un peu de chaleur.

Nous allons tous mourir ici, pensa-t-il. Engourdis par le froid dans cette contrée sauvage. Les busards viendront nettoyer nos os de toute leur chair.

Pour la centième fois au moins depuis le début de cette folle équipée, il se traita d'imbécile. Pourquoi avait-il suivi Cortés jusque dans ces régions inhospitalières et désolées ? Léon et Ordaz avaient eu raison en fin de compte.

Le grondement sourd d'une avalanche résonna dans le lointain. Fleur de Pluie se serra plus étroitement contre

Benitez et murmura dans sa langue quelque chose à propos du vent et de la pluie.

Norte était si proche que Benitez pouvait l'entendre claquer des dents.

— Qu'est-ce qu'elle a dit ? demanda Benitez.

Il distingua à peine la voix de Norte par-dessus les hurlements de la tempête.

— Elle se demande pourquoi nous devons endurer tant de souffrances alors que nous nous proposons déjà d'aller nous offrir nous-mêmes en sacrifice sur les autels de Moctezuma...

DEUXIÈME PARTIE

L'Oiseau-mouche sur la gauche

Tout Espagnol devrait avoir dans sa poche
une charte de ses droits rédigée
en des termes clairs et frappants. On y lira ces mots :
« Cet homme est autorisé à se conduire
comme il l'entend. »

Canivet

35

Une large vallée s'étendait à leurs pieds : champs de maïs et de lavande, vergers fleuris. Le vent avait tourné à l'ouest, chassant les nuages, réchauffant les hommes qui grelottaient encore en descendant des montagnes. Cortés longea la colonne, aboyant des ordres, resserrant les formations. Ils entrèrent dans la ville de Zautla en bon ordre, comme une armée victorieuse et non comme des hommes qui avaient failli mourir gelés dans les hauts défilés.

Cortés avait installé ses quartiers dans la meilleure maison de Zautla. On avait transporté à dos d'homme depuis la côte la grande table de chêne et la chaise favorite du *caudillo*, en bois sculpté incrusté de cuivre et de turquoises.

Benitez remarqua qu'au matin le conseil réunissait les capitaines habituels, à une exception près : Mali était présente mais sans Aguilar pour servir d'interprète à Cortés.

L'ambiance était à l'optimisme. A leur arrivée à Zautla, ils avaient festoyé, savourant des dindes rôties et des galettes de maïs ; après quoi, ils avaient dormi sous un toit pour la première fois depuis Cempoala. Les horreurs du voyage commençaient à s'estomper de leur mémoire.

Cortés regarda ses hommes.

— Messieurs, nous avons une décision à prendre. Mais il semble qu'il y ait conflit au sujet de la marche à suivre.

— Quels sont nos choix ? interrogea Alvarado.

— Deux routes s'offrent à nous. Hier soir, j'ai parlé au *cacique* de Zautla et il m'a vivement conseillé de passer par une ville appelée Cholula où, selon lui, nous pouvons être assurés d'un accueil enthousiaste. Cependant, les Totonaques m'ont averti que ce chemin serait long et difficile. Ils nous suggèrent de passer plutôt par les terres de Texcála.

— Par le cul de la Vierge ! s'exclama soudain une voix. Vous ne devez en aucun cas privilégier la parole d'un Mexica sur celle d'un Totonaque.

Tous levèrent les yeux, stupéfaits de constater qu'il s'agissait de Mali. Benitez ne put réprimer un petit rire et se dit que, vraiment, elle avait passé trop de temps en compagnie d'hommes tels que Jaramillo, Sandoval ou Alvarado. Cortés lui-même eut l'air abasourdi.

— Nous allons devoir vous donner d'autres professeurs, dit-il d'un ton pincé.

— Que savez-vous de ces Texcaltèques, doña Marina ? demanda Alvarado.

— Ils sont en guerre avec les Mexicas depuis toujours. La plupart des cœurs arrachés aux poitrines des victimes sur les autels de Moctezuma sont ceux des prisonniers texcaltèques. Ces dcux peuples se vouent une haine mortelle.

Il y eut un silence. Cortés jeta un regard à la ronde.

— Très bien. Dans ce cas, nous choisirons Texcála.

Tous approuvèrent d'un signe de tête.

— Dans ces conditions, reprit Cortés, je vais demander aux Totonaques d'envoyer là-bas quatre ambassadeurs pour expliquer notre mission et offrir notre alliance contre les Mexicas. Comment pourraient-ils refuser ? Lorsqu'ils nous auront rejoints, nous aurons deux grandes nations pour alliées. Ainsi, quand nous entrerons à Tenochtitlán, Moctezuma sera déjà isolé et vaincu sans que nous ayons à tirer l'épée du fourreau.

Electrisés par les paroles de Cortés, les hommes hochèrent la tête en échangeant des sourires. A l'écouter, tout semblait facile. Benitez se voyait déjà revenir en Estramadoure vêtu de velours noir et couvert de joyaux. Ce qui, il y a encore quelques semaines, semblait inaccessible devenait subitement à portée de main. Peut-être que finalement tout se passerait mieux qu'il ne le pensait, comme l'avait prophétisé Cortés. Peut-être que ce serait comme de cueillir une prune mûre sur un arbre.

Les quatre ambassadeurs totonaques partirent le lendemain, revêtus des ornements officiels correspondant à leur rang : manteaux à double boutonnage, pèlerines de coton et bouclier. Ils emportaient une lettre de salutations signée par Cortés et fermée par un sceau de cire rouge, ainsi que divers présents : une épée de Tolède, une arbalète et un chapeau de taffetas rouge digne de la bonne société cubaine.

Le chef de la délégation s'était, en outre, muni d'un autre objet : une minuscule pierre de jade sculptée en forme de cœur, qu'il dissimula dans ses cheveux. Elle lui servirait à payer à la Bête Jaune son passage dans l'autre monde si l'accueil des Texcaltèques se révélait moins amical que prévu.

Après tout, chacun savait que leur nourriture préférée était de la chair d'ambassadeur préparée en ragoût.

36

A Texcála, les ambassadeurs furent dirigés avec la plus grande courtoisie vers le Conseil des Quatre. Ils remirent les cadeaux et la lettre de salutations, puis expliquèrent comment le Serpent à Plumes était revenu aider les Texcaltèques dans leur lutte contre les Mexicas. On les remercia de la peine qu'ils avaient prise et on les conduisit dans les appartements préparés à leur intention.

Mais, au milieu de la nuit, on s'empara d'eux pour les jeter dans des cages de bois en attendant de les sacrifier le lendemain au dieu Miroir qui Fume.

Deux d'entre eux réussirent à s'échapper et à regagner le camp espagnol deux jours plus tard, sales et épuisés.

Cortés avait sa réponse. Il n'aurait pas d'alliance. Les Texcaltèques ne se laissaient manifestement pas intimider aussi facilement que les gros *caciques* totonaques.

Etendu sur le dos, les yeux levés vers le ciel, Norte admirait les milliers d'étoiles jetées sur le firmament comme des éclats de diamant sur du velours. Son esprit vagabondait loin de Zautla, vers un petit village du Yucatán où vivaient deux jeunes garçons privés de père. En repensant à eux, Norte dut admettre qu'ils ne ressemblaient pas aux deux fils qu'il avait rêvé un jour d'engendrer. Leur nez en bec d'aigle, leur peau cuivrée relevaient incontestablement d'un héritage indien. Mais ils étaient de son sang et il les avait aimés.

Une douleur glacée se réveilla dans sa poitrine. Il se rappela leur mère en train de les échauder avec de la fumée de chili à la suite de quelque bêtise. C'était une femme trapue, au visage large et plat, au sourire timide et dépourvue de tout sens de la conversation. Son père n'avait pas fait de difficulté pour se débarrasser d'elle. Au bout de quelques mois, Norte s'était aperçu qu'elle n'était pas seulement timide mais aussi simplette. Mais elle lui avait donné des enfants et il pouvait s'estimer heureux de n'avoir pas terminé ses jours, comme ses compagnons, sur la pierre du sacrifice. La naissance de ses fils avait forgé son lien avec les Mayas. Et c'était ce lien — la chair de sa chair — qui le ramenait sans cesse là-bas en pensée.

Il ferma les yeux, sans toutefois parvenir à trouver le repos. Autour de lui, ses camarades ronflaient et pétaient dans leur sommeil. Il avait l'impression de dormir dans une porcherie. Oh, comme il les haïssait !

Comme chaque nuit depuis qu'ils l'avaient repris sur la plage, il songea à s'enfuir. Mais Cortés enverrait sûrement des hommes à sa recherche, et ceux-ci n'hésiteraient pas à le traquer comme un animal. Les Espagnols, si fiers, ne pouvaient tolérer qu'un des leurs préfère la compagnie de *naturales* à celle de gentilshommes chrétiens. Il lui faudrait donc attendre une occasion favorable, un moment où Cortés ne pourrait — ou ne voudrait — engager des hommes à la poursuite d'un renégat.

Le seul d'entre eux qui avait quelque valeur était Benitez. Et, pour l'instant, c'était justement à celui-là qu'il aurait aimé couper la gorge.

Ils quittèrent Zautla et s'enfoncèrent dans l'épaisse forêt en direction de l'ouest. Partout sur leur passage ils rencontraient des figurines de bois ou d'argile, version réduite des démons trouvés dans les temples, gisant le long des routes, au fond de niches creusées dans le tronc des grands arbres ou, encore, au sommet des collines. Les soldats aperçurent également des fils de couleurs vives tendus entre les pins. Intrigués, ils s'arrêtèrent pour les ramasser, tandis que les Totonaques contemplaient la scène, les yeux écarquillés de terreur.

Ce sont des mauvais sorts, pensaient-ils. Les hommes-hiboux de Moctezuma sont passés par ici pour y accomplir leurs sorcelleries.

Mais les Espagnols, riant de leur frayeur, reprirent allègrement leur route. Ils firent halte au bord d'une rivière. Norte suffoquait sous son armure matelassée. Il avait les muscles endoloris par le poids de sa lourde pique, de son épée et de l'encombrant bouclier attaché sur son dos. Il plongea son casque d'acier dans l'eau froide et en déversa le contenu sur sa tête.

Quand il leva les yeux, il la vit marchant derrière le cheval de Benitez. Elle garda délibérément les yeux baissés pour éviter de croiser son regard.

Flores et Guzmán échangèrent un petit rire complice. Sans doute devinaient-ils ce qu'il était en train de penser mais ces fouille-merde ne pouvaient savoir ce qui s'était réellement passé, sinon ils n'auraient pas manqué de le rapporter aussitôt à Cortés qui l'aurait fait pendre.

Il aurait dû les laisser faire à Vera Cruz. Que valait la vie, de toute façon ? Juste un peu d'or dans la bourse d'un voyageur, un maigre trésor dont il fallait profiter chaque jour et pour chaque chose qui en valait la peine.

Car demain, des voleurs auront fait changer cet or de poche.

Ils suivirent une rivière au cours rapide jusqu'au creux de la vallée et là se heurtèrent à une muraille de remparts gris, gigantesque, infranchissable.

Cortés s'avança sur son cheval et contempla avec respect ce nouveau prodige. Le mur avait été édifié avec le même granit que celui des parois rocheuses fermant chaque issue de la vallée. Benitez calcula qu'il avait près de trois mètres de haut.

— Par le cul de Satan ! murmura-t-il.

Cristoval fut envoyé en éclaireur et revint faire son rapport à Cortés.

— Il n'y a qu'une seule entrée et je n'en ai jamais vu de semblable. Elle est en courbe et si étroite qu'un seul cavalier peut y passer à la fois et seulement au pas.

— C'est un piège, murmura Sandoval. Par les couilles sacrées du pape, c'est forcément un piège !

Norte s'avança vivement. Il s'approcha de Benitez et murmura quelque chose à son oreille sans descendre de cheval.

— Que dit-il ? s'enquit Cortés.

Benitez fit signe à Norte de regagner son rang.

— Il nous recommande la prudence. Selon lui, toute guerre dans ce pays a pour premier objectif d'attirer l'ennemi dans un lieu d'où il ne peut s'échapper. Ainsi, quand ils sont victorieux, ils peuvent faire davantage de prisonniers pour les offrir en sacrifice à leurs dieux.

Cortés fixa la muraille sans répondre.

Alvarado fit avancer son cheval de quelques pas et se tourna vers Cortés.

— Les Totonaques ne vous ont pas parlé de cet obstacle ?

— J'ai pensé qu'ils exagéraient, répondit Cortés. Qui eût cru ces *naturales* capables d'une telle construction ?

Les chevaux secouèrent la tête et se mirent à gratter le sol de leurs sabots. Les cuivres de leurs harnais s'entrechoquèrent.

Benitez rejoignit Alvarado.

— Nous avons vaincu les Tabascans avec difficulté. Allons-nous maintenant affronter un ennemi beaucoup plus puissant avec une muraille dans le dos ?

— Nous ne voulons pas nous battre contre eux. Nous en ferons des alliés contre les Mexicas.

— Même ainsi, nous devrions peut-être prendre l'autre route, observa Benitez. Celle qui passe par Cholula.

— Tu as peur, l'ami ?

— Je ne crains pas la mort. Mais je n'ai pas l'intention de risquer ma vie sans un bon motif. Je suis venu ici pour l'or.

— Et il y en aura ! s'exclama Cortés. A condition de garder votre foi intacte ! Il y aura ici plus d'or que vous ne pourrez jamais rêver en trouver !

— Benitez a raison, intervint Jaramillo. Nous devons faire demi-tour.

— Pour aller où ? Je vous dis que si nous osons affronter la gueule du diable et si nous lui crachons au visage, il s'enfuira !

Il montra du doigt les Totonaques emplumés alignés en rangs à quelques pas de là.

— Si nous manifestons ne serait-ce qu'une once de peur, ces chiens-là s'empresseront de nous couper la gorge.

C'est vrai, pensa Benitez. Même vis-à-vis de nos alliés, nous ne sommes qu'à un contre dix.

Cortés s'agita sur sa selle.

— Souvenez-vous du Cid, messieurs ! Rappelez-vous comment il se battait contre les Maures ! Aurait-il cédé devant un mur ?

Il arracha la bannière que tenait Cristoval et l'éleva bien haut. Puis il opéra un demi-tour avec son alezan et fit face à son armée.

— Messieurs ! Suivons cette bannière sans fléchir ! Elle est l'emblème de la Sainte Croix et nous mènera à la victoire !

Il tourna bride et lança sa monture au galop en direction de la muraille pour disparaître bientôt à la vue de tous en s'engouffrant dans la brèche.

Benitez regarda Sandoval et Alvarado. Ce dernier haussa les épaules avant d'éperonner son cheval et de se lancer à la suite de Cortés.

Aucun d'eux ne savait ce qui les attendait de l'autre côté.

37

Une immense plaine vide. Un aigle qui décrit des cercles au-dessus de leurs têtes, silhouette noire contre le ciel sombre.

Cortés pointa soudain le doigt en direction d'un petit groupe d'hommes vêtus de manteaux rouge et blanc, qui se précipitèrent vers le défilé, à l'autre bout de la vallée, lorsqu'ils aperçurent les Espagnols.

— Vite ! Coupons-leur le chemin ! cria Cortés. (Il se tourna vers Benitez.) Prends Martin Lares et quatre autres cavaliers avec toi et bloquez leur retraite. Je vais chercher Mali pour discuter avec eux.

Ils rabattirent aisément les *naturales* en leur coupant la route, comme lorsqu'on rassemble le bétail. Benitez espérait qu'ils manifesteraient de la crainte à la vue des chevaux, ainsi que l'avaient fait les Tabascans. Mais, au lieu de cela, l'un d'eux se détacha du petit groupe et courut vers lui en brandissant un bâton incrusté de verre volcanique. Pris par surprise, il n'eut même pas le temps de se servir de sa lance. Le bâton lancé avec vigueur vint frapper l'épaule de sa jument qui hennit de douleur et recula si brusquement que Benitez faillit perdre l'équilibre.

Ce fut Lares qui le sauva en éperonnant son cheval pour plonger sa lance dans la poitrine du Texcaltèque. Mais deux autres *naturales* se précipitèrent à leur tour sur eux en brandissant leurs javelots. Benitez s'efforça de reprendre le contrôle de son cheval qui, fou de douleur, tentait de le désarçonner. Il saisit son épée et en transperça l'un des Indiens tandis que l'autre décampait, effrayé par le cheval qui se cabrait.

Il vit alors l'un de ses compagnons *jinetes* tourner bride et s'enfuir au galop.

Jaramillo !

Les autres cavaliers rejoignirent Benitez et Lares et se mêlèrent au combat. Deux chevaux furent blessés par les bâtons et les javelots des Texcaltèques. Un autre plia les genoux après avoir été frappé. Son cavalier fut projeté à terre et se mit à ramper, la jambe brisée. Lares cria un avertissement et Benitez se retourna vivement sur sa selle, pensant qu'un autre Indien s'apprêtait à l'agresser par-derrière.

— Seigneur !

C'était l'horizon entier qui semblait marcher sur eux. Une ligne compacte rouge et blanc se découpait sur les pins. Ils étaient des milliers à envahir le défilé tandis que le vent apportait l'écho de leur clameur.

Cortés et sa cavalerie se précipitèrent sur les derniers Texcaltèques et les piétinèrent sans pitié, laissant leurs corps mutilés éparpillés sur le sol comme des chiffons sanglants.

Quand ils furent tous morts, Cortés se dressa sur ses étriers, cherchant des yeux Benitez.

— Je ne t'avais pas ordonné d'engager le combat !

— Ils se sont jetés sur nous. Nous avons été contraints de nous défendre !

Cortés s'éloigna. L'heure n'était pas aux récriminations. Non loin de là, les Indiens approchaient en masse.

— Par la Sainte Vierge, nous allons tous mourir ! s'exclama Benitez.

— Pas tant que nous aurons des canons ! répliqua Cortés.

Benitez voyait à présent distinctement les Indiens qui accouraient vers eux. Leurs visages étaient enduits de graisse rouge et blanche. L'écho assourdissant de leurs cris de guerre mettait les nerfs à vif. Il resserra sa prise sur la garde de son épée et s'efforça de rester calme.

Son cheval était presque paralysé. Une large bande de chair pendait de son épaule blessée et le sang ruisselait sur les jambes avant. Impossible de garder cette monture.

Il regarda sur sa gauche et vit que les canons avaient été promptement déchargés des chariots pour être pointés sur les Indiens. Mesa, posté près d'une couleuvrine, attendait les ordres de Cortés, tandis que l'infanterie sous le commandement d'Ordaz se tenait prête à protéger l'artillerie si l'ennemi arrivait jusque-là.

Benitez sauta à bas de son cheval et rejoignit Ordaz.

— Tout va bien ? demanda ce dernier.

Benitez se contenta d'un hochement de tête.

— Ce sont toujours les bandits les moins valeureux et la chair à canon qui font le plus de bruit, grommela Ordaz, comme s'il cherchait à le rassurer. Les vrais soldats, eux, font leurs affaires calmement.

Ces Indiens-là, des bandits ? songea Benitez. Assurément pas. Et de plus, ils font preuve d'un sacré courage, car peu d'hommes oseraient affronter à pied un cheval qui les charge.

Cortés abaissa la lame de son épée. Aussitôt, les canons tonnèrent et les premiers rangs des Texcaltèques disparurent dans un océan de fumée. Lorsque celle-ci se fut dissipée, les Espagnols purent voir les quelques survivants tourner sur eux-mêmes dans la plus grande confusion. Mais, au lieu de détaler, ils tiraient vers l'arrière leurs morts et leurs blessés.

Cortés donna un nouveau signal et les *jinetes* éperonnèrent leurs chevaux. Ils se lancèrent en avant, l'épée au clair, tailladant et transperçant à tout-va avant de faire demi-tour pour se dégager et revenir presque aussitôt à la charge.

Même blessés, décimés, les Texcaltèques ne voulaient toujours pas abandonner leurs morts.

— Bon sang, pourquoi ne s'enfuient-ils pas ? murmura Benitez, malade de ce carnage.

Les canons furent rechargés et Cortés ordonna de faire feu.

Une fumée âcre flottait sur la plaine. Les Texcaltèques s'étaient enfin retirés plus loin dans la vallée. Ordaz se racla la gorge et cracha par terre.

— Je te l'avais bien dit, Benitez. Rien que de la chair à canon. Ils se décideront peut-être à parlementer, maintenant.

Je l'espère, pensa Benitez. Sinon nous périrons tous. Ne dit-on pas qu'un cheval vaut trois cents hommes ? Si c'est vrai, alors ce petit engagement nous aura coûté six cents morts et neuf cents blessés.

Jaramillo attendit que Cortés ne soit plus à portée d'oreille. Puis il s'approcha de Benitez.

— J'avais bien pensé que la bataille se déroulerait ainsi, souffla-t-il. C'est une chance que j'aie pu avertir Cortés à temps !

Benitez se rappela l'expression de terreur qui défigurait les traits de Jaramillo tandis qu'il s'enfuyait.

— Oui... Une chance, en effet.

Jaramillo se pencha sur sa selle, et demanda à mi-voix :

— Quelle sorte d'Indiens sont donc ces hommes qui n'ont pas peur d'un cheval ?

Benitez ne répondit pas.

Et, d'ailleurs, connaissait-il seulement la réponse ?

38

Ils découvrirent une grande plaine, verte étendue de champs de maïs. Les villageois avaient abandonné leurs fermes, emportant tout dans leur fuite éperdue, à l'exception de quelques petits chiens sans poils qui furent aussitôt tués pour améliorer l'ordinaire des troupes.

Ils établirent leur campement près d'un petit ruisseau. La nuit tomba rapidement, opaque, froide. Puis il se mit à pleuvoir.

Quatre *jinetes* ayant été blessés au cours des combats, Mendez fut appelé pour recoudre les plaies. Les hurlements des blessés jetèrent un froid parmi les hommes, qui se serrèrent les uns contre les autres dans l'obscurité. Mali et Fleur de Pluie firent de nouveau office d'infirmières et montrèrent à Mendez comment panser les blessures avec la graisse d'un Indien mort.

On posta des sentinelles tout autour du camp et chacun essaya de dormir. Mais le sommeil des hommes fut constamment troublé par les cris perçants des hiboux et des chats sauvages qui rôdaient dans les montagnes.

Une chandelle brûla toute la nuit sous la tente de Cortés. Le conseil de guerre se poursuivait toujours dans la même ambiance lugubre. Ils ont peur, pensa Mali. Tous, sauf mon seigneur Cortés.

— Nous devons absolument faire marche arrière, déclara León.

— Même si nous le voulions, c'est impossible, répliqua Cortés. Humez donc le vent. Vous ne sentez rien ? L'odeur douceâtre de la sève de pin chaude qui nous arrive de l'est. La brèche par laquelle nous sommes entrés n'est plus libre.

Les Texcaltèques nous y attendent et, si nous tentons une retraite, nous recevrons de la poix brûlante sur la tête quand nous franchirons la muraille en sens inverse. De plus, ainsi que je vous l'ai déjà fait observer, nos alliés totonaques nous prêteront main-forte car ils continuent de nous croire invincibles. Mais si nous leur donnons à penser que ce n'est pas le cas, nul doute que nous ne tarderons pas à engraisser un peu plus le ventre de Gordo.

Un long silence suivit cette déclaration.

Puis Cortés reprit la parole.

— J'ai parlé des événements avec la señora Marina et, d'après elle, nous n'avons aucune raison de nous inquiéter.

— Pas étonnant, maugréa Alvarado. Ce n'est pas elle qui aura à affronter ces démons.

Mali crut avoir mal compris. Elle se leva.

— Donnez-moi votre épée et j'expédierai moi-même dans l'au-delà ces fils de pute, comme vous les appelez vous-même, dit-elle d'une voix douce. En échange, vous pourrez cuire le chien de monseigneur pour le dîner.

Après quoi elle ajouta, pour faire bonne mesure :

— Fouille-merde !

Alvarado cilla. Plusieurs officiers pouffèrent et firent de leur mieux pour ne pas éclater de rire.

— Avant de te mettre en colère, intervint Cortés en s'efforçant de calmer son second, écoute plutôt ce qu'elle cherche à nous dire.

Tous les regards se braquèrent sur Mali. Enfin mon seigneur me manifeste un véritable respect, pensa-t-elle. Je suis au service de mon seigneur Cortés, pas à celui de ces minables, de ces nabots !

Elle s'efforça de résumer ses pensées dans la langue étrange parlée par les Espagnols.

— Certains d'entre vous se sont étonnés aujourd'hui de voir les Texcaltèques rester sur le champ de bataille pour ramasser leurs morts et leurs blessés. La raison en est qu'ils ne peuvent abandonner sur le Champ de Fleurs l'un des leurs sous peine de voir le Seigneur de l'Obscurité les maudire jusqu'à leur mort. Ils croient également que l'ennemi dévorera le corps des morts et absorbera ainsi leur énergie et leur valeur, de sorte qu'il en deviendra le lendemain deux fois plus redoutable. Voilà pourquoi ils essaient d'emporter les corps, à n'importe quel prix.

— Cette superstition leur a coûté aujourd'hui le double de morts, observa Benitez.

— Qu'il soit un Mexica, un Texcaltèque ou un Totonaque, un guerrier doit respecter sur le Champ de Fleurs un protocole de combat très strict. Tuer à une grande distance comme vous le faites avec vos serpents de fer, vos fusils ou vos flèches est considéré comme déshonorant... anormal. C'est une méthode de lâche.

Alvarado eut l'air perplexe.

— Est-elle en train de nous insulter ? murmura-t-il à l'oreille de Cortés.

Ce dernier sourit.

— Ce qu'elle cherche à nous dire, c'est que si nous avons la force de résister, il nous sera possible de tuer des quantités de *naturales*, peut-être même des centaines. Ils n'ont aucune idée de la discipline militaire et leurs pointes de verre se brisent ou glissent sur nos armures d'acier. S'il s'agissait d'une armée conventionnelle, leur grand nombre nous écraserait. Mais, précisément, leur art du combat n'a rien de conventionnel.

Il frappa vigoureusement la table du plat de la main.

— Laissons-les nous approcher demain. Nous leur montrerons ce que peuvent faire des armes espagnoles. Et nous leur administrerons une bonne leçon, ainsi que nous l'avons fait avec les Tabascans. Alors ils viendront nous supplier de faire alliance avec eux.

Mali se demandait pourquoi ils avaient l'air si effrayés. Qu'étaient-ils donc ? Rien que de la poussière apportée par le souffle des dieux, le vent d'est de Quetzalcóatl, le Serpent à Plumes. Ils avaient eu le privilège d'être élevés audessus de leur misérable condition humaine, de pouvoir semer et cultiver, de donner la naissance et la mort. Si l'on ne pouvait sacrifier son corps au service d'un dieu, à quoi d'autre pouvait donc servir la vie ?

Le vent hurlait sur la plaine obscure. En quittant la tente du *caudillo*, Benitez aperçut quelques soldats serrés autour d'un maigre feu. Il trébucha sur un corps dans l'obscurité.

— Je pisse sur la tombe de ta mère ! siffla une voix.

— Norte ?

— Toutes mes excuses, monseigneur, grommela Norte.

Si j'avais su que c'était un capitaine qui marchait sur ma tête, je me serais abstenu de protester.

Benitez s'accroupit près de lui. Il ne pouvait distinguer le visage de son interlocuteur, tant le noir de la nuit était profond. Mais il imaginait son sourire moqueur. Enroulé dans une mince couverture, Norte frissonnait.

— Pourquoi n'es-tu pas avec les autres ?

— Qu'est-ce que tu imagines ?

Benitez trouva un épi de maïs rapporté de la table de Cortés et le mit dans les mains de Norte.

— Prends ça. Et ne crains rien. Il n'est pas empoisonné.

Norte le prit sans hâte, presque à contrecœur, et marmonna un vague remerciement. Benitez souffla sur ses doigts. Dieu, que la nuit était froide ! Il se demanda quelles souffrances les attendaient encore. A moins qu'ils ne meurent tous demain.

— Comment va ton cheval ? interrogea Norte.

— Il boite.

— Tu as de la chance d'être toujours en vie. Ces Texcaltèques sont des guerriers réputés. Cortés devra s'en accommoder. Il ne les vaincra pas au combat.

— Il en est pourtant persuadé.

— Lorsqu'ils se seront habitués au bruit du canon, nous ne réussirons pas à les repousser aussi facilement qu'aujourd'hui.

Le vent s'engouffrait dans la plaine en gémissant, tel un chant funèbre.

— Ils auraient pu aisément me tuer aujourd'hui, observa Benitez, encore stupéfait de la manière dont les Texcaltèques avaient combattu. Ce sont peut-être des sauvages, mais ils ne manquent pas de courage.

— Ils ne voulaient pas te tuer, expliqua Norte. Un véritable guerrier ne s'intéresse qu'à la capture de son ennemi, à l'honneur de pouvoir l'offrir ensuite en sacrifice à son dieu. Quel serait le but de la guerre, sinon ?

— C'est pourtant simple : vaincre.

Il entendit Norte rire — un son creux, semblable au jappement d'un chien apeuré.

— C'est, du moins, ce que pensent les Espagnols. Mais, pour ces Indiens, un combat est une somme de duels. Tu comprends ? Des corps-à-corps... multipliés par mille.

— Est-ce pour cela qu'ils ne s'entraident pas pendant la

bataille ? S'ils avaient uni leurs forces, ils auraient facilement pu venir à bout de nos troupes.

— Si vous intervenez dans un combat entre deux guerriers, vous dérobez à ces hommes la chance de pouvoir faire un prisonnier et d'acquérir ainsi honneur et gloire. Pour la plupart d'entre eux, le Champ de Fleurs — c'est ainsi qu'ils nomment le champ de bataille — constitue la seule occasion pour un jeune homme de s'élever au-dessus de sa condition sociale. S'il parvient à faire assez de prisonniers, il obtiendra le droit de porter de riches vêtements, d'avoir son propre harem et de vivre dans une belle maison. Voilà pourquoi ils ne s'entraident pas. On ne vole pas à un camarade la chance d'accéder à une meilleure vie.

Benitez écoutait, à la fois fasciné et horrifié.

— Est-ce ainsi que tu as combattu pour les Mayas ?

— Ils ne m'ont pas demandé de combattre. Je servais à autre chose. Je leur donnais une nouvelle lignée.

— Et notre grand géniteur combattra-t-il à nos côtés, demain ?

— Il le faudra bien. Sinon les Texcaltèques me tueraient.

— Même si tu es de leur peuple ?

— Ce sont les Mayas qui étaient mon peuple.

— Bah... Ce sont tous des *naturales*.

— Vas-tu me harceler longtemps, Benitez ? Désires-tu donc tant m'entendre le dire ? Eh bien, oui, c'est vrai : je vous méprise, tous autant que vous êtes. Tout comme je méprise le fait d'être moi-même un Espagnol. Si je le pouvais, je retournerais vivre avec les Mayas. Mais voilà : je ne le peux pas. Cela te suffit ? Vas-tu me pendre maintenant ?

Le vent se calma un instant et Benitez entendit le glapissement lugubre d'un coyote. Pourquoi Norte ne comprenait-il pas que, pour un homme civilisé, vivre avec des païens était une abomination aux yeux de Dieu ? Comment un Espagnol pouvait-il préférer vivre avec une sauvage ? Quel bonheur trouvait-il dans la fumée de leurs temples ? Et comment pouvait-il se prosterner devant leurs horribles idoles d'argile ?

Sans plus ajouter un mot, Benitez se leva et s'éloigna. Certes, le moment était encore mal choisi mais il était bien décidé à ramener Norte à la vraie foi d'ici la fin de cette expédition.

A moins qu'il ne décide, finalement, de les laisser le pendre.

Mali regardait Cortés agenouillé devant l'image de la Vierge, ses lèvres remuant en une prière silencieuse. Les grains du chapelet défilaient entre ses doigts tandis qu'il demeurait absorbé dans ses dévotions sans remarquer que sa compagne était réveillée. Puis il acheva enfin sa prière, fit le signe de la croix et saisit ses gantelets et son épée.

La nuit d'avant, il s'était déshabillé pour explorer les plaisirs de sa grotte. Mais dès que ce fut fini, il avait revêtu de nouveau son armure d'acier. Pourtant, elle l'avait assuré que les Texcaltèques ne combattaient jamais la nuit, à quoi il avait rétorqué qu'un bon commandant se devait de ne jamais prendre de risques. Puis il avait ordonné que des patrouilles de nuit quadrillent le périmètre du camp et que les soldats dorment en armes.

— Est-cc déjà lc matin ? murmura-t-elle.

Il baissa les yeux vers elle, des yeux brillants dans la lueur grise de l'aube.

— Je ne voulais pas te réveiller.

— Ce n'est pas vous qui m'avez réveillée. (Elle s'assit sur la couche et tira sur ses épaules nues la rude couverture de laine.) J'ai entendu les ocelots s'appeler dans la vallée.

Il attacha son épée à son côté, puis saisit sur la table sa bourguignotte ornée de sa longue plume verte. Le vent matinal secouait la toile de la tente.

— Les Texcaltèques accepteront-ils de se rendre, Marina ? murmura-t-il, songeur. Si nous les vainquons aujourd'hui, feront-ils la paix avec nous ?

— Je ne peux vous le certifier, monseigneur. Tout ce que je sais, c'est qu'ils n'ont jamais cédé devant les Mexicas.

Il eut soudain l'air attristé.

— Je ne désirais pas les combattre mais ils m'y ont contraint. Alors que dois-je faire ?

Quelle sorte de dieu était-ce là ? songea-t-elle. Ne combattrait-il ses ennemis que lorsque ceux-ci l'y obligent ? Ne dirait-on pas qu'il pleure chaque goutte de sang versé ? Pourquoi les Texcaltèques ne comprenaient-ils pas qu'il était leur sauveur et non leur ennemi ?

Elle entendit au-dehors le murmure des soldats qui venaient se confesser à fray Olmedo ou à fray Diaz.

Quelque part dans la nuit finissante, les tambours des Texcaltèques commencèrent à résonner. Cortés les entendit à son tour et fronça les sourcils.

— Ils préféreraient donc verser leur sang en se battant contre les Mexicas plutôt que contre nous ?

Mali saisit son poignet.

— Monseigneur, quand vous préparerez la bataille, souvenez-vous qu'ils ne combattent pas comme vous. S'ils perdent leur chef, ils perdent leur cœur.

Elle regarda les ombres devenir grises et écouta les chats sauvages hurler dans les montagnes pour saluer Cortés lorsqu'il enfourcha son cheval. Les ocelots étaient les animaux sacrés du Serpent à Plumes, le Seigneur de l'Aube. Ils avaient choisi ce jour entre tous pour acclamer sa venue.

Pourtant, pour la première fois, elle eut peur. Si Cortés perdait la bataille aujourd'hui, il retournerait simplement au Pays des Nuages pour attendre un moment plus propice à son retour. Mais, pour elle, il n'y aurait pas d'autre jour. D'ailleurs, à quoi bon survivre s'il fallait passer le reste de sa vie à genoux jusqu'à devenir vieille et desséchée ? Mieux valait une mort glorieuse plutôt qu'une vie médiocre.

Mais la peur ne la quittait toujours pas.

39

La plaine entière semblait couverte de *naturales*. Leurs plumes ondulaient sous la brise comme des barbes de maïs dans un champ. Il y avait rassemblés là les Otomis avec leurs peintures de guerre rouges et blanches, les Texcaltèques du clan Héron de Roche avec leurs rayures jaunes et blanches, et les généraux du Seigneur Anneau de la Guêpe brandissant leurs grands étendards de combat. Le soleil faisait étinceler des milliers de pointes de javelot en obsidienne.

L'écho de leurs préparatifs s'enfla : sifflets, conques, cris de guerre, roulements des tambours *teponaztli* en peau de serpent... ta-tam... ta-tam...

Cortés disposa en carré sa minuscule armée — l'artillerie sur les ailes, les *jinetes* en tête. Puis il s'avança à cheval à dix pas et commença à lire le *Requerimiento*. Sa voix fut rapidement couverte par les clameurs des *naturales* qui se mirent en mouvement à travers la plaine.

Cortés acheva de lire le texte latin, ainsi que la loi l'exigeait. Puis il tourna bride et éperonna son cheval afin de se retrouver face à ses troupes.

— Messieurs, la cavalerie chargera trois par trois ! Gardez vos lances au clair !

Les Texcaltèques approchaient toujours. Les tambours qui accompagnaient les sifflets et les conques devenaient assourdissants. Cortés éleva la voix pour se faire entendre.

— Rappelez-vous que ce qu'ils veulent, c'est faire le plus de prisonniers possible. Ils ne désirent pas nous tuer et leurs lances se brisent sur nos armures. Ne craignez pas d'être écrasés par leur nombre car seul le premier rang d'Indiens combattra et vous n'en trouverez jamais plus d'un contre vous. Votre seul ennemi aujourd'hui sera la fatigue.

A présent, les Indiens étaient pratiquement à portée des arquebuses.

— Les arbalétriers et les arquebusiers décaleront leurs tirs pour ne pas être débordés. (Il tourna sa monture face à l'ennemi et tira son épée.) Pour Dieu et pour saint Jacques ! cria-t-il d'une voix forte.

Mali réalisa que les alliés totonaques n'avaient pas compris un seul mot de cette tirade. Elle se tourna vers eux et leur cria en nahuatl :

— Le Serpent à Plumes vous promet aujourd'hui la victoire ! Vous ne pouvez mourir ! Il vous rend invincibles !

Ils levèrent leurs massues et leurs javelots et poussèrent des cris sauvages.

— Que leur avez-vous dit ? hurla Aguilar par-dessus le tumulte.

Mali l'ignora.

Aguilar répéta sa question mais ses mots se perdirent dans le vacarme. Une pluie de flèches, de dards empoisonnés et de pierres s'abattit au moment où les Texcaltèques se lançaient dans la bataille.

Les Indiens chargeaient en une seule formation à la fois, le reste des troupes attendant à la limite de la zone des combats. Ils formaient une parfaite chair à canon pour l'artillerie de Mesa. Les lourds boulets tirés par les couleuvrines décimèrent leurs rangs. Tandis qu'ils tentaient de ramasser leurs blessés et leurs morts, ils furent mis en pièces par la cavalerie.

Mais ils n'en revenaient pas moins sans cesse à l'assaut. La mort sur le Champ de Fleurs serait glorieuse et leur assurerait une place au paradis.

Au fil des heures, leur nombre commençait à peser sur la petite armée espagnole. Un groupe de guerriers texcaltèques, le corps et le visage zébrés de rayures jaunes et blanches, réussit à s'infiltrer dans les lignes. Mali vit l'un des canonniers, Guzmán, glisser et tomber. Il gisait sur le sol, impuissant, à côté de sa couleuvrine. Un guerrier texcaltèque s'approcha et se dressa au-dessus de lui en brandissant son large *maquauhuitl*.

— Non ! hurla Guzmán.

Le *natural* abattit sa massue de guerre sur le cylindre du canon, dans l'espoir de tuer cette bête de fer meurtrière. Mais la pointe d'obsidienne se brisa contre le métal et vola en éclats.

A quelques pas de là, un fantassin rampait pour se mettre à l'abri en serrant sa jambe sanglante. Mali saisit la pique qu'il tenait encore et courut vers le Texcaltèque, l'arme pointée sur sa poitrine.

Elle eut l'impression de transpercer du bois. La pointe de la lance s'enfonça si profondément qu'elle ne put la retirer. Elle contempla le visage du guerrier et réalisa qu'il devait être encore plus jeune qu'elle. Il portait toujours son *piochtli*, une boucle de cheveux sur la nuque indiquant qu'il n'avait pas encore capturé son premier prisonnier. Sous le coup, il trébucha contre la couleuvrine, la bouche ouverte en un cri muet, cherchant l'air comme un poisson hors de l'eau.

Guzmán se redressa péniblement. Il aida Mali à retirer la lance plongée dans la poitrine du guerrier puis la repoussa brutalement. Elle chancela et recula tandis que d'autres Espagnols accouraient pour protéger le précieux canon. En se retournant, Mali vit Aguilar qui la fixait, l'air horrifié. Pourquoi me regarde-t-il ainsi ? se demanda-t-elle. Tous ces hommes, ici, se battent pour leur vie.

Pourquoi ne pourrais-je pas en faire autant ?

Enfin, l'armée indienne commença à refluer vers le défilé.

— *¡ Santiago y cierra España !* cria Cortés en levant son épée pour lancer sa cavalerie à la poursuite des traînards.

Benitez éperonna son cheval qui souffrait encore après la blessure reçue la veille. Ne pouvant tenir le même train que les autres, il vit ce qui se passait à l'avant de la charge sans pouvoir intervenir.

Les Texcaltèques les avaient attirés dans un piège. Des milliers d'Otomis se tenaient en réserve, cachés de part et d'autre du ravin. Ils déferlèrent comme une avalanche sur les Espagnols. Cortés cria un ordre de retraite mais sa voix fut couverte par le vacarme des tambours, des sifflets et des clameurs.

Benitez se retrouva encerclé. Des mains agrippèrent ses jambes pour le tirer à bas de sa monture. Il fit tourbillonner son épée pour obliger les Indiens à reculer. L'un des *naturales* se propulsa dans les airs, sa lance de guerre levée bien haut. La pointe d'obsidienne affûtée comme un rasoir sectionna pratiquement le cou du cheval qui tomba, raide mort.

Que je meure aussi ! pensa Benitez en roulant à terre. Par pitié, qu'ils me tuent mais qu'ils ne me fassent pas prisonnier !

Son épée le frappa rudement quand il heurta le sol et il en eut le souffle coupé. Il tenta tant bien que mal de se redresser mais les Indiens fondirent sur lui. Il sentit qu'on le tirait en arrière et se débattit comme une bête sauvage en poussant des cris déchirants.

40

Il lutta avec toute l'énergie du désespoir et parvint à faire tomber l'Otomi qui l'avait capturé. Mais, quand il voulut se redresser, il constata avec horreur qu'il ne pouvait plus bouger ses bras et ses jambes. Hurlant de terreur, il réalisa alors qu'il était emprisonné dans un filet.

Soudain, il entendit des cris et les craquements d'un bouclier de bois fracassé par l'acier d'une lance. Un piquier espagnol s'était jeté sur les Indiens qui l'encerclaient, les forçant à reculer. Il abattit sa pique sur l'Otomi qui tenait Benitez captif puis se retourna avec le même courage contre les autres *naturales*.

Norte.

Peu habitué à se servir d'une arme, il avait mis à profit son agilité et la férocité de son assaut pour dérouter les Indiens. Cela valut à Benitez un court instant de répit, juste le temps nécessaire pour se libérer du filet, se remettre sur pied et saisir son épée. A nouveau, une nuée rouge et blanc les encercla. Benitez et Norte reculèrent jusqu'à se retrouver dos à dos.

Cinq Otomis gisaient à leurs pieds, morts ou blessés si gravement qu'ils ne pouvaient continuer à se battre. Benitez se demanda combien de temps Norte et lui pourraient tenir. Aucun des leurs ne se trouvait à proximité. Quant au reste de la cavalerie, il avait probablement été massacré ou capturé. Si Cortés était mort, ils seraient perdus, de toute façon.

Norte poussa tout à coup un cri terrible avant de s'effondrer, déséquilibré par un Otomi. L'Indien commençait déjà à le tirer à l'écart quand Benitez se retourna d'un bloc et plongea son épée dans sa poitrine. Le guerrier gronda en titubant puis s'affala en lançant un cri d'agonie.

Mais déjà un autre Indien se détachait du groupe pour se mesurer à eux.

Ce fut Sandoval qui arriva le premier, poussant son cheval au milieu des Indiens et suivi d'une rangée de piqueurs qui couraient à sa suite. Il galopa vers Benitez, se pencha sur sa selle et tendit la main.

Benitez la repoussa et se carra solidement au-dessus de Norte pour le protéger. Le renégat lui avait sauvé la vie. Il préférait mourir plutôt que de quitter le combat sans lui, vivant ou mort.

Comme le ferait n'importe quel Indien, réalisa-t-il.

Et, à cette pensée, il éclata d'un rire quasi hystérique.

Le soleil descendait derrière les montagnes et la vallée se nimbait de gris. Clopin-clopant, les hommes quittaient le champ de bataille, soutenus ou portés par leurs camarades. D'autres restaient assis par terre, la tête entre les genoux, harassés. Des corps jonchaient le sol, parfois entassés les uns sur les autres lorsqu'une même salve d'artillerie les avait fauchés. Certains s'agitaient encore en gémissant. L'odeur de la poudre emplissait l'air, âcre, immonde.

Mali regarda l'homme qu'elle avait transpercé de sa lance. Il gisait sur le dos à côté de la couleuvrine, encore vivant. En entendant le son rauque de sa respiration, elle souhaita qu'un des soldats l'achève mais ils étaient trop occupés à soigner leurs propres blessures ou celles de leurs camarades. Et puis, à leurs yeux, que valait la souffrance d'un Indien ?

— Confessez-vous ! lança soudain une voix dans son dos.

Elle se retourna et vit Aguilar, son livre de prières toujours serré contre sa poitrine, sa chevelure graisseuse plaquée par la sueur sur son crâne.

— Vous avez commis un péché mortel. Vous avez tué !

Elle le regarda sans comprendre. Quelles insanités lui racontait-il encore ? Et quel mal pouvait-il y avoir à tuer un ennemi sur le champ de bataille ?

Il s'approcha et la saisit par le bras.

— Priez pour votre âme ! C'est un péché de tuer !

— Mais regardez donc autour de vous, Aguilar ! Tout le monde, ici, a tué !

— Les soldats de Cortés ont reçu du pape une autorisation spéciale. Ce qu'ils font, ils le font au nom du Christ.

Elle se dégagea vivement. Cet homme était fou.

— Demandez pardon à Dieu ! hurla-t-il.

Lassé d'entendre le râle d'agonie de l'Indien, Guzmán l'acheva d'un coup d'épée et le silence se fit.

Frère Aguilar se signa et s'éloigna.

41

Une odeur de sang imprégnait la pièce. Des hommes gisaient sur le sol au milieu de leurs déjections, appelant leur mère. Fray Olmedo et fray Diaz marmonnaient des oraisons funèbres à la lueur des chandelles, recevant des confessions, administrant les derniers sacrements. Mendez et Mali s'adonnaient à des tâches infiniment plus pratiques et s'efforçaient de recoudre les plaies du mieux qu'ils pouvaient.

Norte sanglotait, les traits crispés par la douleur. La barbe sombre qui lui mangeait le visage contrastait avec la pâleur du teint. Agenouillée à ses côtés, Fleur de Pluie lui tenait la main. Elle avait placé un emplâtre d'herbes au vinaigre sur la blessure qui trouait son flanc.

Venu pour remercier son camarade de lui avoir sauvé la vie, Benitez se tenait à quelques pas de là et contemplait la scène, stupéfait.

Il se sentait à la fois trahi et stupide. Norte lui avait servi d'interprète avec Fleur de Pluie. Comment ne pas avoir compris plus tôt que cette responsabilité l'avait autorisé à aller beaucoup plus loin ?

Son ombre tomba sur le visage de Norte et Fleur de Pluie leva les yeux, surprise. D'un geste vif, elle essuya les larmes qui ruisselaient sur ses joues.

Trop tard.

Benitez se pencha vers le blessé et murmura son nom. Norte souleva lentement ses paupières et cligna des yeux.

— Je voulais te remercier de m'avoir sauvé la vie, dit Benitez.

Norte voulut parler mais la souffrance l'en empêcha.

— La seconde chose que je voulais te dire, poursuivit Benitez, c'est que j'espère bien te voir mourir !

Sur ces mots, il se redressa et partit.

Il pleuvait. Un crépitement incessant sur le toit de bois. Des filets d'eau s'écoulaient de la poutre faîtière sur le sol boueux imprégné de sang. Benitez aspira une grande bouffée d'air, heureux de laisser derrière lui la sueur, les relents de souffrance et de mort.

Norte lui avait sauvé la vie. Très bien. Juste retour des choses, après tout, puisqu'il l'avait sauvé de la corde à Vera Cruz. Pour la fille, par contre, il s'agissait d'une autre histoire.

Oublie tout cela, se dit-il. Elle n'est rien d'autre qu'une *natural*, une *puta*.

Malgré cela, il était heureux que Norte souffre.

Qu'il soit maudit ! Et elle aussi !

42

Le campement fut établi en un lieu appelé la Colline de la Tour. Ils avaient trouvé quelques réserves de maïs et agrémenté leur frugal repas en faisant rôtir les chiens du village. Cortés soupçonnait les Totonaques de le compléter, quant à eux, de la chair de quelques prisonniers texcaltèques mais fray Olmedo l'avait dissuadé de se mesurer à eux sur ce sujet épineux. Compte tenu de leur situation précaire, ils ne pouvaient se permettre de se mettre à dos leur seul allié.

Durant les trois derniers jours, les troupes s'étaient opposées à deux reprises aux Texcaltèques au cours de batailles rangées d'une très grande férocité. Ils avaient combattu jusqu'à la limite de leurs forces et les hommes de Cortés étaient épuisés. Leur moral, déjà fragile, s'effondrait de nouveau.

Après cela, Cortés avait retiré son armée de la plaine, préférant marquer une pause.

Ses capitaines avaient réquisitionné les meilleures habitations du village pour leur usage personnel. Quant au *caudillo*, il avait jeté son dévolu sur l'une des rares maisons de pisé. Assis sur son siège favori devant la longue table de chêne, dans un coin de la pièce principale, il écrivait une missive à son roi. On pouvait entendre sa plume d'oie grincer sur le parchemin dans le silence de la nuit.

Cortés avait les traits tirés.

Il avait perdu quarante-cinq hommes sur les quatre cents dont il disposait. Pour le reste, une douzaine étaient malades et tous les autres souffraient de blessures. Une nouvelle bataille signifierait sans doute leur anéantissement.

Il se sentait si las que le simple fait de tenir sa plume lui coûtait. Mais il voulait à tout prix finir sa lettre avant de s'abandonner à la fatigue mortelle qui lui brisait le corps. Il avait en tête de demander à son roi le droit de devenir gouverneur de ce nouveau territoire. Du moins lorsqu'il aurait réussi à conquérir Tenochtitlán.

Mali l'observait. Malgré le vent aigre qui s'insinuait à travers les fissures des murs, la chemise de Cortés était trempée de sueur. Sa main tremblait si fort qu'il avait du mal à tenir sa plume.

Le vent nocturne apportait avec lui l'écho funèbre des tambours du camp texcaltèque. Sans doute étaient-ils en train de sacrifier les Totonaques capturés lors des derniers combats.

Elle attendait patiemment que son seigneur en ait fini avec son interminable lettre. Quand, enfin, il posa sa plume, elle le vit cacheter la missive, les épaules voûtées, comme sous le poids d'une lourde charge.

— Qu'est-ce que je vais faire, *chiquita* ? murmura-t-il.

Mali s'inquiéta de le voir aussi désemparé, aussi fatigué. Vivement, elle se leva et vint se placer derrière lui pour masser ses épaules contractées.

— Libérez les hommes que vos soldats ont capturés aujourd'hui, lui conseilla-t-elle. Renvoyez-les au Seigneur Anneau de la Guêpe et faites-lui dire que vous pardonnerez tout s'il vous donne l'accolade et se joint à vous dans votre lutte contre Moctezuma.

Il resta si longtemps silencieux, les yeux fixés sur la chandelle, qu'elle se demanda s'il l'avait entendue. Mais soudain, il se redressa et appela Cáceres, son majordome, à qui il ordonna de lui amener deux des prisonniers.

Cortés les dévisagea longuement, l'air pensif. Puis il se décida.

— Dis-leur que je ne désire pas leur faire la guerre.

Ce que Mali traduisit à sa façon en nahuatl :

— Qu'il pousse des crocs dans la grotte de plaisir de vos femmes ! Mon seigneur est très fâché contre vous. Il était venu ici en paix et vous l'avez attaqué ! A présent, il perd patience.

Les deux Indiens ne levèrent pas les yeux.

— Qu'ils disent à leur chef que je poursuis ma route en direction de Tenochtitlán pour y rencontrer Moctezuma, reprit Cortés. Si les Texcaltèques continuent à m'attaquer, je brûlerai toutes leurs maisons et les tuerai tous.

Mali sourit. Ses soldats pouvaient à peine tenir debout tant ils étaient épuisés. Mais que pouvait dire d'autre un dieu lorsqu'il était mécontent ?

Elle transmit en nahuatl :

— Dites à l'oiseau blanc aveugle qui voit dans le noir le chemin de la sagesse que le Serpent à Plumes est revenu pour réclamer les Terres du Pain. Laissez-le reprendre sans retard sa route afin de hâter la fin de Moctezuma. Sinon le sort qui attend les Mexicas pourrait bien être le vôtre.

Les yeux des guerriers s'élargirent. Ils contemplèrent le visage barbu et harassé de Cortés en se demandant par quel prodige cet homme pouvait être le grand Quetzalcóatl.

Cortés fit un signe à Sandoval, qui s'avança et coupa les liens des prisonniers à l'aide de son couteau. Puis il remit à chacun d'eux des perles de verre de Venise enfilées sur un lien de coton. Les Texcaltèques regardèrent, éberlués, ce trésor inattendu.

— C'est un présent du Serpent à Plumes, expliqua Mali. Au Pays des Nuages, ces perles ont une valeur supérieure à celle du jade. Allez, maintenant, et rapportez à votre chef ce que le Serpent à Plumes vous a dit.

Sandoval poussa dehors les deux Texcaltèques et Cortés fit signe à Cáceres de se retirer également.

Il posa la tête sur la table, les poings serrés. Mali l'aida à se déshabiller et à se coucher. Il avait les yeux brillants de fièvre et tremblait de tous ses membres. Elle l'enlaça étroitement pour lui communiquer la chaleur de son corps et le serra contre sa poitrine, comme un enfant. Alors il mit ses bras autour d'elle et lui téta les seins.

Elle le tint ainsi contre elle toute la nuit. Pour la première fois, elle vit en lui non pas le dieu mais l'homme que ce dieu habitait, avec ses faiblesses et ses imperfections. C'était un constat troublant car, désormais, elle ne savait plus lequel des deux aimer le plus : le dieu ou l'homme.

43

Au conseil de guerre, les visages étaient sombres. Assis sur leurs *ycpallis*, des trônes de faible hauteur, les Quatre du grand Conseil contemplaient Jeune Anneau de la Guêpe avec un visage de pierre. Les envahisseurs barbus avaient tué nombre de leurs hommes et, malgré les efforts de Jeune Anneau de la Guêpe et de ses généraux, ils ne semblaient nullement chercher à faire retraite.

— La fille dit que ce Malinche est le Serpent à Plumes en personne, dit Anneau de Coton.

— S'il est le Serpent à Plumes, alors je suis le dieu de la Pluie, rétorqua Jeune Anneau de la Guêpe. Ce ne sont que des mortels, comme nous. Et même ces drôles de cerfs qu'ils chevauchent sont eux aussi mortels. Mes guerriers en ont capturé un et l'ont mangé.

— Certains disent qu'ils ressuscitent à l'aube, observa Anneau de Coton. N'est-il pas exact que nos flèches et nos lances rebondissent sur leur peau ?

— Leurs armures sont plus solides que les nôtres, c'est tout.

Moqueur de Femmes prit la parole :

— La fille dit aussi que ces... *teules*... veulent nous aider dans notre lutte contre les Mexicas.

Jeune Anneau de la Guêpe fulmina intérieurement contre Moqueur de Femmes parce qu'il avait employé le mot « *teules* » qui signifiait « dieux » en nahuatl.

— Il s'agit seulement d'une ruse pour nous pousser à négocier. Les Mexicas les ont amenés jusqu'ici pour accomplir ce qu'ils n'ont jamais réussi à faire eux-mêmes : nous vaincre. Ce ne sont que des envahisseurs et nous devons les exterminer si nous ne voulons pas perdre notre honneur.

— Je m'élève contre ce point de vue, intervint Moqueur de Femmes. Et je pense qu'il faut, au contraire, négocier la paix. S'ils sont réellement des ennemis des Mexicas, nous pourrions avoir enfin un allié pour nous aider à nous libérer du joug de Tenochtitlán.

— Et si c'était une machination ?

— Dans ce cas, ce Malinche a pris bien de la peine pour sa stratégie. Imaginez donc ! Il ne sacrifie même pas ses prisonniers mais, au contraire, les traite bien et leur offre des présents !

Vieil Anneau de la Guêpe écoutait cet échange animé sans intervenir, préférant laisser tous ses chefs exprimer d'abord leurs craintes. Toutefois, il pensait que son fils avait tort et que ces étrangers ne ressemblaient en rien aux autres hommes. Ce Malinche devait certainement être une espèce de dieu, mais restait encore à voir s'il s'agissait bel et bien du Serpent à Plumes.

— Assez ! s'exclama-t-il soudain, mettant fin au débat.

Le silence tomba instantanément dans la pièce éclairée à la lueur des torches. Bien qu'âgé et presque aveugle, Anneau de la Guêpe était l'aîné du Conseil et la décision finale lui appartenait.

— Que ces envahisseurs soient des *teules* ou des humains, nous ne pouvons le savoir maintenant. Tout comme mon fils, je ne crois pas aveuglément à ce qu'ils nous racontent. S'ils étaient des ennemis de Moctezuma, ainsi qu'ils le prétendent, alors pourquoi n'ont-ils pas envoyé leurs armées contre lui plutôt que contre nous ? Par contre, s'ils sont réellement des *teules*, ils ne peuvent être combattus par les méthodes habituelles. J'ai consulté mes hommes-hiboux et les prêtres. Voici leur avis : puisque ces étrangers viennent de l'est, ils tirent probablement leur force du Seigneur Soleil. Mais ils la perdent la nuit lorsque le soleil disparaît du ciel. Si nous voulons les défaire, il faudra attaquer de nuit.

Pour la première fois depuis le début du Conseil, Jeune Anneau de la Guêpe parut inquiet.

— La nuit ? Mais c'est l'heure où rôdent les démons !

Son père leva une main pour le faire taire.

— Mes sorciers donneront à tes hommes des charmes particuliers pour les protéger des créatures de la nuit.

— Mais comment combattre dans l'obscurité ? Mes guerriers ne pourront jamais...

— Tu feras ce que je te dis ! Nous ne pouvons nous permettre d'affaiblir davantage nos forces. Les serpents de fer fauchent nos jeunes hommes comme une serpe dans un champ de maïs. J'ai pris ma décision. Vous attaquerez les *teules* dans leur camp. Demain soir.

La flamme de la chandelle tremblotait dans le courant d'air. Les niches creusées dans les murs de terre abritaient auparavant de grossières statuettes d'argile représentant les dieux domestiques mais, à présent, ce n'étaient plus que des trous d'ombre. La pièce était nue, à l'exception d'une table de chêne et de quelques tapisseries élimées dont les grossiers motifs géométriques égayaient quelque peu la nudité des murs.

C'était là que se tenait un conseil improvisé. Chacun des participants avait ressenti le besoin de retrouver ses compagnons pour parler de ses inquiétudes et de la précarité de la situation. Alvarado et León exhibaient leurs blessures : une profonde entaille à la joue avait poissé de sang la longue barbe bouclée de León et Alvarado portait un pansement maculé de sang à l'avant-bras. Benitez avait, lui aussi, reçu un coup de lance dans l'épaule.

— Où est doña Isabel ? demanda Alvarado à Benitez en entrant.

Il esquissa un geste en direction de la porte à claire-voie qui menait à la petite pièce servant de chambre à coucher.

Benitez hésita. Il se demanda si Alvarado n'en savait pas plus long sur l'affaire qu'il n'aurait fallu.

— Elle aide Mendez à l'hôpital.

León hocha la tête.

— Cortés devrait y être aussi, à ce qu'il m'en semble.

— Je l'ai vu cette nuit, confirma Sandoval. Il était brûlant de fièvre.

Alvarado ricana.

— Dis plutôt qu'il passe trop de temps avec la señora Marina ! Je crains qu'elle n'ait trop d'influence sur lui.

— On raconte qu'elle est sa maîtresse depuis Jalapa, avança Sandoval.

— Il lui a sauté dessus dès que Puertocarrero a embarqué pour l'Espagne, renchérit León. Par le cul de Satan, il la traite comme s'il s'agissait d'une doñetta espagnole ! Il paraît même qu'il lui a donné une servante et une litière pour le voyage quand le terrain est trop difficile.

— Aguilar prétend qu'elle raconte aux Indiens que Cortés est un dieu, dit Alvarado.

Il y eut un silence embarrassé.

— Nous ne pouvons pas savoir si c'est vrai, observa Benitez. Mais je peux confirmer qu'en ce qui le concerne, je ne l'ai jamais entendu prononcer une telle chose. Jamais.

— Que faire, alors ? demanda Sandoval.

— Comme dit Cortés, il n'y a plus moyen de faire marche arrière, maintenant, répondit Benitez. Il faut vaincre ou mourir.

— Tout ça, c'est la faute de la fille, reprit Alvarado. C'est elle qui nous a amenés ici. Elle l'a ensorcelé.

— Ensorcelé ou non, prions pour qu'il aille mieux demain, observa León. Sans Cortés, nous sommes perdus.

— Je pourrais commander aussi bien que Cortés, si le besoin était ! répliqua Alvarado.

Un autre silence. Les hommes gardaient les yeux fixés sur la table.

— Vous verrez bien ! siffla-t-il, furieux, en tournant les talons.

Quand il fut parti, Sandoval soupira.

— Tu parles d'or, León. Sans Cortés, nous sommes perdus.

Tapie dans un coin de la pièce, la femme regardait Cortés. Comme nimbée d'une brume lumineuse. Son visage était exactement comme il l'avait imaginé, serein et très pâle. Elle portait de longs vêtements pourpres et tenait un enfant dans ses bras.

L'apparition tendit une main vers lui et Cortés essaya de la saisir. Il ouvrit les doigts en murmurant une prière que sa grand-mère lui avait apprise lorsqu'il était enfant et qu'il allait s'agenouiller dans la cathédrale de Séville au pied de la statue de la *Señora de los Remedios*.

— Tu es béni de Dieu, dit la vision. Je serai à tes côtés où que tu ailles et quoi que tu fasses.

— Ils ne fléchiront pas, murmura-t-il.

— Détrompe-toi. Ils s'inclineront tous devant toi. Ne

crains rien car ce royaume t'appartient déjà. Tu le conquerras pour moi. C'est ton destin.

— Mon destin, répéta Cortés dans un souffle.

— Je t'ai choisi, Hernán. Tu seras mon apôtre. Ce peuple se soumettra en mon nom et je te récompenserai au centuple.

Il aurait voulu toucher sa robe mais sa main heurta seulement le lit.

— Vous avez chaud, chuchota Mali. Votre peau est brûlante.

— Maria... balbutia Cortés.

— De qui parlez-vous ?

Il chercha de nouveau l'apparition des yeux mais la femme en robe pourpre avait disparu. Il ne restait plus qu'une pièce obscure envahie par un froid glacial. La sueur qui baignait sa peau le fit frissonner et il se mit de nouveau à trembler de manière incontrôlable. Mali s'étendit sur lui pour le réchauffer tandis qu'il continuait de trembler en jurant à mi-voix.

Enfin, il sombra dans le sommeil. Quand vint le matin, il avait oublié la dame à la robe rouge, mais son souvenir demeurait imprimé au fond de lui, perdu momentanément. Comme si quelqu'un avait frotté une allumette dans le noir pour faire apparaître brièvement un trésor trop vite disparu.

Mali sortit du lit, nue. La plaine était toujours plongée dans les ténèbres. L'étoile du matin, symbole du Serpent à Plumes, brillait dans le ciel froid, à l'est, et les ocelots saluaient son apparition. Cortés respirait calmement. La fièvre l'avait enfin quitté.

Elle posa une main sur son ventre et se demanda si la semence du Serpent à Plumes germait déjà en elle. Quel triomphe ce serait d'enfanter le fils d'un dieu, d'être la matrice sacrée d'une nouvelle dynastie pour les Toltèques...

Elle frissonna dans l'aube glacée.

Dans le camp, les hommes s'agitaient déjà comme des spectres, vêtus de haillons, accroupis autour des braises en quête d'un peu de chaleur. Une bruine humide descendait des montagnes.

Elle sentit un regard posé sur elle et se retourna. Quelqu'un l'observait dans l'ombre, un homme tenant un pichet de vin de Cuba posé sur ses genoux. Bien qu'elle ne pût distinguer ses traits, elle était sûre qu'il s'agissait de Jaramillo.

Instantanément, comme si elle avait été piquée par des fourmis rouges, elle sentit sa peau devenir brûlante et se hâta de rentrer.

44

— Mes hommes m'ont chargé de vous parler en leur nom, déclara de Grado. Ils désirent que nous battions en retraite. Cela ne signifie nullement que vos actions n'ont pas été héroïques mais nous nous sommes peut-être surestimés. Comme César, nous avons brûlé nos vaisseaux mais, à la différence des Romains, nous ne possédons pas de puissante armée pour appuyer notre invasion. Nous étions tout juste cinq cents sur la plage de San Juan de Ulúa et nos effectifs diminuent de jour en jour.

Cortés resta silencieux.

— Je possède un domaine et quelques Indiens à Cuba, poursuivit de Grado, comme beaucoup d'entre nous ici. Si Dieu permet que je rentre là-bas sain et sauf, je ne me plaindrai jamais plus de ne pas avoir assez d'or car je me juge déjà heureux de compter parmi les vivants. Il nous faut regagner la côte au plus vite et construire un bateau pour regagner Cuba.

Benitez fronça les sourcils d'un air dédaigneux. Il avait déjà entendu ce genre d'argument. Par ailleurs, de Grado était un comptable, pas un soldat. A quoi bon l'écouter ?

Non qu'il ne partageât pas son désespoir, comme celui de tous les soldats. Depuis deux semaines, maintenant, ils étaient assiégés dans ce temple au sommet d'une colline, se nourrissant de misérables rations de haricots et n'ayant même pas d'eau potable pour les malades et les blessés. Une pluie continuelle transperçait leurs vêtements et le vent qui soufflait sans relâche les glaçait jusqu'aux os. Chaque jour, ils devaient mener une lutte acharnée contre le froid, la soif et la faim, tout en continuant à se battre contre les Indiens.

Pour sa part, il en avait presque fini par oublier Tenochtitlán, l'or et la gloire promis. La blessure qu'il avait reçue au bras au cours de la seconde des grandes batailles s'était infectée et le faisait affreusement souffrir. Son ambition, pour l'heure, se limitait à survivre.

Les autres hommes parlaient de Cuba comme s'il s'était agi d'un paradis, leurs souffrances présentes encore accrues par la nostalgie de l'Espagne, leur terre natale si terriblement lointaine désormais. Benitez ne pouvait malgré tout s'empêcher de se demander ce qu'il ferait à cet instant précis s'il se trouvait encore en Castille. Sans doute vivrait-il à la cour de Tolède, en marge de la bonne société, pauvre *hidalgo* parmi tant d'autres, en quête d'un protecteur fortuné ou d'un bon parti pour se marier. C'était dans l'espoir d'échapper à une telle existence qu'il avait embarqué pour Cuba, acceptant la pauvre *encomienda* que Velasquez leur octroyait : une plantation de tabac avec trop peu d'Indiens, un sol pauvre et une chaleur écrasante. Peut-être, finalement, valait-il mieux trouver ici la mort après avoir goûté aux frissons sauvages du danger et de l'aventure, et découvert en lui des choses qu'il n'avait jamais pensé trouver.

Et cependant, comme l'avait dit Norte à Vera Cruz, c'était dur de mourir.

— Pas question de faire marche arrière, répondit Cortés à de Grado. Ainsi que je vous l'ai déjà expliqué, non seulement nous avons derrière nous une muraille infranchissable mais nous risquons de montrer aux Totonaques nos faiblesses, ce qui ne manquerait pas de leur donner l'idée de nous massacrer. (Il se tourna vers León.) Et toi ? Qu'en penses-tu ? Partages-tu l'avis de ton camarade de Grado ?

— C'est vous le *caudillo*, répondit León. Mes braves officiers et moi-même ne faisons que notre devoir.

Comme il a changé ! songea Benitez en réprimant un ricanement. Oui, Cortés a transformé le lion en agneau ! Il est vrai que l'ombre du nœud coulant porte loin...

Cortés parcourut l'assistance du regard.

— Et toi, Benitez ?

— Je comprends bien que nous ne pouvons revenir sur nos pas. Toutefois, la situation me paraît extrêmement alarmante. Ces païens ne céderont pas. Ils nous harcèlent jour et nuit, beaucoup de nos hommes sont malades et, tous, nous souffrons du froid et de la faim. Même si nous arrivons à venir à bout de nos adversaires actuels, il restera encore les Mexicas, qui doivent nous attendre de pied ferme.

Cortés questionna les autres du regard. Ordaz et Jaramillo détournèrent les yeux. Seuls Alvarado et Sandoval demeuraient imperturbables. Sandoval, parce qu'il a de la glace dans les veines, pensa Benitez. Quant à Alvarado, sans doute était-il trop arrogant et stupide pour imaginer même sa propre mort.

— Avez-vous tous cru que la renommée et la gloire seraient faciles à conquérir ? dit alors Cortés. De Grado, rappelle donc à tes hommes qu'ils combattent sous la bannière de la Sainte Croix. Nous sommes ici pour prêcher la vraie foi et Dieu nous accompagne.

De Grado sembla peu impressionné par ce soutien transcendant.

— Je transmettrai à mes hommes, marmonna-t-il. Ils m'obéiront.

Il s'inclina et sortit.

— Si seulement je pouvais inspirer semblable loyauté ! s'exclama Cortés d'un ton ironique.

Tous se mirent à rire car ils savaient bien qu'en réalité de Grado n'était mandaté par personne. Les soldats ne lui auraient même pas fait confiance pour cracher à leur place. Sa démarche n'avait été dictée que par ses seuls intérêts personnels.

Benitez observa Cortés. Les yeux obstinément fixés sur un coin de la pièce, il souriait béatement. Benitez regarda dans cette direction mais ne vit rien.

— La Vierge est avec nous, messieurs ! lança Cortés d'une voix forte. Nous vaincrons !

Les hommes étaient étendus sur des nattes posées à même le sol en terre battue, frissonnant sous les couvertures, leurs blessures couvertes de pansements ensanglantés. Certains avaient le regard fixe, d'autres gémissaient et s'agitaient en appelant leur mère.

Benitez se déplaça lentement dans la puanteur évoquant davantage un abattoir qu'un hôpital. Il cherchait Norte. Fleur de Pluie se trouvait toujours à son chevet, accroupie sur la natte où il reposait depuis des jours et des jours.

Son visage affreusement creusé s'ornait à présent d'une barbe naissante. Avant, il prenait soin de se raser chaque jour avec une pointe d'obsidienne, se souvint Benitez — habitude sans doute prise avec les Mayas, tous imberbes. Maintenant, il ressemblait enfin à un Espagnol.

Fleur de Pluie le vit venir et détourna vivement les yeux.

Benitez s'agenouilla. Les relents du sang séché et des déjections étaient insupportables.

— A ton tour de sentir mauvais, dit-il à Norte, non sans quelque satisfaction.

Le blessé cilla et tenta de parler mais aucun son ne sortit de sa gorge. Fleur de Pluie leva immédiatement la tête et approcha une gourde d'eau de ses lèvres.

— Et puis te voilà barbu, maintenant, reprit Benitez. Tu ressembles enfin à un Espagnol.

Norte esquissa un faible sourire.

— Tu... tu es venu ici pour... m'insulter ?

Son état semble s'être amélioré depuis hier, songea Benitez. Ses joues ont repris couleur et il respire mieux.

— J'espère que tu souffres.

— Merci... Oui... La blessure n'est pas profonde mais j'ai des côtes cassées. Le simple fait de respirer m'est très pénible.

— Parfait !

Benitez regarda Fleur de Pluie qui, à nouveau, baissa les yeux.

La petite a maigri et elle a l'air malade, pensa-t-il. Comme nous tous.

Quelque part, dans l'ombre, un blessé se mit à bredouiller un charabia probablement adressé aux fantômes qui venaient le hanter. Les yeux de Norte se posèrent sur l'Indienne.

— Tu es au courant ? demanda-t-il à Benitez.

Ce dernier hocha lentement la tête.

— Que comptes-tu faire ?

— Je ne sais pas encore. De toute façon, au train où vont les choses, je n'aurai même pas besoin de décider de ton sort car nous allons tous mourir.

Norte agita faiblement la main en direction de l'Indienne.

— Montre-toi... gentil... avec cette fille. Elle... elle ne mérite pas de souffrir.

— Non ?

Norte leva les yeux au ciel.

— Je vois.

— Qu'est-ce que tu vois ?

— As-tu des projets pour elle ? Jamais tu ne pourras la... ramener avec toi en Castille. Ou... ou alors comme curiosité...

— Ce n'est pas mon intention.

L'ombre d'un sourire se dessina sur les lèvres desséchées de Norte mais disparut presque aussitôt. Après tout, se dit Benitez, j'aurais très bien pu décider de l'emmener.

Il fut troublé par cette pensée. Quelles sont mes véritables intentions ? se demanda-t-il. Suis-je réellement tombé amoureux d'une Indienne ?

Mendez venait d'entamer une opération sur une table de bois dans un coin de la hutte. Quatre soldats avaient été recrutés pour maintenir le patient que l'on avait auparavant généreusement abreuvé de vin de Cuba.

— Pourquoi m'as-tu sauvé la vie ? demanda Benitez.

— Et toi, pourquoi as-tu le droit de bien te porter quand moi... je suis là à endurer de si terribles souffrances ?

L'homme, sur la table, poussa un effroyable hurlement. Benitez s'efforça de ne pas y prêter attention.

— Pour quelle raison as-tu tué ton camarade indien pour me sauver ?

— Je te... l'ai dit... Ce ne sont pas des... camarades et je ne peux... échapper à mes origines. Je suis un Espagnol... comme toi. J'ai une barbe... et les yeux bleus... Pourquoi le nier ?

Fleur de Pluie marmonna quelque chose à Norte.

— Elle voudrait voir... ton bras, dit-il à Benitez.

— Inutile. Ce n'est rien.

Un autre échange à mi-voix.

— Elle dit qu'ici les blessures s'infectent vite. Elle... veut prendre soin... de toi.

— Ah oui ? Et pourquoi donc ? Tu l'as dit, nous allons tous mourir bientôt.

La respiration de Norte devenait de plus en plus laborieuse, l'effort qu'il faisait pour parler l'épuisant.

— Tu... tu devrais essayer... d'apprendre un peu... sa langue. Si tu es gentil avec elle... elle le sera avec toi.

— Qu'ai-je à faire de sa gentillesse ?

L'homme sur la table d'opération avait cessé de hurler, probablement évanoui. Dieu merci, pensa Benitez.

Norte tenta à nouveau de parler.

— J'ai découvert chez les Mayas... qu'il y a deux

hommes... en chacun d'entre nous. Ce que nous sommes à la naissance... et ce que nous devenons par la suite... La plupart... suivent la route qui leur est donnée... en naissant...

— Quelles sottises me racontes-tu là ? grogna Benitez.

— Au fond... tout au fond de toi... tu n'es pas un Espagnol...

Benitez refusa d'en entendre davantage. Il se leva et se précipita au-dehors.

Qu'il soit maudit ! *Maudit !*

Oui, qu'il soit maudit car la haine qu'il croyait éprouver pour ce renégat n'était en fait que de la comédie. Il ne haïssait pas Norte comme un véritable Espagnol aurait dû le faire. Il était en droit de les punir tous les deux pour ce qu'ils avaient fait et, pourtant, il ne réagissait pas. Avoir tant attendu pour se venger l'avait affaibli. Ils l'avaient affaibli.

Dehors, des nuages couraient devant la lune. L'odeur des feux de camp, de la pluie. Des sentiments agités et confus. Benitez était épuisé et cependant incapable de dormir.

45

Fleur de Pluie retira le bandage souillé et examina la blessure à la lueur d'une chandelle. Son nez se plissa en sentant l'odeur pestilentielle de l'infection. Une lance texcaltèque avait profondément entaillé la peau et sectionné le muscle. Les lèvres de la blessure étaient gonflées et enflammées. Un liquide jaunâtre suintait de la plaie.

Benitez grimaça de douleur. Fleur de Pluie apposa sur la blessure un gros cataplasme d'herbes odorantes et le fixa à l'aide de bandes de tissu. Quand elle eut fini, elle leva les yeux vers lui et fit quelque chose à quoi il ne s'attendait pas.

Elle sourit.

Puis elle murmura quelques mots dans son étrange langage et, en réponse, il tendit la main pour lui caresser les cheveux.

Si belle, une fois qu'on est habitué à la couleur cuivrée de sa peau, songea-t-il. Bien plus belle que toutes les femmes de Castille qu'il avait courtisées. Mais à l'époque il n'avait guère d'expérience et se savait peu attirant avec son corps massif et gauche, son nez trop grand et ses traits taillés à la serpe. Il ne ressemblait pas à Alvarado ni même à Cortés, qui avaient la réputation de séduire toutes les donzelles de Cuba.

Non, il n'avait jamais été un homme à femmes. Et la fortune lui manquait pour compenser les défauts de son apparence physique.

Il se sentit soudain en proie à la mélancolie. Finalement, ici aussi, il était seul. Certes, en compagnie d'une femme belle, mais avec laquelle il ne pouvait s'entretenir de quoi que ce soit, même des choses les plus simples. Il se demanda à quoi elle pouvait bien penser. A Norte, probablement.

Il réprima un mouvement de colère en songeant à cet amant renégat. Norte, avec ses lobes déchirés, son visage tatoué. Norte qui savait parler sa langue, évoquer avec elle ses coutumes et ses dieux.

Et, cependant, il ne parvenait plus à éprouver la même rage que lorsqu'il les avait découverts ensemble, la première fois. Ce qu'il ressentait, maintenant, c'était surtout du chagrin et de l'humiliation. Humiliation d'être si seul, si maladroit. Jamais il n'avait pu posséder quoi que ce soit de beau. Mais c'était sa faute à lui, pas la sienne.

Et Norte ? Difficile de haïr un homme avec lequel on a combattu le même ennemi.

Pensif, il effleura des doigts la joue de Fleur de Pluie.

— *Cara*, murmura-t-il.

Mais, bien sûr, elle ne pouvait comprendre.

Elle l'embrassa. Doucement. Pas un baiser donné par obligation ou en remerciement. En fait, aucune femme ne l'avait jamais embrassé ainsi. Fais attention, lui murmura une petite voix. Ne va pas croire que tu peux t'éprendre d'une *natural*. Contente-toi seulement de prendre ce qu'elle t'offre sans imaginer quoi que ce soit d'autre. C'est la vie de soldat.

Alors il l'attira doucement à lui sur la natte.

Sœur Lune filait haut dans le ciel, ronde et enflée comme un ventre, projetant dans la vallée des ombres mouvantes. Ils avaient établi leur forteresse dans l'un des temples du Serpent à Plumes. Un présage, peut-être.

Moqueur de Femmes maudit silencieusement les hommes-hiboux. Attaquer de nuit était un acte anormal et déshonorant. Et de surcroît, difficile. Comment les combattants pourraient-ils apercevoir les signaux que leur adresserait leur général ? Et comment parviendraient-ils à distinguer leurs camarades de leurs ennemis ?

Il se tenait au côté de Jeune Anneau de la Guêpe, les yeux fixés sur les silhouettes de ses guerriers déployés sur le flanc de la Colline de la Tour. Le vent hurlait et gémissait. Le Serpent à Plumes, Seigneur du Vent, était en train de les observer. Au loin, le cri d'une effraie, l'envoyée de Mitlantecutli.

Un autre mauvais présage.

Soudain, ce fut comme si la colline tout entière se couvrait de flammes. Moqueur de Femmes entendit rugir les monstres de feu des *teules* tandis que ses guerriers, terrorisés, hurlaient dans l'obscurité. Comment les *teules* avaient-ils pu prévoir leur arrivée ? Pouvaient-ils voir la nuit ?

Il cria à ses capitaines de donner le signal de la retraite. Tambours et sifflets résonnèrent dans la vallée.

Moqueur de Femmes était à présent convaincu que la fille n'avait pas menti. Ce Malinche était bien le Serpent à Plumes.

A genoux, les pieds liés, l'homme n'était vêtu que d'un pagne. Mali pouvait distinguer chacun de ses muscles et même les tendons frémissant sous la peau. Jaramillo tenait à la main l'extrémité du lien qui emprisonnait le cou et les poignets de l'Indien et tirait impitoyablement dessus. Le prisonnier, à demi asphyxié, laissa échapper un gémissement.

Quant à Alvarado, il tenait une autre corde entourant le bras de l'homme et munie d'une boucle de fer permettant de la serrer de plus en plus fort. Le lien de chanvre s'enfonçait si profondément dans la chair du bras que le membre devenait de seconde en seconde plus rouge et enflé.

Le jeune Indien suffoqua et se tordit de douleur.

Il avait été capturé pendant l'attaque nocturne. Grâce au clair de lune, une sentinelle avait pu repérer l'approche des Texcaltèques et donner l'alerte. Mais ce prisonnier avait eu moins de chance que ses compagnons capturés lors des précédents affrontements. Au lieu de présents et d'offres de paix, Cortés avait choisi une autre tactique.

Mali regarda son seigneur. Ne pouvait-il faire cesser ce supplice ? Son accès de fièvre avait opéré en lui un profond changement. Il avait un regard étrange et ne se conduisait plus comme un dieu, mais comme un humain.

— Demande-lui s'il sait qui je suis, dit Cortés à Mali.

— Le Serpent à Plumes désirerait savoir si tu le connais, traduisit-elle. Réponds-lui et, alors, ta souffrance cessera. Il est très fâché.

Jaramillo relâcha la tension de la corde pour permettre à l'Indien de reprendre suffisamment ses esprits pour parler. Le Texcaltèque toussa et chercha à reprendre son souffle. Un filet de bave souillait son menton. Il aspira dans un râle une bouffée d'air et Jaramillo donna un petit coup à la corde, histoire de lui rappeler ce que l'on attendait de lui.

Le guerrier regarda Mali, l'implorant du regard pour qu'elle fasse cesser cette torture. Il ne redoutait pas la mort sur le Champ de Fleurs ou sur la pierre sacrificielle. Mais cela...

— Certains disent qu'il est un véritable dieu. Mais d'autres... prétendent qu'il s'agit seulement d'un homme. Le Seigneur Anneau de la Guêpe n'en est pas certain.

— Il sait qui vous êtes, transmit Mali à Cortés.

— Demande-lui pourquoi son peuple nous combat.

Quand le jeune guerrier eut compris la question, il s'écria :

— Parce que vous occupez notre territoire ! Vous êtes des voleurs et des assassins ! Bientôt, nous ferons rôtir... vos cœurs et nous en nourrirons les dieux !

Mali se garda de transmettre ces paroles à Cortés mais, en réaction à la véhémence de l'Indien, Jaramillo tira de nouveau sur la corde. La tête du guerrier fut projetée en arrière et, asphyxié, il se tut.

Mali regarda Cortés. Pourquoi se montrait-il aussi cruel ? Tuer au cours d'un combat était certes inévitable, mais ça...

— Eh bien ? s'impatienta Cortés. Qu'a-t-il dit ?

Elle s'étonna de voir des perles de sueur sur son front alors qu'il régnait un froid glacial dans la pièce. Cherchant soigneusement ses mots, elle traduisit :

— Il... il pense que vous êtes des envahisseurs.

Trop épuisé pour rester debout plus longtemps, Cortés se laissa tomber sur son fauteuil. Après une courte pause, il s'adressa à Jaramillo.

— Coupe-lui le nez et les mains. Attache-les-lui autour du cou et renvoie-le dans son village. Agis de même avec les autres prisonniers.

Mali n'en crut pas ses oreilles. Elle lui lança un regard appuyé pour le supplier de revenir sur cet ordre mais il l'ignora, insensible à toute pitié. Etait-ce vraiment le Serpent à Plumes, le dieu rempli de compassion qui pleure les souffrances humaines, qui agissait ainsi ? Lui qui, à Vera Cruz, avait montré tant de chagrin en signant l'arrêt de mort des traîtres ? Lui qui priait à genoux l'image d'une mère et de son enfant ?

— Avant de renvoyer les prisonniers, dit encore Cortés, charge-les d'un message pour leur Seigneur Anneau de la Guêpe. Qu'ils lui disent bien que j'ai perdu toute patience et que je leur donne deux jours, pas plus, pour se présenter ici et faire la paix. Passé ce délai, je marcherai sur leur capitale et la détruirai par le feu.

Jaramillo sortit pour exécuter les ordres du *caudillo*. Il plaça les mains de l'homme sur un billot et ricana méchamment quand Guzmán saisit une épée et enfonça la lame dans la chair du captif. Celui-ci hurla tandis que le sang jaillissait par saccades de ses poignets sectionnés. Jaramillo plongea aussitôt les moignons de l'homme dans un baquet de poix chaude pour cautériser les horribles plaies.

L'homme poussa de nouveau un cri déchirant quand Jaramillo lui coupa le nez avec son couteau.

C'était pire, bien pire que tout ce que Mali avait jamais vu dans les temples. On privait ces hommes d'une mort de guerrier et, par conséquent, de la certitude de rejoindre l'au-delà. Ils arriveraient dans le monde souterrain comme des vieillards et des estropiés. Comment le Seigneur de l'Aimable Sagesse avait-il permis cela ?

— Monseigneur... commença-t-elle.

Il l'écarta d'un geste de la main.

— Je suis fatigué. Il faut que je me repose. Faites ce que j'ai dit.

Il fit un signe à son majordome afin qu'il le soutienne tandis que, chancelant, il quittait la pièce.

— Je continue à croire que ce ne sont pas des dieux, affirma Jeune Anneau de la Guêpe.

Le Conseil des Quatre hésita. Ils n'étaient plus aussi convaincus, à présent. Sur les murs, les torches grésillaient.

— Dans ce cas, comment expliques-tu notre défaite ? interrogea Moqueur de Femmes. Même si ce ne sont que des hommes, ainsi que tu le prétends, ils sont certainement guidés par un dieu. Ces *teules* voient clair la nuit et lisent dans nos pensées.

— Nous pouvons les vaincre, insista Jeune Anneau de la Guêpe.

— Non, intervint son père.

Le vieux *cacique* se sentait fatigué. Fatigué de ces discussions interminables, fatigué d'entendre les tambours funéraires résonner pour ses jeunes guerriers.

— Je ne crois plus que nous réussirons à les dominer. Nous les avons combattus durant un mois entier et rien n'y a fait. Par ailleurs, ils continuent de nous adresser des messages de paix et prétendent n'en avoir qu'après les Mexicas, dont je n'ai pas besoin de vous rappeler qu'ils sont nos pires ennemis. Et voilà que, maintenant, ils nous renvoient nos guerriers sans mains et sans visage !

Le silence tomba sur l'assemblée. Cette fois, même Jeune Anneau de la Guêpe se terra dans un mutisme morose.

— S'il s'agit réellement du Serpent à Plumes, reprit Vieil Anneau de la Guêpe, alors nous l'avons grandement offensé et avons abusé de sa patience. Depuis cinquante ans, Moctezuma et ses ancêtres versent le sang de notre jeunesse sur leurs autels. Si nous nous allions à ces *teules*, nous trouverons peut-être enfin l'occasion de nous libérer de l'arrogance et de la cruauté de nos ennemis de toujours. Ensuite, lorsque les troupes *teules* auront regagné le Pays des Nuages, nous pourrons régner en maîtres sur cette vallée.

Jeune Anneau de la Guêpe tenta de protester mais le vieux *cacique* leva la main pour le faire taire.

— Tu as eu ta chance, mon fils, et, selon ta volonté, nous avons combattu mais sans résultats. A présent, nous voilà prêts à faire la paix.

46

Minable, pensa Mali. Surtout comparé aux Mexicas. Certains vêtements, d'ailleurs, devaient avoir été volés à ces derniers car on y discernait encore des taches de sang. Quant aux autres, ils ne portaient que de pauvres manteaux en fibre de maguey.

Mali se tenait derrière le siège de Cortés quand il les reçut. La délégation devait bien compter au moins une cinquantaine d'hommes et, à en juger par leurs plumes et leurs bijoux, il s'agissait des notables de la République texcaltèque. Leur chef, dont la peau du visage était grêlée par la maladie, était aussi grand qu'un Espagnol. Il se présenta sous le nom de Jeune Anneau de la Guêpe, fils du chef de Texcála.

— Nous sommes venus implorer le seigneur Malinche de nous pardonner, commença-t-il, la mine sombre. Nous étions convaincus qu'il était l'émissaire de notre grand ennemi Moctezuma. D'autant que les Totonaques, vassaux de ce seigneur cruel, l'accompagnaient. Mais nous voyons bien, à présent, que nous avions... tort.

Manifestement, ce dernier mot avait du mal à franchir les lèvres du jeune Texcaltèque. Mali traduisit cette déclaration à Cortés. S'il était soulagé d'une telle reddition, il ne le montra pas.

— Dis-lui qu'ils sont les seuls à blâmer pour cette guerre. Je suis venu ici en ami et ils m'ont attaqué sans raison, plongeant les miens dans un grand embarras. A présent, mes officiers souhaitent brûler leur ville. Je ne sais pas si je pourrai les en empêcher.

Brûler leur ville, alors que ses hommes ont déjà bien du mal à allumer un feu pour la nuit... s'étonna Mali.

Cette réponse, néanmoins, parut consterner Jeune

Anneau de la Guêpe. Il avait des ordres. Son père désirait faire la paix à tout prix.

— Dis à Malinche qu'il a pénétré en territoire texcaltèque sans notre consentement. Nous n'avions pas d'autre choix que de le combattre. Cependant, nous regrettons ce malentendu et notre Conseil des Quatre lui offre notre amitié s'il accepte de s'allier à nous.

— Je ne vois pas de raison d'oublier les torts passés, déclara Cortés lorsque Mali l'informa de cette réponse.

Mali le regarda, bouche bée. Le visage fermé, il tapotait impatiemment le bras de son fauteuil.

— Mais... que dois-je lui dire, monseigneur ?

— Contente-toi de lui transmettre mes conditions. Ils doivent se soumettre immédiatement et prêter allégeance à Sa Majesté, le roi Charles d'Espagne. S'ils refusent, j'irai à Texcála, je brûlerai la ville et ferai d'eux mes esclaves.

Mali se tourna vers le jeune guerrier.

— Le Serpent à Plumes exige que vous lui obéissiez en tout, sinon il marchera sur Texcála et vous serez tous punis.

Jeune Anneau de la Guêpe jeta un regard à Cortés, puis à Mali.

— Ce sont réellement des dieux ?

— Que dit-il ? demanda Cortés.

— Il voudrait savoir si vous êtes un dieu, monseigneur.

Du coin de l'œil, elle vit Aguilar tendre l'oreille pour suivre cette conversation...

— Réponds-lui que je suis un homme, comme lui, mais que je suis au service du seul vrai Dieu.

Mali hésita. Si je dis à cet homme qu'il n'est pas Quetzalcóatl, il voudra continuer à nous combattre. Et il nous vaincra. Pourquoi donc Cortés veut-il dissimuler sa véritable identité ? Serait-il possible qu'il l'ignore lui-même ?

— Il n'est qu'un homme, finit-elle par dire à Jeune Anneau de la Guêpe, mais un dieu l'habite. Voilà pourquoi il ne peut être vaincu dans une bataille.

Elle vit que ces paroles avaient fait impression sur le jeune chef et devinait ses pensées. Pourquoi pas, après tout ? Il arrive que les dieux prennent une apparence humaine. Le Serpent à Plumes n'était-il pas lui-même un homme lorsqu'il régnait sur les Toltèques ?

Oui, cette réponse avait un sens pour les Texcaltèques.

Mais pas pour elle. Comment un homme pouvait-il être un dieu et ne pas le savoir ?

A moins qu'il n'y ait là un mystère encore plus grand que ce qu'elle soupçonnait...

Une rivière argentée serpentait à travers la plaine. Au loin, des montagnes se découpaient contre le ciel bleu pâle. En les contemplant, certains Espagnols repensèrent avec une pointe de nostalgie aux paysages de l'Andalousie. La ville elle-même rappelait Grenade avec ses constructions de pierre blanche égrenées aux flancs des collines. Des jardins bien entretenus clôturés de hauts murs s'étageaient le long des pentes. Bref, un site qui ne ressemblait en rien à la crasse sordide à laquelle ils s'étaient attendus. La ville était bien plus belle que Cempoala.

La population entière s'avança à leur rencontre pour les saluer. La veille encore, ces gens étaient leurs pires ennemis. Aujourd'hui, ils les recevaient en leur jetant des fleurs au son des tambours et des conques.

Ils pénétrèrent dans Texcála le premier jour du mois appelé le Retour des Dieux. Vieil Anneau de la Guêpe les attendait sur la place, assis sur son palanquin, entouré d'une importante escorte de notables et de serviteurs. Il semblait extrêmement âgé et son visage brun tout ridé faisait penser à celui d'un vieux singe, pensa Cortés. Quelques ornements d'or et des tissus étaient étalés sur des nattes, devant sa litière. L'ensemble ne valait guère plus de vingt couronnes.

Cortés descendit de cheval et vit les serviteurs de Vieil Anneau de la Guêpe s'empresser pour aider leur chef à se mettre debout. Il fit un petit discours que Mali traduisit.

— Il vous souhaite la bienvenue et vous offre ces maigres présents en tribut. Il aurait été heureux de pouvoir vous faire de plus riches cadeaux mais Moctezuma les assiège depuis fort longtemps et, à cause de lui, ils sont devenus fort pauvres.

— Dis à Anneau de la Guêpe que j'apprécie son amitié plus que tout l'or du monde, répondit Cortés. Dis-lui aussi qu'il n'aura plus à supporter la domination des Mexicas car j'ai été envoyé par un puissant seigneur pour libérer les hommes de la tyrannie.

Mali traduisit ces paroles en nahuatl.

— Il vous remercie, transmit-elle à Cortés, et désire confirmer rapidement cette alliance en vous offrant, à vous et à vos officiers, des femmes en mariage. Mais, pour l'heure, il souhaiterait surtout pouvoir toucher votre visage.

— Mon visage ? Pourquoi diable...

— Il est aveugle, monseigneur. C'est sa façon à lui de voir.

Cortés s'efforça de surmonter sa répugnance instinctive à l'idée d'être palpé par cette créature. Il hocha lentement la tête et demeura parfaitement immobile tandis que le Seigneur Anneau de la Guêpe faisait courir ses doigts noueux sur ses lèvres, ses yeux, sa barbe. La figure du vieux *cacique* se fendit d'un sourire béat et il murmura à l'oreille de Mali.

— Que dit-il ? s'impatienta Cortés.

— Il a prononcé le nom d'un de nos dieux, monseigneur.

— Lequel ?

— Le Serpent à Plumes.

Cortés jeta un coup d'œil autour de lui. Dans le tohu-bohu des vœux de bienvenue, aucun de ses officiers ou de ses prêtres n'avait entendu ce que Mali venait de dire. L'esprit du *caudillo* fut assailli de tout autres pensées. Mali avait raison, bien sûr ! Ce peuple croyait vraiment que des hommes pouvaient devenir des dieux ! Certes, il y avait là quelque chose de blasphématoire mais ce rôle divin qu'on lui prêtait ne pouvait que servir ses intérêts. Du moins aussi longtemps qu'il se montrerait prudent.

Mali l'observait.

— Eh bien, monseigneur ? Que dois-je répondre ?

Cortés scruta le visage de la jeune femme. Impossible de déchiffrer ses pensées.

— Ne lui dis rien, déclara-t-il. Il en sait assez pour l'instant.

Cette nuit-là, Aguilar guettait Mali dans l'obscurité.

— J'ai besoin de vous parler, dit-il en lui emboîtant le pas.

Elle plissa le nez en reniflant son odeur rance et accéléra l'allure.

— Cortés ne me convoque plus à ses délibérations, poursuivit le franciscain.

— Cela ne me regarde en rien.

— J'ai peur pour lui. Fray Olmedo est un brave homme, mais il y a des choses qu'il ne peut comprendre.

— Lesquelles ?

— Il est bien trop confiant de nature. Par exemple, il pense que vous traduisez fidèlement les paroles de notre *caudillo* alors que je sais pertinemment qu'il n'en est rien.

— Et que croyez-vous donc ? Que je récite des poèmes sur les papillons ?

— Faites attention, doña Marina, vous jouez un jeu dangereux.

Elle tourna les talons, irritée. Regardez-le... avec son livre usé toujours serré contre sa poitrine, et ce ridicule symbole de fertilité qu'il portait autour du cou — étonnant, d'ailleurs, pour un homme tel que lui. Que pouvait-il comprendre du Mexique et de Cortés, de toute façon ?

— Je n'entreprendrai jamais rien qui puisse nuire à mon seigneur Cortés, répliqua-t-elle. Jamais.

— Alors, je vous le répète : faites attention à ce que vous dites. Vous pourriez l'anéantir.

— Impossible ! Personne ne peut le détruire. Ni moi ni vous !

— Mais ce n'est qu'un homme, doña Marina ! Tout homme peut être détruit. (Il s'approcha brusquement d'elle.) Surtout par une femme, souffla-t-il avant de s'éloigner dans la nuit.

Longtemps après, elle se demandait encore ce qu'il avait bien voulu dire par là...

47

Tenochtitlán

Accroupi sur son *ycpalli,* un manteau vert sombre doublé de fourrure aux épaules, Moctezuma regardait au loin, les yeux perdus dans le vague.

Serpent-Femelle se tenait devant lui, prostré.

Les dernières nouvelles n'étaient pas bonnes. Les Espagnols avaient défait les Texcaltèques sur le Champ de Fleurs, les forçant à se rendre — ce que les armées mexicas n'avaient jamais obtenu. Comment une misérable troupe de quelques centaines d'hommes pouvait-elle ainsi dominer plusieurs milliers de valeureux guerriers ? Une chose pareille était-elle seulement concevable ?

Non, impossible. Sauf si ces Espagnols étaient conduits par un dieu. Sauf si ce Malinche incarnait Quetzalcóatl, le Serpent à Plumes.

Et s'il s'agissait vraiment d'un dieu, alors il fallait se le rendre favorable.

Le problème, c'était que le Serpent à Plumes n'appartenait pas au panthéon des dieux mexicas. Il serait donc plus difficile de se concilier ses grâces. Quand les ancêtres de Moctezuma étaient arrivés dans cette vallée, près de cinquante ans plus tôt, ils transportaient avec eux leurs propres divinités dans des sacs en peau de daim : Huitzilopochtli, l'Oiseau-mouche à gauche du Monde, dieu de la Guerre, et Tetzcatlipoca, Miroir Fumant, le Porteur de Ténèbres — tous deux ennemis acharnés du Serpent à Plumes. A la différence de ce dernier, ils exigeaient en sacrifice du sang humain et c'était Miroir Fumant en personne qui avait comploté pour chasser Quetzalcóatl de son ancienne cité de Tollan.

Moctezuma réfléchissait aux terribles implications des récents événements. Qu'arriverait-il s'ils se trouvaient pris au cœur d'un affrontement direct entre les dieux ? Quel que soit le gagnant, cela signifierait la fin des Mexicas, une lutte de titans qui provoquerait peut-être la destruction du soleil ou encore l'arrêt du vent et de la pluie.

Lui, Moctezuma, empereur des Mexicas, avait pour mission de tout faire pour éviter ce cataclysme.

Bien sûr, il savait depuis longtemps que de telles choses devaient arriver un jour. Dans l'espoir d'apporter quelque apaisement, il avait même ordonné la construction d'un sanctuaire dédié au Serpent à Plumes dans la cour intérieure du Grand Temple. Mais cela ne suffisait pas. Et, tout au fond de lui, il demeurait convaincu que le désastre était inévitable.

Le poids de ses responsabilités l'écrasait. Sous l'effet de la peur, il fut pris d'un petit rire nerveux.

48

Texcála

Une rançon princière — or, argent, pierres précieuses — s'étalait à ses pieds.

Cortés s'efforça de ne pas paraître impressionné.

— Ils veulent vous féliciter de votre victoire sur les Texcaltèques, dit Mali.

— Remercie-les de leurs aimables paroles. Mais insiste sur le fait qu'il s'agit d'un malentendu. Je ne suis pas venu ici pour combattre mais avec des intentions pacifiques.

Mali traduisit ces paroles au chef de la délégation des Mexicas, un vénérable paré de ses plus beaux bijoux : épais anneaux de jade et d'opale aux poignets et dans la lèvre inférieure, boucles d'oreilles de jade. Il tenait un grand éventail en plumes de quetzal et son manteau s'ornait de riches motifs.

Il jeta un regard oblique à Cortés en penchant légèrement la tête. Son nez ressemblait à un bec de perroquet.

J'aimerais t'apprendre l'humilité ! pensa Cortés en lui rendant son regard.

— Ils disent que vous ne devez pas faire confiance aux Texcaltèques, reprit Mali. Que c'est un peuple perfide et indigne, capable de venir nous assassiner la nuit dans nos lits.

Cortés sourit. Quelle aimable entrée en matière !

— Je leur suis gré de tant de prévenances, répondit-il. Mais explique-leur que, si jamais les Texcaltèques envisageaient de me trahir, je le saurais aussitôt car je peux lire les pensées des hommes.

Mali transmit ces paroles. Un bref échange s'ensuivit

entre les notables mexicas. Voyant que Mali paraissait surprise de ce qu'elle entendait, Cortés l'interrogea.

— Que complotent-ils donc ?

— Ils disent que leur chef, le grand Moctezuma, est disposé à vous verser un tribut annuel afin de vous prouver ses bonnes dispositions. Vous en fixerez vous-même le montant en or, argent, jade et tissus, payable au terme de chaque année. Mais Moctezuma insiste pour que vous sachiez combien il serait dangereux de poursuivre votre route vers sa capitale car, sur le chemin, de nombreuses Républiques déloyales pourraient vous causer de sérieux ennuis. C'est pourquoi il vous demande de regagner le Pays des Nuages, à l'est, quand vous aurez touché votre tribut.

Il a peur de moi ! se dit Cortés avec satisfaction. Sans doute croit-il aussi que je suis le mystérieux Serpent à Plumes ! Il m'envoie des ambassadeurs pour me convaincre, m'offre de riches présents pour que je quitte son pays. A croire que je commande une imposante armée et non une malheureuse troupe dépenaillée et épuisée !

Hormis les Totonaques et les Texcaltèques, il semble bien que j'aie trouvé un nouvel allié sur lequel je n'aurais jamais osé compter, un allié bien plus puissant que les autres.

Moctezuma lui-même.

Il espéra que son visage n'avait pas trahi l'excitation qui le gagnait.

— Mali, demande à ces nobles émissaires de transmettre à leur seigneur mes plus cordiales amitiés. Dis-leur que je désirerais ardemment exaucer ses souhaits mais que, pour cela, je dois lui parler en personne. De plus, il m'est impossible de rebrousser chemin, sous peine de désobéir à mon roi.

Ces propos parurent consterner les Mexicas. Ils parlementèrent longuement avec Mali. Je me demande ce qu'elle leur raconte, pensa Cortés, et jusqu'à quel point elle embellit ma légende. C'est un jeu dangereux et je dois m'assurer de ne faire aucune fausse note, sous peine de gâcher à jamais mon aura mythique.

— Eh bien ? Quelle est leur réponse ?

— Ils disent que si vous devez avancer encore, ils vous serviront de guides pour passer par Cholula où vous serez assuré d'être reçu selon les honneurs dus à votre divine condition.

— Bien. Je vais y réfléchir et leur ferai connaître ma réponse en temps voulu.

Les Mexicas s'inclinèrent et sortirent. Cortés les regarda partir, perdu dans ses pensées. Il réalisa soudain que son entourage était toujours là, attendant ses instructions.

Il se tourna vers son majordome.

— Qu'on aille chercher Norte !

Les côtes bandées dans un linge sale, le bras droit en écharpe, Norte ne semblait guère vaillant. La fièvre avait creusé ses joues et, lorsqu'il s'approcha, Cortés renifla avec dégoût l'odeur âcre de la maladie. Il ordonna à Cáceres d'avancer un siège car Norte paraissait trop faible pour rester debout pendant l'entretien.

— Laisse-nous à présent ! dit-il au majordome. Je désire converser seul à seul avec le señor Norte.

Cáceres hocha la tête et quitta la pièce.

Cortés esquissa un sourire.

— J'ai besoin de ton avis, Norte, de ton avis expérimenté.

— Le mien ?

— Pourquoi pas ? Tu as passé de longues années avec les *naturales* et tu connais leurs manières.

— Un peu, admit Norte.

Assez pour partager avec eux des sacrifices sanglants et pour te tatouer le visage comme un sauvage ! pensa Cortés. Il n'éprouvait que du mépris pour un homme qui avait laissé ces païens lui faire oublier sa religion chrétienne. Cela prouvait qu'il ne possédait ni force morale, ni caractère, ni courage.

— Je voudrais en apprendre davantage sur leur dieu... reprit-il. Ce Serpent à Plumes, qui est-ce donc ?

Les traits vides de toute expression, Norte l'observa.

— Pourquoi ne demandez-vous pas à doña Marina ? Elle est bien plus qualifiée que moi sur le sujet.

— Parce que je te le demande à toi.

Norte cilla sous le regard glacial du *caudillo*.

— Il ne s'agit que d'une légende. Vous savez combien ce peuple est superstitieux.

— Qu'importe, parle-moi de lui.

— Quetzalcóatl, le Serpent à Plumes, n'est ni le plus grand ni le plus puissant des dieux indiens. Mais il est sans conteste le plus beau et on le dit presque humain. La légende le présente comme un être de haute taille, à la peau claire et doté d'une barbe.

Il fit une pause, espérant s'en tenir là. Mais, devant le silence de Cortés, il lui fallut poursuivre ses explications.

— Au cours de sa dernière incarnation, Quetzalcóatl était le prêtre-roi d'une ville appelée Tollan, capitale d'un peuple fort ancien, les Toltèques. Ces derniers avaient la réputation de posséder une science et une civilisation extrêmement avancées. Le Serpent à Plumes régnait sur ce peuple avec sagesse et bonté, refusant de tuer la moindre créature vivante et s'abstenant même de cueillir des fleurs. Il enseigna à son peuple l'art de soigner les maladies et d'observer les étoiles dans le ciel. Du coton de toutes les couleurs poussaient dans les champs et les épis de maïs étaient si gros qu'un homme ne pouvait les entourer de ses bras. Chacun passait son temps à faire de la musique, à écouter les oiseaux chanter.

— Continue.

— Le Serpent à Plumes avait un rival, Tetzcatlipoca, un dieu qu'ils appellent aussi Miroir Fumant. Jaloux de sa popularité, ce dernier l'enleva une nuit par ruse et le conduisit à forniquer avec sa propre sœur. Lorsque, le lendemain, il s'aperçut de sa méprise, le Serpent à Plumes fut submergé de remords. Il vint sur le rivage de la mer orientale et se jeta dans un brasier. Une nuée d'oiseaux blancs s'éleva des cendres encore fumantes, rapportant le cœur du sacrifié à Robe de Serpent, mère de Quetzalcóatl comme de tous les dieux.

« Puis le Serpent à Plumes se releva vivant du brasier, tissa un radeau avec les corps de milliers de serpents et appareilla à l'aube pour voguer vers l'est. Mais avant, il promit de revenir un jour, ramenant avec lui les jours heureux. (Norte haussa les épaules.) Comme vous le voyez, il ne s'agit que de conte et de superstition.

— Si tel est le cas, pourquoi Moctezuma semble-t-il aussi effrayé ?

— Il a de bonnes raisons d'avoir peur, répondit Norte sans réfléchir.

Cortés posa sur lui un regard innocent.

— Ah oui ? Et pourquoi donc ?

— Parce qu'il est assis sur le trône des Toltèques, répondit Norte, après un temps d'hésitation. Les Mexicas se sont approprié leur culture et leurs terres. Une large part de la population locale descend des Toltèques, non des Mexicas. Moctezuma redoute que votre arrivée n'encourage à la rébellion. Tout au fond de lui-même, il sait bien qu'il n'est qu'un imposteur.

Cortés sourit.

— Et la capitale du Serpent à Plumes, cette ville appelée Tollan, où se trouve-t-elle ?

— Au nord de Tenochtitlán, à ce que l'on dit. Mais elle est en ruine. Désormais, la cité sainte, c'est Cholula.

— Cholula ?

— J'en ai entendu parler, même au Yucatán. Toute la ville est consacrée au Serpent à Plumes. Des dizaines de milliers de fidèles s'y rendent chaque année en pèlerinage.

Intéressé, Cortés hocha la tête pensivement.

— Encore une fois, tout ceci n'est qu'une superstition, insista Norte. Je n'y ai jamais cru.

Cortés regarda ses oreilles déchirées et les tatouages dessinés sur son visage.

— Bien entendu, dit-il doucement. Je te remercie, Norte. A présent, tu peux te retirer.

Comme il s'éloignait, Cortés demanda à brûle-pourpoint :

— Et ta blessure ? Comment va-t-elle ?

— En voie de guérison.

— Benitez m'a rapporté que tu t'étais conduit en brave au combat. Et que tu lui avais sauvé la vie. (Norte haussa les épaules.) Il est heureux pour lui que j'aie décidé de ne pas te pendre.

— Pour moi aussi, rétorqua Norte avant de quitter la pièce.

Cortés sourit, amusé. Ce Norte avait peut-être passé trop de temps avec les sauvages, mais il n'avait décidément pas perdu son sens de l'humour.

49

Battements de tambour. Flûtes stridentes. Parfums d'épices et de mets variés : galettes de maïs, lapins rôtis, haricots au chili. Invités d'honneur de cette fête, Cortés et ses officiers pénétrèrent dans le vaste hall et prirent place sur des nattes posées à même le sol, aux côtés d'Anneau de Coton et des autres puissants seigneurs de Texcála. Pendant le repas, des acrobates faisaient la roue, des nains gambadaient et dansaient.

Vieil Anneau de la Guêpe se tourna vers Mali pour lui parler.

— Que dit-il ? interrogea Cortés.

— Il dit que vous ne devriez pas vous rendre à Cholula.

— Les Mexicas nous ont pourtant assuré que nous y serions bien reçus.

Mali échangea encore quelques mots en nahuatl avec le chef texcaltèque.

— Il dit qu'il ferait davantage confiance à un serpent à sonnettes qu'à un Mexica, traduisit-elle. Si vous allez à Tenochtitlán, il vaut mieux passer par Huexotzinco.

Voilà que maintenant tout le monde s'intéresse à notre sort, songea Cortés. Comme les choses ont changé en quelques jours !

— Je vais y réfléchir, promit-il.

— Bien sûr que vous allez y réfléchir, renchérit Mali. Mais vous devez pourtant aller à Cholula.

Alvarado et Benitez suivaient vaguement la conversation. En entendant ces mots, ils échangèrent un regard.

— Maudite fille, murmura Alvarado entre ses dents. Vous ne pouvez parler ainsi au *caudillo* !

Cortés retint un sourire. Leur réaction l'amusait. Son

petit chat sauvage réussissait à faire sortir Alvarado de ses gonds, lui d'ordinaire si coriace.

— Elle a raison, dit-il. Je dois aller à Cholula.

— Pourquoi ? demanda Benitez.

Cortés ne répondit pas. Vieil Anneau de la Guêpe s'entretenait de nouveau avec Mali.

— Il désire consolider l'alliance que vous avez conclue avec eux, transmit-elle à Cortés. Et, pour cela, il se propose d'offrir des femmes à vos capitaines. (Elle hésita.) Quant à vous, il souhaite vous donner sa propre fille.

Anneau de Coton désigna cinq femmes assises à l'autre bout de la grande salle. Elles portaient des jupes blanches en fibre de maguey et des *huipitl* joliment décorés. Des éclats de jade constellaient leur chevelure.

— L'une d'elles est la fille d'Anneau de Coton, expliqua Mali. Les autres viennent toutes de nobles familles texcaltèques. La fille de Vieil Anneau de la Guêpe doit être celle qui se trouve sur la droite. Il s'agit en fait de sa petite-fille et il semble en être très fier.

Cortés examina les femmes d'un œil critique.

— Et toi, Mali ? Qu'en penses-tu ?

Elle tressaillit.

— Moi, monseigneur ?

— A ton avis, faut-il accepter cette offre ? Dois-je coucher avec cette fille ?

Tiens, tiens... se dit-il en voyant passer une ombre d'incertitude et de tristesse sur ce visage habituellement de marbre. Finalement, ma belle petite princesse est jalouse et possessive. Comme toutes les femmes. Elle semble avoir perdu sa langue, tout à coup.

— Dis au seigneur Anneau de la Guêpe que son offre est généreuse et que je l'en remercie. Toutefois, je ne peux accepter sa fille, bien qu'elle me paraisse tout à fait charmante. Dis-lui que je suis déjà marié et que ma religion ne m'autorise qu'une seule épouse.

Il détourna les yeux et se servit dans un plat posé devant lui. Mais il sentait qu'elle restait immobile, silencieuse. Un long moment s'écoula avant qu'elle ne se décide à communiquer sa réponse à Vieil Anneau de la Guêpe. Et, quand elle le fit, le son de sa voix paraissait étrangement altéré.

Cortés s'adressa à elle comme s'il n'avait pas conscience de l'effet que ses paroles avaient eu sur elle.

— Informe-le que mes officiers seront très honorés d'accepter ces belles jeunes femmes dans leur foyer. Il conviendra, toutefois, de les baptiser auparavant dans la religion chrétienne. Rappelle-lui aussi qu'il est un vieil homme et qu'il doit donc songer à la mort. Et parce qu'il est mon ami, j'apprécierais vivement que, tout comme les nobles de cette ville, il renonce à ses anciens dieux et reçoive les sacrements afin que son âme puisse trouver la paix au paradis.

Mali sembla à nouveau perturbée par cette déclaration. Cortés l'écouta traduire en trébuchant sur les mots et en marquant de fréquentes pauses. Quand elle eut fini, le sourire édenté de Vieil Anneau de la Guêpe s'était évanoui.

— Voici sa réponse, transmit Mali : il veut bien que sa fille soit arrosée d'eau si cela peut vous faire plaisir. Mais, en ce qui le concerne, il n'est pas question de renoncer à son culte — au prix de sa vie. D'ailleurs, s'il le faisait, son peuple se soulèverait.

Pourquoi ces gens sont-ils aussi entêtés ? se demanda Cortés avec irritation. Fray Olmedo et fray Diaz ne leur ont-ils pas déjà expliqué tout cela en détail ?

— Si Anneau de la Guêpe se fait chrétien, il trouvera dans l'au-delà un bonheur éternel. Mais, s'il meurt sans les sacrements, il sera jeté aux enfers et souffrira indéfiniment. Il doit renoncer à tout prix à ses sacrifices sanglants.

Fray Olmedo se pencha en avant et posa une main sur l'épaule de Cortés.

— Monseigneur, ce n'est peut-être pas le meilleur moment pour aborder ce sujet. Nous devons nous montrer plus souples dans notre approche.

Cortés contempla la face charnue du moine.

— Faudra-t-il, en plus, que je sois arrêté par un homme d'Eglise alors que je tente de répandre la parole du Christ ? Lequel d'entre nous est un homme de Dieu ?

— Je désire seulement modérer vos élans.

— Pourquoi me freinez-vous sans cesse ?

— Parce que je crois que nous devons amener ces gens à Dieu pas à pas, et non les bousculer au risque de tout perdre.

Alvarado intervint.

— Il a raison, *caudillo*. Pousser les choses trop loin juste au moment où nous venons de faire la paix serait un véritable suicide.

Cortés secoua la tête. Que les hommes étaient lâches ! Sur un sujet aussi essentiel que le salut de l'âme, quelle différence cela faisait-il d'éduquer les païens avec douceur ou à la pointe de l'épée ? Malheureusement, s'il ne se sentait pas soutenu par son entourage, il ne pourrait rien entreprendre de sérieux.

Il se tourna vers Mali.

— Dis à Vieil Anneau de la Guêpe que, pour l'heure, le sujet est clos.

Benitez laissa échapper un long soupir. Il avait redouté une violente confrontation. Quant à fray Olmedo, il tremblait.

Comment imaginer que, alors qu'ils étaient arrivés si près du but, Cortés semblait subitement prêt à tout gâcher ?

50

Etendue sur la natte, sa grotte encore pleine de la semence de son amant, elle contemplait par la fenêtre Sœur Lune qui accomplissait son long périple dans le ciel nocturne. Contre elle, Cortés veillait lui aussi, le regard noyé dans les étoiles.

— Vous ne m'avez jamais dit que vous aviez une femme, murmura-t-elle.

Il remua mais ne répondit pas.

— Est-elle très belle ?

— Elle n'est pas comme toi, Mali, chuchota-t-il. Et je ne l'aime pas.

— Mais si elle est bien votre femme, pourquoi ne se trouve-t-elle pas ici, avec vous ?

Il sourit dans le noir.

— Venir ici ? Tu plaisantes. Elle ne quitterait même pas son lit la nuit sans avoir à ses côtés une servante pour lui tenir la main.

Mali se blottit contre lui et posa sa joue sur les poils bouclés et rudes de sa poitrine.

— Quel est son nom ?

— Je n'ai pas envie de parler d'elle.

Elle sentit les larmes lui venir aux yeux. Heureusement, il faisait sombre et il ne pouvait les voir.

— Vous auriez dû me le dire, insista-t-elle quelques instants plus tard, quand elle fut certaine que sa voix ne la trahirait pas.

— Je ne voulais pas te faire de peine. Et, apparemment, j'ai bien fait.

— Avez-vous des enfants avec elle ?

— Non.

Mali réfléchit. Pas de fils pour le Mexique, alors.

— Viendra-t-elle vous rejoindre quand nous serons à Tenochtitlán ?

— Pourquoi toutes ces questions ? Je viens de t'expliquer que, même si elle est ma femme, je ne l'aime pas. Et puis, qui sait ? J'aurai peut-être un jour une meilleure épouse...

— Moi ?

Il sourit à nouveau.

— Qui d'autre, *chiquita* ? murmura-t-il doucement. Qui d'autre pourrais-je aimer plus que toi ?

Un long moment de silence s'écoula, puis il finit par s'endormir. Mali, elle, demeura éveillée presque toute la nuit. Par nature, pensa-t-elle, les dieux étaient imprévisibles. Et si Cortés était un dieu, rien n'empêchait d'imaginer qu'il exigerait d'elle un sacrifice.

Elle se demanda alors avec angoisse si elle se sentait vraiment prête à sacrifier son cœur au Serpent à Plumes.

Pour faire une concession à ses nouveaux amis, Vieil Anneau de la Guêpe permit à Cortés de transformer l'un des temples de la ville en église chrétienne. Les cinq jeunes princesses texcaltèques y furent baptisées avant d'être données comme *camaradas* aux capitaines de Cortés.

La petite-fille d'Anneau de la Guêpe reçut le nom de doña Luisa et fut attribuée à Alvarado.

Sandoval, Cristobal Olid et Alonso de Avila se partagèrent les autres. La plus belle de toutes, fille d'Anneau de Coton, fut donnée à León. Une manière astucieuse de transformer pour de bon cet ancien ennemi en allié solide.

Décidément, Cortés semblait ne jamais devoir s'arrêter d'agir en politicien.

51

Cholula

Ils eurent le souffle coupé en contemplant la ville qui s'étendait à leurs pieds. Nichée dans la vallée d'Anahuac au cœur de champs verdoyants, elle étirait voluptueusement ses maisons aux toits plats. Des centaines de grandes tours blanches se dressaient vers le ciel, pyramides érigées en hommage aux dieux texcaltèques.

S'il ne s'agit que d'une ville de pèlerinage, pensa Benitez, alors Tenochtitlán, la capitale, doit être stupéfiante de beauté. A chaque étape — d'abord à Cempoala puis à Texcála et, maintenant, ici —, il croyait avoir vu ce que ce pays pouvait offrir de mieux. Et, à chaque fois, il s'était trompé.

Ils installèrent leur camp pour la nuit hors de la ville, dans le lit desséché de la rivière Atoyac. L'ombre profonde de Femme Endormie les recouvrait. Au sommet du volcan, une poudrée de neige luisait au clair de lune, semblable à un collier de nacre décorant le cou d'une fière princesse.

Le lendemain matin, une délégation arriva de Cholula pour les saluer — essentiellement des sénateurs et des prêtres habillés de longues robes frangées dépourvues de manches. Ainsi que le voulait la coutume, ils s'annoncèrent au son des flûtes et des conques. De chaque côté du cortège trottinait une cohorte d'esclaves portant des éventails et des encensoirs garnis de copal.

Cortés les attendait, revêtu de son armure, ses officiers derrière lui et Mali à sa droite. Le chef de la délégation de

Cholula fit un pas en avant et embrassa le sol selon le salut rituel. Puis il murmura quelques mots.

— Il dit que son nom est Coyote Furieux, traduisit Mali.

— On dirait plutôt une espèce de canard triste, ironisa Alvarado.

Jaramillo et Sandoval s'esclaffèrent, mais Cortés les fit taire d'un regard impérieux.

— Dis-leur que nous sommes venus au nom de Sa Majesté Très Catholique le roi Charles V, dit-il à Mali. Nous apportons une nouvelle religion et désirons mettre fin aux œuvres du démon dans ce pays.

Mali se tourna vers Coyote Furieux.

— Le Serpent à Plumes est revenu séjourner dans sa ville. Envoyé par Olintecle, père de tous les dieux, il veut retrouver son trône et mettre fin aux sacrifices humains.

Le visage de Coyote Furieux ne trahit aucune émotion. Comme ces gens sont hypocrites, pensa Mali. Ils affectent une dévotion zélée pour leurs dieux mais, lorsque le Serpent à Plumes en personne revient comme promis, ils ne l'acclament pas ; pire même ils ne le reconnaissent pas. Quelle sorte de religion est-ce donc là ?

Coyote Furieux répondit enfin d'une voix neutre.

— Que dit-il ? s'impatienta Cortés.

— Il vous souhaite la bienvenue dans sa ville. Des logements et de la nourriture ont été préparés à votre intention. (Mali observa une courte pause.) Toutefois, ils ne veulent à aucun prix mécontenter leurs dieux car ceux-ci leur fournissent déjà tout ce dont ils ont besoin.

Moqueur de Femmes, enveloppé dans son grossier manteau de maguey, s'approcha d'un des sénateurs et tâta avec curiosité le tissu dans lequel avait été coupée sa longue tunique. C'était un coton teint que les Texcaltèques ne pouvaient obtenir à cause de l'embargo de Tenochtitlán. Mal à l'aise, le sénateur chercha à se soustraire à cette curiosité par trop envahissante. Mais Moqueur de Femmes le retenait et lui jetait des regards mauvais.

Coyote Furieux prit la parole.

— Si ce Malinche est venu en ami, dit-il à Mali, pourquoi s'est-il fait accompagner d'un si grand nombre de nos ennemis ?

— Ils ont peur des Texcaltèques, expliqua Mali à Cortés. Ces deux peuples sont ennemis depuis toujours.

— Dis-lui qu'ils m'accompagnent dans mon voyage à Tenochtitlán, et qu'ils n'ont rien à craindre d'eux.

Mali transmit ces paroles, mais Coyote Furieux ne changea pas pour autant d'avis. Il demanda que les Texcaltèques restent à la lisière de la ville.

— Jamais ! rétorqua Alvarado quand il comprit cette requête.

— C'est un piège, renchérit Sandoval.

Cortés se contenta de sourire.

— Si j'étais à la place de Coyote Furieux et que des étrangers se présentaient chez moi accompagnés de mes ennemis jurés, j'agirais comme lui.

— *Caudillo !* gronda Alvarado, nous ne pouvons tolérer cela !

— Je suis conscient du risque. (Cortés revint à Mali.) Dis-lui que nous accédons à sa requête.

C'est du suicide, pensa-t-elle, troublée. Voilà que mon seigneur Cortés se comporte à nouveau comme un dieu. Il est imprévisiblc... et arrogant.

— Le Serpent à Plumes accepte de se soumettre à cette exigence, dit-elle à Coyote Furieux. Mais il vous avertit de ne pas abuser de sa patience. Car il sait lire les pensées des hommes et connaîtra tous vos plans avant même que vous ayez seulement levé le petit doigt.

Coyote Furieux sourit dédaigneusement.

— De qui parles-tu donc ? Seul le Serpent à Plumes fait cela. Or je ne le vois pas ici !

— Moctezuma, notre vénérable maître à tous, ne s'y est pas trompé, lui. Il a envoyé à Cortés des montagnes d'or et de bijoux, répliqua Mali.

Cortés leva la main pour interrompre cet échange.

— Que dit-il ?

— Rien d'intéressant. Juste quelques paroles insolentes.

Alvarado et Sandoval échangèrent un regard. Ils n'aimaient pas voir Mali mener des échanges privés avec les *naturales*. Mais Cortés, à leur grand dam, ne semblait pas s'en émouvoir.

— Dis-lui que nous nous réjouissons d'être reçus dans sa ville, déclara ce dernier.

Quand Coyote Furieux et sa suite se retirèrent, il prit Mali à part.

— Puis-je leur faire confiance, *chiquita* ?

Elle secoua la tête.

— Seulement si vous désirez vouer votre armée à la destruction, monseigneur.

— C'est bien ce que je pensais...

Il retourna vers ses officiers. Mali aperçut alors un lapin sauvage franchir le sentier d'un bond avant de disparaître dans les buissons.

C'était un présage. Quelque chose de néfaste n'allait pas manquer de se produire.

Une foule immense les acclama lorsqu'ils pénétrèrent dans la ville de Cholula escortés par les Totonaques qui tiraient les chariots d'artillerie.

Les jeunes filles jetaient des bouquets de fleurs sur leur passage, des acrobates précédaient la colonne en faisant la roue, les prêtres soufflaient dans des conques et des flûtes ou battaient du tambour.

Les Texcaltèques campèrent près de la rivière, aux portes de la ville.

Benitez s'agita sur son cheval. Il aperçut Norte, le bras toujours en écharpe, qui s'efforçait de suivre l'escouade, Fleur de Pluie marchant à ses côtés. Elle leva les yeux et cria quelque chose à Benitez.

— Que dit-elle ? s'enquit-il auprès de Norte.

— Elle t'invite à savourer votre succès pendant qu'il en est encore temps, traduisit Norte. Car demain, les Cholulans nous tueront tous !

52

En pénétrant dans la cour intérieure du temple, les seuls bruits qu'ils perçurent furent le martèlement de leurs bottes et le cliquetis de leurs épées. La foule, muette, s'ouvrit devant eux.

Cortés commença à gravir les marches de la pyramide, ses officiers à sa suite. Gênés par leur lourde armure, ils trouvèrent l'ascension pénible, interminable. Lorsqu'ils atteignirent enfin le sommet, ils étaient pantelants et trempés de sueur. Vêtus de manteaux rouge et blanc, les prêtres les observaient, serrés les uns contre les autres.

Cortés les ignora et pénétra dans le sanctuaire. Benitez lui emboîta le pas et il lui fallut un certain temps pour s'accoutumer à la demi-pénombre. Clignant des yeux, il aperçut alors une colossale statue de pierre représentant un serpent lové recouvert d'une cape blanche ornée de croix rouges, semblable à celles des prêtres. La tête n'était pas celle d'un serpent mais d'un homme, avec de longs cheveux et une barbe.

— Voilà donc le Serpent à Plumes, murmura Cortés.

Benitez sentit un frisson glacé le parcourir. Sur la pierre sacrificielle, on pouvait distinguer une flaque de sang frais, sombre et étincelant comme du métal. Une insoutenable odeur de mort empestait l'air.

Il jeta un coup d'œil en direction de Cortés. Un drôle de sourire flottait sur ses lèvres et son regard était fixe et brillant, comme s'il avait bu trop de vin.

— Certains, ici, pensent que je suis la réincarnation du Serpent à Plumes, dit-il à Alvarado. (Vivement, il s'approcha de l'idole géante pour se comparer à elle.) Trouves-tu qu'il me ressemble ?

Mal à l'aise, Alvarado échangea un regard avec fray Olmedo.

— Vous ne devriez pas parler ainsi, *caudillo*.

— C'est le démon ! gémit le moine en se signant.

— Bah ! Moi, je trouve qu'il ressemble à Aguilar, observa Sandoval en s'esclaffant. Ou alors à Pedro, ajouta-t-il en désignant Alvarado.

Il rit de plus belle et Alvarado prit un air inquiétant.

— Imbécile ! Ne dis pas de telles insanités !

Benitez posa une main sur le pommeau de son épée. Il n'aimait pas l'expression de ces prêtres qui ne les quittaient pas des yeux, ni la manière dont ils s'étaient rassemblés à l'entrée.

— Quittons cet endroit au plus vite ! lança-t-il. Et prions de ne pas avoir à nous battre pour le faire. Nous ne sommes que six et ils sont des milliers...

Il se retourna et, du regard, pressa Cortés de les suivre. Depuis quelque temps, le *caudillo* était devenu présomptueux et imprévisible. Il ne ressemblait en rien à l'homme qui avait embarqué à Santiago de Cuba sept mois plus tôt.

Cortés, lui, observait les prêtres.

— Regardez ces gargouilles humaines ! cria-t-il d'une voix forte à ses hommes. Ne font-ils pas honte ! (Il se tourna vers fray Olmedo.) Soyez-en témoin, mon bon frère. Aujourd'hui, je jure de jeter à bas toutes les idoles de ce royaume et de laver chaque goutte de sang qui souille ces murs ! Car il n'y a qu'un seul Dieu et je suis son serviteur ! Amen.

— Amen, répéta fray Olmedo.

Cortés sauta à bas du socle de la statue et, d'un pas impérieux, traversa la foule compacte des prêtres. Ses hommes se précipitèrent à sa suite, impatients de quitter cet endroit maudit.

Mali explorait le marché, suivie de Flores et d'une escorte de cinq soldats. On trouvait ici les articles les plus variés : pierre, chaux, poutres de bois, ustensiles de cuisine, miroirs d'obsidienne, cosmétiques, herbes médicinales, plumes d'oiseaux, sel, caoutchouc, bitume... Les porteurs ployaient sous la charge de grands paniers d'osier remplis de manteaux, de tuniques brodées, de sandales. Là, deux marchands chicanaient sur le prix du cacao ou du maïs, ici, une prostituée levait ses jupes pour dévoiler ses jambes tatouées et attirer les clients. De vieilles femmes accroupies sur le sol avaient disposé sur des nattes de roseau des épis de maïs et des piments enfilés sur des ficelles. Des odeurs alléchantes de nourriture flottaient dans l'air : *tamales* savoureux, graines de courge rôties au sel ou au miel.

La foule s'écarta soudain pour livrer passage à une femme vêtue d'un superbe manteau brodé et chargée de bijoux d'onyx. Une importante escorte d'esclaves l'accompagnait. Mali reconnut Pie des Roseaux, mère de Coyote Furieux, l'un des plus importants sénateurs de Cholula.

Pie des Roseaux s'arrêta et attendit que l'une de ses esclaves marchande pour son compte l'achat d'une centaine de feuilles de papier d'écorce. Le prix fut finalement fixé à cent vingt fèves de cacao.

Mali ordonna à son escorte de patienter et s'avança.

— Pie des Roseaux... commença-t-elle.

La femme leva vers elle un regard impérieux, sans toutefois lui répondre. Mali baissa les yeux, en signe de respect.

— Il faut que je vous parle, petite mère.

— A quel sujet ?

— J'ai besoin de votre aide.

Ces propos entraînèrent immédiatement un changement dans l'attitude de la femme. Son expression s'adoucit mais, prudente, elle jeta un coup d'œil en direction des soldats espagnols.

— Ne craignez rien, petite mère, dit Mali. Aucun de ces chiens ne connaît la Langue Elégante.

— De quoi s'agit-il, mon enfant ?

— Je veux m'enfuir loin de ces diables, murmura Mali.

Pie des Roseaux parut alarmée mais peu étonnée.

— Qui es-tu ? Une esclave ?

— Non, je suis une Mexica de sang royal, fille d'un grand et noble seigneur jusqu'à ce que ces ordures m'arrachent à ma famille. Voulez-vous m'aider ?

La femme hésita.

— Viens cette nuit chez moi, dit-elle enfin.

Puis, après un dernier regard inquiet vers les soldats, elle tourna les talons et s'éloigna avec son cortège d'esclaves.

— Voilà deux jours qu'ils ne nous apportent plus de nourriture, observa Alvarado. Les hommes ont faim. Que voulez-vous qu'ils mangent ? Les fiancées de Cholula ?

Benitez secoua la tête.

— Norte a parlé avec quelques Totonaques. Ils ont découvert sur les routes des trappes munies d'épines acérées, destinées à faire en sorte que le voyageur imprudent tombe et s'y empale. Ils ont vu aussi des pierres entassées sur les toits, prêtes à être jetées sur ceux qui tenteraient de s'enfuir par les rues. J'ai l'impression que nous sommes pris au piège.

Trois jours s'étaient écoulés depuis leur entrée triomphale à Cholula. On les avait logés dans un magnifique palais sur la grand-place et abondamment nourris de dindes rôties et de galettes de maïs. Mais, à présent, la nourriture manquait et quand les soldats sortaient dans les rues, plus personne ne les accueillait avec des bouquets de fleurs. Bien au contraire, la foule murmurait et ricanait sur leur passage en leur lançant des regards haineux.

— Leurs conques ont sonné six fois aujourd'hui, affirma León. Toute la journée, ils offrent des sacrifices à leur dieu de la Guerre, l'Oiseau-mouche.

— Et moi, intervint Sandoval, j'ai entendu une rumeur alarmante : Moctezuma aurait promis aux Cholulans une grosse somme d'or s'ils lui envoyaient vingt d'entre nous à sacrifier sur ses autels.

La discussion fut interrompue par le son d'une conque, tout proche. Un autre sacrifice. Un autre cœur offert à Huitzilopochtli.

Il y eut un froid subit dans la salle et, pendant un long moment, tous demeurèrent silencieux. Jaramillo reprit enfin la parole :

— Ils ont évacué les femmes et les enfants cet après-midi. Je les ai vus sortir de la ville par centaines et se diriger vers les collines.

— Nous devrions regagner Vera Cruz, observa de Grado.

Ordaz croisa les bras et grommela pour manifester son mépris.

— Il n'y a pas si longtemps, vous étiez l'un de ceux qui criaient le plus fort pour réclamer notre retour, lui rappela de Grado, irrité.

— Peut-être. Mais, depuis, j'ai vu l'or s'empiler dans nos chariots. Et notre *caudillo* nous a conduits à des victoires que je n'aurais jamais cru possibles auparavant. Pas question de revenir en arrière !

— Il faudrait faire entrer les Texcaltèques en ville, déclara Alvarado.

Cortés, perdu dans ses pensées, prit enfin part au débat.

— Certes, ils ne nous aiment pas comme les Texcaltèques, mais rien encore ne prouve qu'ils veuillent nous trahir. Nous nous perdons peut-être en conjectures inutiles. (Il se tourna vers Mali, restée silencieuse pendant toute la discussion.) Eh bien, doña Marina, qu'en pensez-vous ?

La lune avait sombré derrière les collines. Dans l'ombre des rues, une silhouette se hâtait vers l'un des grands palais situés près de la place. Un serviteur l'escorta à travers une vaste cour intérieure jusqu'à une salle d'audience éclairée par des torches. La demeure était plongée dans le silence. Tout le monde dormait.

Pie des Roseaux s'avança vers Mali.

— Les diables espagnols t'ont-ils suivie ? demanda-t-elle avec inquiétude.

Mali secoua la tête.

— Je me suis montrée très prudente en franchissant le poste de garde.

Pie des Roseaux lui fit signe de s'asseoir à côté d'elle sur la natte de jonc. Une servante apporta des tasses fumantes de *chocoatl*. Mali saisit le pichet de terre cuite d'une main tremblante.

Comme elle semble effrayée ! pensa Pie des Roseaux. Ces étrangers sont de véritables barbares ! Ils osent se montrer ici avec ces assassins de Texcaltèques et leur chef va même jusqu'à prétendre qu'il est le Serpent à Plumes ! La mort est trop bonne pour eux.

Elle étudia Mali de près. La jeune fille était mince, trop mince. Mais quoi d'étonnant à cela après toutes les privations et les tribulations qu'elle venait de vivre. Cependant, même ainsi, ses traits demeuraient plaisants. Et comme elle était jeune ! Evidemment, il y avait toujours le risque qu'elle porte en elle la semence d'un de ces barbares, ce qui poserait peut-être problème.

— Parle-moi de toi, mon enfant.

Mali garda les yeux baissés.

— Je suis née à Painala, à un jour de marche de Coatzacoalcos. Ma mère, une Mexica, appartenait à la grande noblesse et descendait de Face du Seigneur de l'Eau, le grand-père de Moctezuma. Mon père, lui, était *cacique* du district.

A ces mots, Pie des Roseaux sentit son cœur bondir dans sa poitrine. Elle avait eu raison de se fier à son instinct. Si cette Malinali était réellement de sang royal — ce qui serait facile à vérifier —, elle pourrait représenter un atout intéressant. Pourquoi ne pas la donner en mariage à Coyote Furieux, son fils ? Tout le monde savait qu'être apparenté à l'empereur régnant permettait d'obtenir de l'avancement à la cour.

— Un jour, reprit Mali, les Espagnols sont venus près de notre village et ils m'ont enlevée. Après avoir découvert que je connaissais la Langue Elégante et, aussi, ce dialecte barbare parlé par les Mayas, ils m'ont gardée comme interprète et m'ont forcée à apprendre leur langue afin que je puisse communiquer directement avec eux.

— Qui est ce Malinche qui ose usurper l'identité du Serpent à Plumes ?

Mali hésita.

— La première fois que je l'ai vu, je dois avouer que j'ai pensé que la légende pourrait bien être vraie et qu'il incarnait vraiment notre dieu. Il lui ressemble et ses hommes possèdent d'extraordinaires moyens magiques tels que ces bâtons de feu et ces serpents de fer qui crachent la fumée et la mort. Mais, depuis lors, j'ai appris qu'il s'agissait de mortels comme nous. J'ai compris que leur seul but était de s'approprier notre or, notre chocolat et notre jade.

La vieille femme hocha la tête.

— Je le savais. Oui, je savais bien qu'il n'était pas un dieu ! (Elle étreignit la main de Mali.) Tu dois avoir beaucoup souffert !

— Si je tente de m'enfuir, j'ai peur qu'ils me tuent. Je ne sais plus quoi faire.

— Ne désespère pas. Je peux peut-être t'aider. Tu es agréable à regarder et ton éducation semble des meilleures. Avec ton noble sang mexicain, tu mérites un bon mari.

— Mais il me faut d'abord fuir loin de ces Espagnols !

— Je pourrais te cacher ici.

— Les Espagnols n'abandonneront pas la partie tant qu'ils ne m'auront pas retrouvée. Ils ont trop besoin de moi. Je ne ferais que vous causer les pires ennuis.

Pie des Roseaux hésita. Fallait-il lui parler maintenant et la mettre dans la confidence ? Ou valait-il mieux se montrer prudente ? Mais, au bout de quelques minutes, elle fut incapable de se retenir davantage.

— Ne t'inquiète pas, petite Mali ! Ils ne pourront plus nous créer de problèmes bien longtemps car, demain, ils seront tous morts !

— Morts ?

La vieille femme haussa les épaules.

— Evidemment, je ne devrais pas te le dire...

Mali s'agrippa à elle, le visage blême.

— Pourquoi ne pouvez-vous me parler ? Que doit-il se passer ?

Pie des Roseaux hésitait encore. Finalement, après avoir jeté un coup d'œil autour d'elle pour s'assurer qu'aucune oreille indiscrète ne les écoutait, elle chuchota :

— Mon mari et les autres sénateurs ont communiqué en secret avec Moctezuma. Notre maître vénéré désire que les étrangers soicnt massacrés. Nous allons d'abord les laisser mourir de faim dans la ville puis, quand ils tenteront de s'enfuir, nous les tuerons.

En entendant ces mots, Mali la dévisagea, stupéfaite.

— Pourquoi devrais-tu mourir avec eux ? enchaîna Pie des Roseaux. Mon fils est à présent en âge de se marier. Si, par chance, tu ne portes pas dans le ventre un monstre issu de ces abominables Espagnols, tu pourrais l'épouser et connaître enfin un meilleur sort.

— Je voudrais tant que ce soit possible, soupira Mali. Mais la situation est sans espoir. Vous ne pourrez vaincre. Ils ont défait les Texcaltèques qui, pourtant, leur étaient bien supérieurs en nombre. Ce sont des démons.

— Sans doute se montrent-ils braves sur le Champ de Fleurs mais, quand ils marchent en rangs dans nos rues, ils sont faciles à piéger.

Mali se pencha, buvant chacune de ses paroles. Elle saisit les mains de la vieille femme et les serra avec ferveur.

— Je vais rêver de ce moment, petite mère. Mais comment puis-je m'échapper ?

— Pour l'instant, ne fais rien. Nous allons attendre le dernier moment afin de ne pas éveiller leurs soupçons. Dès qu'ils entameront leurs préparatifs de départ, hâte-toi de me rejoindre ici. Je te cacherai jusqu'à ce que tout soit terminé.

Mali garda le silence un long moment. Pie des Roseaux posa une main sur son bras.

— T'ont-ils blessée, petite Mali ? T'ont-ils obligée à... faire des choses terribles ?

— J'ai réellement cru qu'ils étaient des dieux... (Elle se mit à pleurer.) J'ai été si stupide !

Pie des Roseaux la serra dans ses bras. Pauvre enfant, pensa-t-elle. Pauvre chère enfant.

Bien sûr, elle avait juré le secret. Mais fallait-il laisser une belle fille comme celle-ci mourir avec ces diables ? C'était son devoir de la sauver. Et quand elle aurait vérifié sa lignée, l'un de ses fils pourrait bien se retrouver dans l'élite de Tenochtitlán.

Le lendemain, Cortés adressa un message aux deux *caciques* de Cholula — le seigneur de l'Ici et Maintenant et le seigneur de l'Ici-bas —, les informant de son départ le matin suivant. Il demanda à ce qu'on lui fournisse de la nourriture pour un jour ainsi que des porteurs, plus un millier de guerriers chargés de leur protection. Il demanda également que tous les seigneurs de la ville se rassemblent dans la cour intérieure du temple du Serpent à Plumes pour une cérémonie d'adieu.

53

Silence. Tension. Inquiétude.

Près de deux mille guerriers et porteurs cholulans pénétrèrent dans la vaste cour intérieure avec, à leur tête, les chefs militaires et les sénateurs. Lorsqu'ils furent tous rassemblés, les soldats espagnols verrouillèrent les portes du temple.

Les Cholulans regardèrent, inquiets, autour d'eux et aperçurent les sombres mâchoires des serpents de fer tournées vers eux. Brandissant leurs bâtons de feu, les Espagnols prirent position sur les marches de la pyramide et sur les remparts.

Un silence pesant s'abattit sur la foule.

Ils sortirent, Cortés monté sur son grand alezan, Mali à pied dans son sillage. Il s'arrêta à quelques pas du seigneur de l'Ici et Maintenant et du seigneur de l'Ici-bas et les contempla du haut de son cheval, les yeux flamboyants.

Il se tourna vers Mali et, lorsqu'il parla, l'écho de sa voix forte se fracassa contre les hauts murs.

— Salue ces honorables seigneurs de Cholula et dis-leur que je les remercie d'être venus me saluer en cette belle matinée. Dis-leur aussi que je suis très fâché. Car je me suis présenté ici en ami, avec des intentions pacifiques, et que leur attitude à notre égard a été des plus réservées.

A ces mots, le seigneur de l'Ici et Maintenant parut consterné.

— Malinche n'aurait-il pas été satisfait des logements que nous avons mis à sa disposition ? s'étonna-t-il.

Mali répéta ces paroles à Cortés. Leurs regards se croisèrent et elle crut lire dans ses yeux une interrogation muette. Que puis-je vous dire de plus ? pensa-t-elle. Ne vous ai-je pas déjà tout raconté cette nuit dans notre lit ?

— Demande-lui pourquoi il a tenté de nous affamer pour nous faire quitter la ville, demanda Cortés.

Cette fois, le seigneur de l'Ici et Maintenant sembla paniqué.

— Nous... nous avons reçu des ordres de l'empereur Moctezuma... bégaya-t-il. Que... que pouvions-nous faire ?

Mali le regarda. Quel beau menteur tu fais ! se dit-elle tout en traduisant cette réponse à Cortés.

Le grand alezan du *caudillo* hennit et gratta le sol de ses sabots. Les cuivres du harnais tintèrent dans le silence. Cortés balaya la cour du regard, le visage impassible.

— Dis-lui que nous savons tout de ses mensonges, dit-il à Mali.

La jeune Indienne s'adressa à l'assemblée des seigneurs cholulans tout entière. Elle vit Coyote Furieux qui la fixait avec intensité.

— Je vous ai avertis à notre arrivée que mon seigneur Cortés pouvait lire dans vos esprits aussi facilement qu'il entend vos paroles, commença-t-elle. Il sait que vous avez accepté l'or de Moctezuma pour lui tendre un piège lorsque nous quitterons la ville. Il est informé des pierres que vous avez entassées sur les toits et des fosses mortelles dissimulées sous la terre des routes.

Coyote Furieux fit un pas en avant.

— Ce n'est qu'un stupide bavardage de ma mère ! cria-t-il. Des racontars qu'elle aura entendus sur la place du marché ! De purs mensonges !

Les seigneurs de l'Ici et Maintenant et de l'Ici-bas se dévisagèrent, stupéfaits. Puis ils regardèrent Mali avec une expression de total désarroi.

— Mais... rien de tout cela n'est vrai ! plaida à son tour le seigneur de l'Ici-bas. Seule la peur nous a poussés à agir ainsi. Deux mille Texcaltèques, nos ennemis de toujours, campent aux portes de la ville. Pouvez-vous nous reprocher d'avoir cherché à nous protéger ?

Mali se demanda subitement si ce n'était pas la vraie raison pour laquelle les femmes et les enfants avaient été envoyés hors de la ville. Les Cholulans semblaient réellement terrorisés.

Et si elle s'était trompée ?

— Moctezuma nous a demandé de vous attaquer, intervint le seigneur de l'Ici-bas, mais nous avons refusé. Comment pourrions-nous nuire au Serpent à Plumes ?

— Que disent-ils ? interrogea Cortés.

— Ils nient tout, répondit Mali.

Elle lut sur son visage le reflet de ses propres doutes. Il respirait vite, s'efforçant de prendre une décision.

— C'est Moctezuma qui a tort ! s'écria le seigneur de l'Ici et Maintenant, pas nous !

Si seulement il s'était tenu tranquille, se dit plus tard Mali. *Si seulement il s'était tenu tranquille !*

Mais, quand le seigneur de l'Ici et Maintenant vit la colère déformer les traits de Cortés, quand il comprit qu'ils étaient tous pris au piège, il tourna brusquement les talons et tenta de s'enfuir.

Aussitôt Cortés tira son épée et fouetta l'air en traçant un demi-cercle.

Le signal convenu.

Seuls quelques Cholulans parvinrent à échapper au massacre causé par les canons, les mousquets et les arbalètes. Ceux qui réussirent à gagner la place y trouvèrent les lanciers et les piquiers à cheval. Tous furent impitoyablement exterminés. Les soldats nettoyèrent la ville dans une effusion de sang.

Les Cholulans qui réussirent à fuir par les portes de la ville tombèrent sur les Texcaltèques qui les attendaient, prêts à en découdre.

Pendant ce temps, dans la cour intérieure du temple, Mali regardait les Espagnols finir la besogne, cherchant ceux qui gémissaient ou bougeaient encore pour les achever sans la moindre pitié.

Elle chercha Cortés des yeux mais il était déjà parti.

54

De la fumée s'élevait des poutres noircies d'une maison. Un cadavre mutilé gisait non loin de là, entouré d'un essaim de mouches. Un coyote leva les yeux puis se remit à son festin. On distinguait nettement l'empreinte d'une main sanglante sur un mur de pisé.

Benitez vit Norte avancer vers lui en titubant. Son épée était maculée de traînées sombres.

— Rien de tel que le massacre de femmes et d'innocents enfants pour la gloire de Dieu, pas vrai, Benitez ?

Benitez serra les dents. Soldat depuis seulement quelques mois, il croyait n'avoir jamais rien vu de pire que le carnage de la plaine de Texcála. Mais il s'était trompé. Ce qui venait de se dérouler à Cholula dépassait en horreur tout ce que l'on pouvait imaginer.

Il glissa dans une mare de sang et faillit tomber.

Et si les Cholulans avaient dit la vérité ? se demanda-t-il. Les seules preuves de leurs prétendus mensonges étaient les racontars d'une vieille femme et les calomnies de soldats totonaques.

Seigneur... nous nous sommes laissé prendre aux manigances des Texcaltèques qui ne songeaient qu'à exterminer leurs ennemis de toujours, à enlever les femmes, massacrer les enfants et mettre à sac toute la ville.

— Oui, gloire à Dieu ! hurla de nouveau Norte. Gloire aux meurtriers assoiffés de sang ! Gloire aux égorgeurs d'enfants !

Benitez le saisit par le revers de sa tunique et le plaqua contre un mur.

— Arrête tes sarcasmes ! hurla-t-il, furieux. Qui sait si les Cholulans n'avaient pas projeté de nous massacrer de la même manière ?

Norte ricana.

— Je te prie humblement de me pardonner... Moi qui ai vécu huit ans avec les barbares, voilà que j'oublie les devoirs d'un gentilhomme chrétien !

— Ton épée aussi est souillée de sang ! cracha Benitez.

— C'est le sang d'un de tes chers alliés... un Texcaltèque ! Il tentait d'enlever un enfant. Pauvre Benitez ! Toi qui as toujours dit qu'on pouvait me faire confiance ! Crois-tu qu'il faudra me pendre aussi pour cela ?

Benitez le relâcha, désorienté.

— Et si les Cholulans avaient eu raison ? reprit Norte. Ils avaient de bonnes raisons de craindre les Texcaltèques. Nos bons alliés se comportent comme des bêtes sauvages !

Dégoûté, Benitez s'éloigna en trébuchant à travers les rues jonchées de cadavres. Une odeur fétide se répandait dans la ville et les vautours tournoyaient dans le ciel, prêts pour le grand festin.

— C'est Mali ! hurla Norte. C'est elle qui l'a forcé à le faire !

La cinquième veille de la nuit touchait à sa fin. Sous la voûte céleste, la lueur des bûchers funéraires se découpaient comme autant de torches funèbres.

Mali découvrit Cortés agenouillé devant un portrait de la Madone et de son enfant. Quand elle approcha, il leva les yeux en écartant ses mains jointes comme s'il retirait des gants de soie.

— Les dieux se montrent parfois bienveillants, murmura-t-il. Mais, parfois aussi, ils n'ont pas d'autre choix que de punir. N'est-ce pas, petite Mali ?

— Ils ont même tué les enfants, dit-elle dans un souffle.

Son esprit était en proie à la plus grande confusion, comme si elle venait de sortir d'un rêve illuminé pour se retrouver dans un monde infernal, peuplé d'ombres et de spectres.

Cortés fit un signe de croix et se releva, une lueur étrange dans les yeux.

— Je n'ai pas voulu cela, dit-il en lui saisissant le bras. Ce sont eux qui ont provoqué ce désastre.

Elle secoua la tête.

— Je ne sais pas, monseigneur. Peut-être... peut-être dites-vous vrai.

— C'est toi qui m'as parlé de ce complot ! siffla-t-il. Je t'ai fait confiance. Tu disais être sûre.

— Je croyais être sûre.

Les doigts de Cortés s'enfoncèrent profondément dans la chair de son bras.

— Il fallait le faire. Maintenant, il n'y aura plus de rébellion contre nous. D'autres *caciques* nous envoient déjà des messages de paix.

— Tant de morts... murmura Mali.

— Il fallait le faire, répéta-t-il en lui caressant les cheveux.

Elle ne manifesta aucune résistance lorsqu'il l'étendit sur la paillasse.

— Tout va bien, chuchota-t-il au creux de son oreille. Oui, tout va bien...

Il ne fut pas doux avec elle et la prit comme il s'emparait de tout. Tandis qu'il la chevauchait, elle s'agrippa étroitement à lui dans l'espoir que cette étreinte la guérirait de ses souffrances, que leurs baisers fous balayeraient à jamais les hurlements qui avaient rempli les rues.

Un peu plus tard, alors qu'ils étaient encore enlacés, le corps inerte de son amant pesant lourdement sur elle, Mali tendit l'oreille dans le silence qui les enveloppait.

Cela n'avait pas marché.

Elle entendait toujours les hurlements des femmes et des enfants.

55

Des flamants planaient d'un vol hautain au-dessus des eaux et le rose éclatant de leur plumage se reflétait sur la surface sereine des étangs. Des perroquets rouge carmin ou bleu roi flamboyaient dans la verdure et se querellaient dans la vigne vierge. Un minuscule oiseau-mouche battait des ailes, immobile, au bord d'une fleur de jasmin. Non loin de là, un aigle plongeait sur un morceau de carcasse fraîche rapporté du temple le matin même.

Serpent-Femelle se hâtait à travers la volière royale et grimpa les marches menant à la galerie d'où l'on avait une vue panoramique sur l'ensemble du zoo. Il fut surpris de trouver Moctezuma de bonne humeur. Les nouvelles reçues de Cholula n'étaient pourtant pas bonnes et il s'était attendu à un accès de rage plutôt qu'à voir l'empereur aussi détendu et confiant.

— Très vénéré maître, murmura-t-il en se prosternant devant lui. Ô puissant seigneur... Vous m'avez fait demander.

— Je veux que tu envoies pour moi un message à Cholula.

— Il en sera fait comme vous le désirez, maître.

— Que tes envoyés emportent également des présents pour Malinche et qu'ils le félicitent de ma part d'avoir puni ces Cholulans. Qu'ils l'assurent que je n'ai pris aucune part à quelque complot fomenté contre lui. Et qu'ils le prient de venir aussi rapidement que possible à Tenochtitlán car je me languis de le rencontrer.

Serpent-Femelle s'étonna de ce revirement si soudain.

— Mais... puissant seigneur, jusqu'ici, nous avons fait l'impossible pour le décourager.

Moctezuma haussa les épaules.

— Il n'y a plus rien à redouter de ce Malinche. Le ressentiment qu'il avait contre nous s'est déversé sur les Cholulans. Qu'il se hâte donc de venir ici, si tel est son désir.

— A vos ordres, maître.

Serpent-Femelle se retira à reculons sur les genoux. Une perruche vert jade jeta un éclat de couleur au-dessus de sa tête. Moctezuma sourit. La nouvelle du massacre avait apaisé ses craintes. Désormais, il était certain d'avoir affaire à un dieu et non à un homme.

Etrangement calme, l'empereur passa le reste de la journée dans la solitude, écoutant les chants rythmés des oiseaux. Il regagna le palais bien longtemps après la nuit tombée.

Mali demeura longtemps éveillée. Le souffle chaud de Cortés caressait sa poitrine. Elle remua doucement en essayant de ne pas trop penser aux élancements douloureux qui montaient de son bas-ventre. En la possédant, il l'avait meurtrie douloureusement. Mais à quoi bon se plaindre ? songea-t-elle. Les hommes sont rarement aussi doux qu'ils en ont l'air. Ce n'est pas le miel d'un homme que tu as reçu mais celui d'un dieu.

Lui aussi était réveillé, elle le savait. Bientôt il se lèverait, revêtirait son armure et, comme chaque nuit depuis le massacre, s'en irait inspecter les sentinelles. Après ce terrible drame, il était devenu querelleur, anxieux. Mali se demanda s'il faisait les mêmes rêves affreux qu'elle.

Sa trahison envers Pie des Roseaux la hantait encore. Et si elle s'était méprise sur les bavardages d'une vieille femme, ainsi que l'avait affirmé Coyote Furieux ? Une erreur qui avait entraîné des milliers de morts.

Et Cortés ? Il affirmait ne pas être un dieu mais se comportait d'une manière confondante et imprévisible, tout comme un véritable dieu. Tantôt compatissant et doux quand il s'agenouillait devant la Mère et l'Enfant, courageux en jetant bas les pierres sacrificielles, voilà qu'il ordonnait soudain que des prisonniers soient mutilés ou, bien pire encore, qu'une ville entière soit dévastée et brûlée.

Certes, ainsi qu'il l'affirmait, ce traitement sanguinaire avait eu les conséquences souhaitées et, pour l'heure, toute menace semblait écartée. Mais où était son seigneur de l'Aimable Sagesse ?

Pour la première fois, il lui vint à l'esprit que, si Cortés était réellement un dieu, il ne s'agissait pas forcément du Serpent à Plumes. Cette pensée la laissa totalement désorientée. Elle eut soudain l'impression de se réveiller en pleine forêt, sans savoir de quel côté surgiraient les démons.

56

Cortés contemplait les nouveaux présents offerts par Moctezuma. L'or et les joyaux étalés à ses pieds devaient bien valoir deux mille couronnes, sans compter la pile de vêtements richement brodés et aussi haute qu'un homme. A croire que, plus je tue d'Indiens, plus le seigneur Moctezuma devient généreux, songea-t-il.

Il croisa le regard de Mali et se demanda ce qu'elle pouvait bien penser. Il devenait difficile de lire en elle ces derniers temps. Elle apparaissait beaucoup plus réservée et maussade depuis le carnage de Cholula. Pourtant, n'était-ce pas elle qui, par ses dires, l'avait conduit à donner un tel ordre ? Que devait-il faire d'elle ?

— Salue pour moi ces nobles émissaires de Moctezuma, lui dit-il, et demande-leur quel message il leur a confié pour moi.

Mali s'entretint quelques minutes avec la délégation puis se tourna vers Cortés.

— L'empereur vous adresse ses hommages, traduisit-elle. Il regrette que les Cholulans vous aient causé tant d'ennuis. Notre maître vénéré a toujours trouvé ce peuple assommant et il pense que vous avez été trop gentil de condescendre à traiter avec eux. Il se demande à présent pourquoi vous continuez à supporter la misérable compagnie des Texcaltèques et vous prie de vous hâter de gagner sa capitale, où il fera de son mieux pour vous distraire. Ces ambassadeurs vous serviront de guides. Ils veilleront à ce que des provisions vous soient fournies tout au long du chemin.

Cortés retint un sourire.

— Eh bien... voilà un refrain bien différent, en vérité.

— Et si c'était un piège ?

— Hypothèse hautement probable. Il semble que, dans ce pays, tout ne soit qu'illusion. Même ma propre existence. (Il lui jeta un regard.) Et la tienne.

Elle ne répondit pas.

Il se massa les tempes du bout des doigts. Une sourde douleur lui vrillait le crâne. Depuis le massacre, il n'avait plus jamais bien dormi. Fray Olmedo lui répétait pourtant sans cesse que sa décision de punir les Cholulans avait été la bonne et qu'il avait agi dans l'intérêt de l'Eglise et de l'Etat. Après les sanglantes représailles, les Cholulans survivants s'étaient aussitôt convertis au christianisme. N'était-ce pas la preuve d'une action pertinente ?

Cortés s'était confessé pour recevoir l'absolution. Mais la douleur dans sa tête ne l'avait pas quitté pour autant et il ne parvenait plus à dormir comme avant.

Il s'adressa à Mali.

— Remercie-les de leur invitation et dis-leur que j'aurai bientôt le plaisir de contempler le visage de l'empereur.

Une fois l'ambassade partie, il se retrouva seul avec Mali. Elle semblait si impénétrable, masquée derrière le regard de ses grands yeux sombres. Impossible de deviner ses pensées.

Elle était désormais pour lui bien plus qu'une simple maîtresse. Tant de fois, sur sa couche, il avait assouvi ses désirs les plus fiévreux et, pourtant, sa passion, loin de s'apaiser, s'était embrasée au fil des jours et des nuits. Jamais il n'avait éprouvé quelque chose de semblable avec les demoiselles chrétiennes d'Espagne et de Cuba. Son corps à la peau mate était devenu le port vers lequel il venait chaque nuit s'échouer.

Et, en même temps, il redoutait de plus en plus cette femme étrange sans laquelle il n'aurait jamais pu pousser aussi loin cette aventure. Avec son aide, il avait vaincu les Totonaques et les Texcaltèques et c'était elle, encore, qui l'avait sauvé de la perfidie des Cholulans. Jamais, de toute sa vie, il n'avait eu autant besoin d'une femme. Si elle venait à lui faire défaut, il se retrouverait seul et abandonné dans le noir et plus rien sur terre ne pourrait le tirer d'affaire.

En la suivant, il marchait vers son propre destin. Il en avait parfaitement conscience et cette certitude le plongeait dans le désarroi. Que ressentait-il vraiment pour elle ? De l'amour ou de la haine ?

Il s'avança vers elle et lui caressa les cheveux.

— Eh bien, *chiquita*, tu vois... nous allons bientôt nous retrouver à Tenochtitlán.

— Oui, monseigneur, murmura-t-elle. Tenochtitlán...

Elle lui rendit son baiser mais il n'y trouva aucun réconfort, aucune marque d'affection.

Des chandelles brûlaient dans de splendides coupes de rubis, éclairant de reflets dansants l'armure de Benitez accrochée au mur. Assise sur une natte, Fleur de Pluie picorait dans les plats de lapin rôti et de galettes de maïs. Le visage renfrogné, Norte se tenait près du rideau servant de porte. Il avait toujours le bras en écharpe mais commençait à se déplacer librement.

La pluie tambourinait sur le toit et le vent d'orage apportait avec lui les effluves de la jungle, relents de corps putrides. Le parfum du bois de santal brûlant dans le brasero ne parvenait pas à couvrir l'odeur viciée de la mort.

Norte remarqua que Fleur de Pluie avait peint des fleurs sur ses pieds et recouvert ses lèvres et ses paupières de vermillon. A la lueur des bougies, ses yeux brillaient comme deux obsidiennes — des yeux de prédateur.

Pourquoi ou pour qui s'était-elle ainsi mise en frais ? Pour Benitez ?

— J'ai envie de faire l'amour avec toi, dit-il soudain en maya chontal.

Elle fit mine de ne pas avoir entendu. Benitez lui lança un regard dur.

— De quoi parles-tu ?

— Je lui demandais simplement à quoi elle pensait.

L'absence de réaction de Benitez avait rendu Norte imprudent. Tout aurait été plus facile s'il avait pu le haïr. Mais comment haïr un homme qui vous a sauvé du gibet, un homme avec lequel on a affronté les pires dangers ?

Au-dessus de leurs têtes, peint sur la pierre volcanique des murs, un grand serpent n'en finissait pas de dévorer des hommes offerts en sacrifice au dieu sanguinaire. Les Espagnols n'éprouvaient que répulsion pour cet art primitif et barbare. Mais Norte se demandait parfois ce qu'aurait été la réaction d'un Mexica en pénétrant dans une demeure chrétienne dont les murs s'ornaient de croix sur laquelle un homme crucifié n'en finissait pas, lui, d'agoniser...

— Veux-tu demander à mon seigneur quand nous allons enfin quitter cet endroit ? murmura Fleur de Pluie.

Norte regarda Benitez qui essuyait la graisse de ses doigts et repoussait les bols de nourriture avec un soupir d'aise. Il lui transmit la question de Fleur de Pluie.

— Nous partirons lorsque Cortés le décidera, répondit Benitez. Je ne sais pas quand ce sera.

— Dis-lui que je déteste cet endroit, reprit Fleur de Pluie. Il pue la mort.

Benitez écouta la traduction de Norte et hocha la tête en signe de compréhension.

— Dis-lui que j'éprouve le même sentiment mais que la décision ne m'appartient pas.

Les deux hommes se mesurèrent du regard. Que pense-t-il ? se demanda Norte. Pourquoi ne fait-il rien ? Et quel jeu joue-t-il avec nous ? Peut-être cherche-t-il à se prouver à lui-même qu'il est meilleur que moi. Me tuer lui aurait été trop facile. Ce qu'il veut, ce n'est pas seulement posséder Fleur de Pluie, mais la séduire, la conquérir.

A moins qu'il ne soit pas dans sa nature de condamner un homme simplement parce que cela l'arrange. Son sens de la justice s'en trouverait offensé.

— Mon corps souffre de ne pouvoir se cacher dans ta grotte, dit-il à voix basse.

Une nouvelle fois, Fleur de Pluie fit semblant de ne pas l'avoir entendu.

— Veux-tu demander à mon seigneur si nous retournerons bientôt sur la côte, dit-elle en restant parfaitement calme.

— Elle veut savoir où nous irons en partant d'ici, traduisit Norte.

— Je crois que Cortés a l'intention de marcher sur la capitale de Moctezuma.

Norte secoua la tête.

— Alors, c'est qu'il a perdu la raison. Ne peux-tu le convaincre de faire demi-tour ?

— On n'indique pas au vent dans quelle direction il doit souffler.

Il y eut un silence.

— Que sais-tu des Mexicas, Benitez ?

— Pas grand-chose. Et toi ?

— Seulement ce que j'ai appris de Fleur de Pluie.

— Dis-le-moi. J'aimerais l'entendre.

— Il y a un siècle de cela, les Mexicas vivaient dans le désert et n'avaient que de la vermine à se mettre sous la dent. Ils sont sauvages par nature. Tout le monde le sait — même eux !

— Alors comment ont-ils acquis si rapidement une telle puissance ?

— Ils ont toujours été de grands guerriers. Apparemment, c'est la seule qualité que l'on puisse leur reconnaître. Leur armée est considérable.

— Combien de soldats ? Vingt, cinquante mille ?

Norte posa la question en maya chontal à Fleur de Pluie. La réponse parut le surprendre.

— Elle dit qu'ils sont au moins cent mille. Et maintenant, tu veux toujours suivre Cortés à Tenochtitlán ?

Benitez eut l'air préoccupé. Il devait sans doute imaginer son cœur en train de rôtir gentiment sur un brasero devant l'autel de l'Oiseau-mouche.

— Bah, cette fille n'a probablement aucun sens des chiffres, conclut-il avec un haussement d'épaules.

— Ne crois pas cela. Elle a précisé que ce nombre n'inclut que les Mexicas et pas les autres armées de la Triple Alliance : celles des Texcocans et des Tacubans.

Norte doutait que ce nouveau décompte des forces ennemies réussisse à détourner Cortés de son entreprise. Il devait d'ailleurs connaître déjà ces chiffres par l'intermédiaire de Malinali.

Son regard se posa sur la natte où, plus tard, Benitez irait s'étendre en compagnie de Fleur de Pluie. Si seulement c'était moi qui me trouvais à sa place ! pensa-t-il. Il lui arrivait souvent de rêver qu'il retournait à Cozumel mais, alors, c'était Fleur de Pluie qui remplaçait la fille timide et trapue qui lui avait donné deux enfants.

Depuis Texcála, ils avaient eu peu d'occasions de se retrouver en tête à tête. Norte avait bien repéré un endroit, juste en dehors de la ville, qui leur permettrait de gagner un peu d'intimité, mais depuis quelques jours Fleur de Pluie montrait peu d'empressement à son égard. Chaque fois qu'il tentait de lui parler, elle s'écartait en détournant les yeux.

Sans doute devait-elle redouter la réaction de Benitez...

— Je suis fatigué, annonça-t-il tout à coup. Puis-je aller me coucher ?

Benitez hocha la tête.

— Il y a encore un service que tu pourrais me rendre, dit-il en voyant Norte se lever promptement. Je voudrais que tu expliques à Fleur de Pluie que, si nous survivons à cette expédition, j'aimerais qu'elle m'accompagne à Cuba. Je serais fier de la prendre pour femme selon le rite catholique.

Norte le regarda. Par le cul de Satan ! pensa-t-il en contenant sa fureur. Ainsi tu serais « fier » de l'épouser ! Comme c'est généreux de ta part ! Et Fleur de Pluie ? T'es-tu seulement demandé ce qu'elle en penserait ? Crois-tu qu'elle serait fière, elle, de se retrouver au bras d'un Espagnol ? Que sais-tu de ces *naturales*, ainsi que vous les appelez, vous, les envahisseurs ? Tout ce que tu veux, en réalité, c'est les amener à se conformer à ton modèle. Belle hypocrisie !

— Ton seigneur tient à te faire savoir qu'il t'aime beaucoup et qu'il veut t'avoir dans son lit, dit-il à Fleur de Pluie. Mais tu dois comprendre qu'il a déjà une femme qui l'attend à Cuba. Après Tenochtitlán il souhaite que tu retournes chez toi et que tu ne l'importunes plus.

Il écarta le rideau et sortit dans la nuit.

— Je viens de recevoir une ambassade de Moctezuma, annonça Cortés. Il nous invite à Tenochtitlán.

Un profond silence succéda à cette déclaration. Cortés regarda son second.

— Eh bien ?

Alvarado prit enfin la parole.

— Nous avons parlé entre nous... (Il regarda Benitez.) Ces Mexicas semblent bien plus forts que prévu. Ils seraient en mesure de lever une armée de cent mille hommes...

— Nous n'allons pas à Tenochtitlán pour nous battre.

— Après le massacre qui s'est déroulé ici, ils ne vont sûrement pas nous accueillir à bras ouverts.

Cortés parcourut du regard les officiers réunis autour de la table.

— C'est pourtant bien ce qu'ils feront. Car, maintenant, ils ont peur de nous.

— Les Texcaltèques eux-mêmes nous conseillent de ne pas nous y risquer, observa Benitez.

— Ils ne siègent pas à notre conseil de guerre, que je sache.

— Nous pensons qu'il faut regagner Vera Cruz, intervint de Grado.

Cortés le fixa d'un air stupéfait, n'en croyant pas ses oreilles. Ainsi ils parlaient encore de faire marche arrière !

— Fort bien, dit-il en se rasseyant.

— *¿ Caudillo ?* insista Sandoval, inquiet.

— Fort bien, vous dis-je. Rentrez à Vera Cruz, installez-vous dans ces marais puants, respirez le mauvais air de la côte, attrapez les fièvres et crevez, si c'est ce que vous souhaitez. Je suis sûr que certains se remettront à rabâcher leur désir obsessionnel de regagner Cuba et, comme je ne cesse de le répéter, vous serez obligés de remettre au gouverneur tous les trésors que nous avons eu tant de peine à rassembler.

Nouveau silence. Tous les hommes gardaient les yeux baissés, de crainte de croiser le regard de Cortés.

— Nous avons réussi à parvenir jusqu'ici... aussi loin... et tout ce que vous trouvez à dire, c'est que vous voulez rebrousser chemin ! Auriez-vous oublié que nous avons encore à œuvrer pour Dieu ?

— Cortés a raison, intervint Benitez. Nous sommes allés trop loin pour renoncer à présent.

— Et nos alliés ? objecta Alvarado.

— Les Totonaques désirent rentrer à Cempoala. D'une part, ils ont perdu beaucoup d'hommes en combattant les Texcaltèques, d'autre part, ils remportent avec eux l'important butin pris aux Cholulans. Comme je ne peux pas les forcer à rester, je les laisse aller.

— Et les Texcaltèques ? demanda Sandoval. Vont-ils nous abandonner, eux aussi ?

— Au contraire. Moqueur de Femmes a été informé par Vieil Anneau de la Guêpe que nous pourrons compter sur dix mille de ses meilleurs guerriers pour nous accompagner chez Moctezuma.

— Bien, commenta Alvarado. Voilà qui sonne mieux.

— Mais, naturellement, j'ai refusé cette offre, poursuivit Cortés, imperturbable.

Alvarado se raidit.

— Etes-vous devenu fou ?

— *¡ Caudillo !* s'exclama Jaramillo.

— Eh bien, qu'as-tu donc à hurler ainsi ? Dix mille hommes n'est certes pas un nombre suffisant pour risquer une guerre contre une nation tout entière, mais c'est assez pour rendre l'empereur furieux. Il ne peut se permettre de laisser une telle armée pénétrer sur son territoire sans réagir. Lorsque nous atteindrons la vallée où vivent les Mexicas, nous devrons par conséquent nous présenter en amis et non en ennemis.

— Y aller seuls... quelle déraison ! soupira Sandoval.

— J'ai accepté que deux mille Texcaltèques nous escortent, à condition qu'ils cachent leurs armes et se fassent passer pour nos porteurs.

Voyant que de Grado commençait à protester, Cortés se leva d'un bond et vitupéra la lâcheté de ses officiers.

— Puissiez-vous vous repentir de tant de ladrerie ! cria-t-il. Mais que voulez-vous donc de moi ? Ne m'avez-vous pas chargé de fonder une colonie ? C'est ce que j'ai fait. Ne m'avez-vous pas demandé de vous procurer de l'or ? J'ai obtenu de Moctezuma une véritable fortune. Vous vouliez être débarrassés des Texcaltèques, n'est-ce pas ? Eh bien, c'est fait ! Et, pour couronner le tout, je vous ai conduits à la victoire !

Benitez se mordit la langue. A l'entendre, se dit-il, tout le crédit de l'expédition lui revient ! Mais, comme les autres, il garda ses réflexions pour lui.

Il observa Mali à la dérobée et lut sur son visage la même perplexité. Sans Cortés, il n'y a pas d'espoir. Mais, avec lui, nous marchons à une mort certaine.

Quelle sorte de choix était-ce là ?

— J'attends votre avis, messieurs, martela le *caudillo*. Vous êtes tous des capitaines avisés et des chrétiens. Si vous souhaitez retourner à Cuba les mains vides — à condition que les Totonaques et les Texcaltèques ne vous assassinent pas avant —, alors je conduirai votre retraite. Mais si vous voulez œuvrer pour Dieu et trouver la chance de votre vie à Tenochtitlán, vous suivrez avec moi la bannière du Christ. Faites-moi savoir votre décision.

Et, sur ces mots, il quitta la pièce.

57

Ils quittèrent Cholula le premier jour du mois du flamant.

Les guides les conduisirent par les hauts cols qui séparaient Homme-qui-Fume et Femme-qui-Dort, les deux volcans gardant l'entrée de la vallée des Mexicas.

Des fanions claquant au vent, le souffle brûlant de la glace... dernière étape du voyage.

Ils avaient peur.

Ils avaient tous peur.

Cortés comme les autres.

Une montée abrupte et glaciale. La bruine lourde et grise, pesant sur eux comme un suaire, isolant chaque homme et transformant la longue ascension en une marche épuisante et solitaire. Un monde de lézards, de roches sombres, d'arbres noués et tordus par les vents d'hiver.

Ils firent halte près d'un ruisseau. Fleur de Pluie se pencha pour boire et aspergea son visage creusé par la fatigue. Dans le reflet de l'eau, elle reconnut la silhouette qui s'approchait.

— Petite sœur... murmura Mali.

Fleur de Pluie saisit sa main et la pressa affectueusement.

— Petite mère ! J'avais espéré que tu saurais persuader le puissant seigneur de ne pas entreprendre cette folie !

Mali secoua la tête.

— Me crois-tu capable d'enchaîner un aigle à la terre ? Si notre seigneur Cortés n'avait pas mis le cap sur Tenochtitlán, nous l'aurions perdu à jamais.

— Es-tu toujours persuadée qu'il est le Serpent à Plumes ?

— Peut-être pas celui dont nous rêvions lorsque nous étions enfants.

— Pourtant, après ce qui s'est passé à Cholula, le doute n'est plus permis. J'entends encore les cris atroces des victimes innocentes...

Le Texcaltèque Moqueur de Femmes les observait depuis le chariot à bagages. Sa figure était zébrée de jaune et de blanc, les couleurs de son clan. Impossible de deviner ses pensées derrière ce masque figé. Mépris ? Félonie ?

— Ce ne sont pas les Espagnols qui ont massacré les femmes et les enfants à Cholula, rectifia Mali.

— Ils l'ont permis. Je n'aime pas les Cholulans mais je me demande si ces Espagnols valent beaucoup mieux. Leurs épées sont aussi tranchantes que les couteaux des prêtres de Moctezuma.

Mali n'avait pas envie de parler de cela. Il était plus facile d'écarter ces souvenirs quc de comprendre le côté sombre du caractère de Cortés. Elle voulut s'éloigner mais Fleur de Pluie s'agrippa à son poignet.

— Tu peux encore briser cet envoûtement ! murmura-t-elle. Tu en as le pouvoir. Sans toi, il ne pourra jamais s'entretenir avec Moctezuma.

— Parce que tu crois peut-être que les Mexicas sont des êtres meilleurs ?

— Tu te trompes sur le compte de Cortés. Son cœur n'est pas bon.

Mali esquissa un geste d'irritation.

— Les dieux ne sont jamais bons, petite sœur. Regarde autour de toi. S'ils l'étaient, verrait-on les enfants souffrir d'affreuses maladies ? Et les populations agoniser dans les affres de la faim lorsque les récoltes sont mauvaises ?

Emportées par leurs sentiments, les deux jeunes femmes avaient imprudemment élevé la voix. A présent, c'était au tour des soldats espagnols de les regarder avec suspicion.

— Je sais qu'un dieu habite en lui, petite sœur, chuchota Mali. Peut-être ne s'agit-il pas du Serpent à Plumes mais qu'importe puisqu'il est bien d'essence divine. Ce n'est toutefois pas la seule raison pour laquelle je ne l'abandonnerai pas.

— Et quelle est cette autre raison ?

— Je l'aime.

Mali fit courir ses doigts dans la chevelure épaisse de Fleur de Pluie.

— Une fois, tu m'as dit que la vie n'était qu'un rêve parce qu'elle ne durait qu'un court laps de temps. Tu avais raison. Nos craintes ne sont que des ombres dessinées sur le mur par la main d'un enfant. Il faut suivre les inclinations de notre cœur. Rien ne dure, alors quelle importance ?

La colonne reprit sa marche et Mali courut rejoindre Cortés. Songeuse, Fleur de Pluie la regarda disparaître dans le brouillard. Je crois que je te comprends, petite mère. Les élans du cœur n'ont pas de sens. Ils nous poussent à commettre toutes sortes d'actes stupides. Regarde où j'en suis... Je risque tout pour l'amour d'un homme sans pour autant parvenir à détester celui que je trahis — malgré ses contradictions, sa force maladroite, sa bonté inattendue, sa sévère miséricorde. Je crois même être tombée sous son charme.

Elle vit que Benitez l'observait du haut de son cheval.

— *Caro*, murmura-t-elle dans cette étrange langue que parlaient les Espagnols. *Caro mío.*

Elle fut surprise de voir à quel point ces mots lui venaient facilement...

Cortés galopa jusqu'au sommet d'une butte et sortit une boussole de la poche de son pourpoint. Les guides mexicas chuchotaient entre eux en le regardant.

Mali tira sur les étriers de son cheval.

— Ils veulent savoir ce qu'il y a dans la boîte que vous tenez.

— C'est une boussole, répondit Cortés. L'aiguille indique le nord et, de cette façon, je connais toujours notre direction.

Mali jugea cette réponse complètement absurde mais comprit qu'il désirait s'en tenir là. Elle se tourna vers les guides mexicas.

— C'est un miroir pour regarder l'avenir, expliqua-t-elle. Et n'oubliez pas : le Serpent à Plumes peut aussi lire dans l'esprit des hommes.

Les Mexicas levèrent vers Cortés des yeux écarquillés.

Quand vint le soir, ils firent halte dans un village à l'ombre d'un des grands volcans. Homme-qui-Fume crachait droit vers le ciel une colonne de cendres qui s'enflait et ondoyait malgré les vents mugissants.

Un autre présage.

Les Espagnols s'abritèrent dans les rares maisons du village tandis que les Texcaltèques se rassemblaient autour de feux de camp allumés sur les versants de la colline.

A la tombée de la nuit, Cortés réunit ses capitaines dans la maison de pisé réquisitionnée pour son propre usage. Mali n'était pas du nombre et on ne la trouva nulle part. A la fin de la réunion, elle n'avait toujours pas réapparu. Inquiet, Cortés allait ordonner des recherches lorsqu'elle surgit sur le seuil de la maison, rouge et confuse.

— Où étais-tu ? aboya Cortés.

— Le *cacique* m'a fait savoir qu'il désirait me parler en particulier...

Cortés fronça les sourcils.

— Vraiment ? Que voulait-il ?

— Il prétend que les soldats de Moctezuma nous ont tendu une embuscade sur la route de Chalco.

— Cette route est-elle la seule conduisant à la capitale ?

— Il en existe une autre qui traverse les montagnes. Mais les Mexicas ont bloqué le passage.

Avec quelle espèce de chien suis-je donc en train de traiter ? pensa Cortés. Par ma conscience, je vais faire en sorte que ce Moctezuma de malheur se repente des ennuis qu'il me cause !

— Et pourquoi le *cacique* a-t-il décidé de nous informer de cela ?

— Comme tout le monde, ils haïssent les Mexicas qui ont accaparé les meilleures terres, pris leurs plus belles femmes comme concubines et leurs jeunes hommes comme esclaves. Voici un an, à l'occasion de la fête du Faiseur de Pluie, ils ont enlevé de nombreux jeunes gens pour les sacrifier sur leurs autels. Naturellement, le *cacique* souhaite que les guides ne soient pas informés de son inimitié. Il espère seulement qu'en nous aidant, nous lui en garderons reconnaissance.

Cortés hocha la tête d'un air entendu.

— Eh bien... on dirait que ce Moctezuma ne rallie guère les suffrages.

— Rares sont ceux qui, dans cet empire, n'ont pas une raison de le haïr, observa Mali avec véhémence.

Cortés réfléchit un instant.

— Retourne voir le *cacique* et remercie-le du service qu'il nous rend. Dis-lui que le temps est proche où son peuple n'aura plus rien à craindre des bouchers de Tenochtitlán. Après quoi, reviens ici. J'ai à te parler.

58

Pelotonnés sous les couvertures, ils écoutaient le vent glacé s'engouffrer en gémissant dans les rues du village.

— Y a-t-il encore quelque chose que tu ne m'as pas dit ? murmura-t-il.

Elle posa la tête sur sa poitrine mais il la sentait encore réticente.

— Je t'aime, *chiquita*. Tu es en sécurité avec moi.

Mali prit une longue inspiration et se décida enfin à parler.

— J'ai appris le nahuatl avec ma mère, dit-elle. C'était une Mexica de haute naissance.

Cortés hocha la tête comme s'il avait soupçonné cette vérité depuis le début. Il lui prit la main, la porta à ses lèvres et embrassa chaque doigt, lentement, tendrement.

— Après la mort de mon père, poursuivit Mali, ma mère s'est remariée et un fils est né de cette nouvelle union. J'ai vite compris que mon beau-père ne désirait nullement que j'hérite de ses terres, ni que je sois un obstacle aux prétentions de mon demi-frère sur les biens de mon vrai père. Je ne pouvais guère escompter le soutien de ma mère. Elle a dû choisir entre son nouvel époux et moi. (Sa voix fléchit.) Un jour, une épidémie frappa la population du village. Je suis tombée gravement malade ainsi qu'une de nos esclaves. Une nuit, alors que je brûlais de fièvre, j'ai entendu ma mère prier à mes côtés et demander au dieu Miroir Fumant de me laisser mourir. Sans doute espérait-elle ainsi résoudre tous ses problèmes. Mais je ne suis pas morte. C'est notre esclave qui a succombé alors que, moi, j'ai survécu.

Elle observa une pause, le regard noyé dans l'obscurité.

— Ma mère avait un esprit plutôt tortueux — après tout,

c'était une Mexica — et elle imagina un nouveau plan, plus ingénieux... (Etouffant un sanglot, elle se serra plus étroitement contre lui.) Après avoir dit à tout le monde que j'étais morte, ils ont placé un morceau de jade entre mes lèvres et ont entortillé mon corps de la tête aux pieds dans un tissu, selon la tradition. Puis ils m'ont jetée sur un bûcher funéraire. Seulement, le corps qui s'y consuma n'était pas le mien mais celui de l'esclave.

— Comment ont-ils pu mener à bien un tel tour de passe-passe ?

— Cette nuit-là, des marchands d'esclaves se trouvaient dans notre ville. Je suis certaine à présent que tout était arrangé d'avance. Ils m'ont enveloppée dans une peau de bête et emmenée pour me vendre à un riche seigneur tabascan de Potonchan. Je n'ai aucune idée du profit que ma mère a pu tirer de cet arrangement mais ce fut certainement un bon prix.

— *Chiquita*... murmura-t-il en caressant doucement la peau cuivrée de son épaule.

— Mon nouveau maître tabascan avait conclu une bonne affaire. Du sang royal mexica coulait dans mes veines et j'avais reçu une excellente éducation en matière de chant et de danse. Ainsi, tout le monde était satisfait... sauf moi, naturellement.

Il sut qu'elle pleurait doucement dans le noir car ses larmes mouillèrent la peau de son bras.

— Tu es de sang royal ? s'étonna-t-il.

— Ma mère est une descendante du grand-père de Moctezuma.

— Et ton père ?

— Il était issu de la maison royale de Culhuacan qui fut, il y a longtemps, conquise par les Mexicas. Chaque année, après cette défaite, ils durent verser à Moctezuma un lourd tribut. Néanmoins, mon père possédait des terres et de nombreuses maisons.

Cortés écoutait, pensif, tout en caressant le dos soyeux de la jeune Indienne. Son corps était chaud sous sa main, comme embrasé par une colère souterraine.

— Comment est mort ton père, Mali ?

La réponse se fit longuement attendre.

— Il vénérait le Serpent à Plumes, connaissait la science des étoiles et savait prédire l'avenir en lisant les présages dans le ciel. Un jour, il a annoncé publiquement que le règne des Mexicas était…

Sa voix chancela.

— Moctezuma l'a puni, n'est-ce pas ? acheva Cortés.

— Oui… Des soldats sont venus… ils l'ont assassiné sur la place… devant tout le monde.

Enfin, songea Cortés. Je te comprends mieux, maintenant.

Il resserra son étreinte.

— Tu es donc devenue une ennemie déclarée de Moctezuma…

— Je ferais n'importe quoi pour entraîner sa chute, murmura Mali.

Cela ne fait aucun doute, pensa-t-il.

Tu es sa pire ennemie…

Devant eux, la route se scindait en deux. Un chemin menait à une ville nommée Chalco, l'autre conduisait à Amacameca par un col élevé entre les deux volcans. De longs troncs de pins abattus barraient cet itinéraire.

Cortés fit arrêter la colonne et gagna à cheval le fourgon transportant Mali et les guides mexicas.

— Demande-leur pourquoi cette route est coupée…

Mali obéit et traduisit la réponse des guides.

— D'après eux, vous ne devez pas vous en préoccuper. La route de Chalco est plus facile et vous y serez accueilli chaleureusement.

— Très chaleureusement, en effet, si ce que nous a dit le *cacique* est vrai…

Les Mexicas l'observaient dans la brume grise et froide, serrant frileusement autour d'eux leurs manteaux de coton.

— Dis-leur que nous prendrons la route d'Amacameca, décida brusquement Cortés.

Cette information parut consterner les guides, qui se mirent à parler avec animation à Mali.

— Que disent-ils ? s'impatienta Cortés.

Elle leva les yeux vers lui en souriant.

— Ils ne comprennent pas pourquoi vous désirez emprunter le passage le plus difficile. Ils craignent que Moctezuma ne les punisse pour vous avoir laissé prendre cette initiative.

— Dis-leur que je prends l'entière responsabilité de ce choix et que je ne manquerai pas d'en informer leur empereur dès mon arrivée.

Il fit tourner bride à son cheval.

— Envoie ici des hommes avec des haches ! cria-t-il à Alvarado. Je veux que ces arbres soient dégagés au plus vite. Nous ne devons pas être retardés plus d'une heure ou deux !

Lorsqu'ils franchirent enfin la brèche ouverte dans l'enchevêtrement des troncs d'arbres, la pluie se changea subitement en grêle. Un vent aigre projetait au visage des soldats des débris de glace et de minuscules éclats de roche volcanique, aussi acérés que du verre.

Puis la grêle devint de la neige. Au sommet du col, les Espagnols n'avançaient plus qu'en trébuchant sur le chemin escarpé, aveuglés par la bourrasque blanche et glacée. Ils abandonnèrent dans le défilé leurs porteurs cubains morts de froid ainsi que deux soldats blessés au cours de la dernière bataille contre les Texcaltèques. Eux aussi périrent gelés. Si Cortés n'avait pas arpenté sans relâche la colonne pour encourager ses troupes, d'autres, épuisés par ce rude voyage, seraient probablement morts à leur tour.

Ils passèrent enfin le col et la route recommença à descendre pour serpenter bientôt au cœur d'une forêt de mûriers et de cèdres. Plus bas, par-delà des champs de maïs et de maguey, un grand lac miroitait comme de l'acier poli.

59

Ils campèrent dans une halte marchande — quelques abris précaires construits pour les caravanes des *pochtetas*, les riches négociants de Tenochtitlán. Transis de froid, harassés, les hommes s'étaient massés autour de feux de camp allumés dans les huttes. Une ouverture percée dans le toit de chaume permettait à la fumée de s'évacuer. Cortés avait à peine eu le temps de poster des sentinelles et d'organiser les patrouilles quand Alvarado arriva tout à coup au galop, porteur de nouvelles surprenantes.

Moctezuma était en route et venait à leur rencontre.

Un palanquin richement orné de garnitures d'or et de plumes de quetzal frémissant au vent, porté par huit seigneurs mexicas. Une longue colonne de nobles et de serviteurs marchant derrière. L'écho lointain des flûtes, des tambours et des conques porté par le vent tandis que la procession s'engageait dans la vallée.

Cortés n'eut que quelques minutes pour se préparer. Il était encore occupé à boutonner son pourpoint de velours noir quand il sortit hâtivement de la hutte, Alvarado, Benitez et Sandoval à sa suite.

Qui aurait pu imaginer que le maître vénéré aurait fait un si long voyage pour les rencontrer ?

Cortés jeta un coup d'œil à Mali. Jamais elle ne l'avait vu aussi anxieux.

— Est-ce bien lui, demanda-t-il dans un murmure, ou est-ce encore l'un de ses vilains tours ? Dis-moi la vérité. Notre vie en dépend.

Comment en être certaine ? s'interrogea Mali avec inquiétude. Je n'étais qu'une enfant lorsque je suis allée à

Tenochtitlán... Un jour que Moctezuma passait devant nous pour se rendre au temple, ma mère m'a ordonné de baisser les yeux. Tout être humain osant regarder l'empereur était immédiatement puni de mort.

— Est-ce lui ? répéta Cortés avec impatience.

Fébrile, elle risqua un regard effrayé vers le palanquin. La protection de Cortés ne suffisait pas à dissiper la terreur qu'on lui avait insufflée depuis l'enfance.

Elle vit Moctezuma descendre de sa litière et le jugea plus jeune qu'elle ne l'aurait imaginé. Il avait le visage imberbe, le nez busqué évoquant un bec de perroquet, et portait une magnifique coiffure de plumes de quetzal, des anneaux de jade aux oreilles et un bijou d'or en forme de serpent fiché dans la lèvre inférieure. Son manteau rouge carmin était taillé dans le coton le plus fin et décoré de motifs géométriques en fils d'or et d'argent. Tandis qu'il s'avançait vers eux, des esclaves s'empressaient de balayer le sol devant lui à l'aide de petits balais de plumes.

Est-ce vraiment là le fameux maître vénéré des Mexicas ? se demanda Mali, désorientée. Ou bien s'agit-il d'un imposteur ? Dans ce cas, le Serpent à Plumes ne manquerait pas de percer à jour son imposture.

— Est-ce lui ? insista à nouveau le *caudillo*.

Que faire ? pensa Mali avec désespoir. Tout repose sur moi, maintenant.

Elle parcourut du regard la cohorte de nobles et de serviteurs mexicas. Certains d'entre eux observaient Cortés avec curiosité mais d'autres — y compris les porteurs de nattes, d'éventails et de chasse-mouches — regardaient l'empereur.

Elle poussa un soupir de soulagement, se tourna vers Cortés et secoua la tête.

— Merci... dit-il avec un sourire. Dis-leur de s'en aller.

Mali s'adressa aux seigneurs mexicas.

— Qui êtes-vous et que faites-vous ici ? lança-t-elle avec autorité.

L'écho de sa voix résonna dans la vallée. Pour la première fois, elle prit conscience de son pouvoir. Je ne suis plus seulement une femme, songea-t-elle avec fierté, mais la voix et les oreilles d'un dieu.

— Tu ne sais donc pas ? répondit enfin l'un des seigneurs. Tu as devant toi notre maître vénéré, le divin empereur des Mexicas. Il est venu saluer Malinche et lui souhaiter la bienvenue au centre du monde.

— Il n'est pas le maître vénéré, coupa Mali, mais une espèce de singe que vous avez chaussé de sandales d'or. Pour qui nous prenez-vous ? Croyez-vous donc que mon seigneur Cortés est un imbécile ?

Tout en parlant, elle sentait son cœur battre à tout rompre. Pourvu que je ne me trompe pas, se dit-elle avec angoisse.

Il y eut un long silence. Le vent qui hurlait en descendant de la montagne secouait les coiffures de plumes et gonflait les longs manteaux. Les Mexicas paraissaient décontenancés.

Ils doivent penser que seul un dieu est capable de deviner leur imposture...

— Dis-leur que j'espère avoir le privilège de rencontrer bientôt le *vrai* Moctezuma, déclara Cortés. En attendant, je les salue.

Il tourna les talons et regagna sa hutte. Mali traduisit ses paroles et savoura le plaisir de contempler les mines déconfites des Mexicas. Elle était sûre que, lorsque Moctezuma apprendrait cette histoire, il en perdrait l'appétit et le sommeil. Peut-être même que le dépit le rendrait impuissant. Et, à cette seule pensée, elle se sentit transportée de joie.

60

Posée sur une table basse au centre de la pièce, la tête de Juan de Argüello grimaçait. C'était une grande tête avec une barbe noire et drue couverte de sang séché qui luisait comme du rubis à la lueur des torches. Elle commençait déjà à se décomposer et répandait une odeur fétide.

— Nous sommes perdus... murmura Moctezuma.

Un frisson de panique secoua Serpent-Femelle et ses entrailles se nouèrent. Depuis qu'il occupait les fonctions de Premier ministre, il avait eu tout loisir de voir l'empereur sous les jours les plus variés. Tour à tour, il s'était montré cruel, intraitable, tyrannique — parfois même jusqu'à l'ignominie. Mais jamais il n'avait cessé d'être le prince puissant ainsi que l'exigeaient les dieux et l'intérêt de l'empire.

Et voilà qu'avec l'arrivée de ces étrangers, le caractère de l'empereur avait changé. Il devenait instable, anxieux, flottant... Un jour excessivement confiant et décidé, il sombrait le lendemain dans le doute et la mollesse, quand ce n'était pas tout bonnement la dépression et les larmes. Il avait perdu le sommeil et l'appétit, plus rien ne le distrayait, ni ses épouses, ni ses acrobates, ni ses musiciens.

Pointant un doigt vers la tête de Juan de Argüello, Moctezuma cria d'une voix stridente :

— Otez cela de ma vue !

— Devons-nous la transporter à Tollan, dans le sanctuaire réservé à la nourriture sacrée ? demanda Serpent-Femelle.

— Peu m'importe ce qu'on en fait ! Enlevez-la !

Des serviteurs aussitôt appelés exécutèrent ses ordres. Un interminable silence s'ensuivit. Les prêtres et les nobles attendaient que Moctezuma ait retrouvé son calme.

Au bout d'un long moment, le grand prêtre du temple se risqua à prendre la parole.

— Maître vénérable, le Serpent à Plumes s'est déjà manifesté plusieurs fois. Il est venu en ce monde pour nous enseigner le secret du feu et, une autre fois, pour nous enseigner l'art de confectionner du papier et d'écrire des poèmes. S'il a décidé de revenir à nouveau, ce ne peut être que pour nous faire profiter d'un autre bienfait d'importance. Chaque fois qu'il s'est trouvé parmi nous, il est reparti, sa mission accomplie. Pourquoi n'en serait-il pas encore ainsi ? Essayons de savoir ce qu'il désire nous apporter et ce qu'il demandera en échange. Puis renvoyons-le au Pays des Nuages. Il ne faut surtout pas, ce faisant, offenser de quelque manière l'Oiseau-mouche et Miroir Fumant. Car ce sont des seigneurs bien plus puissants que ce Malinche et, s'il les défie, ils ne manqueront pas de déjouer ses plans, tout comme ils l'ont déjà fait à Tollan. Ne nous aliénons pas leur protection.

— D'autant que nous ne savons toujours pas si Malinche est un dieu, intervint Serpent-Femelle. Lui et ses hommes ne sont peut-être que les ambassadeurs de quelque lointain pays dont nous ignorons tout. Il se peut d'ailleurs que cette fille qui les accompagne leur attribue des pouvoirs qu'ils ne possèdent nullement. Contentons-nous donc de les recevoir avec l'hospitalité qui leur est due. Et ne redoutons rien de leur approche.

Aucun de ces arguments ne sembla distraire Moctezuma de ses sombres pensées.

— Si Malinche n'est qu'un ambassadeur, murmura-t-il, alors comment a-t-il pu être informé de l'embuscade que nous lui avions préparée sur la route de Chalco ? Lorsque nous lui avons envoyé le seigneur Tziuacpopocatzin pour leur faire croire qu'il s'agissait de moi, Malinche ne s'y est pas trompé et il a immédiatement deviné qu'il s'agissait d'un imposteur. (Il regarda tour à tour chaque membre du Conseil.) Nos espions qui l'accompagnent disent qu'il possède un miroir lui permettant de lire dans l'âme des hommes.

— Certes, ce sont là des choses fort mystérieuses, observa Cuitláhuac. Toutefois, je demeure convaincu qu'il ne s'agit que d'envahisseurs. Nous devrions les attaquer maintenant, pendant qu'ils sont en terrain découvert.

— Je suis de cet avis, déclara le Seigneur des Epis de Maïs.

— Eux, des envahisseurs ? railla l'un des généraux. Avec une armée de quelques centaines d'hommes ?

A cet instant, un son terrifiant et suraigu s'éleva dans la salle. Tous les regards se tournèrent vers Moctezuma. Le visage affreusement grimaçant, il riait d'un rire nerveux tandis que de lourdes larmes roulaient sur ses joues.

— Et moi je vous affirme que Malinche est le Serpent à Plumes, déclara-t-il entre deux hoquets. Il est venu comme la prophétie nous l'avait annoncé. Si nous le détruisons, c'est l'un de nos plus grands dieux que nous détruirons. Et si nous le laissons venir jusqu'ici, qui sait quels malheurs il apportera avec lui ? Hélas, il n'y a rien à faire. (Il laissa échapper un gémissement.) Selon la prophétie, nous mourrons tous de sa main et ceux qui survivront deviendront ses esclaves. Je serai le dernier des Mexicas à régner sur ce pays.

Sur ces mots, il se leva brusquement pour se diriger en chancelant vers ses appartements.

Serpent-Femelle et les autres généraux hochèrent la tête, accablés. S'ils ne parvenaient pas à convaincre Moctezuma d'agir, ils se verraient réduits à l'impuissance. Comment en était-on arrivé là ? Comment un ancien prêtre avait-il pu conduire une puissante nation de guerriers vers une telle impasse ?

61

Un autre palanquin incrusté de jade, d'or et d'argent. Un autre prince vêtu d'un manteau richement brodé et coiffé de plumes de quetzal d'un beau vert émeraude. Les esclaves balayant le sol devant chacun de ses pas.

Tandis que le Mexica descendait de sa litière. Cortés, craignant une nouvelle ruse, gardait les yeux fixés sur Mali. Mais cette fois, la jeune Indienne parut réellement impressionnée.

— Cet homme est le Seigneur des Epis de Maïs, lui apprit-elle. Le propre neveu de Moctezuma. L'empereur l'a envoyé ici, en personne, pour vous saluer.

Cortés s'inclina.

— C'est très aimable à lui.

Un long échange entre Mali et le noble Mexica s'ensuivit. Cortés commença à s'impatienter.

— Que dit-il ?

— Il dit que le vénérable maître est mécontent que vous vous soyez approchés si près de la capitale. Il vous demande de regagner immédiatement les terres de l'est.

Le *caudillo* n'en crut pas ses oreilles. Quelle nouvelle sorte de jeu était-ce là ?

— Rappelle-lui que je suis ici sur l'invitation de son empereur !

— Je l'ai fait, mon seigneur. Cependant il persiste et prétend qu'il n'y a pas assez de vivres à Tenochtitlán pour nous nourrir tous. Il insiste pour que nous regagnions la côte immédiatement.

— Que signifie cela, Mali ?

— Je l'ignore, mon seigneur.

Cortés regarda Alvarado.

— Et toi ? Qu'en penses-tu ?

— Qu'on embroche ce perroquet avec une pique ! s'écria Alvarado en ricanant.

Cortés soupira et se tourna à nouveau vers Mali.

— Bien. Dis à ce Seigneur des Epis de Maïs qu'il ne doit pas s'inquiéter des provisions car mes hommes sont habitués à une vie frugale. Et répète-lui que je désire rencontrer son roi en personne et qu'il n'est pas question de m'en empêcher.

Mali transmit ses propos à l'émissaire de Moctezuma et il y eut entre eux un nouvel échange animé. La jeune femme elle-même semblait perdre patience.

— Bon sang, que raconte-t-il encore ? demanda Cortés d'un ton cassant.

— Il dit que Moctezuma possède un grand zoo privé d'où se sont échappés récemment des lions et des alligators. Il craint que ces animaux ne nous attaquent et ne nous mettent en pièces si nous approchons trop près de la ville. (Elle prit une profonde inspiration.) Ce chien n'est qu'un menteur !

Alvarado et Jaramillo ricanèrent et Cortés esquissa un geste d'irritation.

— Débrouille-toi pour lui faire comprendre que je veux à tout prix rencontrer Moctezuma ! Rappelle-lui que j'ai déjà pris des risques considérables et dis-lui bien que la menace des lions et des alligators ne m'impressionne nullement.

Le Seigneur des Epis de Maïs écouta la traduction et laissa échapper un long soupir. Il leva le bras et, l'un après l'autre, les esclaves vinrent déposer aux pieds de Cortés leur fardeau. Alvarado et Sandoval tressaillirent à la vue des offrandes.

— Par les couilles sacrées de saint Pierre ! jura Alvarado.

— De l'or... souffla Sandoval.

Les paniers débordant d'or se succédaient comme dans un rêve : colliers, statuettes d'exquise facture... Il y avait bien deux à trois cents livres d'or, selon les calculs de Cortés.

Quand cette véritable corne d'abondance eut déversé la totalité de ses trésors, le Seigneur des Epis de Maïs reprit la parole.

— Ces présents sont pour vous seul, mon seigneur,

expliqua Mali. Il y en aura d'autres pour chacun de vos capitaines si vous regagnez la côtc.

Le *caudillo* contempla longuement ces richesses. Chaque pas que je fais en direction de Tenochtitlán me rapporte davantage, pensa-t-il. Décidément, cette cité doit être pavée d'or !

— Ma foi... ce Moctezuma me paraît d'humeur bien changeante, dit-il enfin. A Cholula, il me demande de me hâter de gagner sa capitale et à présent voilà qu'il m'offre une rançon royale pour que je m'en aille !

Alvarado se rapprocha.

— Que comptez-vous faire, *caudillo* ?

Ignorant la question, Cortés s'adressa à Mali.

— Remercie-le de ces présents et de la peine qu'il a prise pour me les apporter. Mais je ne peux ignorer mon devoir. Mon roi m'a ordonné de porter ses messages à Moctezuma en personne.

Mali transmit cette déclaration puis, après une autre longue discussion avec le Mexica, se tourna vers Cortés.

— Il dit que, dans ce cas, il vous guidera jusqu'à Tenochtitlán. Il m'a aussi demandé si... vous étiez vraiment le Serpent à Plumes.

Cortés entendit Aguilar entamer une prière.

— Et que lui as-tu répondu, Mali ? rétorqua-t-il d'une voix suffisamment forte pour être entendue de tous.

— Je lui ai dit que vous étiez un Espagnol, mon seigneur, et que cela vous plaçait un rang au-dessus du Serpent à Plumes.

A ces mots, tous éclatèrent de rire, même Alvarado.

La brume qui voilait les douces pentes verdoyantes des montagnes prêtait au paysage une dimension mystérieuse. Lorsqu'elle se dissipa, ils aperçurent un grand lac, des maisons bâties sur pilotis au-dessus d'une eau couleur d'acier, des jardins luxuriants qui semblaient flotter à sa surface, et reliés à la côte par des rangées de cyprès pleureurs.

Le trajet prenait maintenant l'allure d'un pèlerinage. Les villes et les villages traversés dans la vallée grouillaient de monde : hommes, femmes et enfants massés le long du chemin, certains acclamant les étrangers sur leur passage, d'autres les accueillant avec une sourde hostilité ou les contemplant, ébahis. Nombre d'entre eux se joignaient à la colonne, pensant assister au retour des dieux. Ils formaient à présent une impressionnante procession de vingt à trente mille personnes.

La route menait à une large digue conduisant jusqu'à une péninsule occupée par une ville nommée le Lieu des Précieuses Pierres Noires. La cité lacustre de Moctezuma dont ils avaient tant entendu parler demeurait encore invisible, cachée par la brume. Mais ils pouvaient néanmoins distinguer au loin des colonnes de fumée, qui montaient des autels du Grand Temple.

Moctezuma et ses trésors fabuleux n'étaient plus éloignés que de quelques heures de cheval.

Emerveillé, Benitez contemplait le spectacle depuis la terrasse du toit. Jamais il n'avait imaginé de site aussi magnifique que celui qui s'étendait à ses pieds. On apercevait à perte de vue des champs de cactus et de maguey bordés de forêts de chênes, de cèdres et de sycomores. La ville elle-même était une merveille de charme et d'équilibre avec ses maisons blanchies à la chaux recouvertes d'un toit de chaume et d'autres, montées sur pilotis, qui se reflétaient dans les eaux argentées du lac. De vastes et somptueux palais, édifiés en pierre volcanique d'une belle couleur ocre, dominaient la cité. Une succession de terrasses agrémentées de pièces d'eau bordées de lis et d'arbustes descendait jusqu'au lac. Portés par la brise du soir, des effluves de poisson grillé et d'origan se mêlaient aux senteurs sucrées des frangipaniers et des hibiscus.

Aucune ville ne peut se comparer à celle-ci, pensa Benitez, pas même Salamanque ou Tolède.

Il était tout autant fasciné par l'architecture. La noble demeure mise à leur disposition était construite en pierre et en bois de cèdre, aussi solidement que les gigantesques palais des grands de Castille ou d'Andalousie. Soutenus par des poutres en bois de santal qui dégageaient un subtil parfum, les murs étaient décorés de tapisseries ou de fresques aux couleurs brillantes. Çà et là, dans des cages suspendues au plafond, des perroquets au plumage éclatant voletaient et caquetaient. Au cœur de chaque palais, de vastes patios décorés de luxuriants jardins constituaient de véritables oasis de fraîcheur.

Benitez forma le vœu de ne pas voir une telle beauté, si

parfaite et si fragile à la fois, ravagée par d'inutiles batailles et de sanglants massacres. Pour se rassurer, il se répéta la promesse maintes fois prononcée par Cortés : ils ne venaient pas ici pour faire la guerre mais pour apporter la paix, le salut et la vraie foi.

Norte le rejoignit sur la terrasse. Mal à l'aise, les deux hommes demeurèrent un long moment silencieux.

— De quelle région es-tu originaire, Norte ? finit par demander Benitez.

La question parut surprendre Norte.

— D'un village appelé Barajas, en Castille.

— Quand tu vivais là-bas, pouvais-tu imaginer contempler un jour un endroit tel que celui-ci ?

— Non. Le taudis que j'habitais n'avait rien de commun avec cette merveille. Ici, même les pauvres vivent mieux que nous. Et pourtant les Mexicas ont réalisé tous ces prodiges sans l'appui du Christ ou de la Vierge.

Ces paroles irritèrent Benitez. Pourquoi diable est-ce que je me soucie de l'opinion de ce renégat ? se demanda-t-il.

— Chaque fois que tu ouvres la bouche, c'est pour proférer un blasphème.

— Un blasphème ? Dis plutôt que c'est la plus criante des vérités. Crois-moi, huit années passées loin de la société chrétienne donnent à un homme une vision différente du monde.

— Je l'admets, concéda Benitez, ces *naturales* ne sont peut-être pas aussi arriérés que nous l'avions supposé. Mais nous sommes ici pour les convertir au seul vrai Dieu et notre mission est sacrée.

— Le fait d'être victorieux ne fait pas pour autant de nous des sauveurs. Les barbares avaient conquis Rome, eux aussi.

Benitez s'apprêtait à répliquer vivement mais il se ravisa, jugeant préférable de ne pas envenimer la discussion. Le panorama qui s'offrait à leurs yeux n'incitait d'ailleurs pas à des pensées hostiles ni à des considérations désagréables. Tous deux gardèrent le silence jusqu'à ce que le soleil disparaisse derrière les montagnes lointaines, enveloppant la ville d'un voile sombre.

Elle avait tout juste six ans et son père tentait de lui expliquer pourquoi il avait attendu ce jour pour la baptiser.

— Tu t'appelleras Ce Malinali, c'est-à-dire « Herbe de Pénitence ». Le destin veut que tu trouves ta voie dans le désordre et la destruction. Car nous devons anéantir les Mexicas afin d'édifier une nouvelle nation.

Des paroles qui, à l'époque, n'avaient guère de sens pour elle. Plus tard, elle se demanda toutefois si ce n'était pas à cause de cela que sa mère avait tant souhaité se débarrasser d'elle. Une fille affublée d'un tel nom ne pouvait que porter malheur.

Elle ne se souvenait pas de son père, ni de son visage. Mais l'écho de sa voix résonnait encore dans ses souvenirs. Une voix douce, apaisante, comme une caresse. Ce matin-là, il lui avait expliqué qu'il y avait deux sortes de destinées : les vies anonymes, bien vite oubliées, et celles qui changeaient la face du monde.

— Tu es de celles-là, Malinali, avait-il murmuré. Je l'ai su dès le jour de ta naissance. Tu seras là lorsque le Serpent à Plumes reviendra et c'est toi qui l'aideras à nous délivrer des Mexicas. Je l'ai lu dans les présages annoncés par le ciel.

— Tu es à la fois bénie et maudite par le destin, ma petite *chiquita*... mon Herbe de Pénitence...

Le feu allumé dans l'âtre situé à l'extérieur avait chauffé les murs à blanc. Fleur de Pluie conduisit Benitez dans la maison des bains, se déshabilla et lui fit signe d'en faire autant. Puis elle s'assit sur un banc de pierre.

L'eau du puits était amenée par un conduit jusqu'à une petite auge aménagée dans le mur épais. Fleur de Pluie saisit une louche en argile et projeta de l'eau sur les murs très chauds. La pièce se remplit aussitôt de vapeur.

Elle se réinstalla sur le banc de pierre à côté de lui et regarda son corps nu. La blessure de son bras cicatrisait bien. La chaleur ambiante fit bientôt s'ouvrir les pores de sa peau. Elle prit alors une poignée d'herbes et commença à essuyer la sueur qui ruisselait sur son dos et sa poitrine.

Quand elle se rendit compte que sa propre nudité provoquait chez lui une érection, elle lui fit comprendre par gestes qu'ils n'étaient là que pour se baigner. Mais déjà Benitez la couvrait de tendres caresses. Elle avait appris à aimer la douceur de ses baisers — même si sa barbe la piquait un peu ! — et la manière dont ses mains couraient sur son corps. Au bout de quelque temps, elle avait même réussi à lui apprendre ce qui lui faisait plaisir et il s'était révélé un élève zélé et passionné. Parfois même, il arrivait qu'il se mette à rire et alors elle l'imitait.

Elle se tortilla pour échapper à son étreinte et alla jeter de nouveau de l'eau contre les murs. Un nuage de vapeur se répandit dans la petite pièce.

Soudain, il fut derrière elle, son corps humide plaqué contre le sien. Elle sentit son *maquauhuitl* se glisser dans la fente de son corps tandis qu'il se mettait à gémir. Elle rejeta la tête en arrière pour qu'il l'embrasse et, quand il la souleva, elle écarta tout naturellement les cuisses. Pour la première fois, elle éprouva du plaisir à le recevoir dans sa grotte et elle s'imagina que c'était ainsi qu'une femme devait recevoir son mari. Il se mit à rire en lui mordillant le cou et elle lança ses bras en arrière pour s'accrocher à lui.

— *Caro*, murmura-t-elle quand il la pénétra.

Le mot lui parut étrange et difficile à prononcer, bien qu'elle l'eût souvent entendu pendant leurs étreintes.

— *Caro mío*, répéta-t-elle.

Lorsqu'il atteignit l'orgasme, elle se demanda tout à coup si, au cas où elle serait enceinte, son bébé ressemblerait à Norte ou à cet Espagnol velu. Mais à quoi bon s'en soucier ? Bien avant que l'enfant n'ait eu le temps de venir au monde, Benitez serait retourné auprès de son épouse au Pays des Nuages.

A moins que, d'ici là, ils n'aient tous péri sur les autels de Moctezuma...

Moctezuma, l'air abattu, considéra les plats disposés devant lui. La vaisselle rouge et noir était façonnée dans la plus fine des argiles de Cholula tandis que des braseros remplis de charbons rougeoyants conservaient la nourriture au chaud.

Les mets les plus délicats s'offraient au regard : du poisson frais apporté par des courriers spéciaux à travers les plaines et la sierra ; des cailles, du gibier, des sauterelles, des crotales et des vers d'agave ramassés dans le désert ; des nids d'excellentes larves, des salamandres pêchées dans le lac, des tatous piégés dans les forêts... Sans oublier une coupe fumante de *chocoatl,* des graines de cacao pilées, bouillies avec de la farine de maïs et sucrées au miel.

Mais rien, non, rien n'éveillait l'appétit de l'empereur...

D'un claquement de doigts impatient, il renvoya les plats aux cuisines. Des esclaves vinrent écarter les écrans dorés qui protégeaient le souverain des regards pendant les repas. Sa troupe personnelle de monstres et phénomènes en tous genres apparut pour tenter de le distraire : au son des flûtes et des tambours, des bossus exécutèrent une danse, des nains accomplirent des cabrioles, un unijambiste jongla avec des ballons... Mais rien de tout cela ne dérida Moctezuma.

Un serviteur lui alluma sa pipe de tabac et il se mit à fumer, perdu dans le dédale tortueux de ses sombres pensées.

Depuis toujours, il redoutait le retour du Serpent à Plumes. Mais à la lumière des récents événements, il commençait à entrevoir des perspectives tout aussi inquiétantes. L'un de ses espions lui avait raconté que ce Malinche possédait un miroir dans lequel il pouvait lire au plus profond de l'âme. Le Serpent à Plumes, il le savait, ne possédait pas un tel objet. Mais son rival, Miroir Fumant, lui, en avait un.

Tetzcatlipoca... Miroir Fumant... le dieu de l'Affliction, de l'Angoisse, de la Maladie, qui prenait un malin plaisir à revêtir les aspects les plus divers pour apporter aux êtres humains les pires fléaux, la misère et la souffrance. Tout comme ce Malinche, il convoitait toujours avec cupidité les richesses et, partout où il apparaissait, il semait la confusion et la peur.

Oui, comme Malinche.

L'idée qu'il puisse s'agir en réalité de Miroir Fumant le plongea dans un accablement des plus extrêmes. Au moins, s'il avait été confronté au Serpent à Plumes, il aurait su quelle épreuve l'attendait. Mais que désirait donc Miroir Fumant ? Avait-il une raison quelconque d'être mécontent des Mexicas ? Que faire pour que son peuple et lui-même échappent à sa vindicte ? Dans quel sens agir ?

Tout ce qu'il savait, c'était que, demain, il allait se retrouver face à un dieu. Et rien ne l'avait préparé à une telle rencontre, ni sa formation de prêtre ni sa vie de prince.

62

L'aube. La brume recouvrait la surface du lac, dissimulant Tenochtitlán. Les cris des bateliers se mêlaient à l'écho des rames frappant en cadence les canots qui glissaient sur les canaux, entre les *chinampas*. La puanteur qui se dégageait de ces jardins flottants contrastait avec leur beauté éthérée. Manifestement, le sol de ces extraordinaires édens aquatiques était enrichi par l'apport fréquent de déjections humaines...

Les Espagnols progressaient lentement, avançant sur une large digue de terre recouverte de dalles. Les guides marchaient en tête, suivis de la cavalerie en armure et caparaçons. Accrochés à la pointe des lances, les fanions pendaient mollement. Cristobal del Corral, le porte-étendard, chevauchait derrière, balançant sa bannière d'un côté et de l'autre pour la faire claquer dans l'air matinal dénué du moindre souffle de vent.

Puis venait l'infanterie, Ordaz en tête, épées tirées, boucliers sur l'épaule. Plus loin, Cortés chevauchait sa grande jument alezane, Mali à sa droite, frère Aguilar et fray Olmedo à gauche, brandissant bien haut leurs grandes croix de bois. Fermant la colonne s'avançait le grand étendard d'osier, le Héron Blanc, emblème des Texcaltèques. Quelques guerriers tiraient les chariots des canons lombards, les autres marchaient derrière, enveloppés de leurs longs manteaux rouge et blanc, jubilant à l'idée de pénétrer dans la capitale de leurs anciens tortionnaires.

Le soleil se leva derrière la chaîne bleu sombre du mont Tlaloc. Lorsque la brume matinale se dissipa, les Indiens se risquèrent sur le lac dans leurs canots pour assister à ce spectacle unique. Les eaux furent bientôt couvertes d'embarcations de toutes tailles, certaines transportant jusqu'à quarante ou cinquante personnes. Tous s'efforçaient de pagayer le plus près possible de la digue pour avoir une meilleure vue. Leurs visages exprimaient un mélange de curiosité, de saisissement et de crainte.

Un silence pesant régnait.

Les rayons du soleil levant se reflétaient sur les armures astiquées pour la circonstance, sur les harnais de cuivre et les lances d'acier. Les fifres des Espagnols firent entendre leurs sons plaintifs auxquels répondirent les sifflets et les cris des Texcaltèques. Un grand nuage de poussière, soulevé par les sabots des chevaux, s'élevait au-dessus de la digue. Lorsque la température se réchauffa, les chiens de guerre s'élancèrent en tête de la colonne, leurs gueules blanches d'écume. En les voyant, les Mexicas poussèrent des hurlements de frayeur.

C'est alors qu'ils distinguèrent au loin les tours de Tenochtitlán.

Au premier regard, Benitez crut d'abord à une hallucination, à quelque magie causée par l'eau et la lumière. Puis il comprit qu'il ne s'agissait nullement d'un mirage. Des dizaines et des dizaines de grandes pyramides de pierre, enveloppées de volutes de fumée, s'élevaient du lac.

Eberlués, les Espagnols découvrirent un gigantesque monde flottant de villes et villages reliés par un foisonnement de digues et de *chinampas*, toute une vaste et vibrante organisation à la surface du grand lac.

Benitez eut soudain envie de tourner les talons. Ni lui ni aucun de ses compagnons n'avaient osé imaginer trouver ici une civilisation aussi complexe. De minces rubans de fumée s'effilochaient au-dessus des nombreux temples de la ville ; preuve que, dès l'aube, on sacrifiait déjà aux milliers de dieux vénérés par les Mexicas.

Cortés ne cesse de nous répéter que nous venons en sauveurs, songea Benitez. Pourquoi, alors, ai-je l'impression d'être un mouton que l'on conduit à l'abattoir ?

63

Ils firent halte devant le château de Chlaloc, un édifice flanqué de deux tours qui gardait l'embranchement ouest de la digue menant à Coyoacán. Les sabots ferrés des chevaux résonnaient sur les ponts de bois conduisant à la gigantesque forteresse.

Serpent-Femelle s'avança pour les accueillir, vêtu d'une extraordinaire pèlerine confectionnée à partir de centaines de plumes de flamants roses artistiquement travaillées. Il était accompagné de près d'un millier des plus nobles habitants de la ville venus, selon la tradition mexica, fêter leur illustre visiteur. Ebloui, Cortés contempla un océan en mouvement de peaux cuivrées, de capes de plumes, de manteaux somptueusement brodés, de coiffures empanachées oscillant sous la brise.

Ne montre surtout pas que tu es impressionné, se dit-il. Ils ne doivent pas soupçonner le moindre étonnement de ta part.

Il fallut près d'une heure pour cette première cérémonie de bienvenue. Quand ce fut fini, ils franchirent les portes de la forteresse et marchèrent vers le nord en direction de la capitale.

Un peu plus tard, ils firent une nouvelle halte devant la Porte de l'Aigle en un lieu connu sous le nom de Malcuitlapilco, ce qui signifiait l'Extrême Fin de la File des Prisonniers.

La porte principale de la grande cité se trouvait encore à quelque trois kilomètres. Cortés le savait car, la nuit précédente, Mali lui avait parlé de cet endroit. C'était ici, lui avait-elle expliqué, que s'était arrêtée la colonne de prisonniers destinés au sacrifice lors de l'inauguration du Grand Temple. Durant la semaine de festivités, vingt mille victimes avaient eu le cœur arraché et brûlé sur les autels de la ville.

L'écho des conques et des *teponaztli* flotta au-dessus des eaux du lac. Une imposante procession passa alors les portes — nouvelle orgie de plumes de quetzal et de flamant, de peaux de jaguar, de becs d'aigle, d'ornements de jade. Au-devant du cortège, des nains gambadaient en répandant sur le sol des fleurs de cacaotier.

Et Cortés put enfin voir Moctezuma.

Portée par quatre des plus nobles princes de l'empire — dont Cuitláhuac et le Seigneur des Epis de Maïs —, sa litière apparut enfin. Quatre autres dignitaires tenaient les montants du dais ouvragé tendu au-dessus de lui et formé de plumes de quetzal mêlées d'or et d'argent, frangées de perles et de chalcolites vertes. Des *caciques* marchaient à l'avant pour balayer le sol et y étendre des nattes dorées.

La procession s'immobilisa et Moctezuma descendit de sa litière.

Le maître vénéré des Mexicas était un homme plus jeune que ne l'avait imaginé Cortés — entre quarante et cinquante ans, estima-t-il. Plutôt grand pour un Indien, mince, il avait la peau couleur de cannelle, une chevelure noire coupée à la hauteur de la nuque et, à défaut de barbe, quelques poils sur le menton pour en donner l'illusion. Un oiseau-mouche en turquoise perçait sa lèvre inférieure, des pierres précieuses ornaient ses oreilles et son nez.

Son long manteau bleu et blanc était richement décoré de perles, de turquoises et d'opales. Il portait sur la tête une coiffure spectaculaire formée de plumes de quetzal vertes et de plumes de cotinga bleues. Haute de près d'un mètre, elle était garnie de splendides disques d'or.

Il marcha lentement, soutenu — ainsi que le voulait le protocole — par son frère et son neveu. Sur son passage, tous ses fidèles tenaient obstinément les yeux baissés, à l'exception de quelques nobles plus âgés.

Une brise légère se leva, qui fit bruire les fanions et voleter les plumes des casques espagnols. Dans un silence profond, le conquérant espagnol et l'empereur d'un royaume millénaire se dévisagèrent. On n'entendait plus que le cliquetis des harnais de cuivre et le souffle des chevaux.

Cortés mit pied à terre et s'approcha de Moctezuma. Mali, comme toujours, se tenait à sa droite.

Il songea d'abord à lui donner l'accolade, mais à peine avait-il esquissé le geste que les deux princes accompagnant l'empereur s'avancèrent aussitôt, alarmés. Cortés recula d'un pas.

Il se contenta finalement d'offrir à Moctezuma un collier de verroterie bon marché — des perles enfilées sur un fil d'or et parfumées de musc. Le Seigneur des Epis de Maïs l'accepta au nom de son souverain. En retour, il orna le cou du *caudillo* d'un somptueux collier en or massif représentant des escargots de mer.

— Mon seigneur... ce sont les emblèmes du Serpent à Plumes, murmura Mali.

Cortés remercia d'un signe de tête. Il remarqua que les mains du roi tremblaient. Me voici à la porte de sa capitale, cerné par des dizaines de milliers de ses vassaux et de ses guerriers... et il tremble ! C'est donc bien que je vous tiens, toi et toute ta nation ! La Vierge est avec moi... Dieu m'a vraiment rendu invincible.

Usant de la Langue Elégante, Moctezuma exprima ses salutations.

— Il dit qu'il vous baise les pieds, mon seigneur, traduisit Mali.

— Quoi ?

— Il s'agit du salut traditionnel des Mexicas.

Moctezuma parla de nouveau, plus longuement cette fois. Cortés attendit avec impatience qu'il en finisse.

— Alors ? demanda-t-il à Mali lorsque l'empereur se tut enfin.

— C'est... difficile, mon seigneur.

— Difficile ?

— Je ne sais s'il s'exprime littéralement ou de manière plus... poétique.

— Contente-toi de me rapporter ses paroles.

— Il dit qu'après votre long et épuisant voyage, vous devriez vous reposer ici quelque temps. C'est une salutation rituelle. Mais, ensuite, il dit... il dit qu'il se sent depuis longtemps troublé chaque fois qu'il regarde vers l'est. Car il sait qu'un jour le Serpent à Plumes doit revenir dispenser son enseignement à ses fidèles. Voilà maintenant que la prophétie s'accomplit et il s'en réjouit. Il a conservé pour vous votre noble siège et, dès aujourd'hui, il vous offre le trône.

Cortés entendit Alvarado jurer entre ses dents.

— Par le cul de Satan ! Vous avez entendu ça ? Il vous propose d'être roi !

— Ce n'est peut-être qu'une nouvelle formule de politesse, suggéra Cortés.

Mais son esprit travaillait à une vitesse vertigineuse. Tout se passait bien... trop bien. Comment les choses pouvaient-elles être aussi simples ?

Il se tourna vers Mali.

— Dis-lui que, pour ma part, j'ai souhaité depuis longtemps le rencontrer en personne. Et répète-lui qu'il n'a rien à craindre de nous car nous l'aimons et nous pensons à lui comme à un ami.

Dès que Moctezuma eut compris le message transmis par Mali, son visage s'éclaira.

Ils pénétrèrent dans la capitale par une large avenue bordée de maisons blanches et de palais. La ville semblait étrangement calme mais, derrière les fenêtres et du haut des toits, Cortés sentait que des milliers d'yeux les observaient. A l'exception de la délégation officielle venue leur souhaiter la bienvenue, on ne voyait personne dans les rues.

Ils étaient reçus en conquérants, non en invités. Cortés savait qu'il était près de réaliser la promesse faite à ses officiers : prendre la ville sans tirer un seul coup de canon ni dégainer l'épée.

Le royaume qui s'offrait à ses yeux était celui dont il avait toujours rêvé — un royaume maintenant à portée de sa main...

64

Ils avancèrent sur la grand-place de Tenochtitlán. D'un côté, les murs roses du palais impérial, de l'autre le Grand Temple et, juste en face, au-delà du zoo privé de l'empereur, le palais de Face du Seigneur de l'Eau, père de Moctezuma. Les Mexicas l'attribuèrent aux Espagnols et Cuitláhuac en personne les y escorta.

Ils entrèrent dans une vaste cour embaumée par le parfum des fleurs. Des pièces d'eau peuplées de grands poissons et bordées de statues peintes rafraîchissaient les luxuriants jardins. La structure du palais était aérienne, ample. Les murs chaulés avaient été si polis qu'ils brillaient comme de l'argent. Des panneaux de cèdre recouvraient les plafonds et des tapis de couleurs vives décoraient le sol.

Tout était prêt pour leur arrivée. Du bois de santal brûlait dans les braseros et des nattes de paille tressée avaient été disposées pour le sommeil des nouveaux occupants. La pièce spécialement affectée au *caudillo* s'ornait d'un trône en or martelé enrichi de pierres précieuses.

Cortés contempla les lieux avec stupéfaction. Le palais était si vaste qu'on pouvait aisément se perdre dans ses interminables corridors, ses innombrables chambres et salles d'audience, ses patios agrémentés de bains de vapeur, de fontaines, de jardins. Pareil tableau dépassait les limites de l'imagination. Même les palais de Tolède ou de Santiago n'auraient pu supporter la comparaison.

Mais il savait aussi que la gloire de ce moment et la splendeur du décor ne devaient aucunement l'aveugler sur la réalité de leur relation. Malgré les belles paroles de Moctezuma, rien n'avait encore été décidé.

Son instinct de soldat le poussa à poster des sentinelles

le long des murs et à ordonner à tous ses hommes de se cantonner strictement à l'intérieur de la résidence. Pour faire bonne mesure, il fit hisser les fauconneaux sur le toit et tirer à blanc une salve d'honneur dont l'écho tonna au-dessus de la ville avant de se répercuter dans toute la vallée.

C'était autant un salut d'arrivée qu'un avertissement.

Cortés venait à peine de s'installer dans sa chambre lorsque Cáceres lui annonça que fray Olmedo et frère Aguilar souhaitaient l'entretenir d'une affaire urgente.

Le *caudillo* se frotta le visage d'une main lasse.

— C'est bon, fais-les entrer.

Comme d'habitude, Olmedo semblait mal à l'aise tandis qu'Aguilar affichait un air condescendant. Il n'était guère difficile de deviner qu'ils venaient encore lui seriner quelque nouvelle leçon de morale. Comme il détestait ces grenouilles de bénitier !

— Eh bien ? lança-t-il sèchement.

Les deux religieux échangèrent un regard. Fray Olmedo se décida enfin à prendre la parole.

— Frère Aguilar m'a fait part d'une affaire du plus grand intérêt, articula-t-il lentement.

Cortés garda le silence sans les quitter des yeux. Intimidé par cette tactique, Olmedo se tassa sur lui-même mais Aguilar ne se laissa pas aussi facilement impressionner.

— Je crains que doña Marina n'ait amené les indigènes de ce pays à vous vénérer comme un dieu, dit-il.

Une veine se mit à battre sur la tempe de Cortés. Maudit franciscain chicaneur ! pensa-t-il avec colère. J'aurais dû te laisser pourrir sur cette plage du Yucatán ! Tu m'as causé bien plus de tracas encore que ce renégat de Norte !

Il parvint malgré tout à se contenir et attendit pour répondre d'avoir retrouvé son calme.

— Vous avez tous entendu le message que j'ai demandé à cette fille de transmettre, répliqua-t-il. Quelle preuve avez-vous qu'elle aurait falsifié mes déclarations ?

— De qui d'autre pourrait venir cette croyance que vous êtes un dieu, monseigneur ?

— Je l'ignore, frère Aguilar. Nous traitons ici avec un peuple empreint de nombreuses superstitions. Je vous rappelle d'ailleurs que nous sommes précisément ici pour les débarrasser de leurs démons et les conduire sur les chemins de la vraie foi.

Le franciscain ne céda pas.

— Mais elle risque de trahir vos paroles et de contrecarrer vos plans ! N'a-t-elle pas affirmé à ces gens que vous étiez le Serpent à Plumes ?

— Encore une fois, vous n'avez aucune preuve de cela.

Aguilar serra étroitement son livre d'heures contre sa poitrine.

— Tout cela est arrivé parce que vous ne me laissez plus servir d'interprète ! siffla-t-il. Si vous me confiez à nouveau cette charge, soyez assuré que vos paroles ne seront pas déformées !

Cortés haussa les épaules.

— A quoi bon, puisque vous ne parlez pas leur langue ? C'est pourquoi doña Marina nous est aussi utile.

— Mais certains de ces Mexicas parlent le maya chontal ! Nous pourrions...

— Par tous les saints, Aguilar ! Combien de temps encore me faudra-t-il écouter vos pépiements affolés ? Il est déjà assez difficile de communiquer avec ce peuple sans que je doive en plus m'encombrer de vos jérémiades ! Ainsi, vous craignez que mes paroles soient déformées ? Mais n'avez-vous pas pensé qu'en multipliant les étapes de la traduction, le risque de malentendu n'en serait que plus grand ? Il nous faudrait alors passer par quatre intermédiaires et, donc, par quatre esprits différents !

Voyant que le ton montait, fray Olmedo intervint pour tenter de les ramener tous deux au calme.

— Nous redoutons seulement que vous ne vous trouviez exposé à un danger...

Cortés frappa la table d'un poing rageur.

— Par ma foi ! Que cherchez-vous donc à insinuer ? Vous pensez donc que je serais assez sot pour m'exposer moi-même au péril ? De quoi m'accusez-vous ? De trahison ? D'hérésie ? A moins que ce ne soit de blasphème ?

Le moine se ratatina devant cet accès de fureur.

— Certes non, *caudillo* ! Seuls des esprits malveillants oseraient prétendre que vous...

— J'aimerais bien savoir ce qu'un homme raisonnable aurait pu faire de plus avisé que moi ! Partout où je l'ai pu, j'ai fait détruire leurs idoles diaboliques et consacrer à

Dieu leurs sanctuaires. J'aurais même pu faire davantage encore si vous — oui, *vous* ! — ne m'aviez pas retenu ! Et voilà que, maintenant, vous osez m'accuser de blasphème !

— Mais, monseigneur, il n'était nullement dans mes intentions de...

— Taisez-vous ! (Cortés se tourna vers Aguilar.) Quant à vous, frère Aguilar, vous commencez sérieusement à abuser de ma patience !

Aguilar pâlit.

— Monseigneur, je crains seulement des apparences trompeuses...

— Il n'est question, ici, que de réalité ! J'ai amené sous la bannière du Christ le vrai Dieu dans ce pays et j'ai servi les intérêts de mon roi jusqu'à prendre le trône d'un grand empire ! Bientôt, je serai en mesure de remettre ce royaume intact non seulement au roi d'Espagne mais aussi à Dieu ! Quand d'autres souhaitaient fuir cette mission, je suis resté seul à défendre la cause de cette sainte croisade. Le contestez-vous ?

— Certes non, monseigneur, s'empressa de répondre fray Olmedo.

— Dans ce cas, vous n'avez aucune raison de vous méfier de moi ou de doña Marina. Quelles preuves dois-je encore fournir pour vous en convaincre ?

Olmedo garda un silence prudent mais Aguilar voulut malgré tout avoir le dernier mot.

— Il faudra bien, tout de même, dire à ces indigènes que vous n'êtes pas un dieu, insista-t-il.

— Je fais mon devoir, frère Aguilar. Faites le vôtre !

Cortés leur tourna le dos, signifiant par là qu'il leur donnait congé mais, au moment où ils franchissaient la porte, il ajouta :

— Fray Olmedo... Chassez donc les peurs qui vous habitent. Je vous prouverai bientôt que mon seul but est de défendre la cause du Christ. Et de telle sorte que vous ne pourrez plus en douter. Plus jamais !

Mais le moine ne se sentit guère rassuré pour autant. Car cette déclaration sonnait davantage comme une menace que comme un serment...

65

Il faisait encore sombre quand Benitez se leva. Il s'habilla rapidement et sortit sur le toit en terrasse. Une aube violette commençait à se lever sur Tenochtitlán.

Des canots se déplaçaient dans les brumes du lac et les coups sourds des rames résonnaient dans l'air immobile. Au-dessous de lui, dans la rue, des passants se hâtaient vers le temple pour les premières cérémonies de la journée. Il vit des petits garçons portant des braseros remplis de charbons brûlants et des fillettes avec des galettes de maïs destinées au repas matinal des prêtres.

Un premier rayon de soleil d'un jaune aveuglant apparut derrière la sierra, tel un lever de rideau théâtral. Il fut aussitôt salué par les roulements des tambours en peau de serpent du Grand Temple, auxquels répondit le mugissement des conques. L'heure des premiers sacrifices avait sonné.

Comme cette ville me semble étrange... pensa Benitez. Il n'y retrouvait aucune des images ou des odeurs rencontrées au cours de ses voyages. Même Santiago de Cuba ne lui était pas apparue si différente d'une ville espagnole déplacée dans un marécage brûlant. Mais, ici, on n'entendait ni le grincement des roues des voitures sur les pavés ni les hennissements des chevaux. Tout ce dont ce peuple insolite avait besoin était transporté à pied ou sur l'eau. Les bruits étaient comme feutrés : pas de jurons de marchands ou de charretiers, pas de cris d'enfants ou de mendiants en quête d'une misérable aumône. Cette extraordinaire cité demeurait figée dans un silence et un ordre parfaits. Les odeurs habituelles de déchets et de pourriture étaient, ici, remplacées par les arômes des piments et des herbes, et par la chaude senteur des lis et des fleurs exotiques, mêlés aux âcres effluves des fumées d'encens qui s'échappaient des temples.

De là où il se trouvait, il pouvait voir que les routes suivaient un tracé en forme de grille. Les principales voies de communication étaient assez larges pour qu'une douzaine de chevaux puissent y chevaucher de front. Au centre de la plupart des rues coulait un petit canal.

Ordaz, qui avait fait de nombreuses campagnes en Italie, compara cette cité à Venise qui, dit-il, possédait aussi de nombreux canaux.

— Mais, ici, ajouta-t-il en riant, ça ne pue pas autant !

Benitez aperçut une Mexica vêtue d'un grand manteau passer tranquillement dans la ruelle. Elle bavardait avec un voisin qui l'accompagnait dans un canot glissant à la même allure sur le canal. Plus loin, des hommes balayaient la poussière des rues et jetaient de l'eau fraîche sur la terre battue.

Des barbares... se souvint Benitez. Voilà comment il les considérait la première fois qu'il avait posé le pied sur cette terre, non loin du fleuve Grijalva. Des sauvages. Mais, à présent, il n'était plus du tout sûr de son jugement.

Un terrible grognement interrompit sa rêverie, provenant sans doute du zoo privé de Moctezuma, tout près de là. Les jaguars, ocelots et autres coyotes se disputaient les carcasses qu'on leur lançait en guise de premier repas. Fleur de Pluie lui avait assuré que les animaux étaient nourris avec les restes des sacrifices humains accomplis dans les temples.

Il perçut alors le premier signe de corruption de ce paradis terrestre : une odeur âcre de soufre montant du Grand Temple. De son poste d'observation, il remarqua que quelque chose coulait le long des marches de la pyramide.

Il plissa les yeux pour mieux voir...

C'était du sang.

Cortés endossa son pourpoint de velours noir et se coiffa d'un béret assorti orné d'une médaille gravée à l'effigie de saint Georges terrassant le dragon. Un second médaillon pendait sur sa poitrine au bout d'une chaîne d'or, frappé à l'image de la Vierge et de l'Enfant.

A son doigt brillait un gros diamant.

Satisfait de l'image que lui renvoyait le miroir présenté par son majordome, il regarda Mali.

— Ce matin, j'ai une audience avec l'empereur. Je te

recommande tout particulièrement de respecter les devoirs que ta mission t'impose.

— Je le fais toujours, mon seigneur.

— Mali... (Il s'arrêta, cherchant les mots exacts.)... Ce matin, tu devras traduire mes paroles avec précision. Mot pour mot, tu as compris ?

La jeune femme demeura silencieuse. Encore cet imbécile d'Aguilar ! songea-t-elle. Il a dû aller raconter ses sornettes à l'oreille de mon maître.

— Il me semble, reprit-il, que, dans le passé, tu en as dit plus que je ne te le demandais.

— Je me suis seulement efforcée de transmettre vos paroles dans le langage de mes frères et de mes sœurs, répliqua-t-elle d'une voix vibrante.

— Vraiment ? Alors pourquoi leur as-tu dit que j'étais un dieu ?

Mali baissa les yeux, apparemment contrite mais, en fait, pour dissimuler sa colère. Tu es un dieu ! Tu fais croire aux autres que ce n'est pas vrai mais, moi, je sais bien que tu en es un.

— Sais-tu ce qui m'arriverait si mon roi découvrait que je me fais passer pour une sorte de créature surnaturelle ? insista Cortés.

— S'il devait vous en vouloir, alors c'est à moi qu'il devra s'en prendre, pas à vous.

— Pourtant, si je laisse cette histoire se propager, ce sera moi qui en subirai les conséquences. (Sa voix se fit plus douce.) Je sais que tu veux bien faire, *chiquita*, mais il faut cesser ce petit jeu. Je veux qu'aujourd'hui tu n'ajoutes rien à mes paroles.

Il traversa la pièce pour venir lui caresser tendrement les cheveux.

— Tu me le promets ?

Elle ne répondit pas tout de suite. Si je lui fais une telle promesse, pensa-t-elle, cela pourrait bien être fatal pour nous tous. Miroir Fumant sait revêtir tous les déguisements pour détruire le Serpent à Plumes. Cette fois, j'ai bien peur qu'il n'ait pris la forme de frère Aguilar.

— Je ferai comme vous me l'ordonnerez, mon seigneur, murmura-t-elle.

Il sourit, pensant l'avoir domptée.

— Bien. Et maintenant, allons-y. Il n'est pas question de faire attendre l'empereur.

66

Le palais impérial, haut de deux étages, était en pierre volcanique d'un beau rose ocre. Au-dessus de l'entrée principale, un lapin de marbre polychrome symbolisait le jour du lapin, date à laquelle l'édifice avait été achevé. Des serpents de pierre rehaussés de couleurs vives montaient la garde de part et d'autre des marches. Des fresques peintes sur d'immenses panneaux de marbre représentaient des jaguars, des aigles, ainsi qu'un panthéon de dieux les plus divers.

— Sainte Mère ! s'exclama Benitez à mi-voix.

Cortés ouvrait la marche, flanqué, comme à son habitude, de Mali. Benitez suivait avec Alvarado, Ordaz, León, Sandoval, fray Olmedo et frère Aguilar. Et, pour toute escorte, cinq soldats.

Voilà... Nous entrons dans le repaire du jaguar, songea Benitez en réprimant un frisson.

A l'intérieur du palais, les panneaux de marbre étaient habillés de tapisseries en coton aux couleurs chatoyantes. Des fresques somptueuses aux tons ocre et blanc décoraient les murs tandis que d'exquis dessins de fleurs et d'animaux couraient sur les frises et les poutres de cèdre.

Le rez-de-chaussée avait été abandonné aux services administratifs : cour de justice, magasins renfermant les dîmes et tributs versés par les peuples assujettis, arsenaux, salles de réception et cuisines. C'était là aussi que logeaient les milliers de serviteurs et d'employés de toutes conditions qui veillaient à la bonne marche du palais.

Ils traversèrent un hall monumental ouvrant sur une vaste cour agrémentée de jardins luxuriants. De l'eau fraîche chantonnait dans les vasques de marbre nichées au cœur des buissons de fleurs odorantes. Devant eux, un large escalier de pierre conduisait au second étage et aux appartements privés de l'empereur.

Les faces monstrueuses des dieux peints sur la voûte grimaçaient, des jaguars montraient les crocs, tapis dans des niches creusées à même les murs. Les nains et les musiciens chargés de divertir l'empereur furent renvoyés d'un claquement de mains et sortirent en se bousculant.

Moctezuma, resplendissant dans un manteau turquoise bordé de fourrure de coyote, était assis sur un trône taillé dans un seul bloc de pierre. Il fit signe à Cortés de prendre place sur un autre trône, en roseaux tressés, installé à sa droite. D'autres *ypcallis* de bois avaient été disposés sur une estrade moins haute à l'intention des officiers espagnols.

Seuls quatre seigneurs étaient présents aux côtés de l'empereur : Serpent-Femelle, son Premier ministre, Ciutláhuac, son frère, ainsi que ses deux neveux, Aigle Plongeant et le Seigneur des Epis de Maïs.

Moctezuma frappa dans ses mains. Aigle Plongeant s'avança, les bras chargés de présents destinés aux visiteurs. Cortés reçut un coffret rempli de bijoux d'or. Chacun de ses capitaines se vit offrir deux colliers d'or et deux manteaux de coton.

Par l'intermédiaire de Mali, Cortés remercia Moctezuma et se déclara satisfait de la résidence qu'on lui avait aimablement affectée. L'empereur répondit en s'enquérant de ce qu'il pouvait faire d'autre pour lui être agréable.

— Mali... dit alors le *caudillo*, explique-lui que je ne suis pas un dieu mais un homme comme lui. Dis-lui que je suis envoyé ici par un grand roi qui règne sur de nombreux pays. Et que ce roi souhaite voir les gens d'ici abandonner leurs faux dieux, qui ne sont que des démons. Tout comme il désire voir l'empereur devenir son vassal. En retour, il bénéficiera de son amitié et pourra embrasser la vraie foi.

Il fit une pause et jeta un coup d'œil en direction d'Olmedo et d'Aguilar pour s'assurer qu'ils avaient bien entendu.

— Je te prie de transmettre très exactement ces paroles, ajouta-t-il.

Mali hocha la tête.

— Comptez sur moi.

Mais, dans son cœur, elle pensa : Je n'en ferai rien. Veux-tu donc laisser Aguilar ruiner tous nos efforts ? Souhaites-tu nous voir tous massacrés ?

Elle se tourna vers l'empereur.

— Mon seigneur vous fait savoir qu'il est venu du Pays des Nuages à la requête d'Ometeotl, le Seigneur de tous les Seigneurs. Il revendique ce trône, ainsi que tous les privilèges qui lui sont conférés. Et il désire que vous lui obéissiez en tous points.

Moctezuma parut se résigner.

— Comme tu le sais toi-même, répondit-il à Mali, la venue de ton seigneur a été prophétisée depuis des générations. J'ai conservé ce trône pour lui. Mais j'espère en retour qu'il me permettra de continuer à gouverner mon peuple. Pour le reste, je me mets entièrement à son service.

— Il se soumettra à vos ordres mais souhaite continuer à gouverner, traduisit Mali.

Un silence impressionnant succéda à ces paroles. Les Espagnols échangèrent des regards.

— Il a dit ça ? interrogea Cortés.

— Je me suis contentée de rapporter fidèlement ses déclarations, précisa Mali, se rappelant les recommandations qui lui avaient été faites un peu plus tôt.

Cortés parut abasourdi. Tout paraissait trop facile.

— Crois-tu qu'il pense réellement cela ? insista-t-il en l'observant avec une extrême attention.

Elle baissa les yeux.

— Je ne sais pas, mon seigneur. Encore une fois, j'ai traduit exactement ses paroles. Sans rien embellir.

— Mali !

Cela sonnait comme une menace.

— Mon seigneur, je ne connais pas l'esprit de l'empereur !

L'argument sembla convaincre Cortés.

— Bien. Alors dis-lui que je serai heureux d'accepter son allégeance au nom du roi. Et rappelle-lui qu'à partir du moment où il se soumet à la souveraineté politique du roi Charles, il doit aussi le choisir comme nouveau guide spirituel et abandonner ces abominables pratiques de sacrifices humains. Il devra se faire baptiser dans la vraie foi et demander à son peuple de suivre son exemple.

Mali traduisit. A ces mots, les traits de Moctezuma reflétèrent tour à tour l'effroi et la colère.

— Dis à Malinche que j'ai reçu de nombreux rapports sur sa nouvelle religion et ces drôles de croix qu'il a dressées dans nos temples. Je suis certain que les dieux lui sont favorables. Mais ceux que je sers se montrent, eux aussi, très cléments à mon égard et je ne peux prendre le risque de les offenser. J'espère néanmoins que le seigneur Malinche et ses hommes demeureront nos amis et que nous n'aurons plus à discuter de ce sujet délicat.

C'était la réponse que Mali souhaitait entendre. Je ne désire pas que tu sois ami avec mon seigneur, pensa-t-elle. Elle se tourna vers Cortés.

— Il ne veut pas contrarier ses dieux. Tout en reconnaissant que vous êtes un puissant seigneur, il souhaite ne plus aborder ce sujet avec vous.

Cortés fronça les sourcils tandis que ses officiers échangeaient des regards perplexes.

— Il commence par vous abandonner le trône et voilà, maintenant, qu'il se démet de ses promesses, gronda Alvarado. Quel jeu joue-t-il donc ?

Cortés considéra longuement Mali, en quête d'un conseil.

Comment puis-je vous expliquer tout cela devant les autres ? s'interrogea-t-elle. Moctezuma a encore des doutes et il soupçonne que vous pourriez bien être le Serpent à Plumes. C'est pourquoi il vous offre son trône. Mais il cherche aussi à vous distraire avec des babioles et de beaux discours. Par nécessité et par conviction, il demeure fidèle à ses dieux : Miroir Fumant et Oiseau-mouche.

— Je crois qu'il vous autorise à régner à sa place tant que vous ferez ce qu'il demande, finit-elle par dire.

Les yeux foudroyants de colère, Cortés répliqua :

— Explique-lui qu'il vit dans l'erreur. Il n'y a qu'un seul Dieu et les idoles qu'il adore ne sont que des démons de la pire espèce. Les êtres humains, sans exception, descendent d'Adam et d'Eve. Ils sont donc tous frères. La pratique des sacrifices et du cannibalisme est une offense contre Dieu et ses créatures ! Nous sommes venus de très loin pour les sauver de la damnation, lui et son peuple. S'il n'accepte pas le Christ en tant qu'unique Sauveur des âmes et s'il ne renonce pas pour toujours à ses cultes abominables, il brûlera dans les feux de l'enfer pour l'éternité !

Mali avait déjà entendu ce discours incompréhensible dans la bouche de fray Olmedo ou celle d'Aguilar, mais elle n'avait jamais imaginé qu'il lui faudrait un jour le répéter à l'empereur des Mexicas.

— Vous voulez vraiment que je lui rapporte cela ? demanda-t-elle dans un souffle.

— Fais ce que je te dis !

Elle s'exécuta et, comme prévu, Moctezuma changea de visage. La confusion et la crainte cédèrent la place à un terrible ressentiment. On bafouait son honneur, outrageait sa dignité ! Malinche l'avait assuré qu'il venait en ami et voilà maintenant qu'il le menaçait dans son propre palais ! S'il était vraiment un dieu, nul doute que cette sorte de dieu-là était inférieure !

— Dis à Malinche que mes dieux m'ont toujours servi de façon satisfaisante. Je lui obéirai dans tous les domaines excepté celui-là.

Tout se passe exactement comme je l'avais espéré, songea Mali. Tu ne laisses pas d'autre choix à mon seigneur que de te détruire...

Elle transmit la réponse de l'empereur à Cortés. Voyant Alvarado et ses compagnons commencer à manifester une réelle inquiétude, elle retint un sourire. Ces singes qui ne s'intéressaient qu'à l'or se trouvaient pris au piège à cause de leur religion !

Cortés réfléchissait. Il connaissait les dangers auxquels ils s'exposaient, mais il n'était plus question de reculer.

Fray Olmedo s'avança.

— Monseigneur, murmura-t-il, nous ne devrions pas bousculer l'empereur de la sorte. Le sujet a été abordé et c'est déjà une première étape satisfaisante. Avançons prudemment en consolidant chacun de nos acquis.

— N'est-ce pas vous qui m'avez reproché de ne pas montrer assez de piété, mon frère ? gronda Cortés.

Le moine pâlit.

— Je... je ne mets pas en doute votre piété, monseigneur. Toutefois, il serait probablement risqué de nous montrer trop exigeants.

— Hier encore, vous vous êtes permis de me sermonner sous le prétexte que je n'étais pas assez fervent !

— Je pense que fray Olmedo fait preuve de bon sens, *caudillo*, intervint Alvarado. Il serait préférable de partir. Nous en reparlerons avec l'empereur plus tard.

Cortés soupira.

— C'est bon, concéda-t-il de mauvaise grâce. Mali, remercie une nouvelle fois Moctezuma de ses présents et de son hospitalité. Nous allons prendre congé.

Mali eut du mal à dissimuler sa déception. Depuis longtemps, elle s'était préparée à cet affrontement entre le plus grand des dieux et un prince sanguinaire et puissant. Et voilà que Cortés se laissait persuader de capituler, influencé par ses propres prêtres — des êtres terriblement inférieurs. Auraient-ils réussi à le contraindre à nier sa divinité ?

Dissimulant mal son mépris, elle transmit à Moctezuma les salutations des Espagnols. Ne perds pas espoir, se répéta-t-elle. Il y aura encore d'autres occasions pour que Cortés montre à tous sa formidable puissance. Et je serai à ses côtés quand il se décidera enfin à mettre à genoux ce peuple haïssable !

Aigle Plongeant regarda les Espagnols s'en aller. Il avait bien remarqué que lorsque la fille parlait de Malinche à l'empereur, elle ne lui donnait jamais le nom de Serpent à Plumes comme elle l'avait fait à Cholula. Elle se contentait de l'appeler « seigneur », titre que n'importe quel homme bien-né était en droit de porter. Décidément, la personnalité de cet étranger demeurait des plus suspectes.

Plus que jamais, il était convaincu que ce Malinche n'était qu'un mortel, comme eux — même s'il se montrait bien plus rusé que le plus rusé des dieux...

67

Salle des Chevaliers du Jaguar

— Il a demandé à voir le temple, dit Serpent-Femelle.

Au-dessus d'eux, du haut de la pyramide du Grand Temple, les prêtres soufflaient dans leurs conques. On était à la dernière veille de la nuit. Comme chaque jour, avant que l'aube ne colore le ciel, les officiants avaient pour devoir d'arracher la tête de centaines de cailles et de saluer de leur sang le soleil levant. Les plus beaux oiseaux étaient choisis pour la circonstance, de préférence ceux qui possédaient un plumage moucheté de blanc afin d'évoquer les étoiles dans le ciel — ces étoiles que Oiseau-mouche, le dieu-soleil, devait combattre chaque matin avant de se lever à l'est.

— Qu'est-ce que ce Malinche compte trouver dans notre sanctuaire ? demanda Cuitláhuac.

Une question qui demeura sans réponse.

Aigle Plongeant se sentit gagné par la rage et l'impuissance. Jusque-là, les envahisseurs n'avaient guère manifesté d'intérêt pour leurs dieux. Pour quel étrange motif désiraient-ils maintenant visiter le temple ?

Et puis les présages n'étaient pas bons. Ces étrangers avaient choisi d'entrer dans la ville le jour du premier vent, signe traditionnellement attribué au Serpent à Plumes pour évoquer le jour où il s'était transformé en tourbillon.

Mais cette date du premier vent signalait aussi le jour où les sorciers et les voleurs cherchaient à hypnotiser leurs victimes pour s'installer dans leurs maisons, dévorer toutes leurs provisions, séduire leurs femmes et s'approprier leurs trésors... N'était-ce pas ce que ces maudits étrangers comptaient faire d'eux ? Depuis leur arrivée, la population, paralysée par la peur, se préparait à un terrible cataclysme et la ville était plongée dans un silence oppressant.

Et même eux, princes et chefs de guerre, l'élite des Mexicas, ne savaient que rester assis là à se lamenter, incapables de réagir.

— Je ne crois pas que ce Malinche soit réellement le Serpent à Plumes, déclara-t-il d'une voix vibrante.

— Notre maître vénéré le croit, lui, objecta le Seigneur des Epis de Maïs.

Aigle Plongeant chercha l'appui du Premier ministre.

— Et toi, qu'en penses-tu ? Se pourrait-il que ce Malinche ne soit que l'ambassadeur d'un lointain pays dont nous ignorons tout ?

Serpent-Femelle secoua la tête.

— S'il s'agissait d'une ambassade, il aurait présenté ses lettres de créance. Or il ne l'a pas fait. Il affirme, par contre, qu'il est le véritable roi de Tenochtitlán et notre empereur accepte cette prétention. Qu'allons-nous devenir ?

Le silence s'installa dans la salle d'audience. Malgré leur frustration, ils hésitaient encore à franchir l'étape suivante, celle de la désobéissance et de la rébellion. Moctezuma était leur *tlatoani*, leur maître vénéré, un prince choisi pour régner à vie sur les Mexicas. Cet ordre des choses devait rester à jamais aussi inébranlable que l'était la hiérarchie des dieux. Le remettre en question relevait du plus impensable sacrilège.

Lentement, l'un après l'autre, les puissants seigneurs se levèrent et quittèrent la salle.

Aigle Plongeant resta seul.

Notre empire a été fondé sur le culte que nous rendons au soleil, songea-t-il amèrement. Mais voilà que le soleil faiblit et sa lumière risque de disparaître pour toujours de notre monde.

J'ai peur pour le Mexique.

68

Le Grand Temple

Au pied des marches, le corps disloqué d'une femme nue formait un cercle de près de quatre pas de large. Mali leur expliqua qu'il s'agissait de la déesse de la Lune, fille de Tunique du Serpent, laquelle était aussi mère des étoiles et d'Oiseau-mouche, le dieu du Soleil.

Selon la légende, alors que Tunique du Serpent était enceinte d'Oiseau-mouche, sa fille, la déesse de la Lune, avait tenté de l'assassiner. Alors, pour la sauver, Oiseau-mouche jaillit du ventre de sa mère, déjà formé et armé de pied en cap. De son épée, il découpa sa sœur en morceaux. Dès lors, chaque nuit, il dut recommencer le même massacre pour renaître.

Voilà pourquoi le corps épars de la déesse de la Lune gisait au pied du sanctuaire, blocs de pierre disposés selon un dessin spécifique afin que les restes sanglants des victimes sacrifiées chaque matin viennent s'y fracasser après avoir roulé le long des marches du temple. Ainsi, chaque jour, l'Oiseau-mouche, dieu du Soleil, pourrait revenir à la vie.

Benitez contempla avec terreur les hautes pyramides surplombant la cour. A quelques pas, le temple du Serpent à Plumes jaillissait de terre, pyramide d'une architecture fort différente de toutes les autres érigées en l'honneur des dieux. Mali expliqua que sa forme arrondie avait été sciemment choisie pour que le Seigneur du Vent puisse souffler à sa guise sur le temple sans rencontrer d'obstacles.

Non loin de là, le spectacle de milliers de crânes entassés en une série de monticules le fit frissonner d'horreur. Sinistres témoignages de l'appétit vorace des dieux mexicas, certains étaient encore tachés de sang et recouverts de lambeaux de chair ; d'autres, blanchis par le soleil, contemplaient le ciel de leurs orbites creuses.

Le Grand Temple dominait la place. Il devait bien dépasser en hauteur la flèche de la cathédrale de Séville, estima Benitez, impressionné. Pour accéder à son sommet perdu dans les nuages, des degrés abrupts se succédaient en une pente presque verticale. Deux serpents de pierre polychromes montaient la garde de chaque côté des marches.

Les Mexicas qui les accompagnaient firent comprendre à Mali qu'ils étaient prêts à porter Cortés jusqu'en haut. Mais, d'un geste irrité, ce dernier les repoussa et entreprit seul l'escalade. Benitez, haletant, les poumons en feu, s'efforça de suivre son allure.

Dieu du ciel... pensa-t-il avec désespoir.

Moctezuma les attendait.

— Il vous demande si vous êtes fatigué de votre ascension, traduisit Mali.

— Dis-lui... dis-lui que nous ne sommes jamais fatigués, répliqua Cortés d'un ton bref.

Peut-être pas toi, songea Benitez, mais, moi, je suis hors d'haleine. Je suis certain qu'on doit entendre mon souffle rauque jusqu'à Cuba. Il fit néanmoins de son mieux pour prendre un air détaché et calmer les mouvements saccadés de sa poitrine.

La ville s'étendait à leurs pieds, éblouissante : quadrillage de rues et de canaux, maisons blanches coiffées de chaume, palais aux murs roses. Des dizaines de temples s'élevaient vers le ciel, se détachant contre les montagnes couvertes de neige. Femme-qui-Dort et Homme-qui-Fume, les deux volcans, crachaient une colonne presque verticale de fumée et de cendre. Un trafic incessant de canots et de bateaux animait les eaux étincelantes du lac. Benitez reconnut au loin les forêts de pins et le col qu'ils avaient franchi une semaine plus tôt pour gagner cette vallée des merveilles.

— As-tu jamais vu semblable tableau ? souffla Ordaz, à côté de lui.

— Non, même pas en rêve. Je croyais qu'il n'y avait pas

de ville plus grande ni plus belle que Séville. Je me trompais.

Ordaz inclina lentement la tête, le regard perdu dans le lointain.

— J'ai voyagé et guerroyé partout dans le monde, connu les plus grandes villes d'Europe — Rome, Venise, Naples et même Constantinople —, mais je n'ai jamais rien vu de comparable...

Benitez se remémora ce que Norte avait dit un jour : « *Les barbares sont bien arrivés aux portes de Rome.* » Troublé, il se posa alors une question angoissante : si Dieu a vraiment choisi les chrétiens comme son peuple élu, pourquoi celui-ci n'a-t-il jamais été capable de créer un monde aussi magnifique que ce paradis terrestre ?

Il se consola en songeant que s'ils convertissaient ces *naturales* et leur apportaient leur art, leur architecture et leur religion, ce paradis n'en deviendrait que meilleur. Oui, se dit-il, rasséréné, c'est sûrement pour cela que Dieu nous a conduits jusqu'ici.

Par l'intermédiaire de Mali, Moctezuma leur expliqua comment un gigantesque aqueduc apportait à la ville les eaux fraîches de la Montagne de la Sauterelle. Il leur montra aussi les grandes arcades du marché de Tlatelolco, à une lieue de là.

Oui, c'est bien un rêve, se répéta Benitez. Les prodiges se succèdent les uns après les autres.

Il dut faire un effort pour détourner son regard de cette vue splendide et examiner avec nettement plus de réticence la pierre sacrificielle installée devant le sanctuaire de l'Oiseau-mouche. L'impression démoniaque qui s'en dégageait contrastait d'une manière saisissante avec toute cette beauté. Réprimant un frisson, Benitez vit que la pierre et les marches étaient encore maculées de sang.

Postés non loin du brasero, tels de grands corbeaux, les prêtres du temple les observaient. Des motifs représentant des crânes humains étaient brodés sur leurs longues robes sombres. Leurs cheveux enduits de sang humain leur tombaient jusqu'à la taille et ils avaient les oreilles déchirées par de fréquentes mutilations. Une odeur de soufre et de chair pourrissante flottait autour d'eux et Benitez se sentit pris d'une violente nausée.

Deux sanctuaires se dressaient au sommet de la pyramide. L'un dédié à Tlaloc, le dieu de la Pluie, avait été peint en bleu et blanc ; des grenouilles de pierre et une statue couchée polychrome d'un *chacmool* — le messager des dieux — en gardaient l'entrée. L'autre, d'une violente couleur rouge sang, était réservé au dieu Oiseau-mouche ; une frise courait au-dessus de l'entrée, lugubre guirlande de crânes annonçant les rites sanglants pratiqués à l'intérieur du temple.

— Moctezuma demande si vous désirez entrer avec lui dans le sanctuaire de leur dieu Oiseau-mouche, traduisit Mali.

Cortés hocha la tête.

Mais rien ne les avait préparés à ce qu'ils allaient voir.

69

La maison de la Bête.

Tandis que ses yeux s'accoutumaient progressivement à la pénombre, Benitez ne perçut tout d'abord que l'odeur... les horribles, épouvantables relents d'un abattoir.

Puis il commença à distinguer deux yeux qui l'épiaient, deux grosses pierres luisant dans l'obscurité, incrustées dans un masque d'or surplombant la statue d'un archer aux flèches d'or, le corps incrusté de jades, d'opales et de perles.

Mali traduisit les paroles de Moctezuma :

— Voici l'Oiseau-mouche, dieu du Soleil et Fabricant de Guerres. Nous, les Mexicas, sommes son peuple élu. Il nous protège et nous apporte de grandes victoires. Regardez ce collier qu'il porte. Ce sont les crânes et les cœurs des rois que nous avons vaincus. Ils ont été forgés dans de l'argent par nos meilleurs orfèvres.

Benitez ravala sa bile. Il y avait du sang partout, coagulé en couches épaisses sur le sol et les murs.

Et cette odeur... cette effroyable odeur...

Moctezuma souleva un rideau — fait de peau humaine, précisa Mali — auquel étaient suspendues de minuscules clochettes de cuivre et d'argent. Là, trois cœurs encore frais se consumaient sur un brasero rempli d'encens de copal. Une autre bête était tapie dans l'ombre. Elle avait la tête d'un ours, les yeux brillants comme des miroirs d'obsidienne, le corps ceinturé de diables à longues queues... *Tetzcatlipoca,* alias Miroir Fumant, Seigneur des Enfers, de l'Obscurité, prince des magiciens et des sorciers.

— Je crois que je vais vomir, gémit Alvarado.

Les traits déformés par la colère et le dégoût, Cortés sortit à grands pas du sanctuaire, ses hommes à sa suite, pressés de quitter cet antre infernal pour respirer un peu d'air frais, loin de ces statues cruelles et de ces diables de pierre.

Moctezuma avait pâli sous l'outrage et l'humiliation. Et pourtant, ses yeux imploraient encore, constata Mali. Plus que tout au monde, il souhaite éviter un conflit.

Cortés se tourna vers elle, écumant de rage. Le dieu l'habite, pensa-t-elle en le regardant. On le voit à la flamme qui brille dans ses yeux.

— Dis à cette créature que je me demande comment elle peut s'avilir ainsi devant de tels dieux, des dieux qui ne sont rien d'autre que des manifestations du diable. Avec sa permission, je chasserai ces démons pour les remplacer par le signe de la croix et l'image de Notre Sauveur dans les bras de la Vierge, sa très sainte mère.

Mali se tourna vers l'empereur des Mexicas, impatiente d'assister à la confrontation inscrite dans sa destinée.

— Mon seigneur est extrêmement fâché et il s'étonne qu'un grand prince tel que vous persiste à s'adonner à ces affreux sacrifices humains. Vous réalisez certainement à quel point ces idoles sont monstrueuses. Voilà pourquoi le seigneur Cortés désire consacrer immédiatement ce temple à sa propre religion.

En l'écoutant, Moctezuma se mit à trembler de tous ses membres.

— Si j'avais su que Malinche saisirait cette occasion pour insulter nos dieux, je ne l'aurais jamais invité à venir ici ! siffla-t-il.

Mali reporta son attention sur Cortés et vit qu'il avait posé la main sur le pommeau de son épée. Un frisson d'excitation la parcourut. Oui, pensa-t-elle, fais-le maintenant ! Tranche cette tête et jette bas ces idoles ! Tue les prêtres et dévaste ce temple.

Maintenant !

Mais Benitez posa une main sur le bras de Cortés.

— Pas ici, *caudillo*. Ce n'est pas le moment. Montrons-nous plus circonspects.

— Regardez-les ! tonna Cortés en désignant les prêtres vêtus de noir. On dirait une assemblée de vautours !

— Je partage votre avis, monseigneur, intervint fray Olmedo, l'air apeuré. Cependant, je crains que le capitaine

Benitez n'ait raison. Ne nous jetons pas imprudemment dans la bataille tant que nous ne sommes pas certains qu'elle tournera à notre avantage. Nous venons juste d'arriver dans cette ville. Le Seigneur ne s'attend pas à ce que nous chassions le diable et ses œuvres en un seul jour.

Cortés éloigna lentement sa main du pommeau. Pour une fois, les arguments d'Olmedo semblaient le convaincre.

— Fort bien. (Il regarda ses hommes.) Et vous, messieurs, quel est votre avis ? Ne vous laissez pas abuser par la beauté de cette cité car elle n'est là que pour nous tromper. Le démon habite ici. Lorsque nous aurons conquis cette ville, le reste du pays sera à nous.

Sur ces mots, il tourna les talons et entreprit de descendre les marches de la pyramide. Mali se hâta de le suivre, heureuse de constater que la faiblesse dont il avait été victime à Cholula n'était plus à présent que de l'histoire ancienne. Le dieu logeait de nouveau en lui, superbe dans sa colère.

Maintenant, elle était certaine du résultat final.

Moctezuma les regarda partir. Il sentait peser sur lui les reproches silencieux des prêtres. Au lieu d'apaiser ses dieux, il n'avait fait que les irriter davantage.

Il pénétra dans le sanctuaire pour offrir son propre sang en pénitence. A l'aide d'épines de maguey, il se piqua la langue et les oreilles. Puis il disposa les épines couvertes de sang dans une pelote d'herbes tressées.

Que faire... que faire ?

Les manifestations d'amitié de Malinche à son arrivée avaient disparu. Bientôt, toute la ville apprendrait comment les étrangers avaient défié les dieux. Ce Malinche semblait ne s'intéresser qu'à la religion et à l'abolition des sacrifices humains, et en cela il se comportait comme un dieu — comme le Serpent à Plumes. Pourtant, les serviteurs envoyés au palais de Face du Seigneur de l'Eau pour veiller à tous les besoins des étrangers affirmaient que ceux-ci se comportaient bien plus comme des mortels que comme des dieux. Leurs excréments n'étaient pas en or, ainsi qu'ils l'auraient dû, et ils puaient tout comme ceux des chiens.

Que croire, à présent ?

Il demeura prostré devant l'image de Miroir Fumant, priant pour qu'il l'aide à résoudre ce dilemme.

Ô Maître, Seigneur de la Nuit, Prince des Mondes Proches, ouvre mes yeux et mon cœur, conseille-moi, dirige-moi vers le chemin de la sagesse, inspire-moi... Oui, incline-toi vers moi, guide-moi !

70

Des cœurs encore frémissants en train de rôtir sur un brasero.

Les yeux de la Bête rougeoyant dans le noir, fixés sur lui.

Pris de panique, il s'enfuit le long des interminables corridors du palais, sa main laissant sur les murs une empreinte sanglante. Des corps sans tête le poursuivaient, hurlant son nom et l'accusant des pires péchés. Une odeur infecte empestait ses narines. Il tomba et ses jambes demeurèrent emprisonnées dans la boue du lac.

Il ne pouvait plus leur échapper...

Haletant, il se redressa dans son lit, la chemise trempée de sueur. Fleur de Pluie se rapprocha de lui et murmura en nahuatl des mots qu'il ne comprit pas. Vaguement apaisé, il s'étendit de nouveau et serra étroitement la jeune Indienne contre lui.

— *Cara*... murmura-t-il en l'embrassant sur le front.

Depuis quand lui était-elle devenue si précieuse ? Grâce à elle, maintenant, il souhaitait vivre encore un peu. Mais il pensait que leur temps était compté. Ce monde-là était perdu. Le sol qu'ils foulaient était imbibé de sang.

Ce fut l'un des charpentiers, Alonso Yañez, qui fit la découverte.

Cortés lui avait demandé d'aménager une chapelle à l'intérieur du palais et, en cherchant un endroit approprié, il était tombé sur un pan de mur qui lui semblait avoir été recouvert depuis peu d'un enduit de plâtre. Curieux, Yañez décida d'y pratiquer une ouverture pour voir ce qui se cachait derrière.

Appelé aussitôt sur les lieux, Cortés leva haut la lampe au-dessus de sa tête pour que le faisceau de lumière éclaire toutes les pièces du fabuleux trésor : jades, opales, perles, colliers d'or ouvragé incrustés de pierres précieuses, statues modelées dans de l'argent massif... et plus d'une vingtaine de lourdes plaques en or massif, semblables à celle offerte par la délégation mexica à San Juan de Ulúa.

Ce que recelait cette corne d'abondance défiait l'imagination, incarnait les rêves les plus fous. Il y avait là plus de richesses que n'en possédaient bien des rois couronnés de leur monde.

— Par le cul de Satan ! s'exclama Alvarado.

Les yeux écarquillés devant toutes ces splendeurs, Jaramillo mit quelque temps à se ressaisir.

— Comment pourrons-nous garder cela secret ? murmura-t-il.

— Qui parle de secret ? répliqua Cortés. Je veux que tous voient cela. Jusqu'au dernier soldat.

— Mais, *caudillo*... protesta Alvarado. C'est prendre le risque d'exciter leur cupidité au-delà de toute mesure. Il y aura des conflits, peut-être même des menaces de révolte...

D'un geste négligent de la main, Cortés rejeta l'argument.

— Pourquoi croyez-vous qu'ils m'ont suivi jusqu'ici ? Par cupidité, précisément ! Quand ils auront contemplé ce butin, ils se battront comme des diables pour le protéger. Faites ce que je dis et que tous viennent défiler ici, trois par trois. Je veux qu'ils comprennent que Moctezuma essaie de nous dissimuler ce qui nous appartient de droit — selon ses propres déclarations. Nous en reparlerons plus tard. Car c'est une chose que de trouver un trésor et c'en est une autre de le conserver.

Mali se hâtait le long d'une pièce d'eau bordée de saules. Elle se dirigeait vers le grand escalier conduisant aux appartements de Cortés. Les parfums enivrants des lis flottaient dans l'air chaud.

Quand elle aperçut Aguilar plongé dans la lecture de son livre de prières, à l'ombre des arcades, elle accéléra encore le pas.

— Doña Marina ! appela-t-il aussitôt.

Il voulut s'élancer vers elle, mais sa course fut ralentie par sa longue robe brune.

— Quoi encore ? lança Mali sans se retourner.

— Il faut absolument que je vous parle.

— Je suis pressée. Mon seigneur m'attend.

— Même si vous le souhaitez, il ne vous sera pas toujours possible de m'ignorer. Doña Marina ! J'ai des oreilles et une langue et je continue à m'en servir !

Rien de plus vrai, pensa-t-elle. Je ne pourrai pas éternellement l'éviter. « Ne cherche pas à échapper à la contradiction, lui répétait son père. Ta destinée est dans le conflit. » Affronte cet homme. Dévore-le.

Elle fit halte en haut des marches et attendit à l'ombre d'une des statues toltèques géantes et colorées qui montaient la garde à la porte des appartements.

— Bien. Qu'avez-vous à me dire ?

Il la rejoignit, hors d'haleine.

— Vous avez négligé mes avertissements !

— Quels avertissements ?

— Vous avez encore déformé notre message auprès de ces indigènes. Que Dieu vous pardonne ! Est-il exact que Moctezuma soupçonne Cortés d'incarner l'un de leurs dieux ?

Elle le toisa d'un regard froid.

— Vous n'êtes qu'un imbécile, Aguilar !

— Vraiment ? Et cependant je ne suis pas assez idiot pour me permettre de commettre une telle hérésie au nom du Seigneur.

Elle s'avança tout près de lui, comme le ferait une femme cherchant à séduire. A sa grande satisfaction, elle le vit rougir instantanément.

— Si Moctezuma doutait un seul instant que Cortés n'est pas un dieu, il nous tuerait tous, dit-elle lentement, sur un ton qui n'avait rien d'amoureux. C'est seulement parce que les Mexicas croient qu'il est le Serpent à Plumes, de retour sur terre, qu'ils nous ont accueillis.

— S'il en est réellement ainsi, alors Cortés a commis le péché de blasphème ! gronda Aguilar. Nous n'avons nul besoin de vos sorcelleries. Dieu nous protégera dans nos entreprises.

Mali jugeant que la conversation prenait un tour dangereux et qu'ils risquaient d'être entendus par d'autres, elle passa de l'espagnol au maya chontal.

— Alors, que votre Dieu vous protège, Aguilar. Et que le Serpent à Plumes vous protège aussi, tout comme Miroir Fumant. Car, pour les Mexicas, Cortés est l'un ou l'autre de ces dieux.

Aguilar revint à l'espagnol qui servait mieux son discours théologique.

— Nous avons pour mission de conduire l'empereur Moctezuma à la vraie foi. Si cela doit se faire au prix de notre vie, qu'il en soit ainsi !

— Non, Aguilar. Si cela nous coûte la vie, Moctezuma s'en sortira vainqueur.

— Vous voulez donc nous damner ? Dans votre ignorance, vous finirez par détruire l'âme de Cortés ! Qu'arriverait-il si cette sorcellerie venait aux oreilles du Saint-Office ? Savez-vous seulement que, s'ils pensaient que Cortés s'est délibérément attribué l'identité d'un de ces effroyables démons, ils le feraient exécuter ?

Quelle sorte de charabia était-ce là ? se demanda-t-elle, pleine de mépris pour Aguilar. Toutefois, il ressortait de son discours qu'elle exposait son seigneur à un danger et c'était là une chose qu'elle ne pouvait ignorer. Mais le danger demeurait inévitable lorsqu'on entreprenait de grandes actions.

— Il est véritablement un dieu, Aguilar.

— Comment osez-vous prononcer des paroles aussi ignominieuses ! Cortés n'est qu'un homme !

Mali secoua la tête. Du bout du doigt, elle effleura la croix de bois que le franciscain portait autour du cou. Il se dégageait de lui une odeur si pestilentielle qu'elle détourna la tête en plissant le nez. Cet homme ne se lavait donc jamais ? Pourquoi fallait-il que les prêtres — qu'ils soient mexicas ou espagnols — sentent toujours aussi mauvais ?

— Croyez-vous qu'un homme ordinaire aurait pu nous conduire ainsi sur les chemins de la victoire ?

Tout en parlant, elle retenait fermement le religieux par son pendentif.

— C'est un homme ordinaire ! cria-t-il d'une voix suraiguë. Certes, il est de noble naissance, mais pas plus que bien des autres et, de surcroît, peu fortuné. Ainsi, Puertocarrero est de meilleure naissance que lui. Rappelez-vous : Cortés l'a toujours ménagé, ainsi qu'Alvarado. Car ces deux hommes prêtent à son action un vernis de respectabilité. Quant à ses vertus personnelles, j'ai parlé avec certains de ses officiers et ils m'ont rapporté qu'à Cuba, on le reconnaissait comme fine lame et bon cavalier, mais d'une piété douteuse. Cortés est fait d'argile, doña Marina, tout comme nous.

— Peut-être alors que Dieu a choisi de venir habiter son âme tard dans sa vie, comme pour Moctezuma.

— Non, non... Un homme peut s'efforcer de trouver Dieu mais Dieu, lui, n'a pas besoin des hommes pour se manifester. Il ne l'a fait qu'une seule fois, et avec son propre fils ! Vous n'allez tout de même pas oser comparer Cortés à Notre Sauveur Jésus-Christ !

Mali s'éloigna. Toutes ces sottises finissaient par lui donner mal à la tête. Mais Aguilar la suivit.

— Laissez-moi ! lança-t-elle en se retournant. Même si le seigneur Cortés ne sait pas toujours qui il est, moi je sais qu'un dieu l'habite. Il y a en lui la mère et l'enfant qu'il vénère chaque jour, et aussi cet autre dieu qui, lui, est toujours en colère. Il me fait parfois penser à vous, Aguilar. Peut-être, en effet, n'est-il pas le Serpent à Plumes, notre doux Maître de la Sagesse, mais ce n'est pas un homme ordinaire. Même si je devais vivre un millier de vies, je n'en rencontrerais jamais un autre comme lui. Cortés est mon destin, Aguilar. Sans lui, je n'existerais pas.

— Vous n'êtes qu'une sorcière ! cria-t-il.

Le ton de leurs voix avait monté, éveillant l'attention des sentinelles postées devant les appartements privés de Cortés. Cáceres, le majordome, s'immobilisa pour prêter l'oreille à cette discussion qui se déroulait en deux langues dont une seule lui était familière.

— Si Cortés n'était pas là, siffla Aguilar, vous brûleriez sur le bûcher !

Mali s'arrêta et plongea son regard dans celui du moine.

— Eh bien, dans ce cas, réjouissez-vous. Mon destin est encore pire. Je l'aime. Et, à cause de lui, je me consume chaque jour.

Aguilar garda les yeux fixés sur elle tandis qu'elle disparaissait dans les appartements privés de Cortés, un sanctuaire dans lequel il ne pouvait pénétrer sans l'invitation du *caudillo* — contrairement à la jeune Indienne.

— Si tu savais... murmura-t-il. Moi aussi, j'aime Cortés. D'une manière que tu ne pourras jamais comprendre...

71

Les hommes étaient de nouveau rassemblés par petits groupes, chuchotant entre eux. Le malaise qu'ils avaient déjà ressenti à San Juan de Ulúa les rongeait de nouveau. Un malaise qui les frappait en plein cœur.

Et ce mal avait un nom : l'or.

Pendant ce temps, Cortés allait et venait dans ses appartements, prenait ses repas seul dans sa chambre, élaborait des plans, ruminait toutes sortes d'idées, plongeant dans les recoins les plus sombres de son âme ambitieuse pour y puiser force et détermination. Puis il allait s'agenouiller et priait Dieu de le guider dans sa mission.

Les nuits étaient devenues fraîches et, dans un coin de la pièce, un brasero diffusait un peu de chaleur. De la place montaient les sons des flûtes et des tambours portés par l'air froid de novembre. Le peuple chantait et dansait dans les rues — un signe qui ne manquait pas d'être inquiétant. Benitez avait l'impression que, tout au long de ces derniers jours, la population avait perdu toute crainte à leur égard. Des rumeurs circulaient de nouveau parmi les Texcaltèques, rumeurs selon lesquelles les Mexicas projetaient une attaque.

Tout recommençait comme à Cholula.

Cortés se tenait face à son conseil, dos à la fenêtre ouverte.

— Messieurs, nous voici placés devant un dilemme délicat. Nos richesses ont dépassé nos espoirs les plus fous et, cependant, nous nous retrouvons aussi pauvres que les plus miséreux puisque nous sommes piégés ici avec notre trésor. Si nous ne pouvons quitter librement ces lieux avec notre or, de retour à Cuba, notre seul butin sera nos rêves déçus.

« A notre arrivée, l'empereur s'est reconnu vassal de Sa Majesté le roi d'Espagne et il nous a remis son trône, conformément au *Requerimiento*. Je crois cependant qu'il ne joue pas franc jeu car, depuis cinq jours que nous sommes à Tenochtitlán, il s'accroche toujours à ses prérogatives. Certes, il nous traite comme des hôtes d'honneur, mais c'est tout. L'un d'entre vous a-t-il une idée de ce que nous devons faire ?

— Peut-être devrions-nous attendre encore un peu pour voir ce qu'il manigance ? suggéra Jaramillo.

— Si nous jouons ce jeu, nous en serons les victimes. Ils font semblant de nous aimer, mais le cœur de l'homme est inconstant et tortueux. J'ai d'ailleurs l'impression que la nourriture qu'ils mettent à notre disposition est de jour en jour plus limitée. S'ils le veulent, à tout moment ils peuvent supprimer les ponts qui nous relient aux digues et, en quelques heures, faire de nous des prisonniers sans même avoir à nous attaquer. Il leur suffira alors de nous affamer pour, ensuite, offrir nos cœurs à leurs idoles diaboliques. A moins que Moctezuma ne choisisse d'empoisonner les aliments qu'il nous donne. Bref, d'une manière ou d'une autre, nous sommes à leur merci.

Ce constat aussi précis que cruel jeta un froid dans l'assistance.

— Alors, emparons-nous de l'or et quittons la ville de nuit pour regagner Vera Cruz, proposa Ordaz.

Cortés adressa un sourire glacial à son capitaine d'infanterie.

— Joli plan que voilà ! Tu sembles oublier qu'entre Tenochtitlán et la côte se trouve Texcála. Si Vieil Anneau de la Guêpe découvre que nous avons abandonné ses guerriers aux mains de leurs ennemis héréditaires, il pourrait bien en conclure que nous sommes de piètres alliés. Y en a-t-il un parmi vous qui désire encore se battre contre les Texcaltèques ?

Nouveau silence, nouvelles mines soucieuses.

— Nous ne sommes pas obligés de repasser par Texcála, objecta Sandoval.

— Il nous faudrait alors avoir les moyens de voler au-dessus du territoire des Mexicas, répliqua Cortés. Croyez-vous qu'ils nous laisseront partir ainsi, les poches remplies de leurs trésors ? Et, dans le cas très improbable où nous pourrions échapper aux armées de Moctezuma, il nous faudra encore des semaines pour construire les bateaux qui nous ramèneront à Cuba. Sans compter qu'à notre arrivée là-bas le gouverneur ne manquera pas de nous spolier de notre butin.

La consternation s'abattit sur eux comme un épais nuage.

— Il y a un autre problème, reprit Cortés après leur avoir laissé le temps d'apprécier toutes les conséquences de la situation. Avant de quitter Cholula, j'ai reçu un message secret de Juan Escalante, qui assure le commandement de notre forteresse à Vera Cruz. Il semble que le gouverneur mexica de la région ait attaqué nos camarades. Les hommes d'Escalante et leurs alliés totonaques ont été mis en déroute. Neuf de nos camarades sont morts ; beaucoup d'autres ont été blessés mais, par la grâce de Dieu, ils ont pu néanmoins regagner Vera Cruz.

Les hommes se dévisagèrent, accablés. Jusque-là ils s'étaient sentis protégés, du seul fait que les Indiens les croyaient invincibles. Et voilà que les Mexicas commençaient à détruire cette légende. Si les armées de Moctezuma attaquaient sur la côte, qu'est-ce qui les empêcherait d'en faire autant dans leur capitale ?

— Pourquoi ne nous avez-vous pas informés de cela plus tôt ? demanda Benitez.

— A quoi bon ? Si je vous l'avais dit à Cholula, votre courage aurait faibli et vous auriez voulu retourner sur vos pas. Nul doute alors que les Texcaltèques nous auraient massacrés. Nous n'avions pas d'autre choix que de poursuivre jusqu'ici.

Nouveau silence pesant. Cet homme est vraiment terrible, songea Benitez. Qu'a-t-il fait ?

— Dans ce cas, il ne nous reste plus qu'une solution, déclara Alvarado.

Benitez l'observa, soupçonneux. Cette séance ressemblait à une scène trop bien orchestrée. Cortés avait-il encore manigancé tout cela ?

— Agissons comme à Cempoala, poursuivit Alvarado, et menaçons directement leur chef.

Il leur fallut quelques instants pour réaliser l'audace d'un tel geste.

— Tu parles de Moctezuma ? s'étonna León.

— Et de qui d'autre, à ton avis ? Saisissons-nous de lui et gardons-le en otage. Si nous le tenons en notre pouvoir, nous resterons maîtres de notre sort — et de Tenochtitlán.

— Ce serait là un jeu dangereux, objecta Cortés. Nous devons y réfléchir soigneusement avant d'agir.

Comme si tu n'y avais pas toi-même pensé ! se dit Benitez en le regardant. Quelle folie ! Abasourdi par une telle proposition, il décida d'intervenir.

— Nous ne sommes que trois cents Espagnols, plus quelques milliers d'Indiens de nature imprévisible. Vous vous imaginez peut-être qu'en retenant un seul homme en otage, nous pourrons contrôler les millions de Mexicas prêts à se soulever pour défendre leur chef ?

Cortés lui jeta un regard glacial.

— As-tu une autre idée ? Alvarado a raison. Il n'y a sans doute aucune autre alternative.

Ainsi, il avait projeté cela depuis le début, comprit Benitez, horrifié. Probablement même dès leur départ de Vera Cruz.

— Vous nous avez pourtant affirmé que nous étions ici non pour nous battre mais pour commercer avec ce peuple.

— Benitez... dit Cortés avec un sourire condescendant, es-tu donc si naïf ?

Tous contemplèrent le *caudillo* avec embarras, confrontés à leurs propres peurs et leur cupidité. Bon sang ! pensa Benitez avec désespoir. Cortés aurait-il raison ? Ne sommes-nous pas, tous, victimes de notre naïveté ? Nous l'avons suivi ici en espérant que nos présents et nos subterfuges suffiraient à aveugler les Mexicas et à nous permettre de repartir les poches pleines. Cortés a joué de notre crédulité et nous nous sommes laissé hypnotiser par l'éclat de l'or. Cet homme est complètement fou. Et pourtant, sans lui, nous sommes perdus.

Cortés balaya du regard la petite assemblée.

— L'un d'entre vous a-t-il une autre suggestion ?

Personne ne répondit. A la lumière de ce qui venait de se dire, il devenait évident que prendre Moctezuma en otage était la seule solution.

— Bien, trancha Cortés. Messieurs, mettons-nous en paix ce soir avec Dieu. Et, demain, nous rendrons visite à l'empereur des Mexicas...

Assis autour de la table basse, Benitez, Fleur de Pluie et Norte picoraient la nourriture que les esclaves mexicas leur avaient apportée : une sorte de viande que Norte identifia comme de l'iguane, des patates douces, des galettes de maïs et des haricots assaisonnés d'une sauce aux piments. Tout en mangeant, Fleur de Pluie parlait avec animation. La mélancolie qui l'étreignait depuis Cholula semblait s'être dissipée et elle ne cessait de questionner Benitez par l'intermédiaire de Norte.

— Où êtes-vous né ?

— Avez-vous une femme ?

— Quel âge avez-vous ?

Benitez faisait de son mieux pour répondre, mais son esprit était ailleurs. Il ne pouvait se concentrer ni sur la conversation ni sur la nourriture. D'ailleurs, il n'avait pas faim.

Fleur de Pluie s'inquiéta de le voir repousser son assiette.

— Elle demande si tu es malade, traduisit Norte.

— Non, non, tout va bien...

— Elle craint d'avoir fait quelque chose qui t'ait déplu.

— Eh bien, dis-lui qu'elle se trompe.

Benitez contempla d'un air maussade la frise de guerriers et de monstres qui se livraient un perpétuel combat sur les murs du palais, une fresque dans des tons vermillon et ocre.

— Tu sais, Norte, dit-il brusquement, peut-être as-tu toujours eu raison. (Norte leva les yeux, surpris.) Je ne crois pas que nous soyons venus dans cette ville pour faire œuvre de piété.

Norte mâcha lentement, sans plaisir.

— Pour qui crains-tu le plus ? dit-il enfin. Pour les Mexicas ou... pour nous ?

Benitez s'abîma dans un silence tourmenté. Fleur de Pluie se pencha pour murmurer quelques mots à l'oreille de Norte.

— Que dit-elle ? demanda Benitez.

— C'est plutôt difficile à traduire. Je ne connais pas le mot exact.

— Essaie toujours.

Norte haussa les épaules.

— Elle est malheureuse parce que tu as l'air triste. Elle voudrait que tu saches qu'elle pense à toi avec affection.

— Tu veux dire qu'elle m'aime ? insista Benitez, surpris du plaisir que cet aveu lui procurait.

Norte évita son regard.

— Ce n'est pas... exactement le même mot dans sa langue.

Benitez regarda la fille. Après tout, pensa-t-il, que m'importe ce qu'elle peut penser de moi. Souvent, j'ai rêvé de retourner à Cuba avec elle, les poches pleines d'or, pour y couler des jours heureux. Mais je comprends maintenant à quel point ce rêve était stupide. Demain, ils mourraient tous dans cet endroit infernal.

— Dis-lui qu'elle est libre de faire ce qu'elle veut cette nuit, dit-il soudain.

Déboussolé, Norte lui jeta un rapide coup d'œil.

— Que se passe-t-il, capitaine ?

— Nous n'en avons plus pour longtemps à vivre. Aussi, plus rien n'a d'importance. Profitons des instants qui nous restent. Dis à Fleur de Pluie qu'elle agisse comme bon lui semble. Je considère qu'elle a rempli ses obligations à mon égard. Et ne me regarde pas comme ça ! Fais ce que je te dis, c'est tout !

Il doit me prendre pour un saint ou pour un fieffé imbécile, pensa Benitez avec irritation. Peut-être même les deux. Mais quand tout désir vous a quitté, il est plus facile de se montrer généreux.

Norte sourit et murmura quelques mots à l'intention de Fleur de Pluie. L'Indienne le dévisagea, les yeux écarquillés.

Si seulement je trouvais une cruche de vin de Cuba pour passer cette nuit maudite, songea Benitez avec désespoir. Il entendit Fleur de Pluie répondre d'un ton pressant et vit Norte sursauter comme s'il avait reçu un coup de poignard. Il finit par se lever et quitta la pièce sans un mot. Les petites clochettes d'argent tintèrent encore quelques secondes après son passage.

Benitez leva les yeux vers Fleur de Pluie. En souriant, elle s'approcha de lui pour lui prendre la main.

— Dieu du ciel... murmura Benitez, stupéfait.

Elle l'avait choisi, lui...

Qui aurait pu croire une chose pareille ?

Allongée sur le dos, les mains croisées sous sa tête, Mali dormait. La couverture avait glissé, dévoilant sa poitrine nue. Cortés la contempla à la lueur des chandelles, admirant sa longue chevelure noire répandue comme de l'encre sur la natte, les larges aréoles de ses seins bruns, ses lèvres entrouvertes dessinant un cœur.

Le murmure de la bête se fit entendre tout au fond de lui.

Le grondement de la honte.

D'un geste brusque, il repoussa la couverture et glissa une main entre les cuisses de l'Indienne. Les femmes mexicas avaient peu de poils entre les jambes. Ce n'était pas comme Catalina dont la toison évoquait celle d'un ours. La douce et lisse protubérance de Mali l'excitait sans qu'il sache exactement pourquoi. Elle le faisait penser à ces statues de marbre que l'on voyait dans la cathédrale de Séville. Ou encore, à ces anges dorés sur les fresques...

Oui, elle était son ange, son ange à la peau cuivrée, et elle le guidait. Dieu était avec lui et lui avait envoyé Mali pour éclairer sa route.

Demain, il confesserait une nouvelle fois son adultère et les faiblesses de la chair. Puis il irait de l'avant pour lutter et vaincre au nom de Dieu. Et il purifierait son âme une fois de plus.

Il l'éveilla rudement et la chevaucha aussitôt avec urgence, avec exigence. Les mains crispées sur les frêles épaules de l'Indienne, il la pénétra avec plus de sauvagerie que d'amour.

C'est toujours ainsi quand il y a du danger, se souvint Mali. Tout comme avant les grandes batailles de Texcála et avant d'entrer à Cholula. L'anticipation de la mort excitait Cortés. C'était le dieu impitoyable qui l'habitait.

Mais, cette nuit, il y eut une différence, peut-être plus imaginaire que réelle. Dans la pénombre, les yeux clos, elle eut la vision de la semence qui se répandait en elle, chaude et épaisse, et qui prenait racine dans son ventre.

Plus tard, tandis qu'il était allé s'agenouiller pour prier la Madone et son enfant, elle eut l'impression de sentir déjà la vie commencer à croître tout au fond d'elle, de percevoir le moment exact où la semence du dieu se faisait chair pour devenir un élément de son propre corps.

72

Cortés se rendit au palais impérial accompagné de ses plus anciens officiers : Alvarado, Sandoval, León, Benitez, ainsi que par une poignée de soldats placés sous le commandement de Bernal de Diaz. Tous avaient revêtu leur armure, plus par tactique psychologique que par défense. Car ils savaient bien que cette protection serait dérisoire face à la horde des gardes de Moctezuma.

Ils gagnèrent les appartements privés de l'empereur et trouvèrent ce dernier en train de se distraire avec ses oiseaux favoris, des mainates d'un noir luisant enfermés dans des cages d'argent.

A leur arrivée, il prit place sur un *ypcalli* de bois sculpté et fit signe à Cortés de s'asseoir à côté de lui.

Cortés préféra rester debout et demanda à Mali de le faire savoir à l'empereur. A ces mots, le visage de Moctezuma trahit l'inquiétude. Il leva une main et, aussitôt, deux jeunes femmes somptueusement vêtues s'approchèrent, les yeux baissés.

— Moctezuma dit que ce sont ses filles, traduisit Mali. Il serait honoré de vous voir les prendre pour épouses.

Une telle proposition n'avait rien d'étonnant, pensa-t-elle. Après tout, les enfants nés de cette union seraient à la fois hommes et dieux. De plus, une pareille alliance éviterait à la maison royale d'avoir à encourir la colère du dieu.

Mais, en voyant Cortés examiner les deux magnifiques jeunes filles d'un regard appréciateur, Mali sentit l'aiguillon de la jalousie lui piquer le cœur.

— Dis à l'empereur que sa proposition me touche beaucoup, mais que je ne peux prendre d'autre épouse car j'en ai déjà une.

Mali se mordit la lèvre. De qui parlait-il donc ? Et quelle était cette femme capable d'exercer une telle influence sur la vie de son seigneur ? A moins qu'il ne se fût agi d'une excuse inventée. Cette épouse si irremplaçable, c'était peut-être elle...

— Explique-lui que je ne suis pas venu ici pour parler de ses filles, reprit le *caudillo* d'une voix tranchante.

Mali l'observa. Ses yeux étaient froids et gris comme de l'acier. A présent, Moctezuma semblait vraiment effrayé.

— Demande-lui s'il a toujours la tête de Juan de Argüello, déclara sèchement Cortés.

Mais, avant même qu'elle ait eu le temps de traduire, il leva une main.

— Inutile... je vois bien qu'il sait de qui je parle.

Elle plongea son regard dans le sien, savourant cet instant de complicité qui les unissait. Le matin même, ils avaient longuement préparé cette rencontre et il lui avait expliqué en détail ce qu'il en attendait. Jamais elle ne s'était sentie aussi fière, aussi puissante. Si seulement son père pouvait la voir en ce moment, lui dont l'esprit errait misérablement au Pays des Morts.

— Je désire savoir pourquoi mes hommes ont été attaqués à Vera Cruz alors qu'il n'y avait eu aucune provocation de leur part, reprit Cortés.

Quand Mali eut transmis cette question, elle crut que Moctezuma allait s'évanouir.

— Je vous assure que je ne sais rien de tout cela, plaida-t-il avec un petit rire nerveux.

Alvarado fit un pas en avant.

— On dirait que ça l'amuse... gronda-t-il, l'air menaçant.

Cortés posa une main apaisante sur son bras.

— Neuf de mes hommes ont été tués, poursuivit-il en feignant de ne pas avoir entendu les protestations de l'empereur. Mali, explique-lui que mes capitaines crient vengeance. J'ai bien du mal à les empêcher de brûler cette ville et saccager ses temples.

Mali transmit cette menace ridicule et fut surprise de constater que Moctezuma la prenait au sérieux.

— Tu... tu dois leur dire que ce n'est pas de ma faute... bégaya-t-il. C'est Aigle-qui-Fume, le gouverneur du district, qui a ordonné cette attaque. Je vais envoyer le chercher afin qu'il réponde aux questions de Malinche.

Mali traduisit sa réponse à Cortés, qui approuva d'un signe de tête.

— Dis-lui ce que nous attendons de lui.

Mali s'inclina.

— Mon seigneur est extrêmement déçu, déclara-t-elle à Moctezuma. Depuis le début, il ne vous a manifesté que de l'amitié mais, à présent, il pense que vous n'avez pas été franc avec lui. Cependant, il veut bien vous pardonner si vous acceptez de l'accompagner calmement jusqu'au palais où il réside. Il souhaite que vous y demeuriez jusqu'à ce que cette affaire soit réglée.

Pendant quelques secondes, l'empereur fit mine de ne pas avoir compris. Mali lui répéta les desiderata de Cortés, et il la regarda alors comme si elle avait perdu la raison.

— Je viens de lui expliquer que je n'avais rien à voir avec ce malentendu ! Ton seigneur Malinche ne peut se permettre de me donner un tel ordre !

Mali ne broncha pas.

— Il refuse, mon seigneur.

— Fais-lui comprendre que, s'il ne s'agissait que de moi, je n'exigerais jamais de lui une chose pareille. Mais mes capitaines insistent.

Après avoir écouté attentivement la traduction de ces paroles, Moctezuma fut parcouru d'un violent frisson.

— C'est un grave affront à la dignité de mon peuple... finit-il par bredouiller. Mes chefs et mes prêtres ne consentiront jamais à un tel arrangement.

— Dis-lui qu'il ne devrait voir dans cette invitation aucune atteinte à son honneur, insista calmement Cortés. Après tout, le palais que nous habitons était autrefois celui de son père. Il y sera traité avec tout le respect dû à un grand roi.

— Mon peuple s'opposera à une telle action ! s'écria Moctezuma sans même attendre que Cortés ait fini de parler. Il y aura une émeute !

— Vous n'aurez qu'à leur dire que ce sont les dieux qui vous le demandent, lui souffla Mali. Et que vous vous y rendez de plein gré.

— Impossible ! Je ne peux pas faire une chose pareille !

La discussion se poursuivit pendant près d'une heure. Voyant qu'aucun argument ne parvenait à persuader l'empereur, les officiers commencèrent à s'agiter et à jeter des regards nerveux aux gardes qui se tenaient près des portes.

Alvarado fut le premier à perdre patience. Il posa la main sur le pommeau de son épée.

— Traînons-le hors d'ici avec un couteau sur la gorge ! gronda-t-il. Nous n'avons pas de temps à perdre !

— Silence ! aboya Cortés.

— Nous avons assez discuté avec ce chien ! s'écria León.

La peur le rend audacieux... pensa Mali.

Moctezuma écoutait ce vif échange de paroles avec une expression terrifiée. Mali se rapprocha du trône.

— Ils veulent vous tuer... souffla-t-elle à l'oreille de l'empereur.

— Me tuer ? répéta-t-il d'une voix de fausset.

— Cortés est seul à pouvoir les retenir. Mais pour combien de temps ? Ils n'ont qu'une idée : vous assassiner et mettre le feu au Grand Temple !

— Non... Ils n'oseraient pas !

— Regardez-les, monseigneur. Ces hommes n'ont peur de rien. Je les connais car je vis à leurs côtés depuis leur arrivée dans ce pays.

— Dis à Malinche qu'il prenne mes filles et même mon fils s'il le désire. Cela pourrait peut-être satisfaire ses guerriers ?

Mali transmit cette proposition à Cortés qui prit une expression méprisante.

— Cela a assez duré ! répéta León dont la voix trahissait la panique. Qu'on s'empare de lui tout de suite !

— Personne ne fera un geste contre l'empereur sans mon ordre ! cria Cortés.

Moctezuma jeta à Mali un regard implorant.

Oh, père ! Si seulement vous pouviez le voir maintenant... suant de peur, rampant à plat ventre !

— Il n'y a qu'une seule manière d'éviter le désastre que nous redoutons tous, lui souffla-t-elle. Pour apaiser le courroux du seigneur Malinche, vous devez faire ce qu'il exige et aller avec lui. Rien d'autre ne l'apaisera.

Non sans angoisse, elle se demanda si Moctezuma irait jusqu'à les défier. Dans ce cas, Alvarado ne manquerait certainement pas de le frapper à mort. Mais les gardes du palais s'empareraient alors d'eux et les massacreraient jusqu'au dernier. C'était un risque terrible à courir. D'un autre côté, puisque l'empereur croyait que Cortés était le Serpent à Plumes, il ne pouvait se permettre de provoquer un tel désastre.

Les mêmes pensées étaient venues à l'esprit de Moctezuma. Il réalisa que, pour sortir de ce dilemme infernal, il lui fallait se sacrifier en personne. Le fardeau qui venait de choir sur ses épaules était écrasant.

Accablé, il laissa tomber sa tête sur sa poitrine et se mit à pleurer.

Il fut décidé qu'il quitterait le palais impérial dans la modeste litière que son chambellan utilisait pour se rendre aux marchés de Tlatelolco.

Simplement vêtu d'une tunique de coton blanc, Moctezuma traversa les longs corridors et les vastes halls en criant à ses serviteurs et à ses courtisans alarmés qu'il accompagnait les Espagnols de son plein gré. Il leur expliqua qu'il désirait seulement mieux connaître et comprendre les étrangers et que le dieu Oiseau-mouche approuvait cette décision. Puis il ordonna à sa cour, ses musiciens, ses acrobates et ses concubines de le rejoindre immédiatement au palais de son père.

Un silence profond tomba, troublé seulement par le martèlement des bottes espagnoles dans l'espace caverneux des salles. Ils marchaient l'épée au poing, le regard braqué devant eux. Le palais tout entier contempla ce spectacle, pétrifié. L'un des gardes du corps sortit enfin de sa torpeur et s'approcha de l'empereur pour lui demander s'il désirait qu'ils attaquent les Espagnols.

Moctezuma refusa.

— Ces étrangers sont mes amis, répondit-il. Je ne suis pas en danger.

Mais il continua de sangloter tout le long du trajet.

Le palais de Face du Seigneur de l'Eau ne se trouvait qu'à une centaine de pas du palais impérial, à l'autre bout de la place. Une petite foule s'était rassemblée pour contempler cette procession quasi surnaturelle. Tous les visages reflétaient l'horreur de la situation.

Que puis-je faire d'autre ? pensa Moctezuma, écrasé par l'humiliation qui lui était infligée. Je dois éviter à tout prix une confrontation entre les dieux, car elle ruinerait à jamais le Mexique. Ils me relâcheront peut-être lorsque Aigle-qui-Fume aura été puni pour avoir décidé de cette attaque sans mon ordre. Après quoi, enfin apaisé,

Malinche épousera une de mes filles et nous pourrons oublier ce terrible moment.

Et alors, je réussirai à circonvenir le Serpent à Plumes.

73

— Il refuse de répondre à vos questions, déclara Mali.

Assis sur son trône en or martelé, Moctezuma à sa gauche, Mali à sa droite, ses officiers et ses prêtres rassemblés derrière lui dans la cour, Cortés considéra les hommes agenouillés devant lui. Aigle-qui-Fume et les quinze chefs mexicas qui l'avaient accompagné à Vera Cruz gardaient la tête baissée — non en soumission au *caudillo*, mais par déférence pour leur empereur.

Cortés se tourna vers Mali.

— S'il ne veut pas répondre, demande au seigneur Moctezuma d'interroger lui-même Aigle-qui-Fume. Je veux savoir pourquoi il a attaqué mes hommes.

D'une voix à peine audible, l'empereur s'exécuta.

— Mais, maître vénéré, nous n'avons agi que sur vos ordres ! répondit Aigle-qui-Fume.

Lorsque Mali traduisit cette réponse, Cortés regarda l'empereur mais celui-ci détourna les yeux.

Aigle-qui-Fume s'adressa de nouveau à Moctezuma, plus longuement cette fois.

— Que dit-il, *chiquita* ? s'enquit Cortés.

— Aigle-qui-Fume dit qu'il a été envoyé pour collecter le tribut dû par les Totonaques. L'empereur lui avait donné l'ordre de les punir pour vous avoir prêté assistance. Voilà pourquoi il devait non pas prélever une part de leur production annuelle comme à l'habitude mais, cette fois, se la faire remettre en totalité, ainsi que tous les jeunes gens — garçons et filles — pour les destiner au sacrifice. Gordo s'y est opposé sous le prétexte que Malinche l'avait dispensé de toutes les taxes habituellement versées aux Mexicas. Comme les pourparlers s'envenimaient, Gordo a demandé de l'aide à Juan Escalante. Aigle-qui-Fume assure que le combat ne pouvait être évité. Non seulement il se devait d'obéir aux consignes de l'empereur mais la nation mexica tout entière aurait été déshonorée s'il n'avait pas cherché à défendre sa dignité.

— Crois-tu qu'il dit la vérité ?

— Moctezuma prétend qu'il ment mais il a peur pour lui-même. (Mali réfléchit quelques instants.) Oui... je crois qu'Aigle-qui-Fume est sincère.

Cortés demeura silencieux un long moment.

— Dans ce cas, dit-il enfin, la loi exige que tout homme coupable de meurtre soit puni de mort. En conséquence, je n'ai pas d'autre choix que de condamner Aigle-qui-Fume et ses chefs à être brûlés vifs sur la place du palais devant toute la population de cette ville. La sentence est exécutable immédiatement.

Mali crut avoir mal entendu. Comment ? Etait-ce pour en arriver là que Cortés avait pris tant de risques ? Pour assassiner quelques innocents guerriers mexicas ? Si quelqu'un était responsable de l'attaque de Vera Cruz, c'était en premier lieu Moctezuma.

Elle croisa le regard de Benitez et sut qu'il pensait comme elle.

— Mais, mon seigneur... murmura-t-elle, c'est injuste ! Moctezuma...

— Je ne te demande pas ton approbation, l'interrompit brusquement Cortés. Ne surestime pas ton rôle ! Tu n'es ici que pour traduire. Est-ce clair ? Je te prie donc de rapporter mes propos à l'empereur. Et sans rien en changer !

Benitez fit un pas en avant.

— Monseigneur, votre décision ne relève nullement de la justice. Ce que vous projetez n'est rien d'autre qu'un meurtre !

Cortés pâlit. Une veine se mit à battre sur sa tempe.

— Je t'interdis de me contredire ! cria-t-il. Toi et tous les autres ! Taisez-vous sinon vous vous en repentirez ! J'ai pris cette décision conformément à la loi. Ces hommes doivent mourir !

Le bûcher fut édifié à l'aide de hampes de flèche et d'*atlatl* servant au lancer des javelots. Aigle-qui-Fume et ses compagnons furent attachés à des poteaux tandis que, de la terrasse du palais, Cortés observait les préparatifs. Puis il ordonna à Alvarado d'apporter un jeu de chaînes.

— Mali, demande à l'empereur de me tendre ses deux mains.

Moctezuma obéit. Cortés lui enchaîna les deux poignets et répéta l'opération autour de ses chevilles.

Par ce simple geste, il le brise définitivement, se dit Benitez en suivant la scène. Tant aux yeux de son peuple que de lui-même, ce qui est tout aussi grave. Il eût été plus généreux de le tuer.

Le maître vénéré des Mexicas pleurait comme une femme.

En dessous d'eux, sur la place, Jaramillo jeta une torche sur le bûcher d'Aigle-qui-Fume qui s'embrasa aussitôt. A travers l'épaisse fumée, tous purent voir le supplicié faire ce qu'il n'avait jamais osé faire sa vie durant : regarder Moctezuma droit dans les yeux. Du haut de la terrasse, Benitez put lire dans son regard un mélange de confusion et de haine.

N'y tenant plus, il s'approcha du *caudillo*.

— Monseigneur, pourquoi assassiner un brave ?

— Neuf de nos hommes, tout aussi braves, sont morts de sa main à Vera Cruz, rétorqua Cortés d'une voix cinglante. L'as-tu oublié ?

— Il ne faisait que suivre les ordres... (Benitez regarda Moctezuma.) C'est ce sorcier qui les a tués.

— Si nous le tuons, lui, ce sont nos vies que nous risquons de sacrifier par la même occasion. Tandis que par ces seules exécutions, nous faisons comprendre à toute la population ce qui attend quiconque osera poser ses sales mains sur un Espagnol.

La poitrine de l'empereur se soulevait avec peine. Son visage crispé était inondé de larmes. Quel sort Cortés a-t-il jeté sur toi ? songea-t-il avec tristesse. Ou est-ce ta propre folie qui te contraint à te jeter dans la gueule du loup ? Nul ne t'obligeait à devenir le prisonnier des envahisseurs. Un seul mot de toi et ton peuple se soulevait pour les écraser comme des insectes.

Quelle ironie que cette formidable nation de guerriers soit gouvernée par un couard !

Pendant ce temps, la foule, silencieuse, assistait au supplice. Les Espagnols semblaient être les seuls à prendre quelque plaisir au spectacle. Benitez entendit Jaramillo dire à Alvarado :

— Eh bien, cette fois, Aigle-qui-Fume... fume vraiment !

Et les deux hommes partirent d'un grand éclat de rire.

Quand tout fut terminé, une affreuse odeur de chair brûlée flotta encore longtemps sur la place.

Cortés se pencha pour libérer Moctezuma de ses chaînes.

— Mali, dis-lui que je suis désolé de ce qui s'est passé aujourd'hui et que je sais fort bien qui était le vrai responsable de l'attaque de Vera Cruz. Dis-lui aussi qu'il aurait dû mourir avec Aigle-qui-Fume mais que je ne lui ferai pas de mal car il est mon ami. Fais-lui comprendre que je veux l'aider à répandre au loin son renom et ajouter de nouveaux territoires à son empire. A partir d'aujourd'hui, s'il veut rester sain et sauf, il devra s'en remettre à moi.

TROISIÈME PARTIE

Le Porteur de Ténèbres

« Le pape devait être ivre. »

(Réaction des Indiens Cenu après qu'on leur eut enseigné que le pape Alexandre VI avait partagé le monde entre les Espagnols et les Portugais.)

74

Année du deuxième silex de l'ancien calendrier aztèque. An de grâce 1520 du calendrier chrétien.

Le centre du monde s'était déplacé vers le palais de Face du Seigneur de l'Eau.

Les tableaux et tapisseries préférés de Moctezuma, ses nains, ses funambules, ses épouses et ses serviteurs avaient été amenés sans délai au nouveau siège de la cour. A présent, c'était au tour des scribes de se diriger en toute hâte vers la nouvelle résidence de l'empereur, serrant sous leurs bras des codex et les relevés de tous les tributs versés à la cour. Pendant ce temps, les grands princes de l'empire se regroupaient dans les salles de réception, attendant d'être reçus dans les nouveaux appartements privés de l'empereur.

Plusieurs d'entre eux, cependant, manquaient à l'appel ; Cuitláhuac, Aigle Plongeant et le Seigneur des Epis de Maïs refusèrent de se présenter devant leur chef ainsi que ce dernier l'avait ordonné. Ils se retirèrent à Texcoco et à Ixtapalapa pour bien montrer qu'ils lui battaient froid.

Un semblant de bonne entente régnait dans la ville. Derrière les murs épais du palais de Face du Seigneur de l'Eau, les discussions se poursuivaient entre Cortés et Moctezuma. En signe de paix, celui-ci avait accepté que l'une de ses filles et l'une de ses nièces soient instruites dans la religion chrétienne par fray Olmedo. Une fois baptisées, elles reçurent les nouveaux noms de doña Ana et doña Elvira.

A Vera Cruz, Juan Escalante mourut des blessures

reçues lors de son combat contre l'infortuné Aigle-qui-Fume. Gonzalo de Sandoval fut choisi pour prendre le commandement à sa place.

Les soldats s'installèrent dans une nouvelle routine, jouant aux cartes et aux dés, montant la garde aux murs du palais pour surveiller les rues de la ville et guetter les renforts qu'ils étaient certains de voir arriver bientôt, sous la houlette de Puertocarrero.

Benitez nota quelques changements dans le comportement de sa propre compagnie, en particulier chez l'un de ses hommes, Gonzalo Norte. A leur arrivée à Tenochtitlán, il se tenait encore à l'écart des autres, mais depuis Texcála, ses compagnons avaient cessé de se moquer de lui. Au fur et à mesure que les mois s'écoulaient dans la capitale, ils avaient même fini par l'admettre dans leurs cercles, partageant avec lui distractions et mots grivois. Norte ne se rasait plus et ne se baignait plus tous les jours. Il passait beaucoup de temps en compagnie de Flores et de Guzmán, pourtant ses anciens tortionnaires.

La vérité, c'est qu'il est en train de redevenir un véritable Espagnol, pensa Benitez avec satisfaction.

— Dis au seigneur Moctezuma que je désire l'entretenir d'une affaire urgente.

A ces mots, le visage de l'empereur se figea. Comme il a vieilli au cours de ces derniers mois ! nota Mali en l'observant. Il ressemble maintenant à un fragile vieillard. De fait, les capitaines espagnols le traitaient avec indulgence, un peu comme ils l'auraient fait avec un oncle sénile. On aurait dit que sa fierté et sa dignité s'étaient envolées à jamais.

Dans sa réclusion, sa seule passion était de jouer avec ses gardes au *patolli*, l'un des jeux favoris des Mexicas que l'on pratiquait à l'aide de haricots.

L'air d'un enfant que l'on va gronder, il demanda d'une voix plaintive :

— Que me veut Malinche ?

Mali attendit la réponse de son seigneur. Ces dernières semaines, il était devenu pour elle comme un étranger. Quand il arpentait les couloirs du palais, il se faisait constamment accompagner par toute une suite de soldats et de serviteurs et affichait l'autorité et la prestance d'un empereur. Le dieu qui l'habitait a été affaibli par la convoitise, le bien-être et les vertiges du pouvoir, constata Mali. J'ai vu la manière dont il regarde les filles de Moctezuma, j'ai vu le désir dans ses yeux. A présent qu'il a franchi les montagnes et qu'il s'est fait sa place au cœur du royaume, il n'a plus besoin de moi.

— Je veux entretenir Moctezuma à propos du Grand Temple, dit Cortés. Fray Olmedo et frère Aguilar l'instruisent depuis des mois dans la religion chrétienne et ils l'ont constamment mis en garde contre les faux dieux. Le moment est venu de jeter bas les idoles du temple pour y installer à la place l'image de la Vierge bénie. Dis-lui que s'il n'est pas d'accord, nous agirons par la force et tuerons tous les prêtres qui tenteront de s'opposer à nous.

Quand Mali eut traduit ces propos à Moctezuma, une expression d'épouvante se dessina sur le visage du *tlatoani*.

— Dis à Malinche qu'il ne doit pas faire cela, murmura-t-il d'une voix blanche. S'il s'y risquait, nos dieux l'abattraient sur l'heure. Et mon peuple se révolterait à coup sûr. Ce que demande Malinche est extrêmement délicat. J'ai besoin de temps pour traiter ce problème à ma manière.

Cortés prit bonne note de cette réponse et ses traits parurent s'adoucir un peu.

— *Chiquita,* dis au seigneur Moctezuma que, s'il ne tenait qu'à moi, je laisserais volontiers cette affaire entre ses mains. Mais, chaque jour, mes capitaines me pressent d'intervenir. Peut-être que si je pouvais distraire leur esprit avec quelque chose d'autre...

Quel jeu joue-t-il, maintenant ? se demanda Mali en glissant vers lui un regard inquiet.

— ... Si le seigneur Moctezuma pouvait nous dire, par exemple, d'où ses joailliers tirent leur or, poursuivit le *caudillo,* mes capitaines sauraient peut-être se montrer plus patients.

Mali eut l'impression qu'on lui portait un coup violent au cœur. Encore cette question de l'or ! Etait-ce donc la seule chose qu'il désirait ?

— Mon seigneur Malinche dit que ce n'est pas lui mais ses capitaines qui souhaitent la destruction de vos temples, traduisit-elle. Il pense réussir à détourner leurs pensées avec vos mines d'or et voudrait savoir où elles se trouvent.

L'ombre d'un sourire effleura les lèvres de Moctezuma — mais un sourire chargé de mélancolie. Que pense-t-il ?

s'interrogea Mali. Croit-il toujours que Cortés est le Serpent à Plumes ? A-t-il déjà compris que son monde ne redeviendra plus ce qu'il était avant et que lui-même ne sera plus jamais empereur ? Il doit avoir deviné que Cortés n'a pas l'intention de partir d'ici. La seule manière de libérer les Mexicas serait d'ordonner une rébellion immédiate. Mais, s'il le fait, Cortés le tuera.

A moins qu'il n'espère continuer à régner en s'insinuant dans les bonnes grâces de son geôlier. Ou que ce jeu de patience ne débouche sur quelque ultime manœuvre, habilement dissimulée.

— Dis à Malinche que l'essentiel de notre or est obtenu en lavant les graviers, répondit Moctezuma. Pour ce faire, nous allons à Zacatula, au sud, un territoire qui appartient aux Mixtèques, nos vassaux. Et aussi dans un autre endroit, près de Malinaltepec.

— Attendez ! intervint Cortés en faisant signe à Cáceres d'apporter un parchemin et une plume d'oie. Nous devons consigner ces noms et préciser leur situation exacte afin d'y envoyer sans tarder une expédition. Voyons... Zacatula se trouve à combien de jours de marche de Tenochtitlán ?

Une fois la liste achevée, Cortés et ses capitaines quittèrent la pièce, laissant Mali seule avec Moctezuma. Maussade, il restait dans son coin, les yeux obstinément fixés sur l'une de ses perruches jaunes emprisonnée dans sa cage.

— Maintenant, je sais ce que ressent ce petit oiseau, dit-il tout à coup.

Et, sur ces mots, il décrocha la cage, se rendit sur la terrasse et ouvrit la minuscule porte. L'oiseau hésita quelques secondes puis s'échappa enfin de sa prison pour aller voleter au-dessus des toits du palais.

Moctezuma lança violemment la cage sur le sol.

— Les étrangers sont de nouveau rongés par la fièvre de l'or, n'est-ce pas ?

— On dirait.

Il lui tournait le dos, le regard noyé dans la contemplation de la ville rose et blanc.

— Mais qu'est-ce que l'or a donc de si extraordinaire ? gémit-il. L'argent est bien plus difficile à travailler. Le jade et les plumes de quetzal sont infiniment plus rares et beaucoup plus beaux à regarder.

Il se retourna vers la jeune femme et elle fut surprise de le voir sourire. Ce n'était plus un fragile vieillard qu'elle avait en face d'elle. Plus rien, même, ne laissait croire qu'il avait pu l'être un jour. Etait-il réellement effrayé par Cortés ou s'agissait-il d'une ruse ?

— Pourquoi fais-tu tout ce qu'il t'ordonne ? demanda-t-il d'une voix rude.

— Et vous, monseigneur, pourquoi lui obéissez-vous ?

— Je n'ai pas le choix. (Il l'étudia avec une extrême attention, comme s'il cherchait à deviner ce qui se cachait derrière ses yeux sombres.) Fais-tu confiance à ce Malinche ?

Mali demeura silencieuse. Comment répondre à une telle question ?

— J'ai remarqué que ta taille s'est épaissie, reprit Moctezuma. Est-ce parce que tu manges trop de *tamales* ou bien y a-t-il un enfant qui grandit dans ton ventre ?

Mali posa une main sur son ventre.

— Je porte en moi le futur maître du Mexique...

Il secoua la tête.

— Tu te trompes. Malinche te trahira et ton fils ne régnera jamais sur Tenochtitlán.

Pendant quelques minutes, le souffle manqua à la jeune femme. Les paroles de Moctezuma avaient retenti comme un coup de tonnerre dans la pièce. Fugitivement, elle eut la vision de ses rêves fragiles gisant fracassés sur le sol de marbre, tout comme la cage de l'oiseau.

Non ! Malinche ne me trahira pas !

A cet instant précis, une violente douleur lui déchira le flanc. Elle eut l'impression de recevoir un coup de poignard dans le ventre.

Moctezuma souriait. Il avait de vilaines dents.

— Jamais ton fils ne régnera sur Tenochtitlán, répéta-t-il d'une voix sourde.

Mali retrouva juste assez de force pour réagir.

— Les vôtres non plus ! lança-t-elle d'une voix sifflante avant de s'enfuir en courant.

75

Quand elle ouvrit l'œil à la dernière veille de la nuit, il avait déjà revêtu sa cotte de mailles et regardait par la fenêtre, attendant impatiemment le lever du jour. Depuis plusieurs jours, il prenait à peine le temps de dormir.

— Mon seigneur... murmura-t-elle.

— Je ne voulais pas te réveiller, *chiquita*, dit-il doucement.

— Revenez un instant au lit, je vous en prie...

Il hésita puis, se contentant de retirer sa cotte de mailles, se glissa tout habillé sous la couverture. Elle pressa son corps chaud contre lui et enfouit la tête au creux de son bras.

— A quoi songiez-vous, mon seigneur ?

— A ce jour où nous nous sommes arrêtés à la halte des marchands. Comment as-tu deviné que l'homme qu'ils nous avaient envoyé n'était pas Moctezuma ?

— J'ai remarqué la manière dont les autres se comportaient avec lui. Cela ne convenait pas à un véritable empereur.

Il la considéra un moment en silence.

— Et c'est tout ?

— Je... je ne sais pas, mais il me semble que l'attitude des gens est révélatrice. De quelle autre manière pourrait-on savoir s'il s'agit d'un roi ou d'un paysan ?

Il sourit et l'embrassa sur le front.

— Et moi, *chiquita*, comment est-ce que je me comporte ? Comme un roi ?

— Bien plus que cela, mon seigneur.

— Plus qu'un roi... répéta-t-il, songeur.

Dans l'aube grise qui se levait, elle pouvait maintenant apercevoir les contours de son visage. Mais ce fut le ton de sa voix qui l'alerta. Elle y décelait quelque chose qui ne s'y trouvait pas auparavant. De l'incertitude.

— Qu'y a-t-il, mon seigneur ?

Il secoua la tête sans répondre.

— Je ferais n'importe quoi pour vous, lui dit-elle en se serrant contre lui. Oui, n'importe quoi.

Il l'embrassa et l'enveloppa de ses bras. Elle avait coupé tous les liens qui la rattachaient à son passé, ses ancêtres, sa race. Ici, dans les bras de Cortés, elle se sentait à l'abri. Pourtant, depuis qu'ils étaient arrivés à Tenochtitlán, il était devenu pour elle comme un étranger.

Mais que faire d'autre sinon continuer ? Elle l'aimait, elle était son esclave. Pour lui, ainsi qu'elle l'avait dit à Aguilar, elle se consumait, jour après jour, comme ces cœurs qui brûlaient lentement sur les braseros sacrificiels.

Pourtant, les sombres prophéties de Moctezuma la poursuivaient encore.

Il te trahira. Jamais ton fils ne régnera sur Tenochtitlán.

Elle se blottit plus étroitement contre lui. Non, Moctezuma se trompait. Jamais Cortés ne la trahirait. C'était son enfant qu'elle portait dans son ventre. Il était sa destinée.

Sans lui, sa vie n'avait pas de sens.

76

Toute l'élite de Moctezuma avait été rassemblée dans la salle d'audience. On y trouvait naturellement Cuitláhuac, le frère de l'empereur, et Epis de Maïs, son neveu, revenus de leur exil volontaire, les représentants les plus éminents de la noblesse, et même les seigneurs de Taluca et de Tacuba.

Assis sur des nattes, les poignets entravés, ils étaient entourés par les gardes espagnols. Quant à Moctezuma, il siégeait sur son trône, la tête penchée sur sa poitrine. Cortés se tenait assis à son côté sous le même dais, Mali à sa droite — comme toujours.

Il la regarda. Ses yeux jetaient des éclats froids. On aurait dit deux silex.

— Le seigneur Moctezuma sait ce qu'il doit dire à ses dignitaires. Assure-toi cependant qu'il ne dévie pas du discours qui lui a été préparé.

Mali hocha la tête et jeta un coup d'œil en direction de l'empereur mexica. Il semblait s'être tassé, comme si son corps s'était vidé de ses organes vitaux. Les seigneurs lui jetaient des regards maussades et méfiants. Aucun d'eux, maintenant, ne craignait de poser les yeux sur leur dieu-roi.

Moctezuma commença à parler d'une voix stridente qui évoquait le cri d'un oiseau pris au piège.

— Nobles seigneurs, vous connaissez tous la légende du Serpent à Plumes qui a gouverné ce pays bien des années avant que les Mexicas n'y soient conduits par l'Oiseau-mouche. Vous savez aussi que, le jour de son départ, le Serpent à Plumes promit de revenir pour mettre un terme aux sacrifices humains et revendiquer à nouveau son trône. Nobles seigneurs, ce grand jour est venu... J'ai prié l'Oiseau-mouche de... m'éclairer sur ces événements. Et... il m'a conseillé... de...

La voix de Moctezuma se brisa. Voyant qu'il s'interrompait, Cortés leva un sourcil.

— Rappelle-lui que ce n'est pas l'heure de pleurer, lança-t-il sèchement à Mali.

Elle obéit mais ses paroles ne semblèrent avoir aucun effet sur l'empereur. D'étranges sons sortaient de sa bouche, semblables aux vagissements d'un bébé.

Cortés esquissa un geste d'irritation.

— Allons, il suffit ! Répète-lui que cette séance doit être conclue au plus vite !

— Mon seigneur s'impatiente, transmit-elle à l'empereur.

Moctezuma fit un violent effort pour reprendre contenance.

— Nobles seigneurs... reprit-il d'une voix étranglée, le Serpent à Plumes désire que... nous lui remettions le trône... comme l'exigent ses droits... et que nous acceptions de lui verser un... un tribut annuel... en or.

— Ce n'est pas le Serpent à Plumes ! cria Cuitláhuac. Vous avez introduit un voleur dans notre royaume et maintenant il veut nous déposséder de tous nos biens !

— Il fallait l'attaquer avant qu'il n'atteigne notre ville ! renchérit le Seigneur des Epis de Maïs d'une voix forte. Nous avions prévu de le faire à Chalco, mais votre lâcheté et votre indécision ont jeté la honte sur notre peuple !

— Je n'approuverai jamais une telle infamie, déclara Cuitláhuac. Je préfère mourir !

— Nous n'avons pas le choix, gémit Moctezuma, le visage inondé de larmes.

Pourquoi agit-il ainsi ? se demanda Mali. Redoute-t-il toujours le courroux des dieux ou a-t-il peur pour sa propre vie ?

— Que disent-ils ? interrogea Cortés.

— Ils refusent.

— S'ils ne veulent pas se soumettre, je les y obligerai ! Par ma foi, ce peuple est intraitable !

Elle vit de nouveau la petite veine battre sur sa tempe.

— Fort bien ! reprit-il, la mine orageuse. Je n'ai nul besoin de leur approbation ! (Il se tourna vers Godoy, le clerc royal.) Prenez note que j'ai demandé à l'empereur

Moctezuma de se reconnaître vassal du roi d'Espagne et de verser à ce dernier un tribut régulier en or.

Il fit signe à Mali de traduire.

— Il vous demande d'attester formellement votre sujétion, lui dit-elle en nahuatl, et de lui verser chaque année un tribut en or.

Moctezuma était incapable de parler. Il se contenta d'approuver d'un hochement de tête.

Cortés se permit un petit sourire satisfait.

— Que le clerc royal prenne acte que, dès aujourd'hui, l'empereur Moctezuma se place sous la protection de Sa Majesté Très Catholique le roi d'Espagne et agit selon les règles de la Sainte Eglise.

Il regarda les nobles rebelles alignés devant lui.

— Quant à ceux-ci, mettez-les sous bonne garde pour qu'ils ne complotent pas un mauvais coup. (Sa voix s'adoucit soudain.) Doña Marina, voulez-vous prier le seigneur Moctezuma de se lever ?

Craignant une nouvelle humiliation, l'empereur se redressa lentement, aidé par ses courtisans. Cortés se mit également debout et, contre toute attente, l'étreignit soudain.

— Remercie le seigneur Moctezuma pour son aide, Mali. Et dis-lui qu'il n'a plus rien à craindre. Je veillerai sur lui comme s'il était mon propre frère.

Il quitta la pièce, laissant Moctezuma pétrifié, les yeux obstinément fixés sur le mur, atterré par cette ultime humiliation.

— Mon seigneur vous remercie, transmit Mali. Il dit que vous ne devez plus avoir peur et qu'il vous traitera comme son propre frère. (Puis, dans un murmure, elle ajouta :) Mais je ne pense pas que vous le croirez...

Cortés jubilait. Enfin le trésor était à sa portée. Il remettrait à son roi un nouveau royaume, intact, et une quantité inimaginable d'or. Sans oublier cette ville unique, la plus belle qui ait jamais existé. Les temples seraient débarrassés de leurs idoles écœurantes et les pyramides deviendraient des sanctuaires dédiés à la Vierge.

Après quoi, sa renommée et sa gloire seraient inégalées — à l'exception, peut-être, de celles du Cid. Non seulement il avait accompli la mission qu'il s'était fixée mais également le destin que Dieu avait conçu pour lui. Il apporterait la lumière à ces contrées obscures et sauverait du démon des millions d'âmes pour les offrir au vrai Dieu.

Et quand tout cela serait achevé, il demanderait au roi de le nommer gouverneur de ce pays. Après ce qu'il avait fait, comment pourrait-on le lui refuser ?

Il ne lui restait plus qu'un petit pas à franchir pour atteindre son but.

Un seul risque encore à prendre au nom de Dieu.

77

Le partage du trésor s'effectua dans la cour intérieure du palais, en présence du clerc royal. Cortés grimpa sur l'un des chariots utilisés pour le transport de l'artillerie et le silence se fit parmi les soldats rassemblés.

Ce moment, ils l'attendaient tous depuis longtemps. Enfin, ils allaient avoir leur part du fabuleux trésor ! Chacun d'eux avait déjà rêvé de ce qu'il ferait de son or quand il regagnerait les Indes, à moins que ce ne soit l'Estrémadure ou la Castille.

La chambre au trésor fut descellée et son contenu immédiatement fondu pour faciliter la répartition. Les exquises statuettes d'or, les colliers et les étuis incrustés de jade et de turquoises, les diadèmes et les masques, tout fut impitoyablement transformé en lingots gravés du sceau royal. La beauté de ces objets avait été totalement ignorée. Quant à ceux réalisés à l'aide de plumes rares, ils furent jugés jolis mais sans valeur. Seuls l'or et les pierres précieuses pouvaient servir à acheter du pouvoir, des terres, des femmes.

— Je sais que vous piaffez tous d'impatience pour toucher la récompense de vos efforts, commença Cortés. Vous vous êtes battus courageusement et loyalement, vous avez fait preuve d'endurance. Je vous en félicite.

Voyant ses soldats s'agiter nerveusement, il déroula un parchemin et entreprit de le lire à voix haute.

— Nous avons pesé le poids du trésor et estimé sa valeur à trois cent mille couronnes.

Un frisson d'excitation parcourut l'assemblée. Trois cent mille couronnes ! Une fortune !

— Mais il faut d'abord déduire de ce butin le *quinto real*, le cinquième dû à notre souverain. Un autre cinquième sera également prélevé pour le chef de cette expédition, ainsi qu'il en a été convenu à Vera Cruz, fait approuvé par vous tous.

Bravo... songea Benitez en l'écoutant. Cortés s'attribue ainsi pas moins de soixante mille couronnes. Joli magot.

— Ce qui laisse encore cent quatre-vingt mille couronnes de reste, poursuivit le *caudillo*. De ce total, nous devons encore retirer les frais que j'ai supportés à Cuba pour monter l'expédition. Une somme est également prévue pour le gouverneur de Cuba afin de nous assurer sa bienveillance. Il y a également la part réservée à la Sainte Eglise et une prime pour ceux d'entre vous qui ont amené leurs propres chevaux, dont nous avons vu qu'ils ont constitué un facteur décisif dans notre victoire à Texcála et Tabasco. Nous n'oublierons pas non plus les hommes retournés en Espagne pour plaider notre cause à la cour de Tolède.

Intelligent... se dit Benitez. Ainsi tous les officiers et les capitaines — à l'exception, peut-être, d'Ordaz et de Majia — se verront généreusement pourvus. Cela devrait garantir leur loyauté...

— Toutes déductions faites, il nous reste soixante-quatre mille couronnes.

Un murmure alarmé se propagea dans la foule de soldats.

— Nous mettrons de côté dix mille couronnes pour les familles de ceux qui ont été appelés au ciel depuis le début de cette aventure. Le restant sera réparti entre vous, sans toutefois oublier la centaine d'hommes demeurés à Vera Cruz et en doublant la part des arquebusiers et des arbalétriers. (Cortés consulta les chiffres inscrits sur son parchemin.) Ce qui nous laisse donc cent couronnes pour chacun d'entre vous.

Un indescriptible tapage éclata aussitôt et les hommes levèrent le poing vers Cortés en hurlant et blasphémant. Il fallut de longues minutes avant que l'ordre ne soit enfin rétabli.

— Que d'agitation inutile ! s'exclama le *caudillo*. Pourquoi cette colère ? Ignorez-vous qu'il reste encore dans ce pays des centaines de villes richissimes et autant de mines d'or ? Ce maigre trésor n'est rien à côté de ce qui vous attend encore...

— Un trésor dont nous ne recevrons encore que des débris ! lança une voix.

C'était Norte.

— Tais-toi ! gronda Cortés, et fais attention à ce que tu dis si tu ne veux pas être puni !

— Avec vos misérables cent pesos, je ne pourrai même pas m'acheter une nouvelle épée ! cria une autre voix.

— Le partage a été fait selon la loi ! clama Cortés. Puissiez-vous vous repentir de votre cupidité !

Il sauta à bas du chariot et s'éloigna à grands pas sous les injures et les cris des soldats.

Norte croisa le regard de Benitez.

— Cent pesos... cracha-t-il. Une bien belle récompense pour tous les risques que nous avons encourus !

— Je croyais que l'or ne t'intéressait pas...

Norte ricana.

— Moi, je ne suis qu'un sale Indien, pas vrai ? Mais les autres ? Les morts... les blessés... Flores a perdu un œil, Guzmán une partie de sa main à Texcála. Et cet enfer pour quoi ? Cent pesos !

Benitez haussa les épaules.

— J'en parlerai au *caudillo* mais cela ne servira à rien. Crois-tu que cette situation m'enchante, moi aussi ?

— Tu es un capitaine ! Il prendra soin de toi...

— Je veillerai à ce que tu obtiennes une récompense convenable, Norte. Même si je dois la prélever sur ma propre part.

— Je ne te demande rien, Benitez.

— Que veux-tu alors ?

— Je veux... je veux... (Il secoua la tête.) Oh, et puis, à quoi bon... Je ne sais plus ce que je veux...

Cortés prenait son petit déjeuner en compagnie de l'empereur, d'Alvarado et de fray Olmedo. Toutes sortes de victuailles couvraient la table : galettes de maïs sucrées au miel et un assortiment de viandes — gibier, chien, dinde, chevreuil. Lorsqu'ils eurent fini de manger, les serviteurs apportèrent des boissons de *chocoatl* dans des gourdes décorées. Puis des femmes leur lavèrent les mains avec des racines de l'arbre à savon et versèrent sur leurs pieds de l'encens de copal.

Quand les serviteurs furent partis, Cortés fit signe à Mali de s'approcher.

— Je désire que tu demandes à Moctezuma s'il a réfléchi à la question du Grand Temple.

— Il me faut encore un peu de temps, répondit l'empereur, comme à chaque fois que Cortés l'interrogeait à ce sujet. Il ne s'agit pas là d'une affaire qui peut se régler rapidement.

Depuis des semaines, il gardait la même position et, curieusement, Cortés paraissait s'en accommoder. Mali se demandait quand l'explosion se produirait, et même si elle aurait jamais lieu.

— Explique-lui que mes capitaines s'impatientent, reprit Cortés. Je ne pourrai pas les retenir éternellement.

Moctezuma esquissa un sourire timide. Au fond, c'est toujours lui qui commande, ici, songea Mali. Il savoure la position encore terriblement fragile de Cortés car celui-ci ne pourra rien faire contre les prêtres sans son approbation. Ce serait du suicide.

— Dis à Malinche qu'il est dans son intérêt d'attendre, répondit Moctezuma.

Tout cela ressemble à un jeu, pensa encore Mali. Cortés s'intéresse maintenant bien plus à l'or qu'à toute autre chose. S'il se laisse ainsi manipuler par l'empereur, c'est parce que sa cupidité l'a emporté sur tout le reste.

Le *caudillo* demeura un long moment silencieux. Elle remarqua la pâleur extrême de son teint et vit la petite veine bleue palpiter sur sa tempe.

— Rappelle à l'empereur la promesse qu'il m'a faite lorsqu'il est venu s'installer dans ce palais, reprit-il. Il a promis de faire cesser les sacrifices humains. Voilà déjà un bon moment que je me montre patient. Mais il est temps de mettre fin à cette attente.

La jeune femme sentit un frisson d'excitation la parcourir. Peut-être que Cortés disait vrai. Peut-être que le moment était venu, finalement...

— Mon seigneur est maintenant très en colère, dit-elle à Moctezuma. Il en a assez d'attendre.

L'empereur lui adressa un sourire hypocrite.

— Encore une fois, la décision ne m'appartient pas. Malinche ne veut rien moins que commettre un sacrilège dans nos temples. Il comprendra donc que je prenne le temps de réfléchir. Car les dieux seront immanquablement fâchés et il se pourrait bien qu'ils prennent nos vies à tous.

Toujours la même chose... pensa-t-elle. Quand donc mon seigneur redeviendra-t-il lui-même ? Et quand décidera-t-il de ramener à Tenochtitlán l'esprit de la mère et de l'enfant qu'il adore si souvent ?

— Il se joue de moi, Mali, murmura Cortés après qu'elle lui eut traduit les paroles de l'empereur.

— Oui, mon seigneur.

De nouveau ce regard, cette expression de froide détermination qu'elle lui avait déjà vue à Cempoala et à Cholula. Fray Olmedo la remarqua, lui aussi, et il intervint pour tenter de stopper l'orage pendant qu'il en était encore temps.

— Pas de précipitation, *caudillo* ! Jour après jour, nous progressons avec Moctezuma. Par l'intermédiaire de doña Marina, nous lui avons appris le Credo dans sa propre langue et aussi le Notre Père.

Cortés lui jeta un regard méprisant.

— *Caudillo*, renchérit Alvarado, vous savez combien je hais leur religion diabolique. Mais ce n'est pas le moment de faire exagérément pression sur lui au sujet du temple. Le trésor regorge d'or. Ne risquons pas de le perdre ! Puertocarrero reviendra bientôt d'Espagne avec des renforts. Notre position nous permettra alors d'insister.

Cortés repoussa cet argument d'un geste irrité de la main.

— Il y va de notre honneur. A présent, nous avons assez fait pour nous-mêmes. Il est temps d'agir pour le compte de Notre Seigneur.

Il se leva et traversa la pièce d'un pas vif. Pensifs, Olmedo et Alvarado le regardèrent s'éloigner, espérant qu'il n'allait pas les conduire, bientôt, droit à la catastrophe.

78

Quoi que puissent écrire les historiens à l'avenir, ce jour restera à jamais un jour de gloire, estima Benitez.

Il marchait en tête du cortège et ne se retourna qu'une seule fois pour voir Cortés avancer juste derrière lui, armé de pied en cap, l'épée à la main. Son visage reflétait le triomphe et ses yeux habituellement d'un gris d'acier ressemblaient à deux charbons ardents. Il faisait de grandes enjambées, serrant sous son bras gauche une image de la Vierge et de l'Enfant. A sa suite, Alvarado, León, Jaramillo, Mali et une douzaine de fantassins brandissant des piques et des épées. Loin derrière cheminaient fray Olmedo, tenant haut sa grande croix, et Aguilar.

L'un des prêtres du temple s'avança en braquant sur l'envahisseur une pointe de silex affûtée. Benitez le frappa. La lame d'acier traversa sa robe noire et il tomba à genoux en poussant un grand cri, les mains crispées sur son ventre. Un second prêtre s'élança mais Benitez le repoussa de la garde de son épée. Puis il tailla d'un seul coup de lame le rideau menant au sanctuaire.

Il s'était préparé à l'odeur et, cependant, elle le fit suffoquer. Des yeux d'obsidienne luisaient dans l'obscurité.

Dans la tanière de Satan... dans la gueule de la bête.

Une autre créature surgit de la pénombre mais, cette fois, ce furent Alvarado et trois de ses hommes qui réagirent. Ils s'emparèrent du Mexica, le jetèrent sur le sol maculé de sang et le ligotèrent. Les autres gardiens du temple se mirent à pousser des cris d'orfraie tandis que le grand tambour en peau de serpent résonnait furieusement, clamant au monde entier l'outrage fait aux dieux.

Le tumulte devint bientôt assourdissant.

Sur les murs, le sang formait un enduit sombre, aussi

épais que du plâtre. Quelque chose de noir grésillait sur les grands braseros d'encens de copal. Des monstres peints leur lançaient des regards furieux, tapis dans les recoins baignés de ténèbres, serpents de pierre, masques hideux, forêt de crânes grimaçants.

Cortés rengaina son épée et tendit la main droite. Aguilar lui donna la barre de fer qu'il avait emportée.

— Aujourd'hui, nous allons frapper un grand coup au nom du Seigneur ! clama Cortés d'une voix tonitruante.

Il effectua un bond en avant et, après avoir fait tournoyer la barre au-dessus de sa tête, il la lança de toutes ses forces au visage du dieu païen. Les yeux d'obsidienne se brisèrent et le masque d'or alla se fracasser sur le sol.

Révoltés par ce spectacle, les prêtres mexicas poussèrent de nouveaux hurlements. Alvarado et ses hommes les firent taire de la pointe de leurs épées.

Cortés disposa pieusement l'image de la Vierge dans une niche du mur, puis il mit un genou à terre et se signa. Après quoi, il s'adressa aux prêtres par l'intermédiaire de Mali.

— Dis-leur qu'il vaudrait mieux pour eux ne pas oser toucher ce portrait de la Madone, sinon il leur en coûtera cher !

Après l'avoir écouté prononcer ces paroles menaçantes, les prêtres se mirent de nouveau à gémir mais ils n'opposèrent aucune résistance lorsque le cortège des chrétiens passa devant eux.

— Doña Marina, dites à ces vampires que j'exige qu'ils enlèvent leurs démons d'ici et qu'ils lavent les murs à fond !

Sur ce, Cortés sortit du sanctuaire et descendit vivement les marches.

A cet instant précis, Benitez aurait donné sa vie pour lui. Quel salaud... pensa-t-il. Lui, pourtant si calculateur, était capable d'accomplir cet acte passionnel, impulsif... et magnifique. Il n'y avait pas un seul de ses hommes, en ce moment même, qui n'aurait accepté de le suivre jusqu'en enfer.

S'agissait-il là d'une de ses nouvelles comédies ou croyait-il réellement qu'il réussirait à conquérir les Mexicas et à détruire leurs dieux par la seule force de sa volonté ?

Benitez comprenait maintenant pourquoi Cortés était devenu si populaire auprès de ses troupes.

Aujourd'hui, ce tricheur, cet intrigant, ce voleur m'a permis de me dépasser. Et, toute ma vie, je lui en serai reconnaissant.

Trois jours plus tard, des centaines de prêtres mexicas escaladèrent les marches du Grand Temple. Avec un soin tout particulier, ils déposèrent les dieux Oiseau-mouche et Miroir Fumant sur des brancards en fibre de maguey, qu'ils descendirent à l'aide de cordes puis glissèrent sur des planches enduites de graisse.

Les dieux furent emportés hors de la ville. Sur leur passage, la foule, pétrifiée, contempla ce spectacle inouï dans un silence absolu.

Les murs et les sols du sanctuaire furent frottés et lavés à fond jusqu'à ce qu'ils retrouvent leur blancheur originelle. Les charpentiers de Cortés y dressèrent une croix et un autel et, le lendemain, la quasi-totalité de l'armée espagnole assista dans ce nouveau lieu saint à une messe d'action de grâce.

Cortés avait réalisé son rêve.

79

Moctezuma n'était plus le même.

Que s'est-il donc passé ? se demanda Cortés en l'observant. L'empereur paraissait plus confiant, plus détendu et sa tête ne s'inclinait plus sur sa poitrine comme auparavant.

Assis sur son *ypcalli*, il regardait ses nains et ses acrobates se contorsionner et effectuer toutes sortes de pirouettes dans l'espoir de le distraire de son mortel ennui. La petite troupe s'éparpilla comme des moineaux lorsque les Espagnols entrèrent dans la pièce.

Moctezuma leur fit signe de s'asseoir et ordonna que l'on apporte des tasses de *chocoatl* fumant. Mali prit place à côté de Cortés et traduisit l'habituel boniment de l'empereur, qui demanda des nouvelles de sa fille et de sa nièce. Cortés répondit courtoisement, tout en continuant à se demander ce qui avait bien pu provoquer un tel changement d'attitude chez Moctezuma.

Il n'eut pas à attendre longtemps pour avoir une explication.

— Moctezuma désire vous entretenir d'un sujet important, annonça Mali, et il espère que vous vous souviendrez qu'il vous a toujours considéré comme son ami.

Cela ne présage rien de bon, pensa Cortés, sans quitter le chef mexica des yeux. Ses pressentiments se confirmèrent lorsqu'il vit Mali changer de visage en écoutant les paroles de Moctezuma. Celui-ci s'exprimait d'un ton plus ferme, à présent.

Mauvais signe, conclut de nouveau Cortés.

Le long monologue s'acheva enfin.

— Moctezuma tient à vous avertir que vous courez un grand danger, poursuivit Mali. S'il ne tenait qu'à lui, il ferait tout ce qui est en son pouvoir pour vous épargner, mais les dieux sont extrêmement irrités et ils réclament vengeance. Ils ont vu comment vous avez brûlé les grands dignitaires de ce peuple sur la place de la ville, pillé tout leur or et violé les sanctuaires. Les dieux sont si mécontents qu'ils ont annoncé leur départ de ce royaume. Ils ne reviendront pas tant que vous n'aurez pas quitté les lieux, vous et tous ceux qui vous accompagnent. Plutôt que de risquer cette éventualité, le peuple des Mexicas a donc décidé de vous forcer à partir. Naturellement, il est encore possible d'éviter un bain de sang si vous acceptez de vous en aller immédiatement. Sinon, le sort qui vous attend sera terrible.

— Par ma conscience ! jura Cortés. Ce pantin aurait-il l'intention de me dicter ma conduite ?

— Voyons s'il se montrera aussi arrogant lorsque je le menacerai de la pointe de mon épée ! gronda Alvarado en faisant un pas en avant.

— Il a juré soumission au roi d'Espagne et à sa Sainte Eglise ! renchérit Aguilar. C'est de la trahison !

Cortés leva la main pour calmer ses hommes. Combien de fois ne lui avaient-ils pas conseillé de se montrer moins téméraire ? Maintenant, c'étaient eux qui lui demandaient d'attaquer sans connaître les cartes de l'ennemi.

— *Chiquita,* remercie l'empereur de l'intérêt qu'il nous manifeste, répondit-il d'une voix calme. Et dis-lui que nous allons partir le plus rapidement possible... dès que nous aurons des bateaux pour regagner notre pays. Qu'il nous autorise donc à couper des arbres dans ses forêts et qu'il mette à notre disposition ses charpentiers afin que nous entamions sans tarder la construction des vaisseaux.

Moctezuma rayonnait. Il est persuadé que son cauchemar prend fin... pensa Cortés.

— *¡ Caudillo !* s'exclama Alvarado. Ils ne nous laisseront jamais quitter la ville ! Dès que nous aurons relâché l'empereur...

— Imbécile ! Tu crois que je ne le sais pas ? Mais nous devons gagner du temps ! (Il se tourna vers Mali.) Dis à l'empereur que, si nous agissons ainsi, ce n'est nullement parce que nous craignons pour nos vies mais parce que nous voulons sauver sa ville d'une destruction complète, comme cela ne manquerait pas de se produire si nous devions nous battre. En cas de conflit, nous ne pourrions plus, hélas, assurer la vie de l'empereur et il périrait immanquablement.

Quand il eut compris ces paroles, l'expression de triomphe affichée par Moctezuma disparut instantanément pour céder la place à une profonde inquiétude. La menace était claire... et crédible.

Sans attendre de réponse, Cortés se leva et quitta la salle, mettant fin à l'audience.

Mais il demeurait soucieux. Quelque chose avait fait pencher la balance en faveur de l'empereur. Il fallait impérativement savoir ce que c'était...

80

Dès qu'il eut regagné ses quartiers, Cortés dégrafa le fourreau de son épée et le jeta rageusement dans un coin de la pièce. D'un violent coup de pied, il fit basculer son bureau et jeta contre le mur le trône offert par Moctezuma. Plusieurs pierres précieuses s'en détachèrent et s'éparpillèrent sur le sol.

Cáceres et les autres serviteurs présents assistaient à la scène, terrorisés.

— Bon sang, Mali ! cria Cortés. Vas-tu m'expliquer ce qui se passe ?

— Il n'a plus peur de vous, mon seigneur, répondit-elle calmement.

— Tu crois que je ne m'en suis pas rendu compte ?

— Peut-être cela a-t-il un rapport avec les changements de saison ? Les pluies ont cessé...

Il lui lança un regard interloqué.

— Tu es devenue folle ?

— Selon notre calendrier, une nouvelle année vient de commencer, mon seigneur.

— Qu'est-ce que cela ? Encore une de vos maudites superstitions ?

— Nous venons d'entamer le mois de l'arrêt des pluies, mon seigneur, et de quitter l'année du serpent à plumes, une période néfaste pour les rois. Nous voici à présent dans l'année du deuxième roseau, nettement plus propice. Moctezuma le sait et il pense sans doute que son avenir s'annonce plus radieux. En reportant sans cesse sa condamnation, vous l'avez amené à imaginer qu'il pourrait se risquer à vous défier. Le calendrier joue en sa faveur.

— Et tu crois à ces sornettes ?

— Non, mon seigneur. Je crois en vous.

La colère de Cortés disparut sur-le-champ. Il se pencha pour l'embrasser sur le front.

— *Chiquita...* murmura-t-il doucement.

Le cœur de Mali se gonfla de joie.

Pourquoi suis-je si pitoyablement reconnaissante de ses moindres attentions ? songea-t-elle. Il ne s'approche de moi que lorsqu'il a besoin de mes services et je me réjouis de ses plus petites manifestations de tendresse comme s'il s'agissait d'une montagne de jade !

Je n'ai plus de pouvoir sur lui, désormais.

Pas plus que Moctezuma.

Il s'écarta d'elle lorsque Cáceres introduisit Martin Lopez. Grand, maigre, cet homme avait une barbe clairsemée et les mains les plus énormes que Mali ait jamais vues.

— Vous avez demandé à me voir, monseigneur ?

Cortés inclina la tête. Il ne semblait pas avoir remarqué les dégâts que son accès de colère avait causés. Intrigué, Lopez contempla la table renversée et l'encre répandue sur le sol mais se garda de faire la moindre observation.

— Tu as signé ton engagement comme soldat, lui dit Cortés, mais Alvarado m'a informé qu'à Cuba tu gagnais ta vie comme charpentier de marine.

— C'est exact, monseigneur. J'ai acquis une certaine expérience dans les chantiers navals de Cadix.

— Bien. Te sens-tu capable de construire un brigantin ?

Pendant quelques secondes, Lopez considéra son commandant d'un air stupéfait. Puis il se ressaisit.

— Ma foi, peut-être... avec l'équipement nécessaire. Il me faudrait une équipe de charpentiers.

— A Vera Cruz, nous possédons encore des chaînes d'ancre, des voiles, le gréement et le goudron provenant de la flotte qu'il nous a fallu saborder à San Juan de Ulúa. Si tu peux choisir dans les forêts avoisinantes le bois qui te convient et si l'on te donne des charpentiers mexicas expérimentés, crois-tu pouvoir y parvenir ?

— Je le pense, monseigneur, répondit Lopez après un court instant de réflexion. Quels délais me fixerez-vous ?

— Tu n'as nul besoin de te hâter. Prends tout le temps qu'il te faudra mais, surtout, donne aux Mexicas l'impression que tu t'impliques sérieusement dans cette tâche. Puis-je te faire confiance ?

— A vos ordres, monseigneur.

— Parfait. Prends avec toi une douzaine de nos propres charpentiers et mets-toi immédiatement au travail.

Lopez s'inclina et quitta la pièce, tout étourdi de cette soudaine promotion.

— Allons-nous bientôt partir ? interrogea Mali.

Cortés se mit à rire.

— Non, *chiquita*. Désormais, cette ville est devenue *ma* ville. Il n'est pas question que je la quitte tant que je n'en serai pas le maître absolu. Un jour ou l'autre, Alonso reviendra d'Espagne avec des renforts. Nous serons alors en mesure de dicter nos volontés aux Mexicas.

— Et s'il ne revenait pas ?

— Je ne vais pas m'enfuir sous prétexte que le seigneur Moctezuma a l'audace de faire tinter son sabre. Si Lopez me construit deux brigantins, j'en utiliserai un pour faire partir l'or, et l'autre pour aller chercher à Saint-Domingue des chevaux, des hommes et des armes. Dans un cas comme dans l'autre, je ne quitterai pas la vallée de Mexico.

Mali ne prêta guère attention à ces explications. Combien de fois, déjà, avait-elle entendu Cortés certifier telle ou telle chose alors qu'il projetait le contraire ! Tout ce qui comptait pour elle, c'était qu'il ne décide pas de retourner au Pays des Nuages. Car, sans lui, que deviendrait-elle ? Elle n'aurait plus ni valeur ni pouvoir. Au mieux — ou peut-être au pire —, il lui faudrait retrouver un foyer. Mais les Mexicas ne la laisseraient sans doute pas en vie. Elle finirait probablement parmi toutes ces dépouilles sanglantes jetées au bas des marches du sanctuaire.

— Ne t'inquiète donc pas, *chiquita*, dit Cortés en la prenant dans ses bras. Je ne t'abandonnerai jamais, quoi qu'il arrive.

Mali ferma les yeux et se serra contre lui. Quand il lui murmurait d'aussi douces promesses, elle oubliait toutes ses angoisses et le monde éclatait de lumière.

D'ailleurs, comment pourrait-il la quitter, maintenant ? N'étaient-ils pas unis par les liens du sang ? C'était son fils qui grandissait en son sein.

Comme pour Tunique de Serpent, les futurs dieux seraient sa descendance.

Les mains sur les hanches, le géant à la barbe rouge observait la manœuvre tandis que la couleuvrine était poussée vers la plage par deux péniches.

Il avait débarqué avec mille quatre cents hommes, quatre-vingts chevaux, plus d'une centaine d'arbalétriers et presque autant de mousquetaires. Toute la plage était encombrée par cette impressionnante armée. Des hommes en sueur escaladaient les dunes, chargés d'armes et de munitions, de caisses de provisions, d'armures. Les cris des sergents se mêlaient aux aboiements des chiens et au martèlement des sabots des chevaux sur le sable dur.

Cortés allait être pris à son propre piège, pensa-t-il avec satisfaction. Il avait reçu la mission d'opérer quelques incursions sur les côtes, d'explorer le terrain, non de se comporter comme un insoumis et un arrogant. Quelques mois plus tôt, une *nao* voguant vers l'Espagne avait fait escale dans les îles. Certains marins avaient alors propagé une incroyable rumeur : Cortés aurait eu l'audace de fonder sa propre colonie !

Malheureusement, les nouvelles n'étaient pas arrivées assez tôt à Santiago de Cuba pour qu'il soit possible d'intercepter la *nao* et d'interroger les hommes pour savoir ce qui se tramait vraiment. Mais si jamais il y avait quelque chose de vrai là-dedans, lui, Pánfilo de Narváez, saurait mettre un terme à cette infamie.

Les marins avaient également parlé d'une ville lointaine, d'une beauté et d'une richesse étourdissantes. Ma foi, se dit-il, voilà qui ne manquait pas d'intérêt. Ce serait un plaisir de profiter de l'occasion pour se remplir les poches.

Mais, pour commencer, il fallait s'occuper de ce maudit Cortés. Il y avait dans la cale assez de corde pour cela...

81

Christobal Olid, le capitaine de la garde affectée aux appartements privés de Moctezuma, avait acquis au cours des derniers mois une excellente connaissance des humeurs de l'empereur. Comme chaque jour, il présenta son rapport.

— Il paraît tout sémillant, ce matin...

Cortés fronça les sourcils. Encore un mauvais présage, pensa-t-il. Je le préférais lorsqu'il était déprimé.

Il fit signe à Alvarado et à Mali de le suivre et traversa les vastes salles pour gagner à son tour les appartements de l'empereur. Ainsi que l'avait noté Olid, Moctezuma avait changé : il semblait non seulement fort gai mais surexcité. Ils le trouvèrent en train de parler avec animation à ses oiseaux.

Il proposa aux deux hommes une tasse de *chocoatl* chaud, qu'ils refusèrent poliment. Puis il s'installa sur une natte pendant que le *caudillo* et son lieutenant regagnaient leurs places habituelles à côté de lui.

— Il désirerait savoir comment progresse la construction des bateaux, transmit Mali.

— Dis-lui qu'il nous faut encore du temps, répondit Cortés, car nos grands canots de guerre ne sont pas aussi simples à construire que les pirogues utilisées par son peuple.

Moctezuma écouta ces explications d'une oreille distraite. Avant même que Mali ait achevé sa traduction, il frappa dans ses mains. Un serviteur apparut aussitôt, portant un grand rouleau de papier d'écorce qu'il déposa respectueusement aux pieds de son maître. Moctezuma tendit le codex au *caudillo*.

— Ses messagers l'ont apporté de la côte, expliqua Mali.

D'après ce document, il semblerait que d'autres Espagnols soient arrivés du Pays des Nuages sur des canots de guerre. L'empereur pense donc que vous n'avez plus besoin de rester à Tenochtitlán. Les bateaux dont vous avez besoin vous attendent là-bas.

Cortés se sentit envahi par une immense vague de soulagement. Enfin ! Puertocarrero était arrivé avec des renforts et les ordres du roi !

Mais à peine avait-il commencé à déchiffrer le codex que le sang se retira de son visage. Les glyphes et les dessins montraient clairement treize *naos* espagnoles, ainsi que des brigantins ancrés sous les palmiers. Au premier plan, on voyait des soldats barbus, des chevaux ainsi que des canons débarqués sur la plage. Et, au centre, un homme de haute taille doté d'une grande barbe rousse.

Ce n'était pas Puertocarrero. Et, à moins que le dessinateur mexica n'ait été un bien mauvais artiste, il n'était pas difficile de reconnaître ce nouvel arrivant.

— Narváez ! s'exclama-t-il.

Il se dirigea vers la cour où Ordaz faisait manœuvrer ses arquebusiers.

— Ordaz ! Annonce à tous les hommes que des renforts ont débarqué ! Fais tirer une salve avec les mousquets ! Qu'ils fassent autant de bruit que possible !

Les soldats qui avaient pu entendre ces paroles commencèrent à pousser des clameurs de joie. Souriant, Ordaz leur commanda de charger leurs mousquets.

Ce fut Benitez qui, le premier, remarqua l'expression de Cortés. A le voir, il semblait bien que ces réjouissances étaient quelque peu prématurées.

Il courut vers lui.

— *Caudillo*, est-ce vrai ? Puertocarrero est revenu d'Espagne ?

— Ce n'est pas lui, siffla Cortés, mais le larbin de Velasquez, Pánfilo de Narváez, avec ses bâtards de Cuba affamés d'or !

— Narváez ? répéta Benitez, interdit.

— Baisse la voix ! Il ne faut pas en informer les hommes avant d'avoir décidé de la marche à suivre. Je veux que les Mexicas nous croient enchantés de cette nouvelle. S'ils soupçonnent la moindre dissension entre nous, ils nous tomberont dessus comme des chiens enragés !

La nuit descendit sur la ville. Les Espagnols avaient bu les dernières cruches de vin de Cuba et l'écho de leur liesse retentissait encore dans les cours intérieures. Seul dans ses appartements, Cortés s'efforçait de ne pas se laisser distraire par ces chants et ces cris de joie.

Tourmenté par ce qui semblait encore un insoluble dilemme, il arpentait la pièce à grands pas tandis que la chandelle, en bout de course, se répandait en une flaque graisseuse sur la table.

Troisième veille de la nuit.

Les torches qui éclairaient les couloirs du palais laissaient entre elles des zones d'ombre où il était facile de se cacher.

Il l'attrapa au moment où elle regagnait les appartements de Benitez. Cela faisait sans doute des heures qu'il l'attendait.

Une main se plaqua sur sa bouche et elle fut entraînée vers une niche creusée dans le mur.

Il sentait la sueur et le vin, constata-t-elle, écœurée. Tout d'abord, elle pensa qu'il s'agissait d'un soldat espagnol ivre ou, peut-être, d'un *pulque* mexica. Elle se débattit de toutes ses forces en le mordant et en lui distribuant force coups de pied.

— N'aie pas peur ! chuchota-t-il en maya chontal.

Norte ! Norte !

Fleur de Pluie cessa immédiatement de résister et il ôta sa main de sa bouche.

— *Cara*... murmura-t-il.

— Es-tu devenu fou ? Benitez te fera pendre !

— Seulement s'il nous découvre, murmura-t-il tandis que ses mains couraient sur ses seins et ses fesses. Et il ne saura rien si tu ne parles pas. Tu ne diras rien, hein ?

Il releva sa tunique et elle sentit son pénis chaud et dur se plaquer contre son ventre. Sa langue explorait avidement l'intérieur de sa bouche. Furieuse, elle le mordit durement à la lèvre inférieure jusqu'à ce qu'elle sente le goût salé de son sang.

Norte recula et enfouit son visage entre ses mains en poussant des petits cris aigus semblables à ceux d'un animal blessé.

— Toi... toi... espèce de putain ! jura-t-il en espagnol. Tu mords comme un démon ! Chienne !

— Ne me touche plus jamais ! lança-t-elle en maya chontal. L'amour est un don, pas un droit.

— Oh, Seigneur... gémit-il, je saigne... (Il s'écroula à terre en sanglotant.) Pourquoi as-tu fait ça ? Pourquoi ?

Maintenant qu'elle l'avait dompté, Fleur de Pluie éprouvait du remords. Elle s'agenouilla à côté de lui.

— Pardonne-moi... murmura-t-elle.

— Mais qu'est-ce qui t'a pris ?

— Tu m'as fait peur... Ça te fait très mal ?

Elle voulut le toucher, mais il la repoussa.

— Pourquoi ne me regardes-tu plus jamais ? C'est comme si je n'existais plus pour toi !

— Parce que tu n'es plus une personne. Quand tu es arrivé ici, tu étais un diable. Et puis, pendant le temps où tu vivais parmi les miens, tu es devenu une personne. Mais maintenant, te voilà redevenu diable.

— Qu'est-ce que cela peut bien te faire ? Qui se soucie encore de moi ? Pas toi, en tout cas ! Tu passes tout ton temps avec Benitez !

— C'est à lui que j'ai été donnée.

— Tu ne t'en souciais pas tant à San Juan de Ulúa...

— C'était hier et les temps ont changé. Et puis... j'ai pris goût à lui.

— Et moi ?

— J'ai moins de goût pour toi, répondit-elle en se levant.

— Je te veux... marmonna-t-il.

— Je sais ce que tu veux. Vous êtes tous des diables !

Elle se faufila le long du corridor, ses pieds nus effleurant sans bruit les dalles de pierre. Elle courait vers celui qu'elle aimait.

Vers Benitez. Son seigneur velu. Son Espagnol.

82

Elle fut réveillée par des pleurs.

Alarmée, elle s'assit et tendit l'oreille. Les sanglots montaient de l'ombre, tout près.

Un frisson de peur la parcourut. Et si c'était un fantôme ?

Mali se leva et jeta un manteau sur ses épaules. La voix de Cortés lui parvenait depuis la pièce voisine. Il n'avait donc rien entendu ?

Elle s'empara d'une chandelle et repoussa le rideau garni de clochettes. Bien sûr, ce n'était guère prudent pour une femme enceinte de se promener seule la nuit. Le fantôme risquait de jeter un sort à l'enfant et de lui apporter la malchance. Cependant, elle ne pouvait continuer à ignorer ces pleurs déchirants.

— Vous entendez ? demanda-t-elle au garde, pour le moins surpris de la voir là.

Il écouta puis secoua la tête.

— Non, señora.

Elle resserra autour d'elle les pans de son manteau et gagna le toit en terrasse. Un souffle de vent éteignit la chandelle mais, à la lueur de la nouvelle lune, elle aperçut une silhouette accroupie dans un coin, près du parapet.

Inquiète, elle s'approcha.

Fleur de Pluie.

— Petite sœur ? (Elle s'agenouilla à ses côtés.) Qu'est-ce qui ne va pas ? Allons... parle-moi ! Est-ce à cause de Benitez ? T'a-t-il battue ?

Un gémissement. Puis des mots entrecoupés de sanglots.

— Ce n'est pas lui...

Mali prit la jeune fille dans ses bras. Son corps était aussi raide qu'un piquet.

— J'ai peur, petite mère.

— Il n'y a aucune raison d'avoir peur. Cortés assure que nous sommes en sécurité tant que nous gardons Moctezuma prisonnier.

— Ce ne sont pas les Mexicas que je redoute, mais l'homme qui partage ton lit.

Mali s'immobilisa. Elle détestait entendre dire du mal de son seigneur. Parfois, il lui semblait que le monde entier était contre lui.

Fleur de Pluie s'agrippa à son bras en tremblant.

— Tu dois l'arrêter avant qu'il ne soit trop tard !

— L'arrêter de faire quoi ? De nous libérer des Mexicas ?

— Ces Espagnols sont pires que les Mexicas. Ils veulent détruire nos dieux et voler notre argent et nos plumes de quetzal — tout ce que nous avons ! Crois-moi, Mali, ils ne sont pas plus divins qu'un coyote ou un cadavre ! Le Serpent à Plumes lui-même n'est pas à l'abri du danger.

— Tu parles comme une enfant ! Que sais-tu de ces choses ?

— N'as-tu pas vu comme il peut se montrer impitoyable ? Il prétend être bon, alors que c'est un monstre.

La gifle qui s'abattit soudain sur son visage lui arracha un hoquet de surprise.

— Tais-toi ! cria Mali. Je ne veux pas en entendre davantage ! Va te coucher !

— C'est toi qui es dans l'erreur, petite mère ! sanglota Fleur de Pluie en se relevant vivement.

Elle traversa la terrasse en courant et disparut dans la nuit.

Mali resta un long moment à regarder Sœur Lune éclairer de ses rayons argentés les tours blanches des temples. Elle essayait de réfléchir mais la douleur qui lui broyait l'âme était bien trop forte pour qu'elle puisse se concentrer.

Personne ne comprenait Cortés. Et Fleur de Pluie moins que quiconque.

Oui, ce n'était qu'une enfant.

Une petite sotte qui, décidément, n'entendait rien à rien.

Cortés était occupé à rédiger une lettre au roi à la lueur d'une chandelle lorsque Cáceres introduisit Benitez dans la pièce.

Le *caudillo* reposa sa plume d'oie et pria son hôte de prendre place sur le siège qu'il avait rapporté de la côte. Il lui préférait à présent le trône doré offert par Moctezuma.

— Eh bien, Benitez, les temps sont durs, n'est-ce pas ?

Benitez ne répondit pas. Qu'est-ce que tu manigances encore, vieux renard ? songea-t-il, mal à l'aise.

— Ainsi que je te l'ai dit ce matin, ce fils de pute de Narváez a débarqué avec d'importantes forces.

— Je suppose qu'on ne peut mettre en doute ses intentions.

— Sandoval vient de me faire parvenir un courrier de Vera Cruz. Cinq hommes de Narváez se sont présentés à la forteresse en exigeant sa reddition immédiate.

— Et qu'a-t-il fait ?

— Ce que tout bon commandant qui se respecte se doit de faire : il les a ficelés comme des faisans et attachés à des bâtons. Des porteurs indiens sont en route pour nous les amener ici. Ils devraient arriver tard dans la nuit.

Benitez sourit. Cette manifestation d'autorité était bien typique de Sandoval !

— J'espère pouvoir compter sur ta loyauté tout au long de cette période de crise, reprit Cortés.

Espèce de salaud ! pensa Benitez. Dieu m'est témoin que je t'ai admiré quand tu as eu l'audace de marcher contre les prêtres du Grand Temple ! Mais, en même temps, si tu savais combien je te méprise !

— Ma loyauté a déjà été sérieusement mise à l'épreuve par les récents événements, monseigneur.

Cortés haussa un sourcil.

— C'est-à-dire ?

— Je veux parler de la manière dont vous avez partagé votre trésor, répliqua Benitez sans se décontenancer.

Cortés esquissa un sourire — un sourire à la fois indulgent et chargé de mépris. Il ouvrit le tiroir de son bureau et en sortit un bracelet d'or orné d'une magnifique émeraude. Il poussa le bijou en direction de son hôte.

— Ceci pourra peut-être compenser ce que tu considères comme un acte d'ingratitude ?

Benitez considéra le bracelet sans le toucher.

— Je ne parlais pas de moi, *caudillo*.

— Et de qui donc, alors ? interrogea Cortés, l'air surpris.

— Vous n'avez pas agi convenablement avec vos hommes.

— Mes hommes ? répéta Cortés d'un ton incrédule.

— Ils se sont battus durement à Tabasco et à Texcála et ils ont beaucoup souffert en traversant la sierra. Cent pesos n'étaient pas une récompense à la hauteur de leur courage et de leur valeur.

Cortés se pencha en avant.

— Est-ce cela le prix de ta loyauté, Benitez ?

— Ma loyauté n'a pas de prix. Elle se conforme à la justice aussi naturellement que l'eau épouse les pentes.

— Ma foi, voilà un discours bien élégant, murmura Cortés en reprenant le bracelet. Tu es un homme étrange, Benitez. Mais je ne suis pas certain de te comprendre tout à fait.

— Sans doute suis-je stupide mais, au moins, mon sommeil n'est pas troublé.

— Nous dormirons à notre aise quand nous serons morts... (Il glissa à nouveau le bijou dans le tiroir.) Eh bien, soit. Si tel est le salaire que tu exiges pour ta loyauté, tu l'auras... bien qu'à mon avis les hommes ne te seront guère reconnaissants de ce noble geste. Je donnerai aux soldats une part plus importante de nos profits. Tu as ma parole. S'il le faut, je piocherai dans ma propre part. En échange, je désire que tu me rendes un service.

— Je vous écoute, monseigneur.

— Quand les messagers de Narváez arriveront, nous devrons les impressionner en leur montrant ce que nous avons accompli ici et en leur faisant comprendre qu'ils gagneront davantage à se joindre à nous qu'à nous combattre. On n'attrape pas les mouches avec du vinaigre.

Benitez hocha la tête.

— Que désirez-vous que je fasse ?

Ce furent les hurlements qui l'alertèrent. Quand elle arriva dans l'appartement de Benitez, les sentinelles se tenaient sur le seuil, ne sachant que faire, contemplant la scène d'un air horrifié.

Mendez, le médecin, était là également. Mais il semblait aussi terrifié que les autres.

Fleur de Pluie gisait à terre, l'écume aux lèvres, le visage et les cheveux maculés de sang.

— Qu'est-ce qui lui arrive ? marmonna Mendez, la voix rauque.

Mali pénétra dans la pièce et aperçut une gourde posée sur la table basse. Elle en renifla le goulot et comprit instantanément ce qui s'était passé. Petite sœur avait avalé la chair des dieux... les champignons sacrés.

— Où est Benitez ?

— Avec le capitaine général, expliqua l'un des gardes.

— Tenochtitlán est en flammes ! s'écria Fleur de Pluie dans un rire affreux.

Mendez grimaça d'horreur et de dégoût.

— Quelles sottises est-elle donc en train de raconter ?

— Ce n'est qu'un accès de fièvre, répondit Mali. J'en ai déjà vu de semblables. Laissez-moi m'occuper d'elle.

Le médecin parut soulagé de n'avoir pas la responsabilité d'un cas aussi extraordinaire.

— Très bien. Si vous avez besoin que je lui fasse une saignée, appelez-moi.

Il tourna les talons et s'empressa de quitter la chambre, les gardes à sa suite.

Du sang coulait encore de la bouche de Fleur de Pluie. Elle s'était mordu la langue.

— Ils ont lâché leurs chiens sur nous ! hurla-t-elle en se contorsionnant sur le sol.

Mali s'agenouilla et lui lia les mains et les chevilles à l'aide de lanières de cuir pour l'empêcher de se blesser davantage. Une longue coupure zébrait le front de la jeune fille. Sans doute, dans son délire, s'était-elle frappé la tête contre un coin de meuble. Heureusement, la blessure ne semblait pas profonde.

— Seigneur !

Mali se retourna. Benitez se tenait sur le seuil, le visage blême.

— Qu'est-il arrivé ?

— Elle a mangé des champignons, expliqua Mali. Pour l'instant, il n'y a rien à faire. Si elle en a pris trop, elle mourra.

Il la rejoignit et s'agenouilla pour tenter de prendre Fleur de Pluie dans ses bras. Mais elle se débattait si violemment qu'il dut renoncer.

— Malinche va tous nous tuer ! cria-t-elle d'une voix déchirante.

Mali songea à la nuit précédente. Etait-ce à cause de ce qu'elles s'étaient dit que petite sœur avait absorbé la chair des dieux ? Ces champignons hallucinogènes étaient réservés à ceux qui allaient mourir sur la pierre sacrificielle ; ils adoucissaient leurs souffrances. Les hommes-hiboux en consommaient aussi lorsqu'ils voulaient regarder de l'autre côté des rideaux qui dissimulent l'avenir. Mais les visions qu'ils engendraient pouvaient aussi tuer. Fleur de Pluie avait-elle cherché à voir le futur ou à quitter ce monde ?

— Tenochtitlán est en flammes ! hurla-t-elle de nouveau. Toute la ville est en flammes !

Benitez tomba à genoux et se signa. Il se passait là quelque chose qu'il ne pouvait comprendre.

Quelque chose qui se trouvait au-delà du voile.

83

Il arrive parfois qu'à la faveur de l'aube, la folie d'une nuit se dissipe comme par miracle. Quand Fleur de Pluie ouvrit les yeux, elle trouva Benitez étendu à côté d'elle, la tête nichée au creux de son bras. Il ronflait.

Elle se pencha au-dessus de lui et l'embrassa doucement sur le front.

Soudain, elle devina une autre présence dans la pénombre. Un coup d'œil circulaire dans la chambre lui permit de découvrir Mali. La lueur vacillante d'une chandelle faisait danser des ombres sur son visage. Elle était agenouillée sur une natte de roseaux, un linge et un bol d'eau fraîche posés à ses côtés.

— Petite sœur, murmura-t-elle.

— Petite mère.

Mali lui caressa les cheveux.

— C'est fini...

— J'ai été vraiment malade, n'est-ce pas ?

— Nous ignorions quelle quantité de poison tu avais absorbée.

— Juste une cuillerée... Après, je n'ai plus eu le courage de continuer. Tu es restée à mon chevet toute la nuit ?

Mali hocha la tête.

— Ton seigneur velu a tenu à te veiller, lui aussi.

Fleur de Pluie tendit une main vers elle.

Mali chérie... Tu as toujours été pour moi à la fois une mère et une grande sœur. Et aussi ma meilleure amie. Mais je t'ai perdue à cause de ce Cortés et, bientôt, après ce que j'aurai fait, tu me haïras.

— Tout ira bien, maintenant, murmura-t-elle. Ne veux-tu pas retourner auprès de ton seigneur ?

Mali haussa ses minces épaules.

— Il n'a plus besoin de moi ces derniers temps, dit-elle en tapotant son ventre enflé. Sans doute est-ce mon aspect qui lui déplaît. (Elle se rapprocha de Fleur de Pluie.) Les rêves t'ont-ils appris quelque chose de nouveau, petite sœur ? As-tu vu l'avenir par-delà le rideau ?

Fleur de Pluie parla de ses visions : elle évoqua les temples en flammes, les Espagnols en armures tuant et massacrant comme ils l'avaient fait à Cholula, versant un sang rouge... d'un rouge plus éclatant que jamais.

— J'espère bien qu'il ne s'agissait que de songes vides de sens, dit-elle d'une voix faible. Oh, Mali... J'espère que ce n'était pas l'avenir...

Les silhouettes dansantes des Chevaliers du Jaguar, ombres déformées, menaçantes, se découpaient sur les murs. La dernière veille de la nuit allait s'achever et, bientôt, l'aube allait se lever sur le monde. C'était l'heure où les blessés quêtent encore un peu d'obscurité pour se cacher, l'heure où les enfants viennent au monde, un monde qui renaissait chaque jour.

Mali se hâta le long des interminables corridors, pressée de retrouver la chaleur du corps de son seigneur.

Elle ne vit pas venir Jaramillo et poussa un cri lorsqu'il surgit devant elle. Son visage marqué par la petite vérole semblait encore plus laid et plus grotesque à la lueur incertaine des torches.

— Pardonnez-moi, señora... Je ne voulais pas vous faire peur.

— Que voulez-vous ?

— Il est bien tard pour se promener dans le palais...

Elle n'aimait pas la manière dont il la regardait. Il était ivre et son haleine empestait le vin de Cuba.

Elle pressa le pas pour se débarrasser de lui mais il accéléra l'allure à son tour pour rester à sa hauteur.

— Qu'est-ce qu'une jolie créature comme vous fait dehors à une heure pareille ? Vous devriez vous trouver dans le lit du capitaine.

Elle fit mine de l'ignorer et marcha encore un peu plus vite.

— Le *caudillo* a vraiment de la chance d'avoir deux femmes aussi belles à sa disposition chaque nuit...

Mali s'arrêta net. Jaramillo lui jeta un regard oblique.

— Car, naturellement, vous êtes au courant pour doña Ana, n'est-ce pas, señora ?

Elle le regarda bien en face. Il ricanait.

— Oh, mille excuses !... s'exclama-t-il. Je croyais que vous saviez... Bon, eh bien... bonne nuit, doña Marina...

Il s'inclina et disparut au détour du corridor.

Mali se mit à courir, le cœur battant à tout rompre. Elle grimpa à toute vitesse les marches du grand escalier conduisant aux appartements privés du *caudillo*, passa comme un éclair devant les sentinelles et poussa les rideaux à clochettes.

Elle vit d'abord la chandelle dans une coupe d'argent.

Puis deux corps enlacés sur le lit.

Le dos lisse et cuivré de la princesse luisait dans la pénombre et sa longue chevelure noire s'étalait comme une sombre étoile de mer sur la poitrine de Cortés. L'un de ses bras reposait sur sa cuisse.

Mali recula d'un pas et posa une main sur sa bouche, réprimant un haut-le-cœur. Mais, au bout de quelques secondes, elle se ressaisit.

Il est dans la nature des rois d'avoir de grands besoins et de nombreuses concubines, se dit-elle. Je ne peux pas empêcher cela. Si je l'éveille maintenant en lui faisant une scène de jalousie, cela ne me rapportera rien. Bien au contraire, je fâcherai mon seigneur. Je dois me montrer plus intelligente et attendre mon heure.

C'est parce que je suis laide et gonflée à cause de notre enfant qu'il ne me désire plus. Mais cela changera. C'est le fils du Mexique que je porte dans mon sein.

Elle trouva une autre natte dans une pièce voisine et s'étendit silencieusement dans l'obscurité, regardant l'aube ramper dans la pièce comme une voleuse, sans faire de bruit.

Je ne pleurerai pas. Je l'aime. Et j'ai toujours su que je n'étais pas née pour le bonheur, du moins... pas de cette manière. Pourquoi pleurer sur ce qui ne pouvait être ?

Mais les larmes vinrent malgré tout, brûlantes, aveuglantes.

84

— Vous le paierez cher ! fulmina frère Ruiz de Guevarra. Quand Narváez saura ce que vous avez fait, il vous fera pendre pour rébellion, vous et vos officiers !

Le prêtre était arrivé à la quatrième veille, accompagné de quatre autres émissaires de Narváez. Leurs vêtements souillés et leurs barbes maculées de sang révélaient que Sandoval et ses hommes avaient sûrement manqué de courtoisie envers eux... Après avoir passé les trois dernières nuits ficelés comme de vulgaires saucisses dans des hamacs, ils n'étaient pas à proprement parler d'excellente humeur.

— Vous n'êtes qu'un imbécile, un pantin et un chien ingrat !

Cortés sourit comme si Guevarra venait de lui adresser un grand compliment. Il le prit par les épaules comme s'il s'agissait d'un camarade et le conduisit vers une table basse couverte de plats fumants : lapin grillé, gibier, haricots et galettes de maïs.

— Comment me faire pardonner cette terrible bévue ? susurra Cortés. C'est un de mes plus jeunes officiers qui en est responsable et croyez bien qu'il ne manquera pas d'être sévèrement châtié pour ses excès de zèle. Je vous en prie, prenez place. Vous devez être affamé...

Fray Guevarra et ses compagnons échangèrent des regards. Après le traitement infamant que Sandoval venait de leur faire subir, l'amabilité du *caudillo* était bien la dernière chose à laquelle ils s'attendaient. Et puis leurs ventres vides criaient famine.

— Allons, insista Cortés, faites ripaille.

Abandonnant ce qui leur restait de dignité, ils se jetèrent sur les aliments. Fidèle aux instructions de Cortés, Sandoval les avait contraints à jeûner durant tout le voyage, se contentant de leur distribuer un peu d'eau.

Puis Cáceres plaça à côté de chacun d'eux des lingots d'or fondus par les orfèvres de Cortés.

— Mais... qu'est-ce que c'est ? balbutia Guevarra, la bouche pleine.

— Une faible compensation pour les petits désagréments que mes hommes vous ont causés. Prenez cet or avec ma bénédiction. Ce n'est qu'une infime fraction de ce que mes soldats ont déjà reçu pour prix de leurs services. Ici, voyez-vous, nous pouvons nous permettre de ferrer nos chevaux avec de l'or.

Benitez se demanda ce que Norte, avec ses malheureux cent pesos, penserait d'une telle assertion.

Guevarra fixa Cortés avec stupéfaction tout en continuant à se repaître de nourriture. Cortés les regardait manger avec une expression indulgente.

— Ainsi, c'est mon ami Narváez qui vous envoie... reprit Cortés. Qu'est-ce qui l'amène ici, en Nouvelle-Espagne ?

Guevarra, déboussolé, écarquilla un peu plus les yeux. Il n'avait jamais entendu parler de Nouvelle-Espagne, un terme que le *caudillo* venait juste d'inventer pour désigner le royaume de Moctezuma.

— Il est venu à la demande du gouverneur de Cuba, répondit le religieux d'une voix à présent moins assurée. Velasquez, en effet, vous accuse de traîtrise pour avoir délibérément outrepassé ses consignes. Il désire que l'on vous fasse prisonnier et que l'on vous ramène enchaîné à Cuba.

Cortés digéra cette information sans se départir de son calme.

— Et comment va Narváez ? J'espère qu'il vous traite bien, au moins...

L'avarice de Narváez étant connue de tous à Cuba, l'hésitation de Guevarra à répondre amusa fort Cortés.

— Correctement... lâcha le moine d'un ton morose.

— Voilà qui fait plaisir à entendre. Un commandant généreux est chose assez rare pour qu'on s'en réjouisse, n'est-ce pas ?

A cet instant, Alvarado et Benitez les rejoignirent, tous deux arborant un lourd médaillon d'or sur la poitrine. Les yeux de Guevarra et de ses hommes brillèrent de convoitise.

— N'est-ce pas, Pedro ? répéta Cortés.

Alvarado ricana.

— Oh, certes, monseigneur !

Embarrassé, Guevarra se racla la gorge.

— A vrai dire, la générosité n'est pas vraiment le fort de Narváez, précisa-t-il, le regard toujours braqué sur les médaillons d'or.

Cortés affecta d'en être étonné.

— Nos hommes seront désolés de l'apprendre, commenta Alvarado en retenant un sourire. Car, en ce qui nous concerne, nous nous trouvons fort bien traités par notre capitaine général.

— J'espère que le gouverneur n'a pas agi avec une hâte prématurée, ajouta Cortés. Il devrait pourtant savoir que je suis un homme de loi expérimenté puisque c'est lui-même qui m'a nommé juge de paix à Santiago de Cuba. Apprenez, en effet, que nous avons agi ici suivant les convenances. La nouvelle colonie ayant été fondée en toute légalité, nous ne sommes désormais responsables que vis-à-vis du roi en personne. Nous attendons d'ailleurs d'un jour à l'autre un courrier porteur de l'agrément de la Couronne. Si Velasquez — ou ses représentants — tentait contre moi quelque action injustifiée, il devra en rendre compte devant le roi.

Cette perspective ne va certainement pas faciliter leur digestion, pensa Benitez, amusé.

Cortés reprit la parole :

— J'ajoute que, si les Mexicas s'apercevaient de la moindre divergence entre nous, nous perdrions toute influence sur eux. Actuellement, nous tenons leur empereur sous bonne garde. Il y a dans ce grand pays des trésors bien plus inestimables que ceux trouvés jusqu'à présent dans le nouveau monde. Que Velasquez et son homme de main Narváez viennent à compromettre tout cela et ils devront alors en supporter les terribles conséquences.

Guevarra jeta un nouveau coup d'œil aux barres d'or massif.

Cortés se pencha vers lui.

— N'avez-vous pas l'impression qu'il s'agit là d'un malentendu ? Peut-être pourriez-vous nous dire combien d'hommes Narváez a emmenés avec lui et quels sont ses projets ?

Elle se donna avec une férocité qui le surprit, s'agrippant à lui telle une naufragée, l'embrassant avec fougue comme pour puiser dans ses baisers fiévreux le souffle même de la vie. Quand ce fut fini, elle se mit à pleurer et il la berça dans ses bras, désorienté.

— Qu'est-ce qui ne va pas ? murmura-t-il à son oreille, tout en sachant qu'elle ne pouvait le comprendre. Allons... dis-moi ce qui te peine tant...

— Pardonne-moi, répondit-elle dans sa langue. Je ne sais pas ce qu'il adviendra de nous ni ce que tu penseras de moi, mais j'espère que tu ne me haïras pas trop quand ce sera fait.

Naturellement, il ne comprit pas un traître mot de ce qu'elle essayait de lui dire. Alors, il continua à la bercer doucement en lui caressant les cheveux.

Mais, tout au fond de lui, il se sentait profondément troublé et totalement impuissant.

Les soldats s'étaient regroupés dans la grande salle, épaule contre épaule, et seule une poignée d'entre eux patrouillaient au-dehors. Cortés grimpa sur une table pour s'adresser à ses hommes. A ses pieds, une pile de lingots d'or luisait faiblement à la lueur des torches.

Le silence se fit. Tous s'attendaient à ce que le *caudillo* annonce officiellement le retour de Puertocarrero mais la vue de l'or les laissait perplexes.

— Messieurs... commença Cortés, nombre d'entre vous se sont plaints à moi ou à mes officiers de n'avoir touché qu'un maigre butin. Bien que la répartition ait été opérée selon les règles convenues au début de cette campagne, j'ai décidé de vous octroyer une part supplémentaire prélevée sur mes propres bénéfices afin de récompenser plus généreusement votre loyauté et votre courage. A la fin de cette réunion, chacun recevra des mains d'Alvarado une quantité d'or dont, j'espère, vous serez satisfaits.

Il marqua une pause. Norte, tout au fond de la salle, l'écoutait avec attention. Ça, c'était le miel, pensa-t-il. Et, maintenant, nous allons avoir les abeilles...

— Ce sera peut-être pour vous la dernière occasion de toucher une telle prime car Diego Velasquez, le gouverneur de Cuba, veut arrêter notre expédition et vous placer sous un nouveau commandement.

Le silence se fit plus pesant.

— Voilà deux jours, on vous a annoncé que notre camarade Alonso Puertocarrero était revenu d'Espagne. Malheureusement, il s'agissait d'une fausse rumeur. Les bateaux qui ont accosté sont ceux de Velasquez.

Norte regarda autour de lui. Tous les visages étaient tendus.

— L'homme envoyé pour me remplacer n'est autre que le meilleur ami du gouverneur, Pánfilo de Narváez.

Un tollé général accueillit cette nouvelle. Guzmán se tourna vers Norte.

— Par le cul de Satan ! Cet obèse forniqueur de chèvres !

— A présent que nous avons conquis ce grand royaume, poursuivait Cortés, il semble que le gouverneur ait l'intention de nous le reprendre par l'intermédiaire de Narváez et de ses troupes. Ceux d'entre vous qui désirent se mettre à la merci de sa légendaire... générosité sont libres de s'en aller. Quant à moi, jugeant que cette colonie a été établie tout à fait légalement, j'ai l'intention de résister à cette injuste mainmise sur notre territoire.

Cette fois, quelques soldats poussèrent des acclamations.

Imbéciles ! pensa Norte. Ne voyez-vous pas qu'il est en train de vous acheter ?

— Le moment est donc venu de vous poser la question, continua Cortés. Lesquels, parmi vous, souhaitent rester à mes côtés ?

Les hommes étaient déjà prêts à en découdre. Une fois encore, Cortés les tenait sous son emprise. Certes, il était tricheur et menteur... mais c'était *leur* tricheur et *leur* menteur. Avec lui, ils avaient quelque chance de survivre et de gagner un peu plus d'or.

Avec Narváez, ils seraient bientôt tous pauvres... et morts.

85

Le cri d'un chat-huant. Une ombre glissant le long du mur et se découpant un court instant contre la fenêtre.

Le visage de Fleur de Pluie peint comme celui d'un guerrier maya.

Le craquement du bois et l'éclat d'un couteau d'obsidienne dans le clair de lune. Un souffle léger et la chandelle qui s'éteint.

Ignorant sa surprise et son chagrin, Mali n'eut que le temps de se jeter en travers du corps de Cortés, prête à recevoir les coups à sa place. Mais son mouvement subit éveilla l'Espagnol. Il se redressa brusquement et l'on entendit le couteau tomber sur le sol.

Il la repoussa, aperçut une ombre dans la chambre et courut, nu, saisir son épée tout en appelant les gardes à grands cris.

Ils se précipitèrent dans la pièce, brandissant haut leurs torches, et virent l'arme sur le parquet : un couteau avec un manche en forme d'aigle incrusté de nacre et de turquoises.

Cortés regarda Mali.

— Tu m'as sauvé la vie...

Trop choquée, elle ne répondit pas.

— As-tu vu qui c'était ?

Mali se souvint du visage de Fleur de Pluie flottant dans la semi-pénombre juste avant que la chandelle ne s'éteigne. Elle pouvait presque voir encore les bandes de peinture rouges et blanches qui striaient sa peau.

— Je n'ai aperçu qu'une ombre, murmura-t-elle d'une voix faible.

Quand Benitez s'éveilla, le matin suivant, Fleur de Pluie avait disparu.

Il fouilla le palais de fond en comble, mais en vain.

86

Cempoala

— Regarde-le, dit Salvatierra. J'ai déjà navigué sur des bateaux plus petits que lui...

Ils observèrent les huit serviteurs de Gordo ahanant sous l'effort tandis qu'ils hissaient leur énorme roi au sommet de la pyramide, marche après marche. Tous leurs muscles étaient bandés et leurs visages ruisselaient de sueur.

— Ce serait plus facile d'installer une couleuvrine sur le clocher de la cathédrale de Séville ! s'esclaffa Narváez.

Ses officiers se mirent à rire à leur tour.

Quand Gordo se retrouva enfin au sommet, Narváez s'adressa à Francisco, son interprète. C'était un Indien capturé à Grijalva et qui connaissait le nahuatl. Selon la langue parlée par les *naturales*, il fallait passer par plusieurs intermédiaires pour communiquer et cela prenait du temps. Narváez montra l'image de la Vierge trouvée dans le sanctuaire. Ses hommes avaient également déniché une cache remplie d'objets précieux : bijoux en or et argent, parures de plumes rares, tissus fins et brodés.

— Demande-lui pourquoi il garde tout cet or dans une église chrétienne.

Le gros *cacique* attendit de comprendre la question et formula une réponse que Francisco transmit à Narváez.

— Il dit que cela ne lui appartient pas, que ce trésor est à Malinche.

L'Espagnol fronça les sourcils.

— Malinche ? Qui est-ce ?

On lui expliqua alors qu'il s'agissait d'un dieu barbu à la peau blanche venu du Pays des Nuages dans un grand canot de guerre. Ce dieu possédait de grands pouvoirs.

Narváez contempla l'énorme chef avec stupéfaction. Mais, quand il eut réalisé qu'il parlait de Cortés, il rejeta la tête en arrière et partit d'un rire tonitruant.

— Seigneur ! lâcha-t-il entre deux hoquets, vous entendez ça, mes amis ? Voilà que ce poussah attribue à Cortés des pouvoirs surnaturels !

Salvatierra et les autres officiers s'esclaffèrent bruyamment. L'hilarité fit bientôt place au mépris et Narváez secoua la tête. Décidément, se dit-il, ces Indiens sont au moins aussi ignorants que les sauvages de Cuba.

— Explique-lui que cet or n'appartient pas à Cortés mais au roi d'Espagne, dit-il à Francisco. Et puisque nous le représentons dans ce nouveau monde, c'est tout naturellement à nous que ce trésor revient.

Ces révélations touchèrent Gordo de plein fouet : tremblant et transpirant, il ne put que marmonner une série de mots entrecoupés de gémissements.

— Allons, bon, qu'est-ce qui lui arrive, encore ? hurla Narváez.

— Il dit que lorsque ce Malinche reviendra, il le punira pour n'avoir pas su garder son or, traduisit Francisco.

— Par ma foi, cet imbécile n'a pas à s'en faire ! lança dédaigneusement l'Espagnol. Je vais m'occuper personnellement de ce *Cortésillo* ! Si les *naturales* sont assez sots pour se laisser intimider par un minus comme Cortés, il ne me faudra guère plus d'une semaine pour amener le pays entier à me lécher les bottes !

Tenochtitlán

Toxcatl, la fête de l'attente des pluies.

Sur la place, l'un des prêtres du dieu Oiseau-mouche, le visage marqué de stries dessinées au charbon, contrôlait la mise en place de hauts mâts. La nuit suivante, on y suspendrait des torches pour éclairer la Danse des Jeunes Hommes.

Cris rauques, chants. Tambours et flûtes. Devant une foule considérable, des jeunes filles dansent, bras et cuisses ornés de plumes rouges, leurs pieds foulant la terre rouge et sèche.

Le soleil atteignit son zénith, boule jaune et brûlante qui ne projetait aucune ombre. Dans le Grand Temple, le tambour en peau de serpent résonna tandis que la grande statue de Tetzcatlipoca — Miroir Fumant — apparaissait au bout de la place. Haute de plus de cinq mètres, elle avait été confectionnée à partir d'une sorte de pâte de graines d'amarante et de sang sacrificiel. Coiffée de branches d'arbres peintes et incrustée de somptueux joyaux, elle portait des boucles d'oreilles de turquoise en forme de serpent et arborait un bec en or. Des crânes et des os humains avaient été cousus sur le grand manteau qui l'enveloppait. Ses jambes d'obsidienne étincelaient sous le soleil.

Furieux et effrayé tout à la fois, Alvarado observait la procession du haut des murs du palais. Les Texcaltèques avaient assuré que le moment fort de la fête serait le sacrifice d'un jeune homme revêtu des ornements d'un de leurs dieux démoniaques. Ainsi, malgré les strictes instructions de Cortés, les *naturales* persistaient dans leurs rites barbares. C'était là une provocation manifeste.

Aguilar surgit à ses côtés, son livre de prières serré contre sa poitrine comme s'il s'était agi d'un coffret rempli de pierres précieuses.

— C'est l'œuvre de Satan ! murmura-t-il d'une voix apeurée. Si Cortés était ici, ils n'oseraient pas exhiber aussi ouvertement leurs idoles !

Alvarado se rebiffa devant cette critique implicite.

— Il a autorisé cette fête avant de partir, répliqua-t-il sèchement.

Quelques jours plus tôt, le *caudillo* était parti en direction de la côte orientale, espérant arrêter l'armée de Narváez. Il n'avait laissé à Alvarado que quatre-vingts soldats pour tenir Tenochtitlán. Les Texcaltèques étaient eux aussi restés, après avoir refusé de se battre contre d'autres seigneurs blancs. Cortés n'avait pas insisté, jugeant qu'il valait mieux ne pas apprendre à ses alliés à tuer des Espagnols.

— Le *caudillo* a expressément interdit les sacrifices humains, reprit Aguilar.

Alvarado ne répondit pas. Il n'aimait pas que l'on compare sa manière de commander à celle de Cortés.

— J'ai discuté avec Moqueur de Femmes, l'un des chefs texcaltèques, annonça le franciscain. Il parle un peu le maya chontal et nous parvenons ainsi à nous comprendre assez bien. Il dit que les Mexicas ont l'intention de replacer leur dieu Huitzilopochtli dans le sanctuaire et de brûler l'image de la Vierge bénie. Il dit aussi qu'il a vu les cordes et les poulies déjà prêtes dans la cour du temple.

— Ils n'oseront pas... gronda Alvarado.

Le front dégarni d'Aguilar luisait de sueur.

— Il paraît que les mâts dressés sur la place servent aux sacrifices humains. L'un des Mexicas aurait crié qu'ils allaient nous manger tous mais que, d'abord, ils nous assaisonneraient d'ail pour couvrir notre odeur pestilentielle...

Alvarado serra les poings.

— Ils s'en prendront à nous quand Narváez aura défait Cortés, reprit le moine. Le grand mât, là, servira à Tonatiuh — c'est-à-dire vous, si j'en crois ce que l'on m'a dit.

Alvarado ne put en supporter davantage. Il s'éloigna, tremblant de rage et glacé d'effroi. Il ne voulait pas imaginer ce que ces sauvages lui feraient endurer avant de le tuer, si jamais ils l'attrapaient. Toujours est-il qu'en osant défiler ainsi sur cette place, ils le défiaient. Allait-il rester là à supporter cet affront en attendant qu'ils les massacrent, lui et ses hommes, comme des chiens ?

Il se souvint alors de ce que Cortés avait fait à Cholula et sut quelle décision un bon commandant se devait de prendre.

87

Cofre de Perote

Le vent glacial de Nombre de Dios le fit frissonner sous son manteau. Sa jument tourna la tête au vent et trébucha.

Benitez se sentait engourdi. Il en fut surpris car il s'était plutôt attendu à éprouver des émotions infiniment plus violentes. De la rage, par exemple, parce qu'elle l'avait trahi. De la honte, aussi, pour avoir accueilli dans son lit une meurtrière. Ou encore du chagrin, car elle lui manquait. Oui, son sourire, ses caresses, sa gentillesse lui manquaient.

Il se maudit de son entêtement à refuser d'apprendre sa langue. Avait-elle essayé de l'avertir, la nuit précédente ? Tout ce dont il se souvenait, c'était s'être endormi dans ses bras et avoir été réveillé par les cris des gardiens sonnant l'alerte.

Il avait tendu la main pour la toucher mais elle était partie. Où ? Personne ne le savait. Doña Marina avait assuré à Cortés que l'assassin devait être un guerrier mexica et tous la croyaient. Le lendemain, ils quittèrent Tenochtitlán sans que personne ne remarque l'absence de Fleur de Pluie. Ceux qui restaient penseraient probablement qu'elle était du voyage tandis que les membres de l'expédition contre Narváez la croiraient en ville.

Benitez frissonna de nouveau sous sa cotte de mailles.

A présent, elle avait rejoint le camp de ses ennemis.

Et, pourtant, elle lui manquait terriblement...

León avait toujours été populaire. Il savait comment manipuler une foule. Il fallait le voir, entouré de ses jeunes officiers, parlant et riant d'une voix forte. C'est un homme dangereux, pensa Narváez.

Il était arrivé sur sa grande jument grise, vêtu d'une cotte de mailles et coiffé d'une bourguignotte garnie de plumes. Une large chaîne d'or faisait deux fois le tour de son cou.

Maudit soit-il, pensa encore Narváez.

Mais, sans rien montrer de ses sentiments, il s'approcha de lui les bras ouverts.

— León ! Cher cousin ! (Il l'étreignit.) Il semble que tes aventures ne t'ont pas trop marqué. Comptes-tu te joindre à nous ?

— Non. Je suis venu pour tenter d'éviter une catastrophe.

Narváez fronça les sourcils. Ce n'était pas ce qu'il espérait entendre de la bouche d'un parent du gouverneur...

— Une catastrophe ? Que veux-tu dire ? Comment peux-tu qualifier de catastrophe le fait de damer le pion à un traître ?

Le sourire affiché jusque-là par León disparut instantanément.

— Cortés n'est pas un traître, bien au contraire. C'est un sujet valeureux et loyal qui œuvre pour le roi. Je ne supporterai pas qu'on parle ainsi de lui en ma présence.

Narváez recula d'un pas et ses hommes firent silence. Plus personne n'avait envie de rire.

— Est-ce pour me dire cela que tu es revenu ?

— Tout ce que je veux, c'est faire la paix et t'éviter une défaite ignominieuse.

Insolent fils de pute ! pensa Narváez. J'ai au moins trois fois plus de soldats et de chevaux que Cortés. Je peux écraser sa minuscule armée quand je le voudrai. Comment oses-tu me parler ainsi ?

— Laissez-moi faire... lui chuchota Salvatierra à l'oreille. On verra s'il fait encore le fier quand il sera chargé de chaînes.

Fray Guevarra se précipita.

— Monseigneur, n'agissez pas sans réfléchir ! Quand mes camarades et moi-même avons été faits prisonniers par ce chien de Sandoval, Cortés s'est conduit avec nous comme un homme raisonnable. Il ne nous aurait sûrement pas relâchés s'il voulait nous combattre. Prenons le temps d'écouter le seigneur León et voyons ce qu'il a à nous dire.

En toute autre circonstance, Narváez n'aurait jamais accepté de parlementer avec un suppôt de Cortés, mais Guevarra était prêtre et son influence devait être prise en considération. Il fallait également tenir compte de la popularité de León.

Mes officiers ne verraient pas d'un bon œil que je l'enchaîne, se dit-il. Guevarra a raison, mieux vaut agir avec ruse. Si j'arrive à persuader cet imbécile de León de passer de notre côté, j'aurai ainsi un allié et un espion dans le camp ennemi.

— A quoi bon parler maintenant de toutes ces choses ? lança-t-il en se forçant à sourire. Vous devez être tous fatigués du voyage, et vos chevaux ont besoin de repos. Venez donc vous détendre en buvant du bon vin de Cuba. Nous rediscuterons de tout cela plus tard.

Cette amabilité forcée lui coûtait. Avec un sourire mauvais, Narváez tourna les talons et se dirigea vers sa tente, suivi par un Salvatierra fulminant.

Tenochtitlán

— Fais-lui-en tâter un peu, dit Alvarado.

Un hurlement déchira l'air tandis que l'homme, sur la table, se tordait de douleur. Une odeur de chair brûlée se répandit. Alvarado fronça le nez avec dégoût.

Le prêtre mexica avait été attaché jambes et bras écartelés. Ses longs cheveux nattés pendaient presque jusqu'au sol. Il régnait une telle puanteur dans la petite pièce que Jaramillo lui-même semblait mal à l'aise.

Mais personne n'éprouvait de pitié pour le supplicié. Non pas parce qu'il était indien mais parce que sa qualité de prêtre faisait de lui un être haïssable. Alvarado se demanda combien de cœurs encore vivants ce monstre avait arrachés en hommage à ses idoles diaboliques. Avec ses oreilles mutilées et ses cheveux englués de sang séché, il avait tout d'un véritable démon.

Tous attendirent pendant que fray Diaz sortait pour vomir, mais la faiblesse du moine remplit Alvarado de mépris. Selon lui, un homme d'Eglise se devait d'avoir l'estomac plus solide.

Quand fray Diaz regagna la pièce, il était blême et transpirait abondamment.

— Pouvons-nous continuer ? demanda Alvarado.

Le moine hocha faiblement la tête.

— Vous ne vous sentez pas bien ?

— C'est... c'est l'odeur qui me dérange...

Alvarado haussa un sourcil.

— Vous avez toute notre sympathie. (Il se tourna vers Aguilar, qui servait d'interprète auprès du supplicié.) Voulez-vous demander à ce misérable s'il est exact que les Mexicas projettent de nous attaquer ?

Le franciscain transmit la question en maya chontal à Moqueur de Femmes et ce dernier la traduisit en nahuatl pour l'homme étendu sur la table. Le prêtre balbutia une réponse.

— Il prétend ne rien savoir d'un tel projet, rapporta Aguilar.

— Il ment ! s'écria Alvarado. (Il fit un signe à Jaramillo.) Le moment est venu de l'aider à cracher la vérité !

A l'aide d'une paire de pinces en métal, Jaramillo retira du brasero une bûche de chêne enflammée et la posa sur le ventre du prêtre. Les yeux de l'Indien lui jaillirent de la tête tandis qu'il se cambrait de douleur.

Alvarado fit signe de retirer la bûche. Un horrible gargouillis sortit de la gorge du Mexica. Ce sont les diables qui s'échappent de lui, pensa Alvarado.

Il examina son torse couvert de cloques d'où s'écoulait un liquide jaunâtre.

— Frère Aguilar, voulez-vous poser une nouvelle fois la question au prisonnier : à quel moment son peuple a-t-il prévu de nous attaquer ?

Nouvel et pénible échange entre Aguilar, Moqueur de Femmes et le supplicié.

— Il demande ce que vous voulez l'entendre dire, traduisit Aguilar.

— La vérité, sacrebleu !

Moqueur de Femmes parla à l'oreille du prêtre.

— Je lui ai dit que vous saviez déjà que les Mexicas ont l'intention de nous attaquer, transmit-il à Aguilar, et il reconnaît que c'est vrai. Il ne sait pas exactement quand, mais ce sera bientôt.

Aguilar se tourna vers Alvarado.

— Le prisonnier avoue que son peuple est en train de rassembler ses forces pour nous livrer bataille lorsque la fête sera terminée.

— Vous voilà témoin de cette réponse ! tonna Alvarado en s'adressant à fray Diaz. Enfin ! Nous la tenons, notre preuve !

Sur ces mots, il tourna les talons et se dirigea vers la porte.

— Que devons-nous faire de lui ? demanda Jaramillo en désignant l'homme qui se tordait de douleur.

— Achève-le ! lâcha Alvarado.

Cempoala

Les serviteurs de Gordo apportèrent toutes sortes de victuailles : dindes, galettes de maïs, patates douces, tomates, piments. Peu de temps auparavant, des porteurs cubains avaient transporté depuis la côte des chaises et des tables afin que Narváez retrouve dans sa tente un peu de la magnificence de sa maison de Santiago de Cuba. Il avait même fait apporter son service de table en argent.

Mais il semblait que c'était León qui présidait le repas, régalant les jeunes officiers des aventures qu'il avait vécues au cours de ces quinze derniers mois. Narváez sentit une pointe de jalousie le traverser en voyant ses hommes suspendus aux lèvres de son cousin, aussi attentifs et concentrés que des chatons en train de boire du lait chaud.

— Quand nous sommes arrivés en Nouvelle-Espagne... disait León.

Narváez fronça les sourcils en entendant encore ces mots que fray Guevarra avait déjà prononcés à son retour du camp de Cortés.

— ... j'admets avoir moi-même vivement critiqué le *caudillo*, poursuivit León. Je croyais qu'il nous exposait à une grave défaite militaire et qu'il contrevenait aux ordres du gouverneur. Même lorsque j'étais convaincu que mes camarades officiers agissaient dans la plus parfaite légalité en créant cette nouvelle colonie...

Une brusque quinte de toux vint couvrir ce récit. Salvatierra avait failli s'étrangler en buvant son vin. Il y eut une pause pendant qu'il reprenait son souffle, mais il n'était toujours pas en mesure d'intervenir.

Narváez garda le silence. Il faut que je lui lâche un peu de corde pour le laisser se pendre lui-même, pensa-t-il.

— ... même alors que j'étais persuadé que mes camarades agissaient convenablement, je pensais que nous courions au désastre. Nous étions si peu face à ces *naturales* si hostiles, si nombreux ! Mais Cortés n'a pas hésité un seul instant. Et tandis que, jour après jour, nous accumulions victoires et richesses, il m'a bien fallu admettre que cet homme était capable de conquérir pour nous une gloire et une fortune inespérées.

La lueur des chandelles s'accrochait à son lourd collier en or, ajoutant encore foi à ses dires.

— Nous avons su remporter pour nous-mêmes et pour notre roi un immense trésor en or et bijoux précieux et nous sommes désormais les maîtres de Tenochtitlán, la ville la plus splendide que j'aie jamais vue. Cortés y est considéré comme un puissant seigneur. Il a revendiqué ces territoires au nom de l'Espagne et amené de nombreux *naturales* à se convertir à la seule vraie foi.

— Sans doute, alors, pourrait-il rendre un autre service à l'Espagne, en se rendant ici pour répondre des charges que le gouverneur de Cuba fait peser sur lui, intervint Narváez.

— L'autorité du gouverneur n'a plus cours ici, rétorqua calmement León. Nous dépendons directement de la Couronne. A la vérité, vous vous trouvez déjà sur le territoire de l'ami de Cortés, l'empereur Moctezuma, lequel s'est déclaré vassal du roi et s'est placé sous sa protection. A cause de cela, vous risquez d'encourir une sérieuse défaite et de voir vos vies menacées.

Narváez le dévisagea longuement. La rage et la stupéfaction le laissaient sans voix.

— Tu oses nous menacer ! gronda Salvatierra.

— Messieurs... intervint vivement fray Guevarra, je suis persuadé qu'il y a moyen de régler à l'amiable nos différends. N'est-ce pas, señor León ?

— Mon seigneur Cortés pense que votre arrivée ici tombe plutôt bien et il est disposé à vous laisser explorer la côte entre Vera Cruz et le fleuve Grijalva. Vous lui rendriez même un très grand service. Et bien entendu aussi à Sa Majesté le roi Charles, car cela consoliderait ce royaume pour sa Couronne.

— Que ton *Cortésillo* aille au diable ! s'écria Salvatierra.

— Je suis certain que c'est là que vous vous retrouverez tous un jour, mais je doute que vous y rencontriez mon seigneur Cortés.

N'y tenant plus, Salvatierra se leva d'un bond, mais Narváez posa une main sur son bras pour le retenir. S'ils se battaient en duel maintenant, León le découperait sûrement en petits morceaux. Tout le monde le savait.

Il jeta un regard circulaire aux hommes assis autour de la table. Certains d'entre eux paraissaient amusés du défi que León lançait à leur commandant. Narváez décida qu'il était temps de jouer sa carte maîtresse.

— Tu as tort de prétendre que ce Moctezuma est l'ami de Cortés, observa-t-il, car il nous a envoyé un tribut en or — ce qui, sans doute, ne manquera pas de te surprendre. Crois-tu donc que ton *Cortésillo* a une hypothèque sur les sentiments de l'empereur ?

Pour la première fois, León sentit qu'il perdait pied. Narváez força son avantage.

— J'ai l'intention de rendre Cortés responsable de tous les actes commis ici depuis son arrivée. Et je compte, en même temps, libérer l'empereur de l'emprisonnement illégal dans lequel il est tenu — ce qui me vaudra de sa part une grande quantité d'or.

León se leva.

— Dans ce cas, je dois t'avertir que mon seigneur Cortés décline toute responsabilité en ce qui concerne votre sécurité.

Narváez n'en croyait pas ses oreilles. Il se leva à son tour.

— Notre sécurité ? Je dispose d'une armée de quinze cents hommes et de trente canons, et tu oses croire que ta petite bande de mercenaires peut me faire peur un seul instant ?

— Nous avons vaincu des armées bien plus grandes que la tienne au cours des derniers mois.

— Ton attitude me déçoit, León. J'espérais que tu retrouverais un peu de bon sens, mais je vois que je me suis trompé. J'étais même prêt à t'offrir un poste de commandement sous mes ordres.

— Il me serait impossible de trahir un homme qui a tant fait pour son pays et son Eglise.

Stupéfiant... pensa Narváez. Comment Cortés fait-il pour s'attirer tant de loyauté et de respect ?

— Alors tu peux lui dire que j'aurai grand plaisir à rôtir ses oreilles et à les manger ! déclara Salvatierra.

— De belles manières, en vérité, pour un cannibale ! Mais pas pour un Espagnol !

— Je crois qu'il vaut mieux nous séparer, avant que tu n'abuses de ma patience et de ma générosité, déclara Narváez.

— Je m'en voudrais de demeurer plus longtemps en pareille compagnie ! lança León avant de sortir.

Narváez sentit les regards des jeunes officiers peser sur lui. Cela ne s'est pas passé comme je voulais, pensa-t-il, irrité.

Un peu plus tard, lorsqu'ils se retrouvèrent seuls, il dit à Salvatierra :

— Il ne faut pas que León quitte le camp. Attends que tout le monde soit endormi, attrape-le et enchaîne-le.

Une heure après, ils fouillaient le camp de fond en comble.

Mais León avait disparu.

Il chevauchait lentement en direction de l'ouest, guidé par la pleine lune. Cortés serait certainement intéressé d'apprendre ce qu'il avait découvert au camp de Narváez. Manifestement, le moral des soldats était au plus bas. Quant aux officiers, ils se soupçonnaient les uns les autres et se méfiaient de leur commandant. Les vingt mille *castellanos* qu'il leur avait offerts pour rejoindre Cortés avaient rencontré un écho intéressé.

Entre-temps, fray Guevarra, sans le savoir, avait joué son jeu en racontant ce qu'il avait vu à Tenochtitlán et comment les troupes du *caudillo* se promenaient dans la nouvelle capitale les poches pleines d'or. Bien des soldats de Narváez pensèrent qu'ils seraient mieux servis par Cortés que par leur actuel commandant.

Mais ces signes encourageants se trouvaient contrebalancés par la nouvelle de la perfidie de Moctezuma. Aussi, plus León se rapprochait de Tenochtitlán, plus il se sentait gagné par l'angoisse. En l'absence de Cortés, Alvarado saurait-il comment se conduire avec l'empereur sans commettre d'irréparables erreurs... ?

88

Quand le soleil commença à décliner dans le ciel, les tambours se mirent à battre plus vite, accélérant le rythme de milliers de cœurs. La statue de Miroir Fumant avait été tirée jusqu'au pied de la grande pyramide où les Mexicas s'apprêtaient à accomplir leur rituelle Danse des Jeunes Hommes.

Six cents danseurs — l'élite des plus nobles familles, leurs plus beaux fils — étaient rassemblés sur la place, entourés des milliers de gens venus assister au spectacle.

Tam-tam-tam... Tam-tam-tam...

A califourchon sur son instrument, le joueur de tambour frappait en cadence la peau de serpent. Ses mains bougeaient si vite qu'on pouvait à peine suivre leurs mouvements.

Les hommes commencèrent à danser en formant des cercles concentriques autour du tambour. Ils portaient d'extraordinaires manteaux en peau de lapin embellis de plumes aux couleurs vives, et des jambières en ocelot ornées de clochettes d'or qui s'agitaient et tintinnabulaient au rythme de leurs pas. De somptueuses peintures égayaient leurs visages et leurs crânes rasés auréolés de plumes de quetzal. Tous avaient le nez et les lèvres percés de pièces de jade, de cristal ou de nacre.

Le martèlement du tambour s'emballait... Les cœurs s'élevaient vers le ciel.

Tam-tam-tam... Tam-tam-tam...

Personne ne vit les Espagnols se glisser parmi les spectateurs pour aller se poster en petits groupes discrets aux endroits stratégiques.

Il y en avait partout : Porte de l'Aigle, Porte du Roseau, Porte du Serpent d'Obsidienne.

Attendant le bon moment.

Tout en dansant, Aigle Plongeant repéra les Espagnols dans la foule. Ils semblaient suivre avec intérêt le spectacle.

Mais, alors... pourquoi avaient-ils tous leurs épées, leurs armures et leurs casques ?

Une pensée inquiétante lui traversa soudain l'esprit. Se pouvait-il que l'ennemi ait décidé de les attaquer lâchement pendant qu'ils se livraient à leur exhibition, ne disposant d'aucun moyen de défense ?

Il aperçut Tonatiuh debout sur les marches de la grande pyramide. Les rayons du soleil couchant allumaient des reflets éclatants sur sa cuirasse de métal. Un sourire étrange flottait au-dessus de sa barbe dorée taillée en pointe.

Près de lui, celui qu'ils appelaient Jaramillo ricanait sottement comme un homme qui a bu trop de *pulque*.

Sur la place, les danseurs tournoyaient comme des oiseaux voguant librement dans un ciel pur.

Il avisa d'autres soldats espagnols qui grimpaient les marches du temple en portant des bâtons de feu. Il les vit se baisser pour les charger de leur poudre magique.

Tam-tam-tam... Tam-tam-tam...

Et, eux, ils continuaient de danser, insouciants, sans défense.

Alvarado tira son épée. Le sang d'Aigle Plongeant se figea dans ses veines.

Non... NON !

— *¡ Mueran !* cria Alvarado. A mort !

Les arquebuses crépitèrent et l'odeur suffocante de la cordite se répandit sur la place.

Stupeur... hurlements... panique... course folle vers les issues. Ils étaient cernés.

L'un des Espagnols taillait déjà en pièces le joueur de tambour. D'abord les bras, puis la tête.

Aigle Plongeant s'immobilisa, cherchant du regard un moyen de s'échapper. Les Espagnols fondirent sur eux comme l'aigle sur sa proie, jouant allègrement de leurs épées dans la foule des danseurs, massacrant à tout-va. Le ventre transformé en plaie béante, un homme regarda, horrifié, ses intestins se répandre sur le sol avant de s'affaler.

Terrorisé, Aigle Plongeant se mit à courir vers la Porte du Roseau. Un Espagnol surgit soudain devant lui, l'épée levée. Le Mexica fit un brusque écart pour l'éviter, changea de direction en sautant de droite et de gauche pour esquiver les coups, ses pieds touchant à peine le sol. Un autre Espagnol apparut dans son champ de vision : il avait une barbe brune et bouclée et il lui manquait une partie de la main ; il se servait de ses doigts restants comme d'une tenaille pour arracher les pierres précieuses qui ornaient le cou et les oreilles d'un Mexica mort.

Il atteignit enfin la porte. Impossible de passer : les Espagnols formaient un mur compact, découpant tout ce qui était à leur portée du tranchant de leurs épées.

Malgré sa peur panique, Aigle Plongeant trouva la force de ramasser le corps inanimé d'un danseur et de le jeter de toutes ses forces sur l'un de ces diables. L'homme perdit l'équilibre et tomba. Aigle Plongeant sauta par-dessus lui et se rua dans l'étroit passage.

Cempoala

Pluie.

Des rideaux de pluie noyaient le paysage d'un voile gris et faisaient déborder les rivières.

La petite armée de Cortés, appuyée par les renforts de Sandoval, luttait pour traverser les eaux tumultueuses. Mais le territoire leur était désormais familier. Ils progressaient sans bruit, leurs mouvements étouffés par le crépitement de la pluie.

C'est alors qu'une patrouille surprit deux sentinelles de Narváez...

Espèce de sale parvenu... pensa Carrasco.

J'ai entendu parler de toi à Cuba. Je me souviens du scandale qui a éclaté lorsque tu as refusé d'épouser Catalina Suarez dont le père était un proche du gouverneur.

Escudera t'a fait arrêter pour insoumission et t'a obligé à te comporter en homme honorable.

Je vous ai vus faire la fête à Santiago de Cuba dans tes beaux habits, toi et tes amis *hidalgos*, riant et plaisantant trop fort, jouant les grands d'Espagne simplement parce que vous possédiez un lopin de terre sur quelque île sauvage oubliée de Dieu.

Et maintenant, regarde-toi... Tu te prends pour un roi parce qu'une poignée de *naturales* a peur de toi.

Les torches craquaient et fumaient sous la pluie qui filtrait à travers les branches du grand arbre ceiba. Gêné par les liens qui lui retenaient les poignets attachés dans le dos, il tenta de se redresser et sentit ses bottes glisser dans la boue épaisse.

— Comment t'appelles-tu ? lança une voix.

Il leva les yeux. Cortés.

— Carrasco.

Sandoval lui administra un violent coup dans les côtes et il retomba dans la boue.

— On dit : « Carrasco, *monseigneur*. »

Il lui fallut un moment pour retrouver son souffle.

— Carrasco, monseigneur, grommela-t-il.

— Sais-tu qui je suis ?

— Vous êtes Hernán Cortés... Vous possédez une mine d'or et une *encomienda* à Cuba.

Cortés se pencha jusqu'à ce que son visage ne soit plus qu'à un pouce de celui du prisonnier.

— Tu te trompes. Je ne suis pas ce Cortés-là. Je suis Hernán Cortés, maître de tout ce royaume. Tu ferais bien de t'en souvenir.

Imbécile, pensa Carrasco.

— A présent, je veux savoir comment Narváez a disposé ses troupes, reprit Cortés. (Il sortit une bourse et en vida le contenu dans sa main. Des pierres de jade et de turquoise brillèrent faiblement à la lueur des torches.) Elles sont pour toi si tu me le dis.

La pluie gouttait des feuilles au-dessus de leurs têtes.

— J'attends... insista Cortés.

Un frisson de peur traversa Carrasco. Il hésita.

Soudain, Cortés se jeta sur lui comme un animal sauvage et le saisit à la gorge. Carrasco tenta de l'éloigner à coups de pied. Il ne pouvait plus respirer... Seigneur ! Il ne pouvait plus respirer... respirer...

— Tu crois peut-être réussir à te mettre en travers de mon *entrada*, sale paysan ! hurla Cortés en le secouant. Ici, je suis chez moi ! Ici, c'est la Nouvelle-Espagne ! Mon royaume !

Les yeux de Carrasco roulèrent dans leurs orbites. Il eut encore le temps de voir un visage fou et grimaçant penché sur lui. De la salive lui coulait de la bouche. Deux yeux orange luisaient comme ceux d'un loup.

— Tu parleras, dussé-je te couper les orteils et les oreilles et te les enfoncer dans la gorge !

Respirer... Respirer... !

— Tu vas parler, chien !

Il essaya d'incliner la tête pour indiquer qu'il se rendait, mais les doigts de Cortés enserraient sa gorge dans un étau. Une brusque colique lui tordit le ventre. Il lui sembla que quelqu'un s'efforçait de tirer Cortés en arrière mais des taches noires dansaient devant ses yeux et il se sentait mourir.

Oui, il était en train de mourir.

Il allait le tuer, pensa Benitez. Si je n'étais pas intervenu, il l'étranglait bel et bien.

Un casque rempli d'eau de la rivière avait réussi à faire revenir le prisonnier à lui. Il leur dit alors tout ce qu'ils désiraient savoir.

Narváez s'était installé dans le temple, là même où, un an plus tôt, Cortés avait tenu la lame de son couteau sur la gorge de Gordo. L'artillerie avait été disposée à l'avant et la cavalerie divisée, de sorte que quarante *jinetes* se trouvaient pour l'instant isolés sur la route de l'ouest.

Pas de patrouilles, précisa Carrasco. Car Salvatierra leur avait dit que Cortés n'oserait jamais attaquer de nuit.

Les méthodes brutales du *caudillo* avaient donné de bons résultats. Mais Benitez ne parvenait pas à effacer de son esprit l'expression de son visage tandis qu'il broyait la gorge du prisonnier sous ses doigts.

C'était le visage d'un fou.

Mais seul un fou aurait osé se lancer dans une pareille aventure.

Seul un fou pouvait avoir conçu un tel plan d'action pour cette nuit...

89

La pluie ruisselait sur leurs casques, s'infiltrait sous leurs cottes matelassées et trempait leurs tuniques. Transis, affamés, les hommes attendaient, épuisés par leur longue marche depuis Tenochtitlán.

Cortés fit tourner bride à son alezan pour leur faire face. Même dans le froid et la nuit sombre, il était resplendissant avec sa cuirasse et sa bourguignotte emplumée. Cáceres, son majordome, se tenait à ses côtés, tenant haut une torche enflammée qui grésillait sous la pluie.

— Messieurs... commença Cortés, vous allez ce soir tourner une page importante de votre vie. Soit nous mourrons ici, soit nous trouverons fortune sur cette terre de Nouvelle-Espagne.

Le crépitement incessant de la pluie montait de la terre détrempée.

— Vous vous souvenez que c'est le gouverneur lui-même qui m'a chargé du commandement de cette expédition avec ordre d'explorer la côte et d'y commercer. Vous savez aussi qu'à San Juan de Ulúa, on m'a demandé de fonder ici notre propre colonie. J'ai toujours voulu regagner Cuba mais nous sommes restés ici par votre volonté et avec le temps j'ai su que vous aviez été sages de prendre une telle décision.

« Vous m'avez fait l'honneur de m'élire capitaine général de votre colonie jusqu'à ce que Sa Majesté nous fasse connaître son bon plaisir. Nous avons entre-temps accompli des actions glorieuses pour notre roi en conquérant de vastes territoires et de riches trésors. Combien de fois avons-nous réussi alors que tout se liguait contre nous ? Combien de souffrances et de pertes humaines nous a-t-il fallu supporter dans ces terres barbares pour y porter la bannière du Christ ? Nous avons enduré des tempêtes de neige, bravé la fatigue, la faim, la trahison et, cependant, aucun de vous n'a songé à abandonner.

« A présent, voilà que le laquais du gouverneur, Narváez, débarque sur ce rivage pour nous déclarer la guerre et nous prendre tout ce que nous avons si glorieusement conquis... Allons-nous accepter de nous écarter humblement et laisser ce vautour s'approprier ce qu'il n'a jamais mérité ? Non, par ma foi, si nous sommes des hommes ! Non, si nous sommes des braves et des Espagnols ! Ce royaume et ses richesses nous appartiennent légitimement !

« Certes, ils sont plus nombreux que nous. Mais n'avons-nous pas triomphé dans la plaine de Texcála et sur les rives du fleuve Tabasco, face à des dizaines de milliers d'adversaires ? Ces mois de lutte nous ont endurcis, ce qui n'est pas le cas des troupes de Narváez. De plus, notre camarade León affirme que les mécontents sont nombreux dans leur camp. Les fièvres de la côte les consument et certains trouvent notre cause juste et n'ont nulle envie de nous combattre.

« L'orage de cette nuit a détourné leur attention. Nous allons donc en profiter pour lancer une attaque surprise contre leurs canons pendant que Sandoval, soutenu par un escadron, fera prisonnier Narváez. Quand il sera entre nos mains, ses soldats déposeront les armes car ils n'auront pas le courage de poursuivre la lutte sans lui.

« Allons, mes braves, rassemblons notre courage ! Mieux vaut mourir aujourd'hui, si telle est la volonté de Dieu, que laisser ces scélérats nous voler ce qui nous appartient de droit !

Des cris et des vivats saluèrent ce discours. Benitez, lui, demeurait songeur. Encore un prodige du *caudillo*... se dit-il. Comment réussit-il à ranimer ainsi le goût du combat chez des hommes harassés de fatigue, diminués par la faim et le froid ? Il est vraiment extraordinaire que personne n'ait décelé ses qualités de meneur durant toutes ces années où il a vécu à Cuba.

A moins qu'un esprit se soit emparé de lui le jour où, pour la première fois, il a posé le pied sur les sables de San Juan de Ulúa.

Et si Mali avait raison ? L'œuvre que Cortés accomplissait ici dépassait peut-être leur entendement... Ils ne tarderaient pas à le savoir.

Des cris d'alarme. Des hommes courant prendre leurs armes. La lune cachée derrière un nuage noir.

Narváez plissa les yeux pour tenter de percer l'obscurité. L'éclat fugitif des mousquets tout autour d'eux.

Le salaud, pensa-t-il. Il les attaquait. Mais comment avait-il pu rassembler de telles forces ? La pluie, en étouffant les bruits, avait dissimulé leur approche.

Le capitaine de l'artillerie cria à ses hommes de charger les canons. Une voix répondit qu'ils étaient inutilisables à cause de la cire qui avait été coulée dans leurs gueules.

Claquement des arquebuses dans la nuit. Sifflement des flèches. Hurlements de douleur.

Salvatierra tira Narváez par la manche.

— Il faut nous replier !

Un seul canon tira une salve. Puis ce fut le silence. Narváez entendit le martèlement sourd de l'infanterie chargeant dans la cour. Vivement, il suivit Salvatierra, escalada les marches menant au sommet de la pyramide.

Vers son sanctuaire.

Je vais mourir, pensa Benitez.

Il avait gravi les marches à la tête des piquiers de Sandoval. La lune jaillit brièvement derrière l'écran opaque des nuages, dévoilant les silhouettes de leurs adversaires qui se détachaient contre la tour du sanctuaire.

Un géant fondit soudain sur lui en faisant tournoyer dans les airs son *montante* — un sabre qu'il tenait à deux mains. Benitez tenta de parer le coup et le choc des aciers tinta dans la nuit. Il sentit son épée lui glisser des mains et tomba sur le flanc. Narváez se dressa au-dessus de lui, son grand sabre de nouveau prêt à frapper.

Je vais mourir.

Il ne sut jamais très bien ce qui se passa par la suite. Narváez glissa sans doute sur la pierre mouillée et rata son coup. Cherchant désespérément une arme pour se défendre, Benitez rampa sur les marches. Il trouva une hampe de pique qu'il jeta avec toute l'énergie du désespoir sur son assaillant.

— Sainte Mère de Dieu ! Protégez-moi ! Au secours ! Ils m'ont tué ! Ils m'ont crevé un œil ! hurla Narváez.

— Victoire pour Cortés ! cria Sandoval. Narváez est tombé !

Quelqu'un tira Narváez de côté tandis que Benitez, encore secoué, se remettait péniblement debout. Il vit Martin Lopez, le plus grand de tous les soldats de leur armée, courir avec un brandon allumé et mettre le feu au toit de chaume du sanctuaire.

Le ciel se teinta de rouge. Les hommes de Narváez couraient en tous sens, suffoquant et crachant, demandant grâce.

La chance qui semblait ne jamais devoir quitter Cortés leur avait encore apporté la victoire, songea Benitez.

Et, aujourd'hui, il semblait bien qu'elle lui avait aussi sauvé la vie...

90

Narváez gisait sur la table du chirurgien, un linge sur son œil gauche, les poignets enchaînés, le visage et la barbe maculés de sang.

Cortés souleva le voile qui fermait la tente. Il avait les cheveux trempés et il semblait épuisé. L'épée à la main, il se tint un instant sur le seuil, les yeux fixés sur son adversaire.

Narváez ouvrit l'œil qui lui restait.

— Vous êtes venu m'achever ?

— Vous n'avez rien à craindre, lui dit Cortés. En tant que prisonnier, vous êtes sous ma protection.

Narváez parut soulagé.

A cet instant, León sortit de l'ombre et s'approcha du *caudillo.*

— Nous ne déplorons que deux morts contre quinze chez eux, murmura-t-il. Et peut-être cent cinquante blessés de part et d'autre.

Cortés hocha la tête. Il se tourna vers Narváez.

— Vous voyez ce que vous avez fait ?

Narváez ne parut pas comprendre l'accusation.

— Une belle occasion de vous réjouir, non ? Vous m'avez vaincu.

Cortés eut un haussement d'épaules méprisant.

— Ce sera bien le moindre de mes triomphes, ici, en Nouvelle-Espagne.

Pour la première fois, Narváez remarqua la présence de Mali.

— Qui est-ce ? Une putain ?

— Allez vous faire sodomiser par le diable ! lança Mali en se rappelant fort à propos quelques injures espagnoles apprises des soldats. Je ne suis pas une putain !

Cortés grimaça un sourire.

— Comme vous pouvez l'entendre, elle parle espagnol aussi bien que vous et moi, Narváez. Et plusieurs autres langues encore. Aussi, je vous conseille de la traiter correctement. Je vous abandonne à ses soins.

Et, sur ces mots, il sortit dans la nuit.

L'orage avait cessé et l'on n'entendait plus qu'un faible chuintement de pluie effleurer la toile de tente. Narváez demeura un long moment immobile et silencieux.

Elle pensa qu'il était mort.

— Savez-vous qui est cet homme ? dit-il tout à coup.

Mali ne répondit pas.

— A Cuba, nous l'appelions *Cortésillo*, le petit Cortés. Il possédait une *encomienda* avec quelques têtes de bétail. Dans sa jeunesse, il avait un peu étudié le droit à l'université de Salamanque et se prenait pour un juriste. C'est pourquoi Velasquez, stupide comme il l'était, le nomma magistrat à Santiago de Cuba. Après quoi, il a amassé un peu d'argent grâce à une mine d'or sur la rivière Duabán et il a commencé à jouer les grands de Valladolid. Le gouverneur l'a alors chargé d'une petite expédition le long de cette côte et voilà qu'il se prend maintenant pour un grand général et un explorateur !

— Vous semblez oublier qu'il a accompli ici des prodiges. Ses actions sont extraordinaires... héroïques.

Narváez ricana.

— Vous devez parler d'un autre Cortés.

— Ou alors, tandis qu'il naviguait entre le Pays des Nuages et ici, un dieu s'est emparé de son âme. Car il se comporte comme un dieu.

Le blessé laissa échapper un gémissement de douleur. Son œil lui faisait horriblement mal.

— Où est ce damné médecin ? (Il respira plusieurs fois profondément pour retrouver son calme.) Ce soi-disant dieu dont vous parlez a trahi son seigneur à Cuba. Il a été envoyé ici pour une simple mission de repérage et, au lieu de cela, il procède à une véritable invasion avec seulement cinq cents hommes, sans oublier, bien sûr, de rafler sur son passage tout l'or qu'il trouve ! Velasquez a pressenti quelque chose, bien sûr. Il a appris que, avant de partir, Cortés avait fait des préparatifs qui dépassaient étrangement l'objet de sa mission, alors il a tenté de l'arrêter. Mais ce requin avait déjà pris la mer avant qu'il n'ait eu le temps d'intervenir. C'est un traître, un vantard et un voleur.

Il souleva légèrement la tête pour la regarder.

Mais elle était partie.

Seul, son manteau juste passé sur ses épaules, il regardait le soleil se lever au-dessus de la jungle.

La cour intérieure était jonchée de débris, armes abandonnées, lambeaux de tissus ensanglantés. Une âcre odeur de fumée montait des murs calcinés du sanctuaire.

— Mon seigneur... dit-elle doucement.

— Que t'a raconté Narváez à mon sujet ?

— Il a dit que vous n'étiez qu'un homme.

— Eh bien... sur ce point, il a raison.

Mali s'approcha de lui. La forêt s'éveillait... cris des oiseaux, crécelle des insectes...

— Je ne pense pas qu'il dise vrai, répondit-elle.

— *Chiquita*, pourquoi persistes-tu à m'auréoler de qualités que je ne possède pas ? Mon père n'était qu'un pauvre *hidalgo* et je suis né dans la partie la plus pauvre d'Espagne, une région de plaines poussiéreuses l'été et, en hiver, de boues gelées. Ma famille, certes, possédait des armoiries mais notre plus grand luxe était de pouvoir manger des œufs et du jambon le dimanche. Quand je suis parti pour l'université, je portais des vêtements rapiécés alors que mes camarades avaient de beaux habits. Je savais bien qu'ils se moquaient de moi derrière mon dos.

« Pourtant, j'étais riche de rêves, des rêves que je nourrissais de ma pauvreté. Je n'aspirais pas à une richesse ordinaire mais à un destin semblable à celui d'un grand... et, pourquoi pas, d'un roi. J'ai toujours su que je valais bien plus que je n'en avais l'air. Cette idée pesait comme une pierre sur mon esprit et, jusqu'à maintenant, elle ne m'a jamais laissé en paix.

« J'ai toujours pensé qu'un homme pouvait changer son destin avec de la force et de la volonté. Ici, au Mexique, je me suis construit un nouveau personnage, je suis devenu plus que je n'avais jamais été. Oublié, le *Cortésillo* que l'on raillait, l'homme qui court les femmes, le vantard, le joueur, l'insignifiant petit propriétaire, l'anonyme étudiant en droit. Ici, je suis Malinche, celui qui a vaincu des hommes puissants et orgueilleux qui n'auraient même pas daigné m'adresser la parole dans les rues de Salamanque ou de Tolède. Ici, je suis un roi.

Elle se serra contre lui et il l'enveloppa de son manteau. Son corps était aussi brûlant qu'un fourneau.

Tout ce qu'il venait de dire, elle l'avait déjà entendu ou deviné en grande partie. Les dieux l'avaient bel et bien choisi. Pauvre Fleur de Pluie, elle n'avait aucune idée du terrible péché qu'elle s'apprêtait à commettre.

Je me demande où tu es à présent, petite sœur, pensa-t-elle. Si seulement tu ne t'étais pas enfuie, je pourrais te protéger. Personne ne connaîtrait ton secret à part moi. Jamais je ne t'aurais trahie, même sous les plus terribles tortures. Pourquoi as-tu fait cela ?

Si seulement tu n'avais pas goûté à la chair des dieux. C'est ce qui t'a rendue folle.

Comme j'aimerais savoir où tu es maintenant... !

Cortés était assis sur un banc de pierre. De la buée montait de son manteau orange encore humide. Les officiers et les hommes de Narváez attendaient en rangs pour lui présenter leurs respects et l'assurer de leur loyauté à l'avenir. En retour, Cortés leur avait promis de leur restituer armes et chevaux.

Seuls Narváez et Salvatierra ne bénéficieraient pas de cette amnistie et devraient rester enchaînés dans le fort de Vera Cruz.

Vraiment, il avait remporté une belle victoire. Une fois de plus, la Vierge avait veillé sur lui en permettant que les fortes pluies masquent leur approche et rendent inutilisable la poudre à canon de l'ennemi.

Les *castellanos* d'or apportés par León quelques jours plus tôt avaient aussi joué en leur faveur. En les voyant, de nombreux officiers de Narváez avaient changé de camp, alléchés par la perspective de prochaines richesses. C'était eux qui, avant la bataille, avaient coulé de la cire dans la gueule des canons.

Tout bien considéré, l'arrivée de Narváez ne signifiait pas la fin de l'aventure mais un nouveau début. Cortés avait à présent sous ses ordres une armée composée de treize cents hommes et d'une centaine de cavaliers. Assez, certainement, pour assurer l'avenir de la Nouvelle-Espagne.

Après avoir reçu les serments d'allégeance des troupes, il grimpa sur le socle d'une statue pour les remercier de leur appui et leur promettre un accueil triomphal à Tenochtitlán.

— Vous serez couverts de présents ! cria-t-il au milieu de leurs rires. La foule vous acclamera comme des princes car tout le Mexique, désormais, s'incline devant moi ! Ce sont les honneurs et la gloire qui vous attendent là-bas !

91

Silence profond.

Il ne semblait pas y avoir âme qui vive dans toute la vallée. Les chiens Xolo eux-mêmes ne se faisaient pas entendre.

Pas de barques sur le lac, pas un seul paysan dans les *chimalpas* ou sur la digue pour les regarder entrer.

Tandis qu'ils approchaient de la ville, la garnison espagnole fit sonner les trompettes du haut des murs du palais de Face du Seigneur de l'Eau. Un seul canon tonna pour saluer leur arrivée. Ce furent les seuls signes témoignant que la ville n'était pas totalement déserte.

L'humiliation empourpra le visage de Cortés. Il cheminait le visage figé, le regard braqué sur les portes de la ville.

— Hé, Gonzalo ! cria l'un des officiers de Narváez, si la foule s'approche trop près de ton cheval, repousse-la de ta lance !

Plusieurs hommes se mirent à rire.

— Ooh, ces guirlandes de fleurs pèsent trop lourd sur mes épaules ! clama son camarade.

– Je n'ai jamais vu autant de monde ! renchérit un autre.

Nouveaux rires.

— On dirait la place du marché de Séville !

— A minuit !

Cortés éperonna son cheval pour s'éloigner de ces imbéciles. Un rapide coup d'œil par-dessus son épaule suffit à confirmer ses pires soupçons.

Ils n'étaient plus seuls. Des guerriers mexicas se rassemblaient sur la digue derrière eux, leur coupant la retraite.

Le piège parfait.
Il crut entendre les portes de la ville se refermer sur lui.

— Comment est-ce arrivé ?
— Ils complotaient de nous attaquer, monseigneur, plaida Alvarado. Juste comme ces satanés *naturales* l'avaient fait à Cholula. Un prêtre que nous avons amené ici l'a avoué devant témoins...
— Imbéciles ! Tenochtitlán n'est pas Cholula ! Et Cholula n'est pas le siège du pouvoir ! Ils avaient prévu une fête, rien de plus. A présent, toute la capitale est contre nous !
— Jusqu'ici, ils n'ont rien fait d'autre que lancer quelques javelots et quelques pierres...
— Ils attendaient notre retour, voilà tout ! Pour nous enfermer dans leur prison !
L'air boudeur, Alvarado haussa les épaules.
— Nous demanderons à Moctezuma de parler à son peuple. Vous pourriez dire, en guise d'apaisement, que vous êtes fâché contre moi.
Cortés le regarda fixement. Il était évident que son lieutenant ne réalisait nullement la portée de son acte et la gravité de l'erreur commise.
C'est peut-être ma faute, pensa-t-il amèrement. Alvarado est loyal et c'est un bon soldat, mais je lui ai confié des responsabilités trop lourdes pour lui.
Mali entra dans la pièce, accompagnée d'Olid, le capitaine de la garde de l'empereur.
— Mon seigneur, Moctezuma désirerait vous parler d'urgence.
— Je préférerais parler à mon chien !
Mali hocha la tête, apparemment peu surprise par cette réponse.
Ce fut Olid qui intervint.
— Mais, monseigneur, il pleure lamentablement et semble très accablé. Peut-être devrions-nous...
— Par ma conscience, qui est-ce qui commande, ici ? Moi ou Moctezuma ?
La rebuffade plongea Olid dans un silence prudent. En vérité, songea Benitez, les gardes de l'empereur ont passé trop de temps avec lui. Ils le traitent maintenant comme leur oncle préféré.

— Notre bon ami Moctezuma est entré secrètement en contact avec Narváez, poursuivit sévèrement Cortés. Je l'ai toujours traité comme un frère et il m'a trahi !

J'étais si près du but, songea-t-il avec colère. Je pouvais remettre à Sa Majesté le roi Charles cette belle ville intacte, sans avoir eu à combattre. Mais à cause de la cupidité de Velasquez, j'ai été attiré hors de la ville à un moment critique. Moctezuma aussi est responsable, car il a traité avec Narváez tout en continuant à se dire mon ami. Tous, ils ont ruiné mon grand dessein par leur stupidité et leur traîtrise !

Tout espoir n'était cependant pas perdu. Alvarado s'était montré imprudent mais il avait bien fait les choses. Tant de généraux et de sénateurs de premier plan avaient péri dans le massacre que cela devait avoir créé un grand vide dans les forces adverses. Chaque famille noble devait pleurer aujourd'hui au moins un mort.

Les Mexicas ne se remettraient sans doute pas si vite d'une telle perte.

Il pouvait peut-être encore éviter le désastre...

92

De la terrasse, Benitez regarda Ordaz sortir du palais à la tête de son détachement.

Un silence étrange planait sur les rues et les canaux. Seuls les écheveaux de fumée flottant au-dessus des temples indiquaient que les Mexicas n'avaient pas abandonné la ville.

Ordaz avança, suivi de quatre cents hommes d'infanterie, avec pour mission de découvrir ce que tramaient les Mexicas.

— Où est-elle ?

Benitez tressaillit et regarda autour de lui.

Norte.

— Qui ?

— Fleur de Pluie. Où est-elle ?

Benitez reporta son attention sur la colonne que l'on devinait nerveuse. Les flèches étaient engagées dans les arquebuses, les épées tirées de leurs fourreaux.

— Je ne sais pas.

— Pourquoi ne l'as-tu pas emmenée quand tu as marché sur Narváez ?

— Que signifie cet interrogatoire, Norte ? Oublierais-tu ton rang ?

Norte grimaça un sourire. Comment un être humain peut-il receler en lui tant de rage ? pensa Benitez. Contre qui en a-t-il ? Contre moi ? Contre les Indiens ? Contre tous les Espagnols ?

— Je m'inquiète pour sa sécurité.

— Cela ne te concerne en rien.

La colonne d'infanterie traversa la place et serpenta à travers les rues.

Je devrais te haïr, pensa Benitez. Tu ne cherches même

pas à dissimuler à quel point tu la désires. J'aurais dû te faire pendre. Au lieu de cela, voilà que je me sens presque apparenté à toi parce que nous avons partagé la même femme.

— Je ne sais pas où elle est, répéta-t-il, cette fois d'une voix plus aimable.

— Cortés ne soupçonne rien ?

— Soupçonner quoi ?

La question demeura sans réponse.

Soudain, une pluie de flèches et de pierres s'abattit des toits. Ils surgirent alors de partout, le corps peint, plumes au vent, en poussant des cris terrifiants, lances et massues au poing.

Le sang de Benitez se figea.

Splendides avec leurs casques dorés et leurs ornements de plumes, les Chevaliers de l'Aigle se lancèrent à l'attaque.

Surpris, les hommes d'Ordaz s'efforcèrent de faire front. Plusieurs tombèrent sous l'assaut et, bientôt, le clairon sonna la retraite.

A présent, les guerriers mexicas envahissaient la place. Quelques Chevaliers de l'Aigle dressaient des échelles contre les murs du palais tandis que d'autres, avec leurs torches, cherchaient à mettre le feu aux portes. Les Espagnols répliquèrent par une volée de flèches et des salves de mousquets. Cortés et Alvarado lançaient des ordres du haut des parapets.

Benitez tira son épée. Je n'ai jamais souhaité devenir soldat, pensa-t-il. Tout ce que je voulais, c'était une petite hacienda bien à moi.

Par quelle malédiction ai-je fini par échouer ici ?

93

La tête de Guzmán apparut, terrifiante, baignée par le clair de lune. Plantée à l'extrémité d'un pieu, elle semblait flotter au-dessus du parapet.

Fray Guevarra se détourna, pâle et tremblant.

— C'est l'œuvre du diable !

Imbécile, pensa Cortés. Il n'y a là rien de diabolique, seulement l'expression d'une tactique très intelligente. Je sais que les Mexicas ont plus d'un tour dans leur sac. Malheureusement, les hommes de Narváez, nouveaux dans ce pays, pourraient bien s'en trouver complètement désorientés. Ils n'ont pas encore eu le temps de s'endurcir et de s'habituer aux manœuvres des *naturales*.

La sortie risquée d'Ordaz avait tourné au désastre. Les Espagnols avaient dû se battre durement pour regagner le palais et vingt-trois d'entre eux avaient été tués ou capturés. Guzmán et Flores comptaient parmi les manquants. Beaucoup étaient rentrés en piteux état. Ordaz lui-même avait reçu trois blessures.

Les Mexicas réussirent à ouvrir une brèche dans l'un des murs mais des volées d'arquebuses et d'arbalètes les repoussèrent. Il fallut l'intervention des fauconneaux, tirés à la hâte dans la cour, pour déloger ceux qui tentaient d'incendier les portes.

Après cela, quarante-six soldats espagnols furent blessés. Douze moururent dans la nuit de leurs blessures.

Jour après jour, les attaques se poursuivirent. De grosses pierres et de la poix brûlante s'abattaient sur les murs et les Chevaliers de l'Aigle lançaient charge après charge contre les portes. Les cours intérieures et les patios, autrefois si paisibles, étaient à présent jonchés de flèches et de pierres. Il ne se passait pas d'heure sans qu'ils aient à repousser un assaut des Mexicas, jeter bas les échelles, réparer les brèches dans les murs, panser leurs plaies. Ils vivaient, mangeaient, dormaient avec leur armure, luttant jusqu'à l'épuisement.

Au sommet du temple, le grand tambour battait sans interruption, mettant les nerfs des hommes à vif.

— Nous allons manquer d'eau et de nourriture, annonça Alvarado. Les Mexicas vont attendre que nous mourions de faim. Je dis qu'il faut gagner la côte immédiatement. Notre position ici est insoutenable.

— Et comment ferons-nous ? intervint León. Tu as vu ce qui est arrivé à Ordaz. Ils nous massacreront tous avant que nous ayons réussi à parcourir plus de trois cents mètres.

— Les Mexicas ne combattent pas la nuit, observa Benitez. Si nous partons dans l'obscurité, nous aurons peut-être une chance de leur échapper.

— Et les ponts ? Ils ont coupé les digues en plusieurs endroits. Nous sommes piégés ici.

— Nous pouvons construire des ponts mobiles, répondit Benitez. Il y a assez de bois pour cela dans le palais. Martin Lopez m'a déjà assuré qu'il pouvait le faire.

— En admettant que nous puissions leur échapper, dit Sandoval, il reste encore une question dont nous ne connaîtrons la réponse que trop tard. Celle de savoir si les Texcaltèques voudront bien nous accueillir ou s'ils préféreront nous tomber dessus pour regagner les faveurs des Mexicas...

Fray Guevarra se cacha le visage dans les mains.

— Je n'aurais jamais dû vous suivre, Cortés, gémit-il. Voyez où tout cela nous a conduits !

Cortés ne fit aucun commentaire. Il continuait à regarder par la fenêtre, les mains croisées dans le dos. Des torches se déplaçaient tout autour de la place comme de gigantesques libellules : sans doute des femmes mexicas cherchant parmi les morts leurs fils, leurs frères, leurs maris. Du haut des constructions environnantes, les assaillants continuaient à pousser leurs cris de guerre. De temps à autre, une flèche venait s'abattre sur la terrasse.

— Le Seigneur viendra à notre secours, déclara Aguilar. Ne nous a-t-il pas déjà sauvés à Vera Cruz ? Il ne nous abandonnera pas maintenant.

— Dites plutôt que nous avons largement abusé de la

patience de Notre Seigneur avec nos aventures, rétorqua fray Olmedo.

— Et l'or ? Que ferons-nous de l'or si nous fuyons ? demanda León. Nous risquons de perdre tout ce que nous avons gagné à la pointe de l'épée.

Assez... pensa Cortés. Assez de ces inepties...

— Non ! lança-t-il soudain d'une voix forte.

Il quitta la fenêtre et se dirigea à grands pas vers la table autour de laquelle siégeaient ses officiers.

— Si nous nous enfuyons de Tenochtitlán, nous perdrons bien plus que de l'or. Nous perdrons un royaume ! Un royaume que nous avons conquis et que nous n'abandonnerons pas ! Jamais !

Tous les regards se braquèrent sur lui. La plupart des humains sont comme la poussière, songea-t-il. Le moindre coup de vent les emporte.

— Quelle sorte d'hommes êtes-vous donc ? N'importe quel soldat peut se montrer courageux quand la victoire est aisée et l'ennemi fragile. Mais ce n'est que dans l'adversité que l'homme révèle son véritable courage. Avons-nous tant souffert pour conquérir cette ville et l'abandonner ensuite ?

Un silence pesant régnait autour de la table. Aucun des assistants n'osait croiser son regard.

— Moctezuma pourrait peut-être parler à son peuple en notre faveur, suggéra fray Olmedo.

— Ce chien ! Je ne veux rien lui demander !

— Mais, monseigneur...

— Par ma conscience, je vous dis que je ne veux rien de lui !

— Il y a peut-être un autre moyen...

Tous se retournèrent. C'était Mali qui venait de parler. Debout derrière le siège de Cortés, elle avait suivi attentivement cet échange.

— Chez les Mexicas, la tactique de guerre consiste à prendre la ville ennemie et à brûler le temple. Réussir à faire fuir les dieux, c'est dérouter l'adversaire. Nous pourrions imiter leur exemple et, en incendiant le temple, leur faire croire que leurs dieux les ont abandonnés. Alors ils se rendront.

Ils se regardèrent les uns les autres.

— Mais, si nous quittons le palais, nous nous exposons au massacre, observa Ordaz.

— Si nous tentons de traverser la place, nous n'aurons aucune protection contre leurs flèches et leurs pierres, renchérit Benitez.

Alvarado réfléchissait.

— A moins que nous parvenions à bâtir un fortin monté sur des roues, comme on le fait avec les canons, dit-il soudain.

Cortés leva les yeux vers lui.

— Cette idée ne me semble pas si mauvaise. Allez chercher Martin Lopez. A présent qu'il n'a plus de bateaux à construire, j'ai une autre tâche pour lui.

94

Les quatre *tortugas* étaient achevées.

Ces tours de bois étaient propulsées de l'intérieur par les soldats eux-mêmes. On y avait ménagé des ouvertures afin que deux douzaines d'arbalétriers et d'arquebusiers puissent tirer.

Quand Benitez entendit les grandes portes du palais s'ouvrir en grinçant il cria à ses hommes de se mettre au travail.

Et la grande forteresse roulante se mit en marche.

Aux cris et huées des Mexicas répondirent les craquements des mousquets. Ils continuèrent à pousser la *tortuga* pour lui faire franchir la place tandis qu'une pluie nourrie de flèches et de pierres la frappait de tous côtés.

Le temple ne se trouvait qu'à une centaine de pas. Mais, pour Benitez et ses hommes, ce court chemin leur parut long d'au moins cent kilomètres...

Benitez escalada les marches du temple à la suite de Cortés. Il entendit derrière lui un craquement sinistre : la dernière *tortuga* venait d'être littéralement pulvérisée par le tir de barrage incessant de flèches et de pierres. Pas le temps de se demander comment feraient ses occupants pour regagner la sécurité du palais. Il fallait d'abord suivre Cortés, incendier le temple, faire son devoir de soldat.

S'il devait mourir aujourd'hui, qu'il en soit ainsi.

Il leva les yeux et vit un prêtre mexica jeter sur eux des bûches enflammées. Plusieurs soldats tombèrent sous les projectiles et dévalèrent les marches en hurlant.

Benitez se lança en avant tandis que Cortés atteignait le sommet de la pyramide. Le temps que Benitez arrive à sa hauteur, deux prêtres gisaient déjà aux pieds du *caudillo*, morts. Quelques hommes de l'infanterie d'Ordaz les rejoignirent et s'attaquèrent aussitôt aux grandes idoles de pierre pour les faire basculer sur les flancs de la pyramide.

Benitez se rua à l'intérieur du sanctuaire avec une torche.

Les têtes des cinq Espagnols capturés le jour où Ordaz tenta sa première sortie étaient accrochées aux murs, comme des masques barbus. Leur peau habilement tannée et peinte par les Mexicas leur donnait l'air vivants, si l'on voulait bien ignorer les morceaux de jade incrustés dans leurs orbites vides à la place des yeux.

Benitez reconnut deux têtes, celles de Flores et de Guzmán.

— *Bienvenue*... crut-il les entendre dire. *Nous attendions que tu viennes nous rejoindre en enfer.*

Du fond de l'obscurité, Xipe Totec, l'Ecorché, le dieu des Moissons, dardait sur lui son regard d'obsidienne. Il se trouvait à côté de la grande fosse destinée aux sacrifices, là où les corps de Flores et de Guzmán devaient certainement être en train de se décomposer.

Malgré les cris, les appels, le choc de l'acier, le fracas des pierres et les sifflements des flèches qui lui parvenaient de l'extérieur, Benitez demeurait étrangement calme.

— *C'est ici que tout prend fin*, susurrait Flores, *désirs et ambitions. C'est la fin de tous les appétits de l'homme, le dernier chapitre des plaisirs de la chair.*

— *Tu peux bien rêver de richesses, de vins fins, de femmes, de bijoux*, disait Guzmán, *c'est ici que la route s'achève.*

Il entendit quelqu'un approcher derrière lui et fit volte-face.

Norte. Ses cheveux et son épée étaient maculés de sang. Il haletait, les yeux fous.

— Tes amis... dit Benitez... Regarde... regarde ce qu'ils ont fait.

Norte arracha les masques et les jeta dans le trou — un trou noir, insondable, privé de tout écho. Les entrailles de la terre, d'où nul ne revenait jamais.

Cortés surgit à l'entrée du temple. Il arracha une torche du mur et l'éleva jusqu'au toit de chaume bien sec.

— Sortez d'ici ! cria-t-il. Il faut retourner au palais !

Le chaume s'enflamma rapidement et le feu gronda comme un orage montant de la plaine. En quelques minutes, le sanctuaire se remplit d'une épaisse fumée noirâtre. Benitez et Norte se précipitèrent au-dehors, crachant et suffoquant.

L'instant d'après, le temple tout entier s'embrasa dans d'horribles craquements et chuintements.

Cortés fut le dernier à s'arracher aux flammes.

Les Mexicas se calmeraient peut-être, maintenant.

95

— Cela ne changera rien, déclara Moctezuma.

L'odeur âcre de la fumée entrait par les fenêtres. Pendant qu'ils regardaient au-dehors, l'un des murs de pisé du temple Yopico, en proie aux flammes, fut parcouru d'une sorte de secousse puis s'effondra dans un terrible fracas.

C'était le soir. En dessous d'eux, dans la cour, les Espagnols se préparaient à enterrer ceux tombés au combat tandis que d'autres réparaient en silence les brèches des murs. Mali entendit les gémissements des blessés et les cris aigus des Texcaltèques pleurant leurs morts.

— Ils continueront à se battre, reprit Moctezuma. Si vous pensez pouvoir les briser, vous vous trompez. L'Ecorché sera en colère, mais Miroir Fumant et Oiseau-mouche sont à l'abri, dans la forêt.

Mali resta silencieuse.

— Je peux te sauver, Malinali Tepenal, dit-il.

— Comment ?

Il fit glisser sa bague de son doigt, en ôta le sceau de turquoise et le lui tendit.

— Voici le sauf-conduit qui te permettra de sortir d'ici et d'aller retrouver les seigneurs mexicas qui attendent de l'autre côté de ces murs. Tu pourrais organiser une rencontre sous prétexte de parlementer. Cortés sera attiré au-dehors et nous le capturerons. Lorsqu'ils se verront privés de leur chef, les Espagnols pleureront comme des femmes et nous en viendrons facilement à bout. Fais cela pour moi. En échange, tu auras la vie sauve.

— Quelle sorte de vie ? rétorqua Mali. Cuire des *tamales* ? Tisser du fil ?

— N'oublie pas que tu n'es qu'une femme, Malinali. Tu demandes trop.

— Ce que j'espère, monseigneur, c'est devenir la femme de Cortés et la mère du prochain empereur du Mexique. Comme vous pouvez le voir, ce n'est pas un vain espoir car je porte en moi son héritier.

— Tu n'es rien, Malinali Tepenal, et ton Cortés, loin d'être un dieu, est un imposteur. Si tu choisis de me défier, tu mourras ici, avec lui. J'arracherai moi-même ton cœur pour l'offrir à Miroir Fumant.

— C'est vous qui vous trompez, monseigneur. Cortés est habité par un dieu bien plus puissant que tous les vôtres. Il accomplira son miracle.

Elle s'éloigna mais il la rappela.

— Dis-moi une chose.

— Monseigneur ?

— Pourquoi agis-tu ainsi ? Nous avons les mêmes ancêtres, nous parlons la même langue et vénérons les mêmes dieux. Ces envahisseurs représentent une menace non pas seulement pour moi mais pour nous tous.

— *Nous ?* Qui *nous*, monseigneur ? Ma mère, une Mexica, m'a privée de mon identité et de mes droits pour me vendre comme esclave. Non, monseigneur, votre peuple n'est plus mon peuple. Désormais, ce sont les Espagnols qui sont les miens. Ma place est auprès d'eux.

Il ne répondit pas. Elle le quitta pour aller regarder la fumée des temples en feu salir le ciel qui s'assombrissait, immense bûcher funéraire pour le peuple du dieu Oiseau-mouche.

96

— Nous allons mourir ! criait fray Guevarra.

Il transpirait abondamment et les yeux lui sortaient de la tête.

— A cause de vous, *caudillo* ! Jamais je n'aurais dû écouter vos mensonges !

— Par ma conscience, rétorqua Cortés d'une voix sifflante, tenez-vous tranquille, frère, ou il vous en cuira !

Les fenêtres laissaient entrer le tumulte et les odeurs du siège : la fumée âcre, asphyxiante, le grondement des canons, le crépitement des mousquets. Et, couvrant le tout, l'infernal martèlement du tambour en haut du Grand Temple.

— Il est temps de faire quelque chose, déclara Alvarado.

— Je n'abandonnerai pas cette ville.

— *Caudillo*, dit calmement Sandoval, il a raison. Nous ne pouvons résister plus longtemps. Des brèches de plus en plus nombreuses affaiblissent les murs du palais, et notre eau est croupie. Nous sommes à court de poudre à canon et les munitions vont bientôt manquer.

— Eh bien, on en fabriquera d'autres avec notre or ! J'ai promis d'offrir Tenochtitlán à mon roi et à mon Dieu !

Benitez regarda Mali. Elle lut la question muette dans ses yeux.

— Doña Marina, murmura Alvarado, je vous en prie... parlez-lui.

Même Alvarado sait que nous avons besoin d'elle, maintenant, constata Benitez.

L'Indienne hocha lentement la tête. Elle prit Cortés par le bras et l'entraîna à l'écart. Ils eurent un long échange à voix basse et, finalement, Cortés sembla céder.

Ses épaules s'affaissèrent. Il se tourna vers Christobal Olid, le capitaine de la garde.

— Va chercher Moctezuma, ordonna-t-il.

L'empereur paraissait fatigué. On aurait dit un vieil homme ratatiné. Il balaya la pièce du regard et nota la peur sur les visages. Fray Olmedo priait à mi-voix dans un coin.

Un petit sourire se dessina sur ses lèvres. Savourait-il le spectacle de ce désarroi ? Se croyait-il déjà sauvé ?

Son regard se fixa sur Mali.

— Pourquoi m'as-tu amené ici ? Voilà des semaines que Malinche ne vient plus me rendre visite. Et, maintenant, on me traîne devant lui sans même me laisser le temps de me préparer. Qu'exige-t-on encore de moi, cette fois ?

— Il a besoin de votre aide, monseigneur.

— Je ne peux rien pour lui.

— Il le faut, pourtant.

— Pourquoi devrais-je t'écouter ? Vois dans quelle situation il m'a mis !

Il couinait comme une souris prise au piège.

— Que dit-il ? demanda Cortés.

— Ce ne sont que pleurs et récriminations, répondit Mali. Rien d'intéressant.

— Explique-lui que la ville s'est révoltée, comme il peut le voir lui-même. Jusqu'à présent, je me suis montré patient mais si les attaques ne cessent pas, je me verrai forcé de le tuer et de brûler Tenochtitlán. S'il veut éviter cette catastrophe, il doit aller parler à son peuple.

Une fanfaronnade inutile, estima Mali. Cela a marché une fois contre ces chiens ignorants de Texcaltèques, mais Moctezuma est intelligent et sait à quoi s'en tenir.

Elle traduisit la déclaration de Cortés à sa façon :

— Malinche veut que vous parliez à votre peuple. Arrêtez ça.

L'empereur esquissa un autre sourire.

— Si seulement je le pouvais...

Elle s'approcha de lui. Comme il est maigre, se dit-elle. Et ses cheveux sont devenus gris ! Mais ce qui a le plus changé, ce sont ses yeux. On dirait des miroirs d'obsidienne, noirs et vides. Toute sa fierté a disparu.

Il se mit soudain à rire, un rire haut perché qui mit les nerfs des Espagnols à vif. Cortés se tourna vers lui, le visage fermé.

— Doña Marina ! cria soudain Olid, rappelez-lui que nous sommes ses amis ! Ne l'ai-je pas traité de mon mieux au cours de ces derniers mois ? Souhaite-t-il que nous soyons tous massacrés ?

— Cet homme qui a veillé sur vous plaide pour sa vie, traduisit Mali. Mais Cortés est fort. Il ne cédera pas.

— Je ne peux rien faire, répéta Moctezuma d'une voix morne.

Olid serra les poings.

— Ce salaud ne veut pas nous aider ! gronda-t-il.

— Assez ! tonna Cortés. (Il regarda Mali.) Qu'a-t-il répondu ?

— Qu'il n'a pas le pouvoir d'agir.

— Je vous avais bien dit qu'il ne fallait rien demander à ce chien ! cria Cortés.

Un muscle frémit sur sa mâchoire.

— Rappelle-lui qu'il a accepté devant témoins de devenir le vassal du roi d'Espagne. S'il refuse de nous aider, je considérerai cela comme un acte de rébellion caractérisé contre Sa Majesté et je le ferai exécuter pour trahison. Voyons, maintenant, s'il prétend toujours manquer de pouvoir.

Mali se pencha tout contre Moctezuma.

— Si vous n'intervenez pas, mon seigneur fera en sorte de ne pas mourir seul. Il vous fera attacher à un poteau au-dessus d'un feu très lent. Souvenez-vous combien Aigle Fumant a souffert.

— Il n'oserait pas, gémit l'empereur en pâlissant.

— Malinche ose tout. Regardez bien les visages de ces Espagnols. Pouvez-vous y lire la moindre expression de pitié ?

Moctezuma pencha la tête, accablé. Si seulement mon père pouvait voir cela, jubila Mali.

Elle se rendit compte que Cortés et ses capitaines gardaient les yeux fixés sur elle. Ils n'avaient plus besoin de lui dicter ce qu'il fallait dire, maintenant. Ils lui faisaient confiance.

— J'ai appris de ce Narváez que Cortés n'est pas un dieu, dit Moctezuma. Même son propre roi ne le reconnaît pas comme tel. Ce n'est qu'un mercenaire et un traître. Voilà pourquoi Narváez a été envoyé ici pour l'arrêter.

— Et c'est pour ce mercenaire que vous avez perdu votre trône ? ironisa Mali.

— Tu n'as pas le droit de me reprocher quoi que ce soit !

— Imbécile ! Oui, vous et vos seigneurs, vous vous êtes comportés comme des vieillards séniles ! Les dieux eux-mêmes vous maudissent !

— Et maintenant, que dit ce vieux fou ? s'enquit Cortés.

— Il se lamente sur lui-même, mon seigneur. Il est heureux que vous ne compreniez pas la Langue Elégante, cela vous épargne d'entendre ses gémissements méprisables.

— A-t-il compris que je le ferai pendre pour trahison s'il persiste à se rebeller ?

Moctezuma secoua la tête.

— Je ne peux pas trahir mon peuple.

— Dois-je donc dire à mon seigneur de préparer le bûcher pour votre supplice ? répliqua froidement Mali.

Elle le regarda lutter contre lui-même. Il aurait tant voulu les défier. Quelques mois plus tôt, il aurait peut-être encore eu la force de résister, mais depuis les choses avaient changé.

Mali savait qu'elle gagnait du terrain. Elle insista.

— C'est votre dernière chance de restaurer votre autorité en tant qu'empereur. Croyez-vous que les Chevaliers du Jaguar, s'ils parvenaient à vous libérer, viendraient se prosterner devant vous ? Vous, le *tlatoani* qui a laissé des voleurs brûler leurs temples et assassiner leurs fils ? Si vous parvenez à vous faire obéir demain, nous partirons d'ici et votre gouvernement sera restauré. Mais, si nous mourons, vous mourrez avec nous et vous serez seul responsable. Vous n'aurez même pas un morceau de jade dans la bouche pour payer la Bête Jaune.

Il releva la tête.

— Si... si je fais ce que tu dis, est-ce que Malinche et... et vous tous... est-ce que vous quitterez la ville ?

Elle fit un signe d'assentiment.

— Parlez à vos guerriers. Nous ne demandons qu'à partir sains et saufs.

Moctezuma tourna la tête pour observer Cortés.

— Et moi qui le prenais pour un dieu...

— Autrefois, j'ai cru moi aussi que vous en étiez un, répliqua Mali.

Il la regarda. Elle savait — elle avait toujours su — que, tout en cherchant à obéir à ses dieux, seul le trône l'avait intéressé. Prisonnier de sa religion, certes, mais surtout prisonnier du désir de mener la vie de pouvoir et de luxe pour laquelle il avait été conçu.

Ce qui ne lui laissait guère le choix.

Il se leva.

— C'est bon, dit-il, maussade. Je ferai mon possible.

Une sonnerie de trompette annonça l'apparition de l'empereur sur la terrasse. Il fut conduit vers le parapet, protégé par des boucliers espagnols de la pluie de pierres et de flèches qui s'abattait sur le palais. D'en bas, Aigle Plongeant nota qu'un des prêtres espagnols — celui qu'ils appelaient Aguilar — accompagnait l'empereur.

Un murmure courut comme une vague dans la foule des guerriers mexicas. Puis un silence étouffant tomba sur la place.

Même à présent, quelques-uns baissèrent les yeux en signe de respect, n'osant toujours pas regarder leur empereur en face. Mais Aigle Plongeant ne détourna pas son regard. Il contemplait, consterné, ce prince autrefois si puissant devenu un pantin privé de toute dignité. L'air malade, il avait perdu tout le panache et la splendeur de sa gloire passée. Ses vêtements paraissaient terriblement usés et il portait sur la tête une pauvre coiffure de papier d'écorce jaune. Les Espagnols lui avaient volé tous ses bijoux d'or et d'argent, et même ses manteaux de coton.

A ce spectacle, Aigle Plongeant se sentit écrasé de honte.

Moctezuma commença à parler.

— Mon peuple ! Vous, les Chevaliers d'Aztlan, de l'Aigle, du Cactus ! Je vous ordonne de cesser cette guerre ! J'ai parlé avec Malinche et ceux qui l'accompagnent et je leur ai fait savoir qu'ils n'étaient plus les bienvenus dans la capitale. Ils se repentent de nous avoir apporté tant de troubles et de dissensions et se déclarent prêts à partir immédiatement. Ils désirent seulement que vous vous retiriez et que vous les laissiez regagner paisiblement le Pays des Nuages.

Aigle Plongeant écouta ce discours avec une incrédulité croissante. Moctezuma croyait-il donc qu'il pouvait encore exercer sur eux une quelconque autorité après ce qui était arrivé ? Après l'humiliation et les malheurs qui anéantissaient son peuple ? Tous, ils avaient vu comment il rampait devant ces voleurs et ces assassins. S'imaginait-il qu'ils le vénéreraient encore comme leur *tlatoani* ?

Il regarda les jeunes guerriers qui l'entouraient sur la place. Bien sûr, certains seraient sans doute encore disposés à obéir à leur empereur, surtout ceux qui n'appartenaient pas aux familles nobles et qui étaient convaincus, de par leur éducation, que Moctezuma était d'essence divine.

Il fallait faire quelque chose pour empêcher cela.

— Qui est cette femme ? cria-t-il d'une voix forte. Oui, qui est cette femme répugnante qui se vautre avec ces assassins ? Nous ne t'écouterons pas, Moctezuma ! Tu n'es plus notre roi et les dieux se sont détournés de toi ! Cuitláhuac est notre nouveau maître et nous lutterons jusqu'à ce que tous les étrangers soient morts !

Il ramassa une pierre à ses pieds et la lança de toutes ses forces en haut du mur. Elle tomba aux pieds de Moctezuma, sans causer de dégâts.

Suivant son exemple, les autres Mexicas se mirent à crier des insultes et à lancer toutes sortes de projectiles en direction du palais. Une flèche se ficha dans l'épaule de Moctezuma, qui sursauta violemment et s'écroula.

Aigle Plongeant put voir que les pierres continuaient de pleuvoir sur lui, le frappant durement avant que les Espagnols ne viennent le protéger de leurs boucliers et ne l'entraînent hors de portée.

97

— Il faut partir d'ici au plus vite ! dit Alvarado, haletant. Si nous survivons encore aujourd'hui, demain ce ne sera plus possible !

— Il a raison, *caudillo,* renchérit Sandoval. Notre situation est sans espoir. Il faut prendre une décision !

Cortés dévisagea ses capitaines un par un avant de se tourner vers Mali. Il semblait profondément désorienté. La seule idée de battre en retraite lui était inconcevable.

Trop troublé pour se fier à sa voix, il finit par hocher la tête.

Moctezuma s'était évanoui. Il gisait par terre, suffoquant, roulant des yeux immenses et affolés. Mendez se pencha pour lui administrer les premiers soins. L'empereur poussa un hurlement quand le médecin retira la pointe de la flèche de sa blessure.

— Qu'allons-nous faire de lui, monseigneur ? demanda Benitez.

Cortés fronça les sourcils.

— Ça m'est égal. Il ne nous est plus d'aucune aide.

— Je ne suis pas de cet avis, mon seigneur, dit Mali.

— Señora ?

Elle le prit à part.

— Quand un empereur meurt, chuchota-t-elle, la tradition veut que son corps soit emporté hors de la ville en un lieu appelé Copulco. Là, il est incinéré avec les honneurs dus à son rang. Ses prêtres personnels, ses nains, ses bossus et ses concubines, tous doivent être sacrifiés afin de continuer à le servir dans l'autre monde. La crémation et le deuil peuvent durer jusqu'à quatre-vingts jours... ce qui nous laisserait le temps de quitter la ville, rejoindre Texcála et, ensuite, gagner la côte. Moctezuma pourrait ainsi nous être plus utile mort que vivant.

— Ses blessures ne sont pas mortelles.

— Pas encore.

Cortés grimaça un curieux sourire. Cruel. Amer. S'il ne pouvait avoir Tenochtitlán, alors Moctezuma ne l'aurait pas non plus.

— Je vais demander à Alvarado ou à Jaramillo de s'en occuper.

— Non, mon seigneur.

— *¿ Chiquita ?*

— Donnez-moi votre poignard.

Il haussa un sourcil, hésita, puis tira la dague de sa ceinture et la lui remit.

Elle dissimula l'arme sous son manteau.

Moctezuma et Mali se retrouvèrent seuls.

— Monseigneur, murmura-t-elle, j'aimerais que vous ouvriez les yeux.

Moctezuma souffrait beaucoup. Le médecin avait pansé son front et un autre bandage, déjà taché de sang, entourait son épaule droite.

Les paupières de l'empereur frémirent puis se soulevèrent lentement.

— Tu veux... marchander ?

Mali secoua la tête.

— Seigneur... Vous, le maître vénéré, empereur du centre du monde, quelle loque vous êtes devenu !

— Les prophéties l'avaient annoncé... Je... je n'ai rien pu faire...

Mali tendit vers son visage un miroir d'obsidienne.

— Que voyez-vous ?

— Ecarte ça ! gémit-il.

Elle le saisit par les cheveux et il se mit à crier.

— Mais regardez... regardez donc ! Contemplez la face d'un meurtrier, d'un boucher ! Entendez-vous les pleurs des innombrables veuves, de toutes ces filles suppliciées ?

— Laisse-moi...

— Vous rappelez-vous mon père ?

Une lueur de crainte traversa les yeux de Moctezuma.

— Je... je ne connais pas... ton père.

— Non, vous ne le connaissiez pas. Et, pourtant, vous

avez ordonné son sacrifice. Parce qu'il savait lire dans les étoiles et dans la course du vent. Parce qu'il était hostile aux sacrifices humains que vous réclamiez inlassablement. Parce qu'il a prophétisé la fin des Mexicas. C'était il y a bien longtemps et je suis sûre que vous avez oublié cet ordre que vous avez donné alors. Mais, moi, je n'ai pas oublié.

Elle sortit le poignard de son manteau. En le voyant, Moctezuma écarquilla les yeux.

— J'ai... servi mes dieux... fidèlement. Mais, eux... ils m'ont abandonné...

— Vos dieux vous maudissent. Comme je vous maudis, moi aussi, à présent.

La lame du poignard étincela brièvement dans la lumière.

— Au nom de mon père...

Plus tard ce soir-là, lorsque Cortés et ses officiers pénétrèrent dans les appartements privés de Moctezuma, ils le trouvèrent mort. La blessure fatale avait été causée par un poignard fiché dans son rectum.

Cortés lui-même en fut choqué.

Une heure plus tard, les portes du palais furent ouvertes et le corps abandonné sur la place. Les Espagnols attendirent la réaction des Mexicas.

Elle ne se fit pas attendre.

Une voix cria qu'ils paieraient cher la mort de leur empereur. Il était malheureux que Moctezuma se soit montré un si piètre chef mais, heureusement, ils avaient maintenant un nouveau chef, un excellent roi qui ne craignait pas les Espagnols et ne se laisserait jamais abuser aussi facilement.

Le lendemain, les assauts reprirent, plus forts que jamais.

Cortés venait de jouer ses dernières cartes.

98

Une cour intérieure éclairée par des torches. La pluie qui frappe les pavés inlassablement. Un vent froid. C'était le temps idéal pour une sortie.

La chance accompagnait toujours Cortés.

Cette nuit, ils chemineraient en direction de la digue la plus courte, celle qui conduisait à Tlacopan, à l'ouest. Martin Lopez et ses charpentiers avaient construit un pont mobile, que tiraient quatre cents Texcaltèques.

Les préparatifs s'opéraient en silence dans tout le palais mais, dans cette cour retirée, le secret y était encore plus absolu. Huit chevaux blessés, hors d'état de combattre, avaient été rassemblés et leurs sabots enveloppés de tissu. Des caisses de bois devaient être fixées sur leur dos. Intrigué, Benitez ouvrit l'une d'elles pour en examiner le contenu.

De l'or.

Alvarado l'observait, les mains sur les hanches.

— Quand nous partirons, on te donnera cent cinquante hommes, dit-il. Les meilleurs fantassins de Narváez. Tu seras chargé de protéger ce trésor au prix de ta vie. Il appartient au roi.

— C'est ma vie que je protégerai. Si le roi veut son or, il n'a qu'à venir ici cette nuit et le garder lui-même.

— Cela s'appelle de la sédition, Benitez.

Ce dernier haussa les épaules.

— Si tel est ton jugement, pourquoi ne te confie-t-on pas cette mission ?

Alvarado se tut et Benitez surveilla le chargement des lourds lingots censés représenter le *quinto real* — le cinquième dû au roi. Mais il semblait y en avoir bien plus que la quantité officiellement déclarée. Cortés avait prétendu que la valeur totale du trésor équivalait à trois cent mille couronnes. A moins que ces caisses ne soient en partie remplies de cailloux, le montant devait aisément représenter le double...

Sans doute les profits secrets de Cortés, soupçonna Benitez. Pas étonnant que le *caudillo* ait tout fait pour rester.

— Il y a bien plus de soixante mille couronnes ici, grommela-t-il.

— Tu ferais mieux de te taire, Benitez. Tu auras ta récompense.

— Une lance mexica dans le dos avant la fin de la nuit ?

— Cortés n'a jamais oublié ses amis.

— Quand il jure, il dit toujours : Par ma conscience ! Mais il ne possède pas plus de conscience qu'un chien !

Il se mit soudain à penser à Fleur de Pluie et s'inquiéta de son sort. C'était là encore une faiblesse de sa part, songea-t-il, comme de se laisser aller à éprouver de l'amour pour une concubine indienne. Pour la première fois, il se demanda ce qu'il aurait fait s'il s'était trouvé dans la même situation que Norte, naufragé et abandonné dans le Yucatán. Comment se serait-il comporté si on lui avait donné une femme comme Fleur de Pluie ? Peut-être bien que lui aussi, alors, aurait oublié l'Espagne et le monde chrétien.

Norte et lui n'étaient peut-être pas si différents, en fin de compte.

Quant à Fleur de Pluie...

Il se persuada qu'elle avait dû rejoindre les Mexicas et ne put que souhaiter qu'ils ne lui aient fait aucun mal. La vision horrible de la pierre sacrificielle du temple de Tlatelolco traversa son esprit et, de toutes ses forces, il chassa cette pensée.

Comme il aurait voulu qu'elle soit auprès de lui, maintenant !

Mais s'il survivait à cette nuit, quel avenir l'attendait ? Sans doute retournerait-il à Cuba pour redevenir un pauvre *hidalgo* à la tête d'un maigre domaine, sans bonnes manières et sans relations, transpirant au soleil, craignant la maladie, finissant ses jours imbibé de vin et voué à une mort anonyme dans son *encomienda*.

Après tout, peut-être serait-il préférable de mourir ici cette nuit, si telle était la volonté de Dieu.

Le visage de Cáceres était pâle, tendu.

— Il est à la chapelle, señora. Il prie pour que tout se passe bien cette nuit.

Mali se hâta de gagner la pièce attenante aux appartements privés de Cortés et transformée en sanctuaire chrétien. Martin Lopez y avait édifié une croix et un autel en bois de cèdre. De nombreuses bougies éclairaient le lieu jusqu'au fond des niches creusées dans les murs, là même où, autrefois, se dressaient des idoles barbares.

La pièce était vide, à l'exception d'Aguilar, agenouillé devant la Vierge, son inséparable livre d'heures serré contre sa poitrine.

Mali ressortit vivement et entra dans l'appartement voisin, attribué à doña Ana, la fille de Moctezuma. Ignorant les protestations des gardes postés devant la porte, elle repoussa le rideau orné de clochettes.

Doña Ana était à genoux, penchée sur le lit bas, tandis que Cortés la prenait par-derrière. Le front du *caudillo* était trempé de sueur, ses cheveux collés et ses traits crispés. Au-dessous de lui, le visage brun et légèrement simiesque de la fille était crispé de douleur.

Mali la considéra avec mépris. Tu n'as vraiment rien pour toi, à part ta naissance...

Cortés l'aperçut mais ne broncha pas et poursuivit son étreinte brutale. Les mains nouées sur son ventre gonflé, Mali attendit. Elle sentit son fils s'agiter et donner des coups de pied.

Il savait peut-être.

Immobile sur le seuil, elle contempla tranquillement la scène. Le souffle rauque de Cortés résonnait dans la chambre silencieuse. Doña Ana avait enfoui son visage au creux de ses bras.

Une idée frappa soudain Mali. Et si Cortés voulait un enfant de la race de l'empereur ? Il pourrait ainsi revendiquer légitimement le trône...

Il n'avait pas encore renoncé.

Cortés leva la tête et la regarda.

— Doña Marina... Vous devriez être en train de vous reposer. Dans votre état...

— Est-ce cet état qui me rend repoussante à vos yeux, mon seigneur ?

— Tous les empereurs ont leurs concubines. Les dames de la maisonnée n'ont pas à le questionner à ce sujet.

— Vos derniers instants auraient dû être pour moi.

— Qui sait si nous survivrons à cette nuit ? J'ai fait le nécessaire pour que ma semence puisse revendiquer le trône du Mexique. C'est mon droit. Je l'ai gagné.

Mali tapota son ventre.

— Le trône du Mexique est ici, mon seigneur.

Cortés retourna doña Ana sur le lit et saisit entre ses mains son petit ventre dodu.

— Et ici.

Mali se détourna et quitta la pièce.

Nous verrons bien, pensa-t-elle. Nous verrons bien...

99

— Que se passe-t-il, ici ? demanda Benitez.

— Ordre de Cortés, répondit Sandoval. Tout ce qui ne pourra être chargé sur le dos des chevaux devra être empilé dans la cour et les hommes prendront tout ce qu'ils pourront porter.

Les lingots avaient été coulés selon les instructions précises données par le *caudillo* : cinq centimètres de large sur quinze d'épaisseur — la dimension idéale pour les glisser sous une armure espagnole. La pile de trésors montait devant les portes principales du palais. On y trouvait aussi toutes sortes de pierres précieuses démontées, des ornements de plumes et des vêtements de coton... un legs de l'empereur exposé à la pluie sous la lueur tremblotante des torches fumantes.

Benitez eut l'impression de voir un troupeau de porcs se pressant autour d'une bauge. Les hommes criaient et se bousculaient pour s'emparer de l'or, glissant les lingots sous leurs tuniques, remplissant leurs poches de pierres, de bagues, d'anneaux.

— Et toi, Julián, tu ne te sers pas ?

Sandoval sortit sa bourse et fit glisser dans le creux de sa main quelques perles et des opales.

— Fais comme moi... Ces petites merveilles t'assureront un peu de confort une fois de retour à Cuba. Mais n'en prends pas de trop lourdes pour ne pas être gêné si nous devons nous battre.

Une pluie fine et pénétrante tombait en oblique sur la cour, semblable à des aiguilles de glace.

Benitez aperçut dans la foule un visage familier. Norte... là, avec les autres, fouillant dans la pile pour tenter d'en retirer les plus belles pièces, les yeux brillants de convoitise.

Une curieuse pensée traversa Benitez. Je crois que je le préférais en Indien...

100

La nuit était dense, obscure. Pas de lune, pas d'étoiles. Une pluie glaciale.

Des lumières voilées tremblotaient au loin, dans les cols des montagnes. Diaz, Olmedo et Guevarra recevaient les confessions des soldats et leur administraient une dernière bénédiction. A minuit, les portes furent ouvertes et Cortés s'élança avec son alezan, quittant la ville de ses rêves.

Ils parcoururent la grande route de Tlacopan, dissimulés par le rideau de pluie. Le pavement des rues courait, uni, sous les sabots des chevaux et le silence n'était troublé que par le clapotis du lac et le murmure de la pluie. Une armée de spectres, soldats couverts de pansements, boitant misérablement pour se fondre dans la brume.

Pour l'édification du pont, Lopez avait utilisé les poutres de cèdre du palais. Quatre cents porteurs texcaltèques le halaient, commandés par l'officier Francisco Magariño qui marchait en tête de la colonne.

Sandoval cheminait à l'avant-garde avec le reste de la cavalerie et deux cents fantassins, pour la plupart des vétérans de l'armée de Cortés. Mali et les autres femmes étaient en compagnie des prêtres.

Quant à Cortés, il chevauchait au centre de la colonne avec son or et ses prisonniers, l'élite des seigneurs du Mexique parmi lesquels on reconnaissait le Seigneur des Epis de Maïs. Ces derniers, enchaînés, progressaient péniblement en trébuchant derrière les chevaux.

Benitez suivait sur El Romo, son étalon alezan, flanqué de huit autres chevaux transportant l'or du roi. Il était escorté de quelques guerriers texcaltèques. Alvarado et León fermaient le cortège avec l'artillerie et trente fantassins — les rescapés de l'armée de Narváez.

Benitez s'était préparé à une mort rapide dans la rue. Mais, curieusement, ils purent atteindre la digue sans danger et franchirent aisément le premier fossé grâce au pont mobile.

Ils allaient s'en sortir... pensa-t-il avec soulagement. La chance n'avait pas abandonné Cortés. Les Mexicas avaient interrompu le siège pour pleurer leur empereur, ainsi que Mali l'avait annoncé.

Une vieille femme qui puisait de l'eau dans le lac lança un cri d'alarme qui voltigea dans la brume jusqu'aux oreilles de deux sentinelles mexicas. Un arbalétrier fit taire la femme mais trop tard. Du haut du Grand Temple monta le son funèbre du grand tambour *huehuetl*.

Son écho roula sur le lac et dans toute la vallée, appelant les guerriers du dieu Oiseau-mouche au combat.

Panique.

Cortés cria d'avancer le pont. Tous les sens en alerte, Benitez s'agita sur sa selle. Que diable se passait-il ? Où était Magariño ?

Il pensa à leur première bataille contre les Texcaltèques, à ce jour terrible. Et maintenant, ils se retrouvaient à nouveau piégés sans possibilité de repli.

Impuissants.

— Où est le pont ? hurla Benitez.

Il s'aperçut alors que la pluie qui avait masqué le début de leur exode avait aussi amolli les berges du lac, coinçant dans la boue les piliers du pont. Une forêt de torches avançait sur le lac tandis que les canots de guerre mexicas convergeaient vers eux comme des milliers de feux follets.

Souffle rauque des conques, sifflets, crépitement redoublé de la pluie...

Longue de près d'une lieue mais dangereusement étroite, la colonne espagnole était à la merci de l'ennemi. Une armée piégée dans un marécage, prête à être engloutie, prête à mourir.

El Romo buta puis se cabra en hennissant, sensible à l'odeur de peur qui suintait des hommes. Benitez percevait à présent le bruit léger des rames dans l'eau. Et soudain il distingua dans la brume les tuniques de coton blanc des guerriers mexicas. De bonnes cibles pour les arquebusiers et les arbalétriers dans le noir.

Cortés criait toujours qu'on avance le pont mais sa voix fut couverte par les hurlements des Mexicas et les cris de panique des soldats ; la première volée de flèches et de pierres s'abattit sur eux dans l'obscurité moite. Benitez lutta pour garder le contrôle d'El Romo, incapable d'avancer ou de reculer.

Puis la colonne avança en direction de la seconde brèche et il se mit en marche avec elle, ballotté comme un bouchon sur les flots. Furieux, effrayé, dévoré par l'angoisse, il eut une dernière pensée pour Fleur de Pluie.

Mali se traînait à quatre pattes sur les rives boueuses du lac.

En arrivant dans l'eau, elle sentit quelque chose de dur sous ses pieds. La brèche du canal se trouvait déjà comblée par les chevaux morts et les chariots retournés. Des caisses remplies de balles de mousquets ou de perles de verre vénitien avaient répandu leur contenu dans la boue. Plus loin, des soldats s'efforçaient d'avancer en trébuchant, leur cuirasse et leur tunique alourdies par les lingots d'or. Certains glissèrent et se noyèrent, d'autres furent capturés par les Mexicas et entraînés au loin, futures proies pour l'Oiseau-mouche.

Elle nagea vers l'autre berge, plus loin. Ses doigts saisirent une pierre, à laquelle elle s'agrippa pour escalader la pente. Puis elle se redressa, les mains crispées sur son ventre.

Elle aperçut alors doña Ana qui tentait de s'extraire de cette fange, tendant une main désespérée dans sa direction.

Je me demande si elle a déjà la semence de Cortés en elle...

Mali fit mine de lui venir en aide puis, délibérément, posa un pied sur le ventre de la fille et la repoussa vers le fond. Doña Ana poussa un cri et tomba en arrière dans le canal. Mali vit sa tête émerger encore une fois de l'eau avant de disparaître pour de bon.

Après quoi, elle se hissa péniblement sur ses pieds nus et s'enfuit.

Quand l'arrière-garde atteignit la seconde brèche, le passage était encombré de morts. La pluie tombait de plus en plus fort, maintenant, et s'était transformée en un torrent aveuglant. Les seules lumières provenaient des torches fumantes des Indiens dans les canots. Les hommes marchaient et rampaient dans l'obscurité, foulant les poitrines écrasées des cadavres.

Tout espoir de remettre un peu d'ordre dans la colonne avait disparu, réalisa Alvarado. Il poussa sa monture dans le canal et au moment même où il heurtait l'eau, il entendit une voix l'appeler par son nom.

— Alvarado ! Aide-moi ! Pour l'amour de Dieu, ne les laisse pas m'attraper !

Il reconnut la voix.

Norte.

Il se tourna et aperçut alors un autre cavalier — probablement León — éperonner son cheval et se diriger vers les cris.

Norte hurlait toujours.

Alvarado se mit alors à crier à son tour et à pousser frénétiquement son cheval dans l'eau, loin de toute cette horreur. Il avait la tête en feu, l'estomac révulsé.

Va-t'en ! Fuis tout cela ! Va-t'en ! Je ne veux pas mourir ! Ne les laisse pas m'attraper !

Ne les laisse pas m'attraper !

Une flèche claqua sur sa cuirasse, une autre se ficha dans le cou de son cheval. Un flot de sang jaillit de la pauvre bête qui s'effondra dans l'eau avec son cavalier. Alvarado se jeta de côté, atterrit à quatre pattes dans la boue et se mit aussitôt à ramper. Il entendait les *naturales* derrière lui, frappant la surface de l'eau.

Ne les laisse pas m'attraper !

Il avança en piétinant des corps et des chevaux morts, puis sauta sur la rive. Des cris s'élevaient tout autour de lui... les siens, ceux de León, de Norte... il ne savait plus.

Mon Dieu, mon Dieu... Sauvez-moi !

Il reconnut confusément une voix parmi les autres — celle de Gambos, l'un de ses officiers. En levant les yeux, il distingua la silhouette d'un cavalier. Il fut hissé sur la selle par une main bienveillante, puis le cheval chargea à travers la foule des Mexicas.

Alvarado s'agrippait à Gambos comme un enfant.

Des mains la saisirent et la tirèrent en direction du lac et des canots. Elle hurla en tentant de se retenir à la digue.

Personne n'était là pour l'aider. Un Mexica la tenait par les cheveux.

Elle n'arrivait pas à croire qu'elle finirait ainsi.

Ils auraient pu me tuer une centaine de fois cette nuit, pensa Benitez, mais en fait, ce qu'ils veulent, c'est me capturer.

Il dirigea tant bien que mal son cheval dans la mêlée. L'or du roi était quelque part derrière lui, dans le lac ou le canal. Si le roi le veut, il n'aura qu'à venir le chercher lui-même...

Il éperonna El Romo et tenta une percée vers un autre passage. L'alezan escalada l'autre rive et s'efforça de progresser à travers ce qui restait de l'avant-garde.

D'autres mains s'agrippèrent à lui pour le faire tomber de cheval. Il les frappa de son épée et sentit son étalon se cabrer lorsqu'un coup de *macatl* le frappa durement au flanc. Maintenant, ils l'entouraient de toutes parts et visaient le cheval, non le cavalier.

El Romo tomba sur les genoux, vaincu. Benitez crut entendre les rires de Guzmán et de Flores monter des entrailles du temple de Yopico. Regarde... regarde où ta cupidité t'a conduit !

Il sauta à terre et fit tournoyer son épée au-dessus de sa tête, frappant en aveugle, fendant la nuit de sa lame.

Il entendit Ordaz crier son nom. Le vieux vétéran avait réussi à former un cercle avec ses hommes et ils se taillaient un chemin à coups de lance.

Il parvint à les rejoindre et se mêla à eux au milieu de la boue, des bagages abandonnés, des cadavres épars. Il n'avait même plus l'espoir de survivre et se battait par instinct, par habitude. La durée de la vie se mesure parfois en minutes et non en années.

S'ils parvenaient à traverser la digue, Dieu et Cortés pourraient peut-être les sauver...

Sept brèches en tout.

Cortés bouscula ses *jinetes* pour qu'ils se hâtent. Il savait qu'il fallait sauver le plus de chevaux possible. S'ils réussissaient à atteindre Tacuba, ils pourraient se regrouper.

Mais ici, sur la digue, ils se trouvaient réduits à l'impuissance.

— Mon seigneur !

Mali !

Il s'arrêta, tourna bride et éperonna son cheval en direction des cris. Les Mexicas avaient commencé à incendier les chariots et les flammes projetaient de longues ombres dansantes sur la boue, éclairant par intervalles les visages hagards des vivants comme des morts.

Il aperçut sa silhouette juste au moment où trois *naturales* s'efforçaient de la hisser sur leur canot.

Il chargea dans l'eau peu profonde, transperça deux Indiens de son épée tandis qu'un autre s'agrippait à lui pour le faire tomber de selle. Cortés le repoussa violemment et le Mexica bascula en arrière avec un cri, piétiné par les sabots du cheval.

Sans perdre un instant, il se pencha, tendit la main et hissa Mali sur la selle.

— J'ai failli te perdre... dit-il, haletant.

Et il lança sa monture en direction de la rive.

Benitez chancela sur le sable et tomba à genoux. Il n'était plus vêtu que de son pourpoint et de son pantalon, ayant dû abandonner sa cuirasse et son casque pour franchir à la nage les deux dernières brèches du canal.

Il leva son visage vers le ciel sombre et ouvrit grande la bouche pour aspirer l'air chargé de pluie. Autour de lui, les survivants de l'escadron d'Ordaz gisaient sur la rive, à bout de forces.

Il entendit soudain des sabots marteler le sable dur et scruta la nuit.

— Qui est là ?

Il reconnut la voix de Cortés. Sandoval était avec lui.

— C'est Benitez, monseigneur.

— Capitaine ! cria Ordaz, le souffle court, nous devons retourner sur nos pas pour aider les autres !

— Il n'y a rien à faire. Tu as de la chance d'avoir survécu. Nous sommes là. Tout va bien.

Benitez se tourna vers la digue. L'écho des combats s'était tu. Les Indiens fêtaient leur victoire. Un calme sinistre régnait sur la rive. Benitez aurait voulu dormir... dormir. Une autre sorte de mort.

Ils attendirent les derniers retardataires. Une poignée de Texcaltèques arriva, dont la plupart devaient bientôt mourir de leurs blessures.

Et, finalement, Alvarado apparut à pied. Seul.

— *¡ Caudillo !*

— Pedro ?

Les cheveux d'Alvarado étaient plaqués sur son crâne par la pluie et la boue ; il avait les yeux exorbités et des taches de sang maculaient sa tunique. Quand il les vit, il tomba à genoux et se mit à pleurer.

Benitez et Ordaz s'élancèrent vers lui.

— Où sont les autres ? aboya Cortés, toujours en selle.

— Morts.

— Pas tous, sûrement, intervint Sandoval. Il nous faut retourner pour leur porter secours.

— Personne n'a pu survivre à ce massacre, sanglota Alvarado. Sauvons-nous nous-mêmes. Il n'y a plus rien à faire.

Une dernière silhouette surgit de l'ombre. El Romo, l'étalon de Benitez. Le flanc sanglant, il trébucha au bord de l'eau et s'écroula, mort.

— Eh bien, grommela Cortés, nous aurons au moins de la viande pour souper...

Seuls Sandoval et l'avant-garde avaient réussi à atteindre le village de Popotla sains et saufs. Le reste de l'armée avait été mis en déroute sur la digue. Quelques chanceux réussirent toutefois à passer en se battant durement.

Trop peu.

Assis sous un grand cyprès, les épaules basses, Cortés pleurait. Personne n'osait s'approcher de lui, même pas Mali.

Elle restait prostrée à quelques pas de là, tremblant encore de tous ses membres, incapable de se défaire de l'image des Mexicas s'agrippant à elle, des mains qui la tiraient vers la pierre sacrificielle.

Elle fut prise d'une violente nausée et sentit quelque chose de chaud couler entre ses cuisses.

Du sang. Le bébé !

Levant les yeux, elle vit Benitez approcher, les cheveux et les vêtements collés par la pluie.

— Ils ne nous attaqueront pas cette nuit, dit-elle.

Elle s'étonna de constater que sa voix était restée forte et claire.

— Pourquoi ? Nous sommes à leur merci. Ils pourraient revenir nous achever.

Elle scruta son visage tourmenté. En bon capitaine espagnol, il devait se dire qu'à la place des Mexicas, lui, il attaquerait. A moins qu'il ne pense que, puisqu'il leur fallait mourir, autant que cela se passe vite.

— Ils ont de nombreux captifs à offrir à l'Oiseau-mouche, reprit-elle. Les guerriers qui ont fait des prisonniers doivent attendre le jeûne rituel pour les conduire au sacrifice. Ce soir, il leur faut d'abord honorer leur dieu comme il convient, sinon ils ne pourront vaincre demain, quel que soit leur courage. Par contre, si leurs dieux se montrent satisfaits, les guerriers seront assurés de nous battre. Du moins est-ce là ce qu'ils croient.

Elle regarda Cortés. A genoux dans la boue, grelottant de froid, il égrenait son rosaire et implorait la Vierge.

Mali détourna les yeux. Elle ne voulait pas contempler le spectacle déprimant de son dieu accablé.

Car, à présent, il n'était plus qu'un homme. Juste un peu d'argile, tout comme elle. Comme tous les autres.

Elle alla se réfugier sous les branches d'un vieil arbre ceiba. Appuyée contre le tronc, elle posa la tête sur ses genoux et s'endormit.

101

L'aube se leva.

Ils atteignirent enfin la pyramide de Tacuba, à une courte distance de Tototepec, la Colline de la Dinde, et se réfugièrent dans le temple. Il constituait une forteresse naturelle et offrait une vue étendue sur toute la plaine environnante.

La pluie avait cessé. Une brume épaisse montait de la terre détrempée sous le pâle soleil jaune. Les hommes marchaient comme des zombis, le dos voûté, les yeux vides cernés de rouge, leurs blessures grossièrement pansées à l'aide de chiffons mouillés. Certains se laissèrent tomber sur les pavés de la cour et restèrent là sans bouger, totalement épuisés.

Si les Mexicas avaient attaqué maintenant...

— Où est Lopez ? lança une voix.

Mali leva les yeux. Cortés, son Malinche, avait repris des forces au matin, ranimé par les cris des ocelots, réconforté par l'apparition de l'étoile du matin.

Revêtu de son armure, il chevauchait lentement parmi les hommes affalés sur le sol.

— Et Lopez ? Quelqu'un l'a vu ?

Il n'a pas dormi, pensa-t-elle.

Ses yeux étaient comme deux trous noirs dans un visage fripé d'une pâleur spectrale. Malgré sa fatigue, il se tenait bien droit en selle et sa barbe luisait sous sa bourguignotte emplumée.

Alvarado émergea de la brume en boitillant, livide et ensanglanté.

— Qui demandez-vous, *caudillo* ?

— As-tu vu Lopez ?

— Le charpentier ? Il a été blessé dans la bataille, mais il a survécu.

Cortés frappa du poing le pommeau de sa selle et se mit à rire.

— Alors, tout n'est pas perdu !

— Que voulez-vous dire, *caudillo* ?

— Nous avons encore notre charpentier !

Alvarado secoua la tête en signe d'incompréhension.

— J'ai pensé à quelque chose, cette nuit, reprit Cortés. Et il m'est apparu que, si nous retournons là-bas, nous pourrons renverser la situation à notre avantage.

Le visage d'Alvarado demeura inexpressif. Affaibli par tout le sang perdu, il se balançait légèrement sur ses pieds pour ne pas perdre l'équilibre.

— Retourner là-bas ?

— Le lac, Pedro ! Nous construirons des brigantins pour les encercler dans leur propre ville ! Nous allons envoyer chercher d'autres canons à Saint-Domingue pour les assiéger !

Alvarado le regarda fixement, la mâchoire tombante.

— On n'abandonne pas une campagne à cause d'une simple défaite ! martela Cortés sur un ton de reproche. Je te dis qu'il faut revenir avec des brigantins et mater cette rébellion au nom de notre roi !

Même dans le froid glacial du matin, Mali sentit une onde de chaleur se répandre dans son corps. A cet instant, elle l'aima plus qu'elle n'aurait jamais cru pouvoir l'aimer. Même vaincu, il demeurait indestructible. Les pantins qui l'entouraient gisaient, accablés et frissonnants, incapables de se ressaisir. Mais le dieu qui habitait cet homme d'exception se réveillait et tout ce qui venait d'arriver était déjà oublié !

Rien d'étonnant à cela...

Il était son Malinche... son Malintzin à elle, le seigneur de Malinali.

Nous allons revenir avec des brigantins et mater cette rébellion au nom du roi...

Il est devenu fou, pensa Benitez.

Complètement fou.

Cette nuit, ils avaient perdu six cents hommes, plusieurs de leurs meilleurs officiers dont León, ainsi que deux mille de leurs alliés texcaltèques. Nous n'avons plus de canons, réalisa Benitez, et il nous reste à peine deux douzaines de chevaux qui, pour la plupart, boitent.

Quant aux hommes de Narváez, beaucoup ont péri sur la digue, les poches de leurs tuniques alourdies par l'or de Moctezuma. Ceux qui restent sont presque tous gravement blessés...

Ils n'étaient plus que quelques centaines face aux millions de Mexicas.

Et tout ce qui intéresse Cortés, c'est de savoir si Lopez est blessé !

Oui... pure folie.

Benitez s'éloigna de quelques pas et s'écroula, à bout de forces, dormant les yeux ouverts. Il rêva de guerriers mexicas lancés à sa poursuite, qui tentaient de l'agripper pour le tirer sur leurs canots. Il voulait fuir, mais ses jambes refusaient de se mouvoir.

Quand il s'éveilla — quelques minutes ou quelques heures plus tard —, il vit au-dessus de sa tête le même ciel bas et gris et entendit les conques résonner depuis le sommet du temple de Tlatelolco.

Les prêtres célébraient leur victoire. Le grand tambour qui avait sonné l'alarme toute la nuit annonçait maintenant à toute la vallée que le dieu Oiseau-mouche allait bientôt recevoir les prisonniers en pâture.

Benitez songea à Norte, espérant qu'il était mort rapidement, noyé dans le canal avec ses poches pleines d'or, comme fray Guevarra.

Il pria pour que les conques qui retentissaient dans ce matin gris ne sonnent pas pour lui.

Les prêtres attendaient au sommet de la pyramide, les visages noirs de suie, les cheveux enduits de sang coagulé maintenus par d'épaisses bandes de cuir. L'état de leurs robes montrait qu'ils avaient bien travaillé, ce matin.

Le cœur encore frais qui palpitait dans les braises était celui de León.

Norte ne parvint plus à se tenir sur ses jambes. Quand il tomba, des mains le tirèrent jusqu'au sanctuaire, sans doute celles du guerrier qui revendiquait sa capture. Combien de fois avait-il assisté autrefois à un spectacle semblable, essayant de ne pas trop regarder la malheureuse victime ?

Un soleil blême émergea dans le ciel plombé.

On enfonça une coiffure sur sa tête et on glissa entre ses doigts des éventails de plumes. Puis le prêtre le força à danser au rythme du tambour en aiguillonnant ses pieds à l'aide d'une lance et de brandons enflammés.

Du fond des ténèbres, Oiseau-mouche le regardait avec des yeux affamés. Des yeux qui étincelaient à la lueur des braseros, tandis que son corps incrusté de jade et de perles brillait faiblement.

Soudain, quatre prêtres s'emparèrent de Norte et l'étendirent de force sur la pierre, chacun tenant fermement un bras ou une jambe.

Un autre referma autour de sa gorge un chevalet de bois.

Il regarda le soleil et adressa une courte prière aux dieux.

Quels qu'ils soient.

Le grand prêtre lui ouvrit la poitrine à l'aide d'une pierre effilée. Son geste fut précis et rapide, presque miséricordieux. L'instant d'après, il tenait le cœur palpitant dans ses mains et le montra à l'Espagnol couché sur la dalle avant que toute trace de vie ne disparaisse de ses yeux.

Il l'éleva ensuite en offrande vers le soleil, puis le jeta à la face du dieu Oiseau-mouche.

Enfin, d'un coup de pied, il fit dégringoler le corps au bas des marches de la pyramide et fit signe qu'on lui amène un autre captif.

102

Texcála était leur dernier espoir.

Mais ils ignoraient encore si Vieil Anneau de la Guêpe les accueillerait, maintenant qu'ils avaient été vaincus. Cortés savait néanmoins qu'ils ne survivraient pas à une longue marche jusqu'à la côte.

Ils n'avaient pas le choix.

Les Mexicas poursuivaient leurs attaques de la forteresse mais cela ressemblait plus à des manœuvres de harassement qu'à de véritables assauts. Le gros de leur armée n'arriverait que le jour suivant. Comme Mali l'avait annoncé, ils étaient pour l'heure trop occupés à offrir leurs prisonniers en sacrifice aux dieux. Cortés comptait sur ce répit pour leur échapper.

Ils sortirent à la nuit en laissant leurs feux brûler dans la cour du temple afin de tromper l'ennemi. C'était une bien pitoyable retraite après leur entrée glorieuse dans la ville : chaque cheval portait deux cavaliers, l'un à peu près valide, le second plus grièvement blessé ; les autres soldats clopinaient tant bien que mal ou se traînaient lamentablement en se tenant à la queue ou aux harnais des chevaux.

Benitez reçut une jument pie dont le cavalier venait de mourir des suites de ses blessures. Avec les autres *jinetes* encore valides, il se vit confier le soin de couvrir les flancs de la colonne. De petits groupes de Mexicas leur lançaient des flèches et des pierres. Huées et sifflets leur rappelaient que la principale attaque restait à venir, ce qui ne faisait que les démoraliser un peu plus.

Les Texcaltèques marchaient à l'avant pour servir de guides. Ils leur firent prendre la direction du lac Texcoco, au nord-est, et à l'aube du jour suivant, ils atteignirent une ville du nom de Tepotzotlan. La population apeurée s'enfuit aussitôt.

Ils trouvèrent des stocks de maïs et de légumes ainsi que des enclos remplis de dindes. Après s'être largement restaurés, les hommes, épuisés, s'endormirent à même le sol dans le palais du *cacique*.

Ils reprirent leur route dans l'après-midi, traversèrent Citlatepecon, à l'extrême nord du grand lac, et mirent le cap vers l'est. Là encore, la population, terrifiée, se volatilisa mais cette fois en emportant toute la nourriture disponible. Ils connurent une nouvelle fois les affres de la faim et de la soif.

Les Mexicas continuaient à les harceler. Dans un passage resserré, Cortés perdit encore deux soldats et un cheval. Ils parvinrent cependant à arracher le corps de l'animal aux Mexicas et le firent cuire pour leur souper.

Ils ne parcouraient que quelques lieues chaque jour, en raison des attaques incessantes menées sur telle ou telle fraction de la colonne. Il y eut encore de nombreux morts et blessés. Désormais, Cortés n'avait plus sous ses ordres que trois cents fantassins et une trentaine de cavaliers, la plupart en piteux état. Les arbalétriers étaient presque tous morts. Quant aux alliés texcaltèques, il n'en restait plus qu'un millier.

Lorsqu'ils atteignirent les cols élevés perçant la chaîne de montagnes, ils en furent réduits à manger de l'herbe

Tôt ce jour-là, une pierre lancée depuis la lisière de la forêt frappa durement Cortés juste au-dessus de l'œil. La blessure trouait largement son front dans la lumière déclinante du soir.

Mali s'assit près du feu de camp et se prépara à le recoudre. Elle s'était munie d'une épine de maguey et avait arraché l'un de ses longs cheveux pour effectuer la suture.

Cortés poussa un grognement lorsqu'elle testa l'épine affûtée. Comme ils n'avaient rien pour apaiser la douleur, il s'efforça de se concentrer sur un autre sujet de préoccupation, les plans du prochain siège de Tenochtitlán, par exemple.

— Je travaillerai aussi vite que possible, mon seigneur, lui dit Mali.

Il sentit l'épine de maguey lui transpercer la peau et retint un cri.

— N'importe quelle douleur est préférable à la mort.

— Tout le monde ne pense pas ainsi.

— Ils devraient. La mort vient bien assez tôt.

Il lui jeta un coup d'œil. Elle se concentrait sur sa tâche, son joli visage brun plissé par l'effort, et son ventre gonflé se soulevait en cadence.

C'est là que bat le cœur de mon fils, songea-t-il.

— As-tu peur ? demanda-t-il soudain.

— Pas avec vous, mon seigneur.

Il sourit. Ah, Mali, ma *chiquita*, mon ange sombre fait de chair et de sang. Tu ne seras jamais une chrétienne, malgré les rites et l'eau bénite de fray Olmedo, mais tu es aussi courageuse qu'un Espagnol et tu possèdes l'audace d'un Maure. Jamais je n'aurais pu quitter la plage sans toi. Certes, tu es une princesse, mais quel dommage que tu ne sois pas la fille de quelque duc espagnol. C'est ton seul défaut.

— Pleurerez-vous la mort de doña Ana ? demanda-t-elle sans lever les yeux de son travail.

— Elle ne m'a distrait qu'une seule nuit, dit-il sans craindre de mentir.

L'épine charcutait sa chair. Il serra les dents.

— M'aimez-vous un peu ?

— Je n'ai jamais aimé personne autant que toi, *chiquita*.

D'une certaine façon, c'est vrai, pensa-t-il. Et il se promit silencieusement de la récompenser un jour pour sa loyauté et son amour. Enfin... s'il pouvait tenir cette promesse.

— Et vous, mon seigneur. Avez-vous peur ?

— Non, *chiquita*, je n'ai pas peur.

Quand elle eut fini, il prit son visage entre ses mains et l'embrassa.

Ce n'était pas la peur qui le consumait, mais une rage intense. Il ne pardonnerait jamais à ces maudits Mexicas de l'avoir vaincu. Un jour proche, il allait leur montrer que Dieu était avec lui.

Ils continuèrent leur pénible marche pendant cinq jours, colonne trébuchante de fantômes errant dans la sierra. Ils grimpèrent jusqu'à un col surplombant une ville nommée Otumba. De là-haut, ils purent enfin entrevoir les montagnes de Texcála, à quelques lieues de distance. La riche plaine cultivée d'Apam se déroulait à leurs pieds.

Et, couvrant tout le territoire, l'armée des Mexicas s'y déployait...

103

Un champ de plumes vertes ou écarlates, un océan de bannières flamboyantes et de boucliers de cuir... une armée de guerriers peinturlurés si imposante qu'il était impossible d'en évaluer le nombre. A la tête de chaque escadron, un Chevalier de l'Aigle — reconnaissable par son casque orné de becs proéminents et sa cotte en argent matelassée munie de serres d'oiseau —, et un Chevalier du Jaguar — vêtu de fourrures tachetées de noir et coiffé d'un casque en forme de gueule menaçante.

Même à distance, Cortés pouvait distinguer les généraux grâce à leur parure et leurs ornements de jade ou de cristal incrustés dans le nez et la lèvre inférieure. Ils portaient, fixés dans le dos, leurs splendides étendards de guerre, ouvrages de plumes et de roseaux tendus sur des cadres d'osier. Les vives couleurs de leurs emblèmes servaient de point de ralliement.

Le son des tambours, des conques et des sifflets roulait dans la vallée comme un tonnerre incessant. La minuscule troupe de Cortés contempla ce spectacle avec désespoir. Toutes leurs souffrances avaient été vaines.

C'était là que tout finissait.

Cortés leur assigna l'ordre de se disposer en carré, la cavalerie à l'extérieur et les blessés au centre. Sans artillerie, sans arquebuses, sans arbalètes, ils ne pouvaient prétendre à l'attaque. Il ne leur restait plus qu'à se défendre jusqu'à la mort.

Cortés parcourut lentement la ligne et tourna bride pour faire face aux soldats. Il tenait dans sa main droite la bannière en lambeaux qui les accompagnait depuis la côte.

Mes frères, suivons la croix ! Et que notre foi seule l'emporte !

— Messieurs, commença Cortés, vous avez devant vous l'armée des Mexicas.

Il les tint sous le feu de son regard. Montant de la plaine, les sifflets et les hurlements devenaient de plus en plus assourdissants. Les soldats devaient tendre l'oreille pour entendre leur chef.

— Ils sont venus en croyant nous détruire. Une nouvelle fois, nous nous retrouvons dépassés par leur nombre. (Il éleva la voix.) Combien de fois, pourtant, avons-nous cru ces derniers mois que l'heure de la défaite avait sonné avant de, finalement, l'emporter ? N'avons-nous pas combattu sur le fleuve Tabasco une armée aussi puissante que celle-ci ? Rappelez-vous ces hordes de Texcaltèques... Rappelez-vous les canons et les légions de cavaliers que Narváez menait contre nous à Cempoala... Nous avons toujours vaincu parce que nous ne sommes ni des hommes ordinaires, ni des soldats ordinaires. Vous pouvez tous être fiers car, à l'avenir, des ballades chanteront vos exploits. Ce ne sont pas seulement votre grande valeur et votre habileté à manier les armes qui vous distinguent des autres mortels. C'est aussi et surtout que Dieu lui-même vous a choisis pour marcher sous la protection de sa bannière !

Il leva bien haut l'étendard bleu et blanc qui avait autrefois claqué au sommet du mât de son navire.

— Avec cette croix, nous l'emporterons !

Un frisson secoua la petite troupe harassée.

— Et maintenant, écoutez-moi ! Souvenez-vous que, tant qu'il vous reste de la force dans les bras, vous avez l'avantage — même aujourd'hui alors que tout semble se liguer contre nous ! Ces Mexicas veulent avant tout vous capturer pour leurs ignobles rites et, à cause de cela, ils s'exposent eux-mêmes à vos coups mortels. Ainsi que vous le savez, ils ne combattent pas comme une armée mais comme des individus séparés cherchant le corps à corps. Ce n'est pas une bataille que vous allez livrer mais une série de duels. Dieu vous donnera la force d'affronter cette nouvelle épreuve. Frappez... frappez avec vos épées... mais sans vous découvrir, afin de ne pas vous exposer à leurs massues.

Il marqua une pause pour laisser ses paroles s'imprimer dans leur esprit.

— Dans les siècles à venir, quand les hommes écriront l'histoire de ce monde, vous en formerez le plus brillant chapitre ! On parlera de ce jour jusqu'à la fin des temps et l'on se souviendra de chacun de vous comme d'un héros !

« Aussi, messieurs, faites bien attention à vous et lançons-nous sur l'ennemi ! A mon signal, nous attaquerons et nous les écraserons !

Mali s'agrippa au harnais du grand alezan.

— Mon seigneur... murmura-t-elle.

Il se pencha sur sa selle et lui toucha les cheveux.

— *Chiquita*... Comment va le futur empereur du Mexique ?

Mali posa une main sur sa taille. La nuit suivant leur retraite sur la digue, elle avait eu un fort saignement mais, aujourd'hui, les choses semblaient être rentrées dans l'ordre.

— Il va bien, mon seigneur.

Cortés fit glisser son gantelet de cuir pour lui caresser la joue.

— Reste à l'intérieur du carré de défense. Tout ira bien.

— Ne les laissez pas vous faire du mal.

— Bientôt, nous serons assis l'un près de l'autre dans le palais de Tenochtitlán, je te le promets !

Il l'embrassa.

— Je te le promets, mon amour... répéta-t-il avec un sourire.

Puis il éperonna son cheval et le reste de la cavalerie le suivit. Les harnais de cuivre tintaient dans l'air frais du matin, les chevaux hennissaient et se cabraient, sentant tout autour d'eux monter la peur et l'excitation.

Mais le cœur de Mali pesait lourd.

Jamais nous ne nous assiérons dans le palais, pensa-t-elle avec tristesse. Tu n'es pas d'essence divine... tu n'es qu'un homme et, aujourd'hui, les présages sont contre nous.

Tu vas mourir sur ce champ de bataille et je mourrai avec toi. Nous avons trop demandé aux dieux avec notre arrogance et notre orgueil.

Mais je ne regretterai rien. Car jamais je n'aurais cru pouvoir rencontrer un homme tel que toi. Si c'était à refaire, je n'hésiterais pas.

Benitez se redressa sur sa selle. Tous les muscles de son corps étaient douloureux. La nuit de la retraite — la *noche triste*, comme l'appelait Cortés —, un coup de lance lui avait ouvert la joue jusqu'à l'os et son visage était en feu. Deux jours plus tôt, une flèche s'était fichée dans sa cuisse et, depuis lors, il avait du mal à bouger sa jambe. Comme les autres hommes, il n'avait pas mangé depuis très longtemps et, à chaque mouvement, il craignait de tomber de son cheval par faiblesse.

Et pourtant, même dans ces conditions, il était bien décidé à ne pas se laisser capturer vivant. Les Mexicas ne l'étendraient pas sur leurs pierres infernales.

— Nous chargerons par groupes de cinq ! cria Cortés. Levez bien vos lances, visez les yeux et revenez au galop ! Ignorez les simples guerriers et concentrez-vous exclusivement sur les chefs. Vous les reconnaîtrez à leurs coiffures en forme d'oiseau de proie ou de tigre. Mieux encore, tuez ceux qui portent des plumes, des bijoux dans le nez et de grands étendards d'osier. Ce sont les généraux.

Puis il ajouta à l'intention de ses officiers ce qu'il n'avait pas osé dire aux soldats :

— Si nous devons mourir, mieux vaut le faire courageusement. Que Dieu nous vienne en aide !

104

Les corps à corps se poursuivirent pendant des heures. Comme à leur habitude, les Mexicas se battaient pour faire des prisonniers et non pour tuer. Les jeunes guerriers, armés de leurs massues hérissées de lames d'obsidienne, cherchaient à se battre en duel. Ils furent écrasés sous les charges des piquiers espagnols bien entraînés qui combattaient en formation disciplinée.

Les chiens de guerre espagnols — dogues ou lévriers bâtards qui n'avaient pas mangé depuis plusieurs jours — opérèrent un terrible carnage parmi les Indiens. En moyenne, une vingtaine de Mexicas tombaient pour chaque Espagnol tué. Mais l'inégalité du nombre était trop grande et, vers le milieu du jour, les soldats de Cortés, déjà affaiblis par leurs blessures et le manque de nourriture, étaient sur le point de succomber.

— Prends ce poignard, supplia Jaramillo.

Il sortit une dague de son fourreau et la plaça dans la main de Mali. Durant la *noche triste*, il avait eu la cuisse transpercée et gisait à présent avec les autres blessés au centre du carré défensif. A quelques pas de là, les Mexicas hurlaient et sifflaient en venant se jeter d'eux-mêmes contre les rangs de piquiers.

— Mais... monseigneur... commença Mali.

— Prends-le ! Je ne veux pas qu'ils m'attrapent vivant ! Jamais mon sang ne sera versé dans leurs temples démoniaques !

Elle regarda ses mains tremblantes, ses yeux écarquillés de terreur.

— J'ai vu comment tu savais te servir de cette arme...

reprit-il, haletant. Tout ce que je te demande, c'est d'en finir avec moi plus vite et plus proprement que tu ne l'as fait avec Moctezuma !

Mali fixa le poignard, abasourdie. Un homme ne devait pas craindre de mourir sur le Champ de Fleurs ou sur la pierre sacrificielle. Mais de la main d'une femme ?

Jaramillo leva sa chemise, saisit la pointe de la lame et la dirigea vers lui pour la placer sur son cœur.

— Fais-le maintenant ! ordonna-t-il.

Mais elle continuait à le regarder, interdite.

— Bon sang ! Qu'est-ce que tu attends ?

— Non ! cria soudain une voix derrière eux.

Une main se posa sur le poignet de Mali qui se retourna d'un bloc.

Aguilar.

— N'obéissez pas, doña Marina ! Si vous le faites, il ira brûler en enfer pour l'éternité !

— Seulement si je mourais de ma propre main ! protesta Jaramillo.

— L'intention est la même.

Le franciscain semblait calme malgré le danger. En route, il avait perdu son précieux livre d'heures et, sans lui, paraissait presque nu. Une grande croix d'or pendait à son cou. Cortés l'avait fait confectionner pour lui à Tenochtitlán par les joailliers mixtèques, à la demande de fray Olmedo. Maintenant, Aguilar serrait le pendentif contre lui exactement comme il l'avait fait avec son livre de prières.

Il tomba à genoux.

— Prions Dieu de vous donner la force d'affronter la fin, murmura-t-il.

Jaramillo le repoussa.

— Je ne veux pas de vos prières ! (Il leva un regard implorant en direction de Mali.) Allons, fais-le pour moi ! Fais-le, espèce de sale pute démoniaque ! Je veux mourir rapidement. Fais-le !

Sa voix s'enfla pour devenir suraiguë, comme celle d'une femme. Aguilar tenta d'écarter le poignard.

— Ne l'écoutez pas ! Il met son âme en péril !

Regarde-les... pensa Mali avec mépris. Ils sont indignes de Cortés. Comment a-t-il pu aller si loin avec cette armée de taupes ?

Tout autour d'eux, la bataille faisait rage. Crissement des

épées sur le cuir des boucliers mexicas, cris d'agonie, tumulte des sifflets et des tambours.

D'un geste vif, elle jeta le poignard à terre et la lame partit se planter jusqu'à la garde à quelques pouces de la tête de Jaramillo. Il poussa un cri de frayeur.

— Vous avez sauvé son âme... murmura le moine.

Mali secoua la tête.

— Vous vous trompez, frère Aguilar. Seulement je ne crois pas que mon seigneur Cortés perdra cette bataille...

C'est la fin, pensa Cortés.

Tout en ordonnant la charge, il savait qu'il contrevenait à ses propres règles en chevauchant trop loin de ses lignes. La fatigue avait brouillé sa concentration.

Erreur fatale. La formation des Mexicas avait cédé en son centre et, sottement, il s'était engouffré dans la brèche. Mais quand il voulut faire demi-tour, ils l'encerclèrent aussitôt.

Ils auraient pu le tuer facilement avec leurs massues et leurs lances, mais aucun d'eux n'osait verser le sang de Malinche. Car celui-ci appartenait au seul dieu Oiseau-mouche.

Il frappa sauvagement de son épée tout ce qui était à sa portée, coupant les mains qui tentaient de l'agripper. Mais ils étaient bien trop nombreux. Il sentit qu'il glissait de sa selle et heurta durement le sol, la respiration coupée.

Soudain, un tonnerre de sabots déchira l'air. Levant les yeux, il reconnut sous leurs casques Benitez et Sandoval qui chargeaient les Indiens à cheval. Trois autres cavaliers vinrent les rejoindre : Olid, Alvarado et Juan de Salamanca. Profitant de la diversion, Cortés sauta sur ses pieds et remonta promptement en selle.

Il est impossible que je meure, pensa-t-il. Dieu m'a choisi un destin d'exception. Il me garde en vie dans un but précis.

C'est alors qu'il la vit, là-bas, dans les nuages au-dessus de la colline. Une lumière intérieure illuminait son visage pâle et nacré. Elle tendit la main pour l'encourager tandis que le vent agitait les plis de sa robe pourpre.

Nuestra Señora de los Remedios.

Au-dessous d'elle, sur un tertre herbeux, il vit la litière royale abritée par un dais d'or. Un seigneur y était assis,

portant sur son dos un étendard d'osier magnifiquement décoré. Fait de plumes rares incrustées d'or et de pierres précieuses, son emblème affichait les insignes de Serpent-Femelle, le Premier ministre de Moctezuma. Il portait une haute coiffure de plumes de quetzal. Ses oreilles, son nez et ses bras étincelaient de bijoux d'or.

Voilà le général en chef, pensa Cortés. Sa rapide charge l'avait rapproché de lui et il n'en était séparé que par quelques groupes de Mexicas.

Il se souvint alors de Texcála et de ce que Mali lui avait dit : *Quand ils perdent leur chef, ils perdent leur âme.*

— Il faut battre en retraite avant qu'ils ne nous encerclent ! cria Benitez.

— Non ! Chargeons de ce côté ! lança-t-il en pointant son épée en direction du tertre. La Vierge nous a indiqué notre chemin ! Tuons les chefs et nous serons victorieux !

Il éperonna son cheval et escalada la pente en se taillant un chemin à l'épée dans la foule des Indiens.

Là-bas, devant lui, la Vierge l'appelait.

Cortés galopa droit sur la litière et ne fut bientôt plus qu'à quelques pas du général mexica. Quand Serpent-Femelle devina son intention, son visage refléta une intense stupéfaction.

Cortés s'élança sur lui et heurta violemment la fragile litière du flanc de son cheval. L'étendard d'osier s'effondra et fut aussitôt piétiné sous les sabots de l'alezan. Serpent-Femelle tenta de se redresser mais Juan de Salamanca arriva derrière lui et le transperça de sa lance. Serrant les rangs, Olid, Sandoval et Alvarado repoussèrent les capitaines et les conseillers du prince qui s'enfuirent comme une volée de moineaux.

Cortés ramassa l'étendard brisé et le leva bien haut. Immédiatement, un vacarme de sifflets et de roulements de tambour s'éleva au-dessus de la mêlée.

Il regarda les Mexicas refluer à travers la plaine, marée humaine dont le mouvement venait subitement de s'inverser, comme s'il avait commandé à l'océan lui-même.

Il laissa son épée retomber mollement à son côté.

C'était fini. Il avait réussi.

Il les avait vaincus.

Les survivants de la petite troupe espagnole tournèrent le dos à Otumba et se frayèrent un passage à travers la vallée jusqu'au pied des collines de Texcála. Mali cheminait sur le dos d'un cheval boiteux et serrait les mains sur son ventre en s'efforçant d'ignorer les crampes qui la tenaillaient.

Le miracle s'était produit exactement comme Cortés l'avait annoncé. Il chevauchait à ses côtés et elle l'entendit répéter qu'ils seraient bientôt de nouveau à Tenochtitlán.

Il est bien d'essence divine, finalement, pensa-t-elle. Oui, il est bien à la fois l'Oiseau-mouche et le Serpent à Plumes, le Christ guerrier, sauveur et rédempteur.

Et je serai toujours à ses côtés car je suis la Mère avec l'Enfant.

Par mon intermédiaire, les dieux sont revenus pour terrasser Moctezuma. L'étoile du matin illuminera une aube nouvelle. Les ocelots clameront notre victoire. Un nouveau Serpent à Plumes apportera la paix à Tollan.

Oui, aujourd'hui, nous sommes enfin des dieux.

QUATRIÈME PARTIE

Spiritus Sanctus

S'il y a des Espagnols au ciel, je n'ai pas envie d'y aller.

(Réponse faite par Hatay, chef des Indiens de Cuba, après qu'on lui eut administré les derniers sacrements sur le bûcher dressé pour son supplice.)

105

Tenochtitlán, août 1521

— Je n'ai jamais voulu cela, dit Cortés.

Une tente surmontée d'un dais pourpre avait été dressée sur le toit en terrasse d'un palais de Tlatelolco surplombant la dernière enclave tenue par les Mexicas.

Au côté du *caudillo*, Mali regardait les hommes d'Alvarado donner le coup de balai final. Les *naturales* les plus courageux résistaient toujours en lançant des cailloux du haut des dernières maisons encore debout.

La ville était en ruine. Obéissant aux ordres de Cortés, les soldats avaient tout détruit, jetant bas les statues, défonçant les murs d'adobe des palais, incendiant les toits de chaume des maisons et des temples.

Il fallait effacer à jamais toutes les traces de l'ancienne cité. Comme si, n'ayant pu la conquérir dans toute sa splendeur, Cortés ne désirait plus qu'une chose : l'anéantir jusqu'à la dernière pierre.

— Je n'ai jamais voulu cela, répéta de nouveau Cortés, comme pour se convaincre lui-même.

Le pillage de la ville allait bientôt s'achever. On était au matin du treize août, jour de la Saint-Hippolyte, patron des chevaux.

Le mois de la chute des fruits.

Alors qu'ils atteignaient Texcála, Benitez avait déclaré que seul un génie ou un fou aurait imaginé de construire une flotte au cœur d'une vallée cernée par des terres. Mais, une fois remis de ses blessures, Martin Lopez avait prouvé que l'idée n'était pas si mauvaise. Ferrures et toiles furent apportées depuis San Juan de Ulúa, les charpentes taillées dans le bois des forêts avoisinantes, et douze brigantins furent ainsi construits. Huit mille porteurs acheminèrent les bateaux en pièces détachées à travers la sierra jusqu'aux rives du lac Texcoco.

Chaque bateau mesurait près de douze mètres de long, avec un tirant d'eau d'à peine dix-huit pouces. Equipés de deux mâts et de huit bancs de nage, ils pouvaient se mouvoir au vent ou à la rame. Un seul canon de bronze pointait à la proue.

Avec cette petite flotte de brigantins et quelques renforts obtenus de Saint-Domingue, Cortés avait investi Tenochtitlán exactement comme il l'avait annoncé. Des dizaines de milliers de guerriers accourus des provinces voisines vinrent grossir ses troupes, heureux de participer à l'extermination des Mexicas qu'ils haïssaient. Entre-temps, un allié secret travaillait pour eux au sein de la ville même : sans le savoir, les Espagnols avaient rapporté la variole de Cuba et l'épidémie se répandit dans la capitale, tuant les Mexicas par milliers.

Pour finir, le siège ne dura que quatre-vingt-treize jours.

— Je n'avais pas le choix, disait Cortés. Pour sauver cette ville, il fallait d'abord que je la détruise. Comprends-tu cela ?

Mali ne répondit pas. De là où elle se trouvait, elle pouvait voir les silhouettes des soldats d'Alvarado qui pénétraient dans le quartier de Tlatelolco se découper contre la grande pyramide du temple. Une odeur âcre flottait sur les ruines. L'air vibrait de l'écho des tirs de mousquets auxquels répondaient les sifflets, les roulements de tambours et les hurlements des malheureux encore prisonniers des décombres.

La ville de Moctezuma n'en finissait pas de mourir.

— Tu connais les tréfonds de mon âme, Mali. Tu sais bien que je n'ai jamais voulu cela.

Elle ne répondit pas.

— Ce sont les Mexicas eux-mêmes qui ont décidé de leur sort funeste. Je ne voulais pas les anéantir ni détruire cette ville. Mais comment aurions-nous pu établir autrement notre autorité ? Je n'avais pas le choix.

Pas le choix.

Trois petits mots tout simples, refuge des charlatans et des scélérats. Mais à quoi bon pleurer sur lui ? Après tout, l'ennemi de son ennemi n'avait pas à être son ami pour autant.

Son père avait vu juste : son destin se trouvait dans la destruction. A cause d'elle, le chaos s'était abattu sur ce monde, entraînant avec lui la fin du cinquième soleil.

Son rôle avait certes été important... mais nullement bienfaisant.

Et, pourtant, ils avaient été des dieux, autrefois.

Un officier espagnol apparut sur la terrasse, hors d'haleine, les vêtements couverts de poussière.

— Bonne nouvelle, *caudillo*. Nous venons de capturer Aigle Plongeant.

— Il demande s'il peut avoir votre couteau, traduisit Mali.

— Mon couteau ?

— Il veut se donner la mort lui-même. Il dit qu'il vous a combattu de toutes ses forces et, puisqu'il a échoué, il ne souhaite plus que la mort.

Ils se trouvaient sur la terrasse du palais de Face du Seigneur de l'Eau — ou plutôt de ce qu'il en restait. Assis sur son siège habituel, le trône offert par Moctezuma, Cortés avait revêtu son pourpoint de velours noir recouvert d'une cape de plumes vertes imitant les plumes de quetzal des empereurs mexicas.

Tête haute, poignets et chevilles enchaînés, Aigle Plongeant affrontait son ennemi. Coiffé du casque des Chevaliers de l'Aigle, il portait un manteau et des jambières de plumes gris argent. Garcia Holquin, celui qui l'avait fait prisonnier, se tenait derrière lui, flanqué de deux guerriers texcaltèques.

Mali se demandait quelles étaient, à cet instant, les pensées d'Aigle Plongeant, lui qui reprochait à Moctezuma de redouter la mort. Peut-être trouvait-il que cela n'était pas si facile, après tout.

Elle fut frappée par le soudain silence qui régnait autour d'eux. Depuis quatre-vingt-treize jours, ils vivaient dans le tumulte constant de la bataille : cris, sifflets, craquements sinistres des murs qui s'effondrent, vacarme des *teponaztli* mexicas résonnant du haut des pyramides. Mais, dès qu'Aigle Plongeant fut capturé, les bruits cessèrent instantanément. Curieusement, ce silence soudain fut presque douloureux à ses oreilles.

Cortés se tourna vers elle.

— Dis-lui qu'il ne doit pas se faire de reproches car il a fait preuve d'un grand courage.

Il sourit mais elle connaissait trop bien son cœur pour s'y laisser prendre. Elle savait qu'il aurait aimé tuer Aigle Plongeant de ses propres mains pour l'avoir empêché de prendre Tenochtitlán intacte.

— Dis-lui aussi que je suis son ami et qu'à partir de maintenant je le traiterai comme s'il était mon frère. Je veillerai personnellement à sa sécurité et à celle de sa famille.

Elle transmit ces paroles à Aigle Plongeant tout en devinant que lui non plus n'y croyait pas.

— A présent, je voudrais lui demander s'il sait ce qu'il est advenu de l'or abandonné sur la digue durant la *noche triste*.

Informé, le Mexica jeta à Mali un long regard par-dessous le bec doré de son casque.

— Dis à Malinche que tout a été perdu. L'or a disparu sous les décombres ou bien a été englouti dans la boue du lac quand sa bande de voleurs a incendié la ville. Tout ce qui restait de notre trésor se trouvait dans mon canot lorsqu'ils m'ont capturé.

— Il ne croira jamais cela, rétorqua Mali.

— Je ne me soucie pas de ce qu'il veut croire. Tu n'es qu'une catin et lui un voleur et un meurtrier. Pourquoi devrais-je répondre encore à tes questions ?

Elle transmit ces propos en omettant l'insulte finale. Malgré le mépris qu'elle éprouvait pour lui — ou à cause de lui ? —, elle ne pouvait s'empêcher de l'admirer.

Les doigts de Cortés étaient crispés sur les bras de son siège.

— Nous n'avons trouvé dans son canot que quelques casques d'or et des bracelets. Il est impossible qu'il n'y ait que cela !

— C'est pourtant tout ce que ses voleurs ont laissé quand ils ont quitté Tenochtitlán, répondit Aigle Plongeant.

Mali vit une veine battre sur la tempe de Cortés. Elle connaissait ce signe, un avertissement familier...

Quand il parla de nouveau, ce fut d'une voix glaciale.

— Insiste ! Je veux savoir où il a caché mon trésor !

— Il est très en colère, traduisit Mali. Il dit que tu as caché son or.

— *Son or ?* (Aigle Plongeant secoua la tête.) Je te le répète, la *totalité* de notre trésor a disparu dans la boue du lac, la nuit où ces chiens ont quitté la ville.

Mali se pencha vers Cortés.

— Mon seigneur, murmura-t-elle à son oreille, il maintient que tout a été perdu lors de la *noche triste*.

Fidèle à ses soudains changements d'attitude, Cortés sourit de manière inattendue. Il se leva lentement, s'approcha du chef mexica et l'étreignit.

— Allons, n'en parlons plus. Il faut oublier ce qui nous a opposés. Les heures sombres sont passées. Je souhaite qu'Aigle Plongeant me considère dorénavant comme son ami.

Mali frissonna.

106

Benitez noua un linge autour de son nez et de sa bouche et s'efforça de ne pas respirer trop profondément ni de regarder en direction des cadavres qui encombraient les rues et les canaux.

Tous n'étaient pas seulement les victimes des Espagnols ou des Texcaltèques, mais aussi de la faim et de l'épidémie. Benitez remarqua qu'en certains endroits le sol avait été gratté profondément par les Mexicas affamés à la recherche de quelques racines pour se nourrir ; même l'écorce des arbres avait disparu.

Ceux qui vivaient encore gisaient parmi les cadavres et, heure après heure, jour après jour, leurs blessures se putréfiaient au soleil. Ils attendaient la mort sans demander grâce et souffraient en silence.

Comme à Cholula, leurs anciens alliés texcaltèques s'étaient vengés sur les femmes, les enfants et les vieillards. Benitez les avait vus lancer sur les bûchers des corps que la vie n'avait pas encore quittés.

Cette grande cité autrefois constellée de hautes tours et de magnifiques palais n'était plus qu'une morne plaine, un désert encombré de ruines. Seules restaient encore debout les constructions du quartier de Tlatelolco, au nord.

Les débris de bois noircis chuintaient sous la pluie. Une colonne de silhouettes fantomatiques s'étirait sur les digues, principalement des femmes et des enfants, ainsi que quelques vieillards, tous réduits à l'état de squelette, vêtus de pagnes en lambeaux ou de tuniques en loques.

Le cœur de Benitez se serra. Qu'avons-nous fait ? songea-t-il. N'étions-nous pas venus ici pour servir Dieu et pour nous servir nous-mêmes ? Jusqu'où avons-nous poussé cette mission ? Cette ville était plus grande que

Séville, plus grande, peut-être, que Rome ou que Constantinople, et nous l'avons totalement détruite, réduite en poussière. Norte avait raison. Qui, ici, étaient les véritables barbares ?

Il observa une bande de soldats qui tiraient une femme à l'écart d'un groupe de réfugiés. Une rumeur circulait dans le camp espagnol selon laquelle les femmes mexicas dissimulaient de l'or dans leurs parties les plus intimes. Alertés, les *conquistadores* voulaient s'en assurer par eux-mêmes...

Ils étaient trois. Des officiers, tous ivres. Deux d'entre eux appartenaient aux troupes récemment débarquées. Benitez n'en reconnut qu'un seul : Jaramillo.

— Il y a plus d'un endroit pour cacher de l'or ! cria ce dernier en riant.

Il jeta la femme à terre et entreprit de déchirer sa tunique.

— Voyons un peu ce qu'elle a dans sa grotte...

Pour l'amour du ciel, implora secrètement Benitez. Cette malheureuse n'est plus qu'un sac d'os. Imbécile de Jaramillo... Comment peux-tu désirer une telle créature ? Quel plaisir peux-tu éprouver en la faisant souffrir davantage ?

La rage le submergea.

— Laisse-la tranquille ! cria-t-il en dégainant son épée.

Le raclement de la lame contre l'acier du fourreau éveilla l'attention du capitaine. Alarmé, il redressa la tête.

— Tiens... c'est donc toi, Benitez ?

— Je te dis de laisser cette femme tranquille !

Les autres officiers cessèrent de ricaner, la main sur le pommeau de leur épée.

— Allons, Benitez ! s'esclaffa Jaramillo, il y en aura pour tout le monde ! Sa grotte est assez grande pour nous recevoir tous !

— Je n'en veux pas. Va t'amuser ailleurs ! rétorqua Benitez en pointant son épée sur le visage de Jaramillo.

Il vit son ancien camarade réfléchir un instant avant de se tourner vers ses compagnons. Benitez pouvait deviner ses pensées.

— Si tu veux tenter ta chance contre un ancien planteur, essaie donc, dit-il lentement. Mais je te rappelle que, maintenant, j'ai acquis de l'expérience. Grâce à Cortés, j'ai appris à me battre contre plus fort que moi. Je ne sais pas comment se comportent tes amis avec leur épée mais une chose est certaine : toi, tu mourras... quoi qu'il arrive !

Jaramillo hocha la tête.

— Tu es devenu fou, ma parole. Pas étonnant que tu n'aies plus la faveur du *caudillo* !

Il préféra cependant renoncer au duel, ainsi que Benitez l'avait prévu. D'un signe, il ordonna aux autres de se tenir tranquilles puis, après un long regard méprisant à Benitez, il finit par s'éloigner.

Il y avait assez d'autres femmes mexicas avec lesquelles il pourrait jouer. Benitez n'allait pas le suivre partout...

Benitez rengaina son épée en se demandant subitement pourquoi il était intervenu. Baissant les yeux, il considéra le corps squelettique étendu à ses pieds : des cheveux nattés, des traits effroyablement creusés par les épreuves ; une terrible puanteur s'en dégageait.

Pauvre malheureuse.

Un gémissement s'échappa des lèvres de la femme. Agrandis par la famine, ses immenses yeux noirs lui dévoraient le visage. Quelles sortes d'horreurs avaient-ils contemplées ? se demanda Benitez en se penchant au-dessus d'elle.

Il la regarda plus attentivement tandis que, lentement, les souvenirs refluaient à sa mémoire. Il vit les lèvres de la femme remuer doucement et s'approcha encore.

Mon seigneur velu.

Ce fut comme si un coup violent venait de lui être assené au creux de l'estomac.

— Fleur de Pluie... murmura-t-il en nahuatl, se rappelant les quelques mots enseignés par Mali à Texcála.

Il la souleva, légère comme une plume, et avança le long de la digue tandis que les soldats ricanaient sur son passage. Ils croient que je vais me comporter comme eux, pensa Benitez avec dégoût

Je ne suis pas comme eux. Je ne l'ai jamais été. Voilà pourquoi je pleure la mort de cette ville merveilleuse et celle de ces hommes si sauvages, si fiers. Ce n'est pas une femme pour la nuit que je tiens dans mes bras, mais une femme pour la vie... si mon Dieu et ceux qui le servent veulent bien nous laisser vivre.

Car, à leurs yeux, je ne serai plus un Espagnol ni un chrétien.

Mais un renégat.

107

Coyoacán
La tanière du loup

Ils avaient attaché Aigle Plongeant sur un chevalet et enduit ses pieds d'huile. Quand ils approchèrent les tisons chauffés à blanc, elle entendit la peau se fendre et se mettre à grésiller horriblement. L'odeur la révulsa et elle eut une brusque nausée.

Mais le supplicié, lui, n'émit aucune plainte.

Dans tout cela, pensa-t-elle, ma seule consolation c'est que Cortés n'aura certainement jamais ordonné une telle chose car il a donné sa parole.

Mais, oh, cette terrible odeur de chair brûlée...

Alderete se caressa la barbe. Il avait un visage long et étroit, aussi solennel que celui d'un prêtre. Sur sa demande, Mali devait être présente pour le cas où Aigle Plongeant se déciderait enfin à révéler la cachette de l'or.

Saisissant un nouveau brandon, il fit signe à l'homme qui opérait d'ajouter de l'huile sur les pieds de la victime.

— Demande-lui encore une fois où est passé l'or qui a disparu pendant la *noche triste.*

Une petite flamme bleue courut sur la plante des pieds du malheureux lorsque l'huile s'enflamma. Aigle Plongeant suffoqua et son front se couvrit de sueur. Ses yeux roulèrent dans leurs orbites, ses muscles se crispèrent tandis qu'un son rauque et profond montait de sa gorge. Mali connaissait ce bruit, c'était celui que lançait un homme sur le point de perdre conscience.

Mais il n'était pas encore prêt à passer du côté des ombres. La mort semblait ne pas vouloir le prendre en pitié.

Elle transmit la question d'Alderete et il se tourna vers elle, le regard étincelant de douleur et de haine.

— Dis-lui... dis-lui que je souhaite qu'il... qu'il pousse des dents dans le vagin de sa femme... et que ses enfants se noient dans de la merde de chien.

— Que dit-il ? s'inquiéta Alderete.

Mali garda les yeux baissés. Malgré toutes les horreurs auxquelles elle avait assisté durant ces trois dernières années, la vue de cette chair torturée lui donnait la nausée.

— Il jure qu'il est innocent et demande à la Vierge d'intercéder en sa faveur... finit-elle par répondre.

Cristobal de Ojeda, le médecin, examina ses blessures : des lambeaux de peau noircie pendaient de ses pieds, laissant apparaître l'éclat des os. Il leva les yeux vers Alderete et fit un signe de dénégation. Peu importait que cet Indien puisse ou non remarcher, mais il se trouvait sous la protection de Cortés.

Mali releva la tête et croisa le regard d'Aigle Plongeant.

— Tu trahis ton propre peuple, murmura-t-il.

Elle détourna les yeux.

— Vous n'êtes pas mon peuple.

— Ils ont fait de toi une Espagnole, hein ?

— Qu'est-ce qu'il dit ? intervint Alderete. Eh bien... parle !

— Il répète que tout ce qui subsistait du trésor royal a été trouvé dans la barque. Le reste est enfoui dans la boue de Texcoco depuis la *noche triste*. Il demande aussi pourquoi vous continuez à le torturer, alors qu'il vous a dit tout ce qu'il savait.

— Je ne manque pas de pitié. Si les hommes acceptaient d'avouer la vérité plus facilement, nous n'aurions pas besoin d'employer de telles méthodes.

Mali se détourna. Pourquoi Aigle Plongeant n'avouait-il pas ? Que lui importait à présent ?

Je remercie Dieu que mon seigneur Cortés n'ait rien à voir avec tout cela, se répéta-t-elle obstinément.

Car tout ceci ne ressemble en rien au monde que le Serpent à Plumes devait instaurer à son retour. Non, cela n'est pas le royaume magique de Tollan dont je rêvais enfant.

Que nous est-il arrivé depuis Otumba ? se demanda Mali en se hâtant pour traverser la place. Si ce jour s'était achevé autrement, je ne porterais pas cette robe de dentelle noire et cette mantille, et je ne me dissimulerais pas derrière cet éventail de nacre. Je ne serais pas la compagne de l'homme le plus puissant de la Nouvelle-Espagne.

Mais je n'aurais pas non plus à entendre les cris des hommes torturés, ni à redouter dans mes rêves que mon seigneur Cortés ne tombe en poussière sous mes yeux.

Les murs blancs d'adobe du palais de Coyoacán se dressèrent devant elle — une surface tentante pour les graffitis. A la peinture noire, une main anonyme avait tracé ces mots :

Ce ne sont pas les Mexicas qui nous ont dépouillés, mais Cortés.

Rien de plus vrai, pensa Mali. Les héros d'Otumba eux-mêmes, honteux des profits excessifs retirés de leur expédition sacrée, l'avaient reproché à Meija, le trésorier, lequel en rejeta la responsabilité sur Cortés. On racontait que le *caudillo* s'était adjugé un *quinto* supplémentaire et conservait pour lui de nombreux objets précieux, alors que ses hommes croyaient qu'ils avaient été remis au roi en leur nom.

Cortés, lui, accusait Aigle Plongeant d'avoir dissimulé une grande partie du trésor, protestant que tout avait été accompli dans la plus stricte légalité. Mais il n'en vivait pas moins dans un palais, mangeait dans de la vaisselle d'or, servi par une nuée de domestiques.

Ses soldats, eux, n'avaient gagné que de quoi s'acheter une nouvelle épée ou une arquebuse. Dans ces conditions, quoi de plus normal qu'ils doutent de l'équité d'un tel partage ?

A Tenochtitlán, les vautours tournoyaient encore au-dessus des ruines quand la reconstruction de la ville fut entamée. Cuitláhuac se vit contraint d'ordonner à son peuple de regagner la capitale pour enterrer les morts et entreprendre l'édification de la nouvelle cathédrale qui surplomberait le site de l'ancien Grand Temple. Un monastère franciscain devait occuper l'emplacement des anciens jardins et de l'oisellerie de Moctezuma. Quant à Cortés, il se faisait construire un nouveau palais à l'endroit même où se dressait autrefois celui de l'empereur.

Des milliers de cèdres étaient abattus à cet effet dans les forêts voisines. Les canaux furent comblés avec les décombres, afin que nul autre conquérant ne puisse assiéger la ville comme l'avait fait Cortés. Les paysans indiens étaient à la tâche tout le jour, transportant des pierres et de la terre sous les coups de fouet des *conquistadores*. Nombre d'entre eux mouraient de faim ou de maladie.

Les prêtres chrétiens ordonnèrent de brûler tous les manuscrits mexicas et de briser les statues païennes à grands coups de marteau. Frère Aguilar fit preuve d'un zèle exceptionnel dans ce domaine.

Si le Serpent à Plumes devait revenir un jour dans la vallée, il ne la reconnaîtrait plus...

Assis à son bureau, Cortés écrivait à l'aide d'une plume d'oie. Il portait un costume de soie noire orné de dentelles blanches. Un épais cordon d'or luisait sur sa poitrine et une grosse émeraude flamboyait à son doigt.

Ses assistants étaient rassemblés derrière lui : son secrétaire, son valet, son trésorier et des huissiers. Des gardes en armes surveillaient les portes tandis que, plus loin, des serviteurs indiens attendaient le bon plaisir de leur maître.

Partout où le *caudillo* se rendait, des magistrats en robes longues ornées de lourds insignes royaux le précédaient, ouvrant le chemin. Quand il passait dans les rues, les *naturales* avaient pour ordre de se prosterner, tout comme ils le faisaient autrefois devant Moctezuma. Lorsqu'ils s'adressaient à lui, ses compagnons espagnols eux-mêmes se voyaient contraints de lui donner le titre d'*adelantado* — gouverneur.

On introduisit Mali et Cortés fit signe à sa suite de se retirer. Ils demeurèrent seuls, à l'exception des serviteurs indiens silencieux massés à l'arrière-plan.

— Puisque te voilà, je suppose qu'Alderete a terminé son interrogatoire.

— En effet, mon seigneur. Ils sont en train de panser les pieds d'Aigle Plongeant.

— A-t-il répondu de manière satisfaisante ?

— Ses réponses demeurent les mêmes que celles qu'il vous a faites, mon seigneur.

Cortés fronça les sourcils.

— J'avais bien dit à Alderete que c'était inutile mais il ne voulait pas me croire. Enfin, je suppose que tout cela était inévitable... Je suis fatigué d'essayer de les détourner de leur cupidité. Qu'ils se vautrent donc dedans. Dieu décidera de ce qui est juste.

— Vous aviez donné votre parole à Aigle Plongeant, insista Mali. Vous lui aviez promis qu'il serait sous votre protection.

Il leva les yeux vers elle en haussant un sourcil.

— Señora ?

— J'ai entendu l'un des gardes dire que c'était vous qui aviez ordonné qu'on le torture, et non Alderete.

Il demeura silencieux un long moment.

— As-tu l'intention de m'interroger à ce sujet ?

— Je vous demande seulement de me dire la vérité.

— Je viens de le faire. Ce fut la décision d'Alderete, non la mienne. Restons-en là.

— Mais vous aviez donné votre parole !

Il posa sa plume d'oie, se leva et, les mains derrière le dos, se dirigea vers la fenêtre.

— Tu commences à me fatiguer, dit-il lentement.

— Sans doute parce que je ne vous suis plus nécessaire.

Il se retourna vivement, ses yeux gris aussi froids que l'hiver.

— Puisque tu t'obstines à me questionner là-dessus, laisse-moi te dire ceci : crois-tu réellement que le Mexique aurait pu être conquis par un imbécile ou un niais ?

— C'est donc bien vous qui avez ordonné la torture, n'est-ce pas ?

Il la fixa durant de longues minutes et elle reconnut ce regard. C'était celui du jeune garçon qu'ils avaient découvert, le cœur arraché, au pied des marches du temple de Cempoala. Un regard glacé et vide. Le dieu l'avait quitté. Il ne restait que l'homme, avec son orgueil, sa vanité, son ambition.

— La nuit où vous m'avez sauvée, dit-elle, quand les Mexicas me traînaient vers leurs canots, l'avez-vous fait par amour ou parce que, avec une femme en selle derrière vous, vous aviez ainsi une bonne excuse pour ne pas retourner porter secours à vos hommes ?

Il se déplaça, rapide comme l'éclair, et la frappa durement. Elle se retrouva à terre et leva les yeux vers lui. Le visage de Cortés était convulsé de rage.

— Tu as eu ce que tu cherchais !

— Mon seigneur...

— Tu voulais devenir la concubine d'un roi et c'est ce que tu es. C'est pourquoi je ne t'ai pas fait renvoyer comme esclave dans quelque misérable village. Je t'ai épargné ce sort, aussi ne t'avise jamais plus de m'insulter !

— Je vous ai aimé.

— Aimé ? Qu'est-ce qu'une sauvage sait de l'amour ? Tu ne partages même pas la même foi que moi. Quelques gouttes d'eau ne suffisent pas à faire de toi une dame et une chrétienne.

Elle se releva en essuyant du revers de la main le sang qui coulait de sa lèvre fendue.

— Je vous ai aimé comme je n'avais jamais aimé... rien ni personne.

Il eut une moue de mépris.

— Dis plutôt que tu as aimé ce que je pouvais te donner.

— Ce n'est pas vrai, mon seigneur.

— Dans quelques mois, ma femme arrivera ici. J'espère que tu te comporteras de façon convenable avec elle, comme je le fais avec toi.

Sur ces mots, il tourna les talons et sortit.

Mali se retrouva seule dans la pièce, à l'exception des serviteurs indiens dont les visages exprimaient une intense satisfaction. Elle savait bien ce qu'ils pensaient : la putain de l'envahisseur avait enfin été traitée comme elle le méritait. A son tour de souffrir...

Elle posa une main sur son ventre gonflé et sentit l'enfant remuer. Leur premier fils, celui qu'elle avait tant souhaité offrir à son seigneur, était venu au monde mort-né à Texcála. Elle se demanda de quel trône ce nouveau fils pourrait hériter.

— Vous avez tort, mon seigneur, dit-elle à haute voix, oui, vous avez tort. Je vous aime. Je vous ai toujours aimé.

Comme la comète traversant le ciel obscur, sa vie avait brillé d'un éclat aussi vif que bref, annonçant dans le firmament la gloire puis le désastre final.

Mais, maintenant, tout était terminé. Maintenant, elle continuerait à tomber indéfiniment dans l'espace vide et froid. S'il ne l'aimait pas, il ne restait plus rien.

Elle tomba à genoux et le maudit. Elle le maudit, lui et l'enfant qu'elle portait dans son sein.

Et, pour faire bonne mesure, elle maudit aussi le Mexique.

Épilogue

Lorsque son épouse arriva en juillet 1522, de nombreuses femmes vivaient sous le toit de Cortés. Malinali Tenepal n'était que l'une d'entre elles.

Mais doña Catalina de Cortés connut un sort encore plus funeste. Quatre mois plus tard, on la trouva morte dans sa chambre à coucher. Le médecin attribua son décès à des causes naturelles mais, pour quelque mystérieuse raison, personne ne fut autorisé à voir son corps. Le couvercle du cercueil fut cloué bien avant l'inhumation.

Quant à Malinali, Cortés la récompensa des services rendus en la donnant en mariage à Jaramillo.

Il continua à faire office de gouverneur dans le pays que l'on appelait à présent la Nouvelle-Espagne, en attendant que le roi l'élève officiellement au titre de vice-roi. Il devint extrêmement riche, la Couronne lui ayant attribué des mines d'or et d'argent, des plantations de coton et de sucre, ainsi que d'immenses terres à céréales ou à pâturage.

Il bâtit un palais à tourelles à Cuernavaca et fut nommé marquis. Il se faisait appeler don Hernando.

Mais, en 1526, un commissaire royal arriva d'Espagne pour enquêter sur les accusations qui continuaient de peser sur lui, accusations de meurtre et de fraude lors de son *entrada*, cinq ans plus tôt. Aucune preuve ne put jamais être apportée à charge et Cortés ne fut pas condamné. Toutefois, l'enquête nuisit fortement à sa réputation et il ne reçut jamais la reconnaissance officielle qu'il espérait tant. Le pays fut administré de loin par des bureaucrates résidant à la cour de Tolède.

En dépit de l'opprobre attaché à sa personne, la renommée de Cortés lui permit d'épouser Juana de Zuniga, une parente du duc de Bejar, l'un des hommes les plus puissants d'Espagne. Juana lui apporta une dot substantielle de sorte que, du moins pour quelque temps, il put jouir de la respectabilité et des relations dont il avait toujours rêvé.

Mais les scandales du passé le rattrapèrent, empoisonnant son existence. Il consacra le reste de sa vie à chercher infatigablement un nouveau Mexique et un autre Moctezuma, gaspillant une bonne part de la dot de sa femme en quête des sources de l'Amazone légendaire.

Puis il retourna en Espagne, essayant vainement d'obtenir une audience du roi. Il devint une gêne, un vieil homme harcelant inlassablement de pétitions les petits fonctionnaires sur les torts — réels ou imaginaires — dont il s'estimait victime.

Il était devenu un homme amer et solitaire. Quand il comprit qu'il ne recevrait jamais la bénédiction royale à laquelle il avait tant aspiré, il décida alors de retourner dans son cher Mexique. Mais il tomba malade quelques jours avant d'embarquer et mourut à l'âge de soixante-deux ans.

Le fils qu'il eut de Malinali Tepenal, Martin, fut impliqué dans une conspiration contre la Couronne en Nouvelle-Espagne, en 1565. Accusé de trahison, il fut soumis à la torture puis chassé du Mexique.

Aujourd'hui, il n'existe au Mexique aucune statue de Cortés, aucun monument, aucune tombe. La malédiction de Malinali l'a poursuivi, lui et sa descendance, jusqu'à la tombe... et au-delà.

Ce n'est pas vrai, non, ce n'est pas vrai
que nous venons dans ce monde pour vivre.
Nous ne sommes ici que pour dormir et rêver.

Ancien poème aztèque, traduit par Léon Portilla

Petit lexique à l'usage des lecteurs

adobe :	brique d'argile séchée au soleil
alcalde :	maire
cacique :	chef de village
caudillo :	capitaine
chacmool :	statue de pierre
couleuvrine :	gros canon de bronze tirant des obus de 8 à 14 kilos
encomienda :	domaine
entrada :	invasion d'une terre inexplorée
fauconneau :	canon de fer forgé, plus petit que la couleuvrine
hidalgo :	gentilhomme de Castille
huehuetl :	tambour creusé dans un tronc d'arbre évidé
jinete :	cavalier espagnol
maguey :	variété de cactus
maquauhuitl :	massue de guerre. Egalement : pénis (en nahuatl)
maya chontal :	langue parlée par les Indiens Mayas
nahuatl :	la Langue Elégante des Mexicas
nao :	grand galion espagnol
naturales :	terme espagnol pour désigner les peuples indigènes

peyotl :	cactus blanc dont les décoctions provoquent des hallucinations
pulque :	liqueur de cactus
quetzal :	oiseau amazonien doté d'étonnantes plumes vertes
teponaztli :	tambour en peau de serpent

Également aux Presses de la Cité

LES MUTINÉS DE L'AMISTAD
William Owens

Plutôt que de subir le sort atroce qui leur est réservé — une existence d'esclaves dans les plantations cubaines —, ils ont choisi de se révolter, quitte à y perdre la vie. En s'emparant de l'*Amistad*, le navire négrier qui les emporte vers les Amériques, ils croient avoir accompli l'essentiel du chemin menant à la liberté. Leur odyssée ne fait pourtant que commencer...

1839. L'Angleterre et la France ont depuis peu aboli l'esclavage, que les Espagnols et les Américains continuent de pratiquer pour leur plus grand profit.

En plein océan Atlantique, les captifs enchaînés dans les cales puantes de l'*Amistad*, navire négrier qui fait route vers Cuba avec sa cargaison de bois d'ébène, se mutinent et parviennent à s'emparer du vaisseau. Le capitaine est mis à mort, ses deux seconds reçoivent l'ordre de remettre le cap sur les côtes africaines.

Mais les Noirs révoltés ignorent tout de l'art de la navigation et ils ne découvriront qu'une fois au port que c'est aux Etats-Unis qu'on les a conduits.

Les Etats-Unis, où la querelle entre esclavagistes et abolitionnistes fait rage — annonçant, en germe, la future guerre de Sécession — et où l'affaire des mutinés de l'*Amistad* va rapidement devenir une cause célèbre...

Le récit à peine romancé que William Owens a réalisé d'après cet épisode peu connu de l'histoire américaine a inspiré Steven Spielberg, qui en a tiré l'un de ses films les plus émouvants.

LE PARADIS DES HÉROS
Michael Blake

Mai 1876. A la tête du 7e Régiment de Cavalerie, le général George Armstrong Custer est à la poursuite des Sioux. La chasse s'achèvera le 25 juin, dans la cuvette de Little Bighorn, par l'un des plus grands désastres de l'histoire de l'armée américaine.

Chaque soir après la marche, Custer s'installe sous sa tente et écrit ses Mémoires jusque tard dans la nuit. Il revit ainsi ses études à West Point, ses débuts dans l'armée pendant la guerre de Sécession, ses fiançailles mouvementées avec Libbie, la fille du juge Bacon qui ne veut pour rien au monde la donner à un jeune militaire sans le sou, ses premières victoires qui lui valent la gloire et le titre de général, son mariage, sa disgrâce, ses rapports avec les Indiens...

Grâce à cette autobiographie apocryphe, l'auteur de *Danse avec les loups* brosse de Custer un portrait qui lui rend enfin justice : par petites touches, il dépeint un être authentiquement naïf, d'une absolue sincérité et d'un courage hors du commun, à l'opposé du chef qui envoie ses hommes à la mort par bêtise et par entêtement. Custer apparaît peu à peu comme une victime obligée du progrès. Au même titre que les Indiens, qu'il admire et ne combat que par respect de la parole donnée à l'armée.

Une remise en perspective à la fois originale et fascinante.

Achevé d'imprimer en février 1998
sur presse Cameron
*par **Bussière Camedan Imprimeries***
à Saint-Amand-Montrond

N° d'édition : 6637. N° d'impression : 98995/1.
Dépôt légal : février 1998.
Imprimé en France